7. DEUTSCHER BIBLIOTHEKSKONGRESS
87. DEUTSCHER BIBLIOTHEKARTAG IN DORTMUND 1997

7. DEUTSCHER BIBLIOTHEKSKONGRESS, 87. DEUTSCHER BIBLIOTHEKARTAG IN DORTMUND 1997

VON GUTENBERG ZUM INTERNET

Herausgegeben von
Sabine Wefers

VITTORIO KLOSTERMANN · FRANKFURT AM MAIN

ZEITSCHRIFT FÜR BIBLIOTHEKSWESEN UND BIBLIOGRAPHIE
SONDERHEFTE
Herausgegeben von Jürgen Hering

SONDERHEFT 68

Die Deutsche Bibliothek – CIP-Einheitsaufnahme

[Zeitschrift für Bibliothekswesen und Bibliographie / Sonderhefte]
Zeitschrift für Bibliothekswesen und Bibliographie. Sonderhefte. – Frankfurt am Main : Klostermann
Früher Schriftenreihe. – Früher angezeigt u.d.T.: Zeitschrift für Bibliothekswesen und Bibliographie / Sonderheft
Teilw. u.d.T.: Zeitschrift für Bibliothekswesen und Bibliographie / Sonderheft
Reihe Sonderhefte zu : Zeitschrift für Bibliothekswesen und Bibliographie
ISSN 0514-6364
68. Von Gutenberg zum Internet. – 1997
Von Gutenberg zum Internet / 7. Deutscher Bibliothekskongress, 87. Deutscher Bibliothekartag in Dortmund 1997. Hrsg. von Sabine Wefers. – Frankfurt am Main : Klostermann, 1997
(Zeitschrift für Bibliothekswesen und Bibliographie : Sonderhefte ; 68)
ISBN 3-465-02961-5

Satz: Fotosatz L. Huhn, Maintal
Druck: Hubert & Co., Göttingen
Gedruckt auf alterungsbeständigem Papier ∞ ISO 9706
Printed in Germany

Inhalt

BIBLIOTHEKSVERBUNDSYSTEME

BIBLIOTHEKSMANAGEMENT

NEW BOOK ECONOMY

BIBLIOTHEKEN UND DAS INTERNET

RECHTSFRAGEN BEI NEUEN MEDIEN

Vorwort

Der 7. Deutsche Bibliothekskongreß wurde von der Bundesvereinigung Deutscher Bibliotheksverbände veranstaltet. Die Bundesvereinigung, vertreten durch ihre Sprecherin, Frau Prof. Birgit Dankert, hat mir die Aufgabe übertragen, als verantwortliche Herausgeberin für die zeitnahe Publikation einer repräsentativen Auswahl von Beiträgen zu sorgen. Dieses Vertrauen ehrt mich. Möglich war die Bewältigung dieser Aufgabe nur, wenn die von mir angesprochenen Autorinnen und Autoren sich bereitfanden, zügig und diszipliniert mitzuwirken. Ich danke allen, die mir in diesem Sinne kollegial geholfen haben. Die Beiträge sind sämtlichst überarbeitete Fassungen der ursprünglichen Vorträge; einige sind dabei gekürzt worden, andere sogar neu akzentuiert. Danken möchte ich besonders Frau Heike Susanne Lukas von der Programmkommission, die alles getan hat, mir bei meiner Arbeit hilfreich zur Seite zu stehen.

Sabine Wefers

SABINE WEFERS

Standortbestimmung der Bibliotheken in der Informationsgesellschaft

Die derzeitige Kommunikationsvernetzung wirkt sich – so der Philosoph und Politologe Hermann Lübbe (FAZ vom 6. Juni 1997) – kulturell homogenisierend und dezentralisierend aus. Er sieht dies positiv: Kommunikationsvernetzung wirke freiheitsbegünstigend, weil es schlicht unmöglich sei, die Breite des Angebots und seine vielfältigen Distributionswege politisch zu kontrollieren. Auch der von vielen befürchteten, auf relativ niedrigem Niveau egalisierenden Wirkung des Massenkonsums hält Lübbe eine differenzierende Wirkung entgegen: Wer gelernt habe, das Informationsangebot für sich im besten Sinne zu funktionalisieren, d.h. kompetent zu nutzen, der könne stärker denn je von diesem Angebot profitieren. Lübbe schließt mit den Worten: „Die sogenannte Massengesellschaft ist in Wahrheit die Gesellschaft der massenhaft freigesetzten Individualismen." Diese Einschätzung sollte sicher gerade die Experten für Information, also Bibliothekare, Dokumentare und Archivare, zu einer positiven Selbstbestimmung im Zeitalter des Internet bewegen. Sie beinhaltet jedoch auch einen guten Teil der Anforderungen und der Probleme, die sich diesem Berufsstand in Zeiten immer neuer technischer Möglichkeiten und wachsender Medienangebote stellen.

„Von Gutenberg zum Internet" lautete das Motto des Bibliothekskongresses 1997. Damit ist der Wandel der Bibliotheken von „Printmediendepots zu Schaltstellen digitaler Information" (*B. Dankert*) sicher nicht im Sinne einer linearen Entwicklung gemeint. Der Kongreß machte statt dessen deutlich, wie vielschichtig die Anforderungen sind: So müssen Altes und Neues durchaus nicht immer aufeinander folgen, sondern können auch nebeneinander stehen oder miteinander verbunden sein. Dabei verringert sich der Anteil „ortsgebundener" Information, was bedeutet, daß Bibliotheken mehr anbieten können (und müssen), als sie „besitzen". Dies führt zu einer Änderung ihres Profils. *R. Griebel* fordert „eine Synthese von klassischem Bestandsaufbau und elektronischer Informationsversorgung", was zwangsläufig „eine Erweiterung des Bestandsbegriffs" impliziere. Dies wiederum wird die „klassische" Buchwelt verändern: Neue Allianzen und neue Rollen für Bibliotheken, Verlage und Buchhandlungen sind die Folge (*I.-E. M. Schmidt-Braul* und *K. Pauleweit*).

Ob die Informationsvielfalt und die Menge digitalisiert zugriffsfähiger Medien eine Reizüberflutung bewirkt, welche nicht nur zu Fehlverhalten führt, sondern schlicht die Grenzen menschlicher Aufnahmefähigkeit überschreitet, sei dahingestellt. *A. Mentzel-Reuters'* Schlußfolgerung, das brauche den Bibliothekar „nicht in vollem Umfang zu interessieren", kann natürlich nicht unwidersprochen bleiben: Selbstverständlich kann der Benutzer – besonders der Geisteswissenschaftler – nicht in jedem Fall sämtliche Materialien, die für seine Fragestellung in welcher Form auch immer greifbar sind, der Reihe nach „abarbeiten". In vielen Fällen ist er – neben der eigenständigen Erarbeitung einer vernünftigen methodischen Selbstbeschränkung – auf professionelle Vermittlungshilfe angewiesen, will er das Informationsangebot „kompetent", d.h. funktional ertragreich für sich nutzen. Dazu muß ihm der Weg aufgezeigt werden, um seine Orientierungslosigkeit angesichts der Breite der Informationsflut überwinden und die eigene Auswahl so umfassend und so qualitätssicher wie nur möglich treffen zu können. Für wissenschaftliche Bibliotheken ergeben sich aus diesen Aussagen mehrere Anforderungen: Sie müssen einen schnellen und unbürokratischen Zugang zu Informationen bereitstellen, Nutzerschulungen durchführen und inhaltliche Hilfestellung bei der Evaluation der Rechercheergebnisse anbieten sowie bei (im Falle von Universitätsbibliotheken meist hochschuleigenen) Publikationen technisches und bibliothekarisches Know-How zur Verfügung stellen *(B. Tröger).*

In größerem Rahmen widmet sich die Deutsche Forschungsgemeinschaft diesem letzten Aspekt, der Frage elektronischer Publikationen im Literatur- und Informationsangebot wissenschaftlicher Bibliotheken. Wegen der exponentiell steigenden Anzahl wissenschaftlich relevanter Texte und Materialien, die in digitaler Form vorliegen, mißt die DFG diesem Bereich eine hohe Bedeutung zu. Sie hat verschiedene Programme zum Einsatz der elektronischen Datenverarbeitung und der Digitalisierung in der neuen Förderlinie „Verteilte digitale Forschungsbibliothek" zusammengefaßt, über die *E. Mittler* berichtet. Neben den Vorteilen eines Direktzugriffs unabhängig von Raum und Zeit, des Mehrfachzugriffs auf vielgefragte Literatur und der Erleichterung des Zugriffs auf besonders schützenswerte Bestände sieht die DFG die Chance, auch älteres wissenschaftlich relevantes Material deutscher Herkunft weltweit bekannt zu machen, sofern angemessene Verfahren angewendet werden (für manche geisteswissenschaftliche Bereiche z.B. die Imagedigitalisierung) und wenn es gelingt, die Erschließung benutzungsadäquat zu gestalten, d.h. einen gezielten sachlichen Zugriff zu ermöglichen.

Wenn Bibliotheken diese Aufgaben anforderungsgerecht erfüllen wollen, müssen sie sich zu Kompetenzzentren entwickeln, die neben den überkommenen Qualifikationen neue Bereiche für sich und ihre „Kunden" erschließen, sei es durch die Heranbildung geeigneter Fachleute vor Ort, sei es durch Zusammenarbeit mit entsprechenden Partnern. Professionalität und Innovationsbereitschaft werden stärker denn je zu dem entscheidenden Kriterium für die Konkurrenzfähigkeit von Bibliotheken gegenüber anderen Informationsanbietern. Dabei dürften Faktoren wie Raum oder Zeit längst nicht mehr die limitierende Rolle spielen, die ihnen heute noch anlastet. Globalisierung ist gefordert, das heißt eine weltumspannende Betrachtungsweise von Strukturen, Leistungen, Prozessen, Produkten und Entwicklungen. Und diese Abkehr von der „Kirchturmperspektive" des eigenen, persönlichen, unmittelbaren Erfahrungsraumes verlangt nicht nur die Überwindung mancher mißverstandener, mancher durchaus begründeter Individualität, sondern auch die Einstellung auf einen zügigen Wandel; dies schließt die Aufgabe vermeintlich unantastbarer Positionen ein. Dieser Zwang zur Anpassung an mehr oder weniger fremde Entwicklungen muß sich durchaus nicht immer positiv auswirken; er kann gelegentlich zu „Schnellschüssen" verführen, die sich im bibliothekarischen Alltag nicht bewähren, dort aber vielleicht längerfristige Auswirkungen haben als z.B. die Distribution oder Absetzung eines bestimmten Produkts in der Industrie. Dieses Risiko gilt es zu analysieren und in den Entscheidungsprozeß einzubeziehen, ohne daß dieser dadurch blockiert wird. Wenn Bibliotheken auf dem globalen Informationsmarkt bestehen wollen, müssen sie beizeiten lernen, sich nicht nur passiv und defensiv zu verhalten. Statt dessen sei Angebotspolitik, so *H. Leskien*, unverzichtbar: „Vergessen wir nicht, daß wir auch Marktakteure sind, von denen Handeln und Offensive verlangt werden."

Diese Überlegungen implizieren, daß die Leistungsfähigkeit der Bibliotheken trotz sinkender Etats stärker werden muß: Abstimmung, Kooperation, Standardisierung, die Konzentration auf Stärken und eine intensivere Erforschung und Berücksichtigung der Nutzerbedürfnisse – ggf. auch bestimmter Gruppen (*R. Vollbrecht*) – können und müssen dazu beitragen, und zwar in öffentlichen wie in wissenschaftlichen Bibliotheken. In beiden Bibliotheksformen gibt es Experten, Spezialisten und Individualisten, für die differenzierte Dienstleistungen erbracht werden müssen, sowie weniger anspruchsvolle Normalbenutzer, deren Anforderungen i.d.R. durch Routineleistungen befriedigt werden können. Alle Mitbürger müssen jedoch an der Informationsgesellschaft teilhaben können, d.h. jedermann muß zumindest die Chance erhalten, „seine" Nachrichten zu suchen und zu finden, auch und besonders, wenn diese nur noch in digitalisierter Form angeboten werden. Aus diesem Grunde plädieren *W. G. Stock* und *H. Müller* aus unterschiedlicher Perspektive für die Gewährleistung einer möglichst ungehinderten und kostengünstigen bzw. freien informationellen Versorgung aller Bürger. Der Informationsfreiheit der Öffentlichkeit stehen allerdings manches Mal Persönlichkeitsrechte des einzelnen gegenüber und dem schöpferischen Wirken der Mißbrauch geistigen Eigentums; denn die neuen technischen Möglichkeiten können zu beinahe unüberschaubaren Manipulationen genutzt werden. Hier müssen für beide Seiten, den Konsumenten und den Produzenten von Information, europaweit, wenn nicht global verläßliche Rahmenbedingungen geschaffen werden *(K. Junker).*

Wie kommt man zu einer Bibliothek, die ein Maximum an Service erbringt und gleichzeitig kostengünstig arbeitet? Die Nutzung der Kreativität und des Fachwissens vieler Mitarbeiter und Mitarbeiterinnen für innovative Ansätze ist sicher ein wichtiges Instrument, das in der Vergangenheit als solches oft nicht erkannt wurde. Eine solche Nutzung interner Kompetenz wirkt sich jedoch nur dann wirklich servicesteigernd aus, wenn sie das Interesse des Benutzers trifft. Und es ist kritisch zu prüfen, was tatsächlich im Nutzerinteresse liegt (und nicht nur als solches überliefert ist). Außerdem müssen sämtliche Organisationsprozesse daraufhin durchleuchtet werden, wo bei einem ernstgemeinten (und nicht etwa konventionell vorstrukturierten) Einsatz der Datenverarbeitungstechnologie Rationalisierungserfolge erzielt werden könnten: Wer hingegen lediglich ineffiziente Organsiationsstrukturen „elektrifiziert", wird die „schlanke" Bibliothek niemals erreichen. *A. Halle* weist aus diesem Grunde darauf hin, daß beim Einsatz neuer Technologien in der Datenverarbeitung unbedingt sämtliche Verwaltungstraditionen, Denkmuster und Organisationsabläufe kritisch hinterfragt werden müssen. Ein traditionelles Denkmuster, das von *K. Franken* und *N. Kamp* mutig zur Diskussion gestellt wird, ist die Erwerbungsentscheidung durch lokale Fachreferenten respektive Lektoren. Beide Autoren fordern ein Umdenken und eine Erweiterung des Blickwinkels über die spezifischen Belange der eigenen Bibliothek hinaus. Muß der Referent, um einen guten Bestandsaufbau leisten zu können, tatsächlich vor Ort und persönlich anwesend sein? Oder ließe sich in diesem Bereich die Aufforderung zu einer Selbstbeschränkung auf die eigenen Stärken dahingehend interpretieren, daß durch eine Kooperation auch auf diesem Gebiet Rationalisierungs-, möglicherweise sogar Synergieeffekte erzielt werden könnten?

Eine Möglichkeit, diese und ähnliche kritische Fragen zu prüfen, ist sicher die Analyse dessen, welche Leistungen eine Bibliothek tatsächlich für welche Nutzergruppen erbringt und mit welchem Aufwand, d.h. zu welchen Kosten sie das erreicht. Letztlich wäre zu fragen, ob die Konsumenten mit dem Umfang und der Qualität der erbrachten Leistungen zufrieden sind. Ansätze in dieser Richtung verfolgt das „Neue Steuerungsmodell", welches grundsätzlich leistungs- und output-orientiert ist. Es bestimmt in den Städten und Gemeinden Deutschlands den Reform- und Umgestaltungsprozeß der Verwaltungen und bezieht natürlich auch die kommunalen Bibliotheken ein. Diese sehen sich nun veranlaßt, „Produkte" nicht nur zu definieren, sondern auch wirtschaftlich zu verwalten, was Controlling-Verfahren einschließt. So wird zum Beispiel das Produkt „Medien und Information“ quantitativ (Bestand, Entleihungen je Einwohner, erteilte Auskünfte, Öffnungsstunden im Jahr, Besucher pro Öffnungsstunde etc.), qualitativ (Aktualisierungsrate, Medienumschlag, Bearbeitungszeiten, Zufriedenheit etc.) und letztlich auch ökonomisch (Produktkosten, Kostendeckungsgrad etc.) analysiert und entsprechend weiterentwickelt respektive modifiziert *(K.-P. Böttger, A. Flemming, U. Wimmer)*. Wie man zum Beispiel das Produkt „Auskunft erteilen“ deutlich verbessern kann, berichtet *K. Heinrich* aus den USA.

Bei der Suche nach möglichst wirtschaftlichen Formen der Gestaltung bibliothekarischer Arbeit kommen beinahe zwangsläufig auch die Verbünde in das Blickfeld sowohl der wissenschaftlichen als auch zunehmend der Öffentlichen Bibliotheken. In welchem Maße lassen sich durch diese wohlorganisierte Form der Kooperation und die weitgehende Normierung der eingebrachten Leistungen Synergieeffekte erzielen? Welche Dienste werden geboten? Welche Investitionen muß die einzelne Bibliothek erbringen, um die Vorteile eines Verbundes nutzen zu können? Wie entwicklungsfähig sind Verbünde tatsächlich? Und welche Verbesserungen des Services für die Benutzer sind in absehbarer Zeit zu erwarten? Für die beiden großen Verbundbereiche berichtet *H.-W. Hoffmann* über den Stand der kooperativen Beschaffung einer neuen Bibliotheksverbundsoftware, *R. Diedrichs* über Fortschritte auf dem Gebiet der Fernleihe durch Endbenutzer sowie der Integration kostenpflichtiger Dokumentlieferdienste. Über ein von der herkömmlichen Verbundphilosophie und Datentechnik grundsätzlich abweichendes Verbundmodell berichtet *J. Funke*. In der Verbundregion Berlin-Brandenburg wird derzeit ein kooperatives Verbundmodell umgesetzt, das anstelle des Zentralrechners das Internet setzt und anstelle einer zentralen Datenbank eine verteilte vorsieht. Vorzuhalten ist nur noch ein ausreichend dimensionierter, Unix-basierter Server, auf dem Fremd- und Normdaten vorgehalten werden, sowie eine Suchmaschine. Damit verlagert sich der Schwerpunkt auf die Lokalebene, was der technischen Dezentralisierung entspricht. Das Projekt zielt auf funktionstüchtige, leistungsstarke lokale Bibliothekssysteme und deren Vernetzung über das Internet sowie auf eine Vereinfachung durch Minimalstandards und die Verringerung des Abstimmungsaufwands.

Die Dezentralisierung der Information und neue Techniken erlauben durchaus differenzierte Angebote, solche, die auch der Forderung, sich auf Stärken zu konzentrieren, durchaus gerecht werden: Wenn z.B. Nutzern der Zugang zu bereits vorhandenen Nachweis- und Informationsdatenbanken eröffnet würde, wenn neue Wege einer maschinenlesbaren Erschließung konsequent beschritten und dies mit der Digitalisierung alter Drucke oder sonstiger kostbarer Originale verbunden werden könnte, dann würden der Bestand geschont, die Zugänglichkeit optimiert und der Kontakt zwischen Nutzern und Bearbeitern intensiviert. Gerade für die alten Bibliotheken böte sich hier die Chance, bekannt zu machen, was ihre Magazine und Tresore enthalten und diese dann auch weiter als bisher zu öffnen, ohne die Originale zu gefährden. Viele der ansonsten nur wenigen Experten bekannten „Schätze" könnten auf diese Weise von einer breiteren Öffentlichkeit und auch von einer größeren Gruppe von Forschern genutzt werden. Hinzu kämen ganz neue Aufgabenstellungen für die Bearbeiter: Sie würden sozusagen in die Öffentlichkeit gerückt; d.h. sie müßten sich möglicherweise mit anderen, sicher jedoch mit viel häufigeren Benutzungsnachfragen auseinandersetzen (*T. Bürger, J. Weber*).

Gerade im Bereich der Altbestanderschließung haben die entsprechenden Bibliotheken die neuen technischen Möglichkeiten längst für sich erkannt. So gründete sich zum Beispiel das Consortium of European Research Libraries im Jahre 1994 mit dem erklärten Ziel, eine europäische Datenbank für Altbestandskatalogisate jeglicher Provenienz und Erschließungstiefe aufzubauen, die in gleicher Weise bibliothekarischen Zwecken (Stichwort: Fremddatennutzung) und der Forschung dienen soll. Natürlich sind alle Bemühungen, „alte", d.h. unterschiedlich oder unzureichend normierte Aufnahmen in toto suchfähig zu machen, mit erheblichen Problemen belastet. Homogenisierung verlangt hier eine gehörige Portion Flexibilität und Pragmatismus, aber auch die Kraft und die Ausdauer, diesen beschwerlichen Weg zu Ende zu gehen. Der Optimismus der entsprechenden Arbeitsgruppen ist ungebrochen. *C. Fabian* resümiert, „die gemeinsame Erschließung des gemeinsamen kulturellen Erbes Europas, das den wahren und zeitlosen Reichtum der großen und vieler kleinerer Bibliotheken ausmacht," müsse doch „eine gewisse finanzielle Anstrengung gerade in Zeiten verdienen," in denen es gilt, „die Errungenschaften Gutenbergs und seiner Nachfolger in die virtuellen Welten des Internets harmonisch, zugleich rettend, aber eben auch wirkungsvoll neu gestaltend zu überführen."

Gutenberg und sein Wirken (*S. Füssel*) haben sich heutzutage glücklicherweise noch nicht überlebt. Das Buch hat seine Monopolstellung allerdings eingebüßt. Kulturpessimisten, die sagen, am Ende des 21. Jahrhunderts werde man Fragen wie die nach „der Bildung durch Bücher als Leitbegriff für Modernität" (*W. Arnold*) schon deshalb nicht mehr stellen können, weil die egalisierende Wirkung massenhafter Information bis dahin „Bildung" zum Privileg einzelner gemacht haben werde, ist einiges entgegenzuhalten. Der Mensch hat bereits jetzt, am Ende des 20. Jahrhunderts, (mit zunehmender Tendenz) die Möglichkeit, sich selbst mit relativ geringem Aufwand Informationen zusammenzustellen, die ihm früher physisch kaum zugänglich waren. Es ist sicher richtig, daß sich die Schlußfolgerung: „Sage mir, was Du liest, und ich sage Dir, wer Du bist“ nicht mehr ziehen läßt. Sie ist in beiden Aspekten, in ihrem Bezug auf das Buch nämlich und in ihrem Bezug auf eine gesellschaftliche Stellung, gleichermaßen veraltet. Der moderne Mensch ist weiter denn je von einem Bildungskanon entfernt. Ein zeitgemäßes bibliothekarisches Angebot müßte deshalb lauten: „Sage mir, was Du wissen willst, und ich sage Dir, welches Deine Medien sind.“ Die Aufgabe des Bibliothekars in der modernen Informationsgesellschaft liegt darin, den „massenhaft freigesetzten Individualismen“ (H. Lübbe) dabei zu helfen, ihre Daten aus der Menge des Angebots herauszufinden und – in welcher Form auch immer für ihre Fragestellung zu nutzen. Hier stellen sich interessante Aufgaben mit vielfältigen Entwicklungsmöglichkeiten.

BIRGIT DANKERT

Eröffnungsansprache

„Von Gutenberg zum Internet" lautet das Motto des 7. Deutschen Bibliothekskongresses der Bundesvereinigung Deutscher Bibliotheksverbände. Dieses Motto dürfen Sie wörtlich nehmen, denn wir bieten Ihnen eine Original-Gutenberg-Presse und authentisches Internet. Daß Bibliotheken sich gleichermaßen dem kulturellen Erbe wie zukunftsweisenden Informationstechnologien verpflichtet fühlen, stellt eine Herausforderung, keinen Widerspruch dar.

Wissenschaftliche und öffentliche Bibliotheken entwickeln sich von Printmediendepots zu Schaltstellen digitaler Information. Doch was von Gutenberg bis Internet als Zeitablauf und Entwicklungsprozeß erlebt wird, offerieren Bibliotheken ihren Benutzern als komplexes Gefüge von Gedächtnis, Wissen und Zukunft der Menschen. In jeder Bibliothek ereignet sich die Gleichzeitigkeit von Gutenberg und Internet.

Höchstes Ziel bleibt der schrankenlose, nicht gelenkte Zugang zu Wissen und Information für jedermann. Die demokratiestiftende Wirkung von Bibliotheken muß immer neu erkämpft, verwirklicht und verteidigt werden. Sie ist in Gefahr, wenn elektronische Informationstechnologie Eliten überlassen bleibt, wenn das Prinzip der leichten Zugänglichkeit durch Bibliotheksschliessungen unterlaufen wird und Wissenschaft und Forschung zu wenig Unterstützung in multimedialer Ausstattung und Projektförderung auf Bundesebene erhalten.

Durch die edv-gesteuerten Informationsnetze wird das Prinzip des optimalen Medienbestandes in deutschen Bibliotheken durch das Prinzip des optimalen Informationszuganges ergänzt oder ersetzt. Dieser Wechsel stellt eingespielte bibliothekarische Organisationsformen wie das Verhältnis von wissenschaftlichen und öffentlichen Bibliotheken, die Aufgabenverteilung von Zentral- und Stadtteilbibliotheken in Frage. Er verlangt eine neue Interpretation bibliothekarischer Qualifikation mit ihren formalen, sozialen und kulturellen Kompetenzen. Die politisch-finanzielle Zuständigkeit der Kommunen, der Bundesländer und des Bundes kann nur in veränderten Kombinationen von Eintscheidungs- und Verantwortungsprozessen greifen.

Die Integration der Bibliotheken in das Netz von Multimedia-Anbietern findet ebenso wie die Integration von Multimedia-Technologien in die Zielvorstellungen öffentlicher und wissenschaftlicher Bibliotheken derzeit auf verschiedenen Planungsebenen statt.

Einige dieser Planungsebenen möchte ich nennen:

- die Installationen von Bibliotheksverbünden auf Landesebene, Akzeptanzprojekte/-programme zu den modernen Informationstechnologien auf der Ebene der Bundesministerien (SUBITO, Lebenslanges Lernen, FORUM Info 2000),
- „copy- und lending-right"-orientierte Novellierungen in nationaler wie internationaler Rechtsprechung (Justizministerium der Bundesrepublik Deutschland, EU, WIPO/Berner Konvention),
- Positionierung der Bibliotheken bei neuen Produkt-, Markt- und Distributionsstrategien im Multimedia-Bereich bei elektronischen Medien (fester Ladenpreis, Kopierabkommen, Pay-TV, Verwertungsgesellschaften),
- Reform von Ausbildungs- und Studiengängen (Fachhochschulebene: Schlüsselqualifikationen anstelle von Arbeitseinübung; Ausbildungsberuf auf Assistenten-Ebene nach BIBB-Entwurf),
- Fort- und Weiterbildungsoffensiven in Projekten wie „New Book Economy" im EU-ADAPT-Programm

Die Bundesvereinigung Deutscher Bibliotheksverbände als Dachverband aller deutschen Bibliotheksverbände koordiniert die Aktivitäten auf den unterschiedlichen Planungsebenen.

In über 70 Veranstaltungen werden diese bibliothekarischen Zukunftsfragen und Planungsebenen auf dem 7. Deutschen Bibliothekskongreß behandelt.

Global playing auf Datenautobahnen des weltweiten Informationsaustausches, Abwehr schlimmster Kahlschläge im Gefolge kommunaler und universitärer Sparhaushalte – die Gleichzeitigkeit von technologischem Aufbruch und Standortgefährdung kennzeichnet gegenwärtig die deutsche Bibliothekswirklichkeit.

Auch internationale Bibliotheksarbeit besteht nicht nur aus weltweiter Vernetzung, globalem Informationstausch und multikultureller Kommunikation. Sie kann nicht gelingen ohne kollegiale Nähe, menschliches Vertrauen, die auf Kongressen wie diesem ihren Platz haben. Unter den 2.400 angemeldeten Teilnehmern begrüßen wir Gäste und Referenten aus 20 Ländern: Belgien, Bulgarien, Dänemark, England, Frankreich, Italien, Libanon, Niederlande, Österreich, Polen, Rußland, Schweiz, Schweden, Slowakische Republik, Slowenien, Tschechische Republik, Ungarn, USA.

Unsere französischen Kolleginnen und Kollegen haben uns um Unterstützung im Kampf gegen die Restriktionen in Öffentlichen Bibliotheken durch Kommunalpolitiker der Front National gebeten. Als ich auf die besondere Situation deutscher Bibliothekare und auf die eventuell unerwünschte Einmischung eines Landes hinwies, das in diesem Jahrhundert zweimal politische Restriktionen zum Programm machte, erwiderte mir die ehemalige Präsidentin des französischen Bibliothekarverbandes (ABF) Fr. Danset: "Birgit, das ist die Vergangenheit. Jetzt müssen wir zusammenarbeiten, um Wiederholungen in meinem und Deinem Land zu verhindern." Deutlicher kann man nicht sagen, wo internationale bibliothekarische Verpflichtung für deutsche Bibliothekare auch liegt.

Die Damen und Herren, die uns die Freude bereiten, mit Grußworten den Start unseres 7. Deutschen Bibliothekskongresses zu verschönen, sprechen für verläßliche und notwendige Partner des deutschen Bibliothekswesens.

Wissenschaftliche und öffentliche Bibliotheken können und wollen auf Trägerschaft und Förderung, auf gesetzlich verankerte Rahmenbedingungen von Bund, Ländern und Kommunen nicht verzichten. Solange wir den freien Zugang zu Wissen und Information, die Teilhabe an Lesekultur und Medienkompetenz als demokratiestiftendes Bürgerrecht verstehen und bewahren wollen, ist die staatliche – und das meint ja nichts anderes als gemeinschaftlich getragene und kontrollierte – Verantwortung unersetzliche Voraussetzung für freiheitliche und unabhängige Bibliotheksarbeit. Ich danke Frau Bürgermeisterin Wendzinski und Frau Dr. Galsterer für die Grußworte der Stadt Dortmund und des Landes Nordrhein-Westfalen.

Buchhandel und Bibliotheken garantieren den öffentlichen Diskurs über Wissen und ästhetische Muster, der – in die Nischen von Experten und Eliten gedrängt – seinen Demokratisierungseffekt verlöre. In den Verhandlungen zu den Copyright-Bestimmungen des elektronischen Publizierens, bei Leseförderungsaktivitäten und gemeinsamen Programmen zur Fort- und Weiterbildung, aber auch bei Überlegungen zur Qualitätsgarantie der alten und neuen Medien und nicht zuletzt bei der Sicherung der Vielfalt geistigen Eigentums folgen Buchhandel und Bibliotheken gleichen Idealen. Dr. Honnefelder vom Börsenverein des Deutschen Buchhandels ist ein Garant unserer Kooperation.

Wer sich mit bibliothekarischer Ausbildung und Zukunft beschäftigt, kommt um die Definition von Gemeinsamkeiten und Spezifika der Qualifikationen von Bibliothekaren und Dokumentaren nicht herum.

Die Anforderungen der zukünftigen Informations- und Wissensgesellschaft – wie Bundespräsident Herzog sie in seiner „Berliner Rede" beschrieben hat – verlangt neue Kombinationen und Serviceleistungen beider bisher aus guten Gründen getrennten Berufsgruppen. Unser Kongreß ist eine gern genutzte Gelegenheit, zusammen mit Dr. Leonhard von der Deutschen Gesellschaft für Dokumentation die ersten Konsequenzen zu ziehen.

Viele ausländische Gäste sind der Einladung der BDB-Mitgliedsverbände gefolgt oder einfach den Versuchungen des Kongreßprogrammes erlegen. Eine besondere Rolle spielen in diesem Jahr die Kolleginnen und Kollegen aus der CSR, die mit zwei Referaten, einem Ausstellungsstand der Tschechischen Nationalbibliothek, dem Prager Klementinum, und offiziellen Vertretern im Jahr des Solidaritätsabkommens und der Versöhnung der tschechischen und deutschen Nation besonders liebe Gäste sind. Als ihre Vertreterin begrüße ich Frau Dr. Burgetová, die Präsidentin von SKIP, dem Verband tschechischer Bibliothekare.

Die Bibliotheken wären schlecht beraten, wenn sie über alle Zukunftsvisionen hinaus das vergäßen, was sie selbst für kritische Teilnehmer des kulturpolitischen Diskurses wertvoll macht. Katharina Rutschky, deren facettenreiche, wissenschaftliche und publizistische Arbeit ich seit über zwei Jahrzehnten mit Respekt verfolge, muß gehört werden, wenn es um Gutenberg und Internet geht. Ich freue mich sehr, daß sie, deren Meinung zur schwarzen Pädagogik, zu Restriktionen von Kindheit, zu unbequemen Positionen feministischer Programmatik, zu unkonventionellen Sichtweisen und Trouvaillen der Literaturgeschichte so viele weibliche bibliothekarische Berufswege begleitet hat, bei aller Skepsis angesichts unserer Aufbruchstimmung für den Festvortrag spontan zusagte.

Die Bundesvereinigung Deutscher Bibliotheksverbände dankt der Stadt Dortmund, daß wir hier zu Gast sein dürfen. Danken darf ich allen, die bei der Vorbereitung des Kongresses tätig waren. Stellvertretend für die vielen Helfer und Helferinnen nenne ich Frau Heike Susanne Lukas, die die Programmstruktur entwickelte und organisierte, und Ulrich Moeske für das Dortmunder Ortskomitee, das mit seiner eingespielten Kongreßroutine den größten Teil der Arbeit bewältigte und weitere Komitees überflüssig machte. Danken möchte ich auch Dr. Jörder von der Dortmunder Westfalenhallen Messegesellschaft, die die Kombination von 7. Deutschen Bibliothekskongreß und 5. Fachmesse Bibliotheca reibungs- und konfliktlos koordiniert, so daß beide Partner sich vom anderen gestärkt präsentieren können.

Mit 133 Ausstellern, von denen 20 % aus dem Ausland zu uns gekommen sind, profiliert sich die Bibliotheca als die größte europäische Fachmesse. Die Messe demonstriert wie die Bibliotheksprogrammatik des Kongresses vor Ort praktisch umgesetzt werden kann.

Denke ich an die gegenwärtigen Regierungsbemühungen um die Akzeptanz der Informations- und Wissensgesellschaft, an die Appelle des Bundespräsidenten in seiner Berliner Rede, die Zukunft nicht zu verspielen, und an die engagierten Worte des Bundeskanzlers zur Rolle von Buch, Lesen und Bibliothek anläßlich der Eröffnung des neuen Gebäudes der Deutschen Bibliothek in Frankfurt, erscheint mir der Zusammenhang zwischen Politik und Bibliothekskongreß der Bundesvereinigung Deutscher Bibliotheksverbände sieben Jahre nach der Deutschen Vereinigung so eng und verpflichtend wie nie. Bitte, lassen Sie uns hier in Dortmund etwas daraus machen. In diesem Sinne erkläre ich den 7. Deutschen Bibliothekskongreß der Bundesvereinigung Deutscher Bibliotheksverbände und die 5. Fachmesse Bibliotheca für eröffnet.

Birgit Dankert

BUCH-UND BIBLIOTHEKSGESCHICHTE

STEPHAN FÜSSEL

Gutenberg-Forschung: Kulturwissenschaftliche Aspekte des frühen Buchdrucks

1. Buchwissenschaft und Kulturwissenschaft

Bei einem Kongreß, der den weiten Bogen „von Gutenberg zum Internet" schlägt, ist es sinnvoll, auch zu den gemeinsamen Wurzeln buch- und bibliothekswissenschaftlicher Forschung Stellung zu nehmen. Beide Disziplinen erwuchsen aus der Literärgeschichte des 18. Jahrhunderts[1] und haben sich nicht nur in Fragen der Distribution und der Bereitstellung von Büchern immer wieder gut verstanden, sondern vor allen Dingen auch bei ihrer Rückbesinnung auf die Rolle und Bedeutung des Buches in Kultur und Gesellschaft. Bibliothekswissenschaft ist – oder sollte es jedenfalls sein – mehr als eine reine Informations-Beschaffungs-Wissenschaft, sondern eine Wissenschaft, die sich mit den Gegenständen ihres Handelns aktiv auseinandersetzt und sich nicht nur mit der wissenschaftlichen, sondern auch mit der gesellschaftlichen Bedeutung ihres Tuns befaßt. So notwendig die diesen Kongreß beherrschenden Themen der rascheren Recherchemöglichkeiten und der Digitalisierung von Texten sind,[2] ebenso notwendig ist es, die Bedeutung des Buches mit seiner Disponibilität und Praktikabilität sowie den haptischen und ästhetischen Qualitäten zu reflektieren, vor allen Dingen aber auch die mit dem Buch verbundenen Kommunikations- und Sozialisationsebenen zu debattieren.

Die „gelehrte Bücherkenntnis" stand im 18. Jahrhundert am Beginn einer wissenschaftlichen Beschäftigung mit dem Buch und bildet den Ausgangspunkt für bibliotheks- und buchwissenschaftliche Fragestellungen. Innere Größe und äußere Gestalt des Buches, die geistigen Zusammenhänge von Thema und Stofftradition, die Bedeutung des Autors und die Wirkungsgeschichte waren dem gebildeten Gelehrten vertraut. Die Differenzierung der Wissen-

[1] Vgl. Schneider, Ute: Buchwissenschaft und Wissenschaftsgeschichte, in: Im Zentrum – das Buch. 50 Jahre Buchwissenschaft in Mainz, hg. v. Stephan Füssel, Mainz 1997 (= Kleiner Druck der Gutenberg-Gesellschaft, Nr. 112), S. 50-61.

[2] Füssel, Stephan: Gutenberg goes electronic, in: Gutenberg-Jahrbuch (GJb) 1996, S. 15-22.

schaften im 19. Jahrhundert verkürzte diese umfassende gelehrte Beschäftigung und zergliederte die Themen in Bibliographie und äußere Fachkenntnisse für den Bibliothekar auf der einen Seite und die Literaturgeschichte auf der anderen Seite. Die stark positivistisch orientierte Buchforschung des 19. Jahrhunderts, für die vor allen Dingen die frühen Arbeiten der Historischen Kommission des Börsenvereins stehen, ist durch die weitergehende Verengung und Verkürzung buchwissenschaftlicher Fragestellungen gekennzeichnet. Die Gutenbergforschung im 20. Jahrhundert kennt fast nur technikgeschichtliche Aspekte und höchst spezialisierte Einzelfragen der Gutenberg-Biographie. Erst die sozialhistorisch orientierte Literaturwissenschaft der 70er Jahre setzte neue Akzente durch die verstärkte Hinwendung zu den Rahmenbedingungen von Autoren und Verlegern, damit zu dem gesamten Bereich des Buch- und Verlagswesens. Die französische Schule der *Annales* brachte mit ihrem deutlichen Bekenntnis zu aussagekräftigem statistischem Material und der sozialen Situierung des Buchmarktes einen erheblichen Impuls für die buchwissenschaftliche Forschung.[3] Zur gleichen Zeit etablierte sich in der Sowjetunion und in Polen eine eigenständige Bibliologie,[4] die die gesellschaftliche Bedeutung des Buches in den Mittelpunkt rückte. Nicht nur die Medienkonkurrenz der Gegenwart mahnt dazu, auch medien- und kommunikationstheoretische Vorgehensweisen zu berücksichtigen, die Rolle des Buches im Informationsprozeß kritisch zu würdigen.[5]

Eine den spezifischen Eigenschaften des Buches und seiner Rolle und Bedeutung in der Kultur und in der Gesellschaft gerecht werdende Fragestellung bietet wohl nur eine eindeutige kulturwissenschaftliche Perspektivierung.[6] Eine Kulturwissenschaft, die sich als Wissenschaft vom Menschen und der von ihm gestalteten Welt begreift, und die eine Integration der zersplitterten Wissenschaftsaspekte anstrebt, wird am ehesten den Facetten der Buchwissenschaft gerecht, die Inhaltsanalyse und äußere Form, Biographie und Soziologie, Theologie und Philosophie, Handwerks- und Sozialgeschichte, Rechts- und Wirtschaftswissenschaften, kommunikations- und medienwissenschaftli-

[3] Boedeker, Hans Erich (Hg.): Histoires du livre, nouvelles orientations, Paris 1995; vgl. darin u.a. Roger Chartier: De l'histoire du livre à l'histoire de la lecture: les trajectoires françaises, S. 23-46; Martin, Henri-Jean: Pour une histoire comparative du livre. Quelques points de vue, S. 417-449; Robert Darnton: Histoire du livre – Geschichte des Buchwesens: An Agenda for Comparative History, S. 451-458.

[4] Migon, Krzysztof: Das Buch als Gegenstand wissenschaftlicher Forschung. Buchwissenschaft und ihre Problematik, Wiesbaden 1990 (= Buchwissenschaftliche Beiträge aus dem Deutschen Bucharchiv München, Bd. 32).

[5] Vgl. auch Fischer, Ernst: Buch und Internet, in: Im Zentrum – das Buch (wie Anm. 1), S. 38-49.

[6] Füssel, Stephan: Buchwissenschaft als Kulturwissenschaft, in: Im Zentrum – das Buch (wie Anm. 1), S. 62-73.

che Aspekte zu synthetisieren sucht. Der Doppelcharakter des Buches als geistiger Wert und Handelsobjekt kann nur dann genau erfaßt werden, wenn alle geistigen Strömungen einer Epoche ebenso berücksichtigt werden wie die zeitgenössischen, ökonomischen, rechtlichen und politischen Rahmendaten.

Beispielhaft für diese methodischen Überlegungen erscheint der Begriff von Kulturwissenschaft, den Aby M. Warburg (1866-1929) bereits in den 20er Jahren geprägt hat.[7] Ihm ist es seinerzeit gelungen, die Kunstgeschichte aus dem engen Korsett einer rein ästhetisierenden Stilkritik herauszuführen und mit einem bestechenden Blick auf das Detail und einer gelebten Interdisziplinarität alles Verfügbare um ein Kunstwerk herum zu versammeln, damit es dann – historisch gerecht und überzeitlich verbindlich – in allen seinen Bedeutungsfacetten gesehen werden kann. Geradezu legendär ist Warburgs Beschäftigung mit einer Truhen-Vorderseite aus der Renaissance über zwei Semester. Da er sowohl über das Material als auch über die Farbgebung handelte, ebenso über die Tradition der bildlichen Darstellungen (Warburgs Modell der Ikonologie), die Form und die Art der Beschriftung und die literarischen Bezüge, wird seine leitende Maxime „Der liebe Gott steckt im Detail“ am konkreten Beispiel verständlich. Die Buchwissenschaft und Bibliothekswissenschaft können sehr viel Kapital aus diesen Gedanken ziehen. Gerade die Wechselwirkung von Technikgeschichte und Geistesgeschichte macht ja das Faszinosum dieser Disziplinen aus. Folgerichtig fragen wir nun nicht mehr verkürzt, was Gutenberg entwickelt hat, sondern in welchen Zusammenhängen er technikgeschichtlich stand, was ihm von der Stempelschneidekunst oder möglichen koreanischen Vorbildern bekannt war, was er aus den Skriptorien zu übernehmen versuchte, welche Leitgedanken seine technischen Entwicklungen und die Auswahl seiner Schriften bewegten. Wie wurden diese Produkte von ihrer Umgebung rezipiert, in welchen geistigen Zusammenhängen, etwa der Theologie oder des Humanismus, sind Urheberschaft und Rezeption seiner Erfindungen zu finden? Warburg folgend müßte man jetzt ein konkretes Beispiel, etwa eine noch undatierte Inkunabel oder einen Bestsellererfolg des 20. Jahrhunderts, mit allen diesen Fragestellungen behandeln, um damit den Begriff der Kulturwissenschaft eindeutig zu bestimmen. Wir gehen hier einen anderen Weg und wollen versuchen, die Bedeutung Gutenbergs und der Frühdrucke aus einer kulturwissenschaftlichen Perspektive vorzustellen.

Einleitend könnte man zuspitzend formulieren, daß Gutenberg die Folge seiner Erfindung weder in technischer Hinsicht noch in intentionaler Hinsicht einzuschätzen in der Lage gewesen ist, da sich seine strikte Handschriftenimitation in wenigen Jahren überlebte, sich völlig neue Buchformen herausbilde-

[7] Warburg, Aby: Ausgewählte Schriften und Würdigungen, hg. v. Dieter Wuttke, 3. Aufl., Baden-Baden 1992.

ten und sich gerade die Kirche als seine erste Zielgruppe als zu unbeweglich bewies, um eindeutig positiv auf die Entwicklung zu wirken. Erst die neue geistige Kraft des Humanismus, mit ihrem Glauben an die Bildungsfähigkeit des Menschen, konnte dem neuen Medium des gedruckten Buches zum intellektuellen Durchbruch verhelfen. Auch die reformatorischen Kräfte in der Kirche, ob nun – zumindest intentional – Nikolaus von Kues um 1450[8] oder Luther zu Beginn des 16. Jahrhunderts, nutzten dieses neue Medium, während die „alte" Kirche mit dem Mittel der Zensur versuchte, die Zeit noch einmal zurückzudrehen und den Zugang zur freien (theologischen) Information wieder zu versperren.

Während Gutenberg und seine direkten Nachfolger sich dem Bibel- und Missal-Druck zuwandten, so beschäftigen sich Froben in Basel, die Zainer in Augsburg und Ulm, Pfister in Bamberg oder Aldus Manutius in Venedig mit der humanistischen und philologischen Arbeit und wurden damit Wegbereiter eines geistigen Entwicklungsprozesses, von dem die Geistesgeschichte aller nachfolgenden Jahrhunderte, auch die Theologie im 16. Jahrhundert, profitierte.

2. Zum Stand der Gutenberg-Forschung[9]

Die Gutenberg-Forschung kann keine spektakulären Neufunde oder Neubewertungen aufweisen;[10] allerdings ist der grundsätzliche methodische Wandel von einer rein personengeschichtlichen Fixierung hin zu einer kulturwissenschaftlichen Öffnung anzuzeigen. Man könnte formulieren, daß wir gegenwärtig den Wandel von einem statischen zu einem dynamischen Gutenberg-Verständnis erleben. Die prosopographische Gutenberg-Forschung hat seit dem Jahre 1900 keine Fortschritte zu verzeichnen. Karl Schorbach hat mit seinen „urkundlichen Nachrichten über Johann Gutenberg" in der Festschrift zum 500. Geburtstag von Johann Gutenberg im Jahre 1900[11] alle urkundlichen

[8] Kues reiste auf Visitationen durch die Bistümer und ließ noch hölzerne und steinerne Tafeln mit den Grundgebeten des Glaubens anbringen, der Buchdruck ermöglichte dann seine Idee von der Bereitstellung von Texten.

[9] Ein vollständiger Forschungsbericht ist im Rahmen dieses Vortrags nicht intendiert, hier können nur einige Akzente gesetzt werden. Zum Jahr 2000, dem 600. Geburtstag Gutenbergs, ist geplant, die gesamte Forschungsliteratur – mit einem einleitenden Forschungsbericht – im Volltext im Internet und auf CD-ROMs bereitzustellen. Ebenso soll das Göttinger Pergamentexemplar der B 42 digitalisiert und über den Server der SuUB Göttingen sowie auf CD-ROM verfügbar werden. Partner sind das Mainzer Institut für Buchwissenschaft, die SuUB Göttingen und der Verlag Olms, München.

[10] Über das „Wiederauftauchen" der seit 1945 verschollenen Leipziger Pergament-Ausgabe der B 42 in der Russischen Staatsbibliothek in Moskau berichtet die Bibliothekarin Tatiana Dolgodrova – mit einem Verzeichnis der Miniaturen – im GJb 1997, S. 64-75.

[11] Schorbach, Karl: Die urkundlichen Nachrichten über Johann Gutenberg, in: Festschrift zum 500. Geburtstag von Johann Gutenberg, hg. v. Otto Hartwig, Mainz 1900, S. 133-256.

Belege ediert und kritisch kommentiert. Darauf fußt die personengeschichtlich orientierte Gutenbergforschung unseres Jahrhunderts; sie konnte diese Daten in Einzelfällen neu gewichten, ohne jedoch nur in einem einzigen Fall einen gedanklichen Fortschritt zu erreichen. Wenn überhaupt, so ist die Neubewertung eines Briefes Enea Silvio Piccolominis aus dem Jahre 1455 ein gewisser Fortschritt.

Diese Quelle war bereits 1947 publiziert und von Erich Meuthen im Gutenberg-Jahrbuch 1982 detailliert vorgestellt worden, Leonhard Hoffmann hat 1993 die „Kosten- und Gewinnschätzung des ersten Bibeldrucks auf der Grundlage zeitgenössischer Quellen" gründlich erarbeitet. Jüngst hat Martin Davies in der Zeitschrift „Library" vom September 1996 dazu Stellung bezogen.[12] In diesem Brief berichtet Enea Silvio Piccolomini dem spanischen Kardinal Juan de Carvajal in Rom am 12.3.1455 davon, daß er in Frankfurt Quinternionen verschiedener Bücher der Heiligen Schrift in „höchst sauberer und korrekter Schrift ausgeführt" [...], „die mühelos und ohne Brille lesbar" seien, gesehen habe, die, wie er hörte, in einer Auflage von 158 oder sogar 180 Exemplaren gedruckt worden seien. Leider sei es ihm nicht möglich gewesen, eine käufliche Bibel zu beschaffen, da er gehört habe, daß „noch vor Vollendung der Bände bereitstehende Käufer" die Auflage erworben hätten. Diese Angabe bezieht sich möglicherweise auf den Aufenthalt Piccolominis im Oktober 1454 in Frankfurt. Wir können damit nun endlich den weitgehenden Abschluß der Druckarbeiten auf den Spätherbst 1454 datieren und in der Folge andere Lebenszeugnisse von Gutenberg, vor allen das in der Göttinger Universitätsbibliothek aufbewahrte Helmarspergische Notariatsinstrument, einer Neubewertung unterziehen. Gutenberg könnte dann nämlich mindestens einen Teil der Verkaufs-Gewinne selbst realisiert und möglicherweise in neue Unternehmungen investiert haben. Guy Bechtel hat diese Quellen bereits in seine erfreulich nüchterne und logisch strukturierte Gutenberg-Monographie 1992 aufgenommen.[13] Dieser, nach den Monographien von Aloys Ruppel (1939, 1947) und Albert Kapr (1986)[14] wichtigsten Gutenberg-Biographie ist die Öff-

12 Meuthen, Erich: Ein neues frühes Quellenzeugnis (zu Oktober 1454?) für den ältesten Bibeldruck, in: GJb 1982, S. 108-118; Hoffmann, Leonhard: Die Gutenberg-Bibel. Eine Kosten- und Gewinnschätzung des ersten Bibeldrucks auf der Grundlage zeitgenössischer Quellen, in: Archiv für Geschichte des Buchwesens (AGB) 39 (1993), S. 255-319; Davies, Martin: Juan de Carvajal and Early Printing: The 42-line Bible and the Sweynheim and Pannartz Aquinas, in: Library, Sixth Series, Vol. 3, September 1996, S. 193-215.

13 Bechtel, Guy: Gutenberg et l'invention de l'imprimerie. Une enquête, Paris 1992; vgl. die instruktive Rezension von Hans-Joachim Koppitz im GJb 1994, S. 15-18.

14 Ruppel, Aloys: Johannes Gutenberg. Sein Leben und sein Werk, Berlin 1939, 2. Aufl. 1947; Kapr, Albert: Johannes Gutenberg. Persönlichkeit und Leistung, Leipzig 1986; vgl. dazu die Rezension von Ferdinand Geldner: Alte und neue Wege der Gutenberg-Forschung, in: GJb 1988, S. 15-21.

nung biographischer Forschung zur Geschichte der europäischen Gesellschaft und der deutschen Geschichte im 15. Jahrhundert zu verdanken. Zu den Kernaussagen seiner Studien gehörte, daß Gutenberg zwar der Erfinder der Typographie war, daß er jedoch eine ganze Reihe von Mitarbeitern hatte, deren Verdienst bisher unzureichend gewürdigt wurde, daß Gutenberg selbst die Folgen seiner Erfindung nicht abschätzen konnte und daß die Erfindungen generell auch in einem technikgeschichtlichen Zusammenhang des 15. Jahrhunderts gesehen werden müßten.

Eine weitere Detailfrage der Technikgeschichte rankte, zum Teil heftig diskutiert, um die Frage des Mainzer *Catholicons*, seiner Datierung und seiner Drucktechnik. Paul Needham[15] und Lotte Hellinga[16] haben diese Debatte vor allem bestimmt. Ihre Arbeiten sind gleichzeitig ein Beleg für die Möglichkeiten der neueren Methode analytischer Druckforschung.[17] Auf beiden Seiten fanden sich Mitstreiter, die entweder die These vertraten, Gutenberg habe bereits eine frühe Form von Stereotypie entwickelt, und versuchten, dies mit Gipsmodellen nachzubauen,[18] oder auf der anderen Seite eine spätere Datierung des *Catholicons* auf nach 1469 vorschlugen, so daß die Fragen in die Nach-Gutenberg-Ära fielen und damit vieles von ihrer Brisanz genommen wurde. Diese späte Datierung[19] des *Catholicons* hilft bei der Beantwortung mehrerer Fragen, z.B. der Erklärung über das abgenutzte Aussehen der Typen, die Verbindung zu anderen Drucken und zum *Vocabularius ex quo* aus Eltville, die nun befriedigend beantwortet werden konnte. Wichtig erscheint vor allem, daß das *Catholicon* wohl auch als ein frühes Zeugnis für neue Formen der Organisation und der Produktion eines Verlagskonsortiums angesehen werden kann, was mindestens ebenso wichtig ist wie ein möglicher technikgeschichtlicher Fortschritt.

[15] Needham, Paul: Corrective Notes on the Date of the Catholicon Press [...], in: GJb 1990, S. 46-64; ders.: Further Corrective Notes on the Date of the Catholicon Press, in: GJb 1991, S. 101-130; ders.: [Catholicon], in: Le Bulletin du Bibliophile, 1992, S. 257-304.

[16] Hellinga, Lotte: Analytical Bibliography and the study of early printed books with a case-study of the Mainzer Catholicon, in: GJb 1989, S. 47-96; dies.: Comments on Paul Needham's Notes [...], in: GJb 1990, S. 65-69; dies.: Slipped Lines and Fallen Type in the Mainz Catholicon, in: GJb 1992, S. 35-40.

[17] Vgl. dazu Boghardt, Martin: Druckanalyse und Druckbeschreibung. Zur Ermittlung und Bezeichnung von Satzidentität und satzinterner Varianz, in: GJb 1995, S. 202-221; ders.: Analytische Druckforschung. Ein methodischer Beitrag zu Buchkunde und Textkritik, Hamburg 1977.

[18] Zur Catholicon-Forschung vgl. Wolfenbütteler Notizen zur Buchgeschichte 12 (1987), S. 105-232. Auch bereits die Stereotypie auf Gutenberg zu beziehen, gehört wohl in die Tradition, den Ruhm des genialen Erfinders zu vermehren; ähnlich argumentierte Hellmut Rosenfeld, der Gutenberg den Vielfarbdruck andichtete; vgl. in: Der gegenwärtige Stand der Gutenberg-Forschung, hg. v. Hans Widmann, Stuttgart 1972, S. 200-210.

[19] Hellinga, Lotte: Das Mainzer „Catholicon" und Gutenbergs Nachlaß. Neudatierung und Auswirkungen, in: AGB 40 (1993), S. 395-416.

Im weiteren Sinne zur Gutenberg-Forschung ist die Studie von Michael Giesecke „Der Buchdruck in der Frühen Neuzeit" zu werten.[20] Giesecke geht von seinem Anspruch weit über eine gutenbergspezifische Fragestellung hinaus, und bemüht sich, die Ablösung des sog. skriptographischen durch das typographische Medium im 15. und 16. Jahrhundert mit der gegenwärtigen Medienrevolution zu parallelisieren, darüber hinaus mit dem terminologischen Instrumentarium der neuen Medien (das für ihn gleichzeitig auch Ausdruck eines neuen Bewußtseins ist) das alte Medium zu beschreiben. Giesecke versteht die Buchkultur der Frühen Neuzeit als ein komplexes informationsverarbeitendes System, in dem verschiedene technologische Neuerungen ineinandergreifen, in der sich der Markt als ein neues kommunikatives Netz versteht, alternative Formen der Wahrnehmung und der Informationsdarstellung zum Tragen kommen. Er belegt auch auf seiten der Rezipienten eine Verhaltensänderung, da sie in einen neuen Informationskreislauf stärker als zuvor eingebunden werden. Er stellt Fragen nach der sozialen Akzeptanz des neuen Mediums und konstatiert darüber hinaus die Herausbildung neuer provozierender Formen des Wissens und der Kommunikation am Ende des 15. Jahrhunderts. Eine Bewertung dieser Arbeit muß seinen methodischen Prämissen folgen, d.h. eine Beurteilung kann nur auf kommunikationstheoretischer Basis erfolgen. Eine solche Perspektivierung provoziert anregende Erkenntnisse durch den Zusammenhang zwischen Vermittlungsformen des Wissens und dem Wissen selber.

Bedenken äußerten Mediaevisten und Buchwissenschaftler allerdings wegen der fehlenden historische Grundlagenkenntnis, namentlich im Handschriftenbereich.[21] Die vorgeschlagene Re-Transferierung zeitgenössischer Termini wird über eine andersgeartete Gesellschaft und Kultur gestürzt und ihr nicht gerecht. Die Druckerei wird als ein „Prozessor" gesehen, der ein „Emergenzniveau" der Information (S. 31) schafft. Nicht nur Worte wie „Urheberrecht" und „Datenschutz" schaffen eher Verwirrung als daß sie einer Klärung fein strukturierter Rechtsfragen der Frühen Neuzeit beihelfen; auch der Begriff des „Wettbewerbsgedankens" kann nur mißverständlich in das 15. Jahrhundert transponiert werden. Giesecke reagiert auf die statische Gutenberg-Forschung, verfällt jedoch dabei selbst in den Fehler, die Vor-Geschichte des Druckens nicht zu berücksichtigen. Er argumentiert streckenweise, als gäbe es Bücher erst seit Gutenberg. Vieles, etwa auch eine Arbeitsteiligkeit und die auf Marktbedingungen begründete Produktions- und Distributionsweise,

20 Giesecke, Michael: Der Buchdruck in der Frühen Neuzeit. Eine historische Fallstudie über die Durchsetzung neuer Informations- und Kommunikationstechnologien, Frankfurt 1991.

21 Vgl. u.a. die Rezensionen von Norbert Ott in der „Süddeutschen Zeitung" vom 8./9. Februar 1992, S. V.

ist zumindest in Ansätzen im Herstellungs- und Verbreitungsprozeß spätmittelalterlicher Handschriften bereits präsent: Eine Schreiberwerkstatt wie die von Diebold Lauber fertigte ihre Produkte auf Vorrat und nicht nur auf Bestellung, sie hatte ähnliche Vertriebsstrukturen wie die Druckoffizinen mit den typographischen Produkten. Die Einrichtung der Manuskripte von Lauber ist nahezu identisch mit denen illustrierter Drucke im 15. Jahrhundert.[22] Die Inkunabeln imitierten ja gerade das Layout der Handschriften, kopierten sie vielfach bis in die ikonographische Ausstattung detailgenau, wie sich umgekehrt die Druckproduktion durchaus befruchtend auf das Erscheinungsbild der späteren Handschriften auswirkte. Was von Giesecke z.B. als innovative Leistung des neuen Mediums herausgestellt wurde, die szenische Darstellung eines Erzählers, etwa bei Boners Fabelsammlung, finden wir doch bereits seit der zweiten Hälfte des 13. Jahrhunderts beim Illustrator von Wolfram von Eschenbachs „Willehalm", nämlich eine Erzählerfigur, die leitmotivisch in der Handschrift immer wieder auftaucht.[23] Wichtiger als der Unterschied zwischen Handschrift und Buchdruck wäre ein Eingehen auf den Übergang von Oralität zur Literalität gewesen, eine lebendige Spannung, in der die Handschriften des gesamten Mittelalters stehen, die sich zwischen gelehrter Kultur und oraler Volkskultur oder Laienkultur bewegen. – Dieser Kurzaufriß der Gutenberg-Forschung kann die umfassende Bibliographie zum Frühdruck von Severin Corsten und Reimar W. Fuchs,[24] die Tagungsakten zum 550. Jubiläum der Buchdruckerkunst[25] 1990 sowie die Faksimilierung von Gutenberg-Bibeln mit gelehrtem Kommentar,[26] nicht unerwähnt lassen, da sie zu den künftigen Arbeitsgrundlagen gehören.

[22] Vgl. W. Fechter: Der Kundenkreis des Diebold Lauber, in: ZfB 55 (1938), S. 121-146; C. v. Heusinger: War Diebolt Lauber Verleger? in: De captu lectoris, Berlin/New York 1988, S. 145-154.

[23] Vgl. Norbert Ott (wie Anm. 21).

[24] Der Buchdruck im 15. Jahrhundert. Eine Bibliographie. 2 Teile, Stuttgart 1988/93 (Hiersemann Bibliographische Handbücher 7,1 u. 7,2).

[25] Johannes Gutenberg – Regionale Aspekte des frühen Buchdrucks. Vorträge der Internationalen Konferenz zum 550. Jubiläum der Buchdruckerkunst 1990 in Berlin. Redaktion: Holger Nickel und Lothar Gillner, Berlin 1993.

[26] Schmidt, Wieland/Schmidt-Künsemüller, Friedrich Adolf: Kommentarband zur zweiten Faksimile-Ausgabe der Berliner Gutenberg-Bibel 1979. Aktualisierte Separatausgabe, Münster 1995; Dodu, Jean-Marie: La Bible de Gutenberg, Ouvrage documentaire, Paris 1985 (Kommentarband zur Ausgabe der Mazarine-Bibel in Paris); Powitz, Gerhardt: Die Frankfurter Gutenberg-Bibel. Ein Beitrag zum Buchwesen des 15. Jahrhunderts, Frankfurt a.M. 1990 (Frankfurter Bibliotheksschriften Bd. 3); Faksimile der B 42 der Biblioteca Pública del Estado, Burgos, Valencia 1995; der angekündigte Kommentarband, hg. v. Dietrich Briesemeister, ist bisher nicht erschienen. Es liegt lediglich ein „Supplement zur Situation der Gutenberg-Forschung" von Eberhard König vor, Münster 1995.

3. Künftige Arbeitsfelder der Gutenberg-Forschung

Die oben beschriebenen Fortschritte in der analytischen Druckforschung und bei der Drucktintenanalyse in Teilchenbeschleunigern[27] könnten erheblich zur Text- und Entstehungsgeschichte einzelner Drucke beitragen. So könnten die Tinten der B 36 mit der bei Pfister in Bamberg 1561 sicher datierten Ausgabe von Boners „Edelstein" verglichen und damit eine der wichtigsten Zuschreibungsfragen geklärt werden. Leider stehen konservatorische Bedenken gegenüber dieser Untersuchungsmethode noch oft ihrer Durchführung entgegen. – Ein weiterer neuer Forschungsschwerpunkt ist das Nebeneinander von Handschrift und Buchdruck in der zweiten Hälfte des 15. Jahrhunderts; das Mainzer Institut für Buchwissenschaft wählte dabei den Bereich der Einbandkunde. Zur Zeit werden Einbände der Stadtbibliothek Nürnberg von 1450 bis 1500 aufgenommen,[28] und dabei bereits ein erstes Ergebnis festgehalten, daß Tradition und Bewahrung deutlich überwiegen. Die Drucke wurden prinzipiell nicht anders eingebunden als auch die zeitgenössischen Handschriften. Wichtig ist, daß man Nachlässe bei diesen Untersuchungen nicht auseinanderreißt, wie das ja leider in fast jeder Bibliothek geschieht, die Handschriften und Drucke grundsätzlich getrennt aufbewahrt. An dieser Stelle ist nachdrücklich dafür zu plädieren, überlieferungsgeschichtliche Zusammenhänge auch im bibliothekarischen Umgang deutlich zu machen, daß heißt Nachlässe nach Möglichkeit zusammenzubehalten, um damit rekonstruierbar zu halten, wie und in welcher Form die Zeitgenossen den Druck und die Handschrift in ähnlicher oder in unterschiedlicher bzw. in ergänzender Weise genutzt haben. Wenn man einen größeren Handschriftenbestand mit dem zeitgleichen Inkunabelbestand vergleicht, so kann man zum Beispiel sehen, daß im Handschriftenbereich die Gattungen, die nun durch den neuen Druck in erheblicher Zahl bereitgestellt wurden, und das sind vor allen Dingen lateinische und volkssprachige Bibelausgaben, deutlich zurückgehen.

Auch kommt es nicht mehr zu den großen „Summen" der Handschriftenausgaben, ob es sich um theologische oder Rechtsschriften handelt, dagegen zu einem neuen, lebendigen Austausch von Handschriften geringeren Ausmaßes, die mehr der individuellen Rezeption entsprechen. Mitschriften von Vorlesungen, Exzerpte aus unterschiedlichen Vorlagen, gemischt aus Handschrift und

[27] Vgl. u.a.: Schwab, Richard N./Cahill, Thomas A./Kusko, Bruce H./Wick, Daniel L.: Cyclotron Analysis of the ink in the 42-line Bible, in: The papers of the Bibliographical Society of America 77, 1983, S. 285-315; Zahn, Peter: Untersuchungen von Beschreibstoffen und Druckfarben früher Inkunabeln mit Röntgenfluoreszens-Analyse im Teilchen- oder Synchrotron-Beschleuniger, in: Johannes Gutenberg, Regionale Aspekte (wie Anm. 25), S. 28-46.

[28] Eike Dürrfeld im Rahmen ihrer Dissertation über die Buch-Schließen im 15. Jahrhundert.

Druck, überwiegen nun; aber es gibt auch weiterhin Handschriften zur persönlichen Frömmigkeit, Gebetbücher und Stundenbücher. Wurde in der Inkunabelforschung der letzten zehn Jahre zu Recht darauf hingewiesen, daß das Jahr 1480 (und nicht das rein bibliothekarisch festgesetzte Jahr 1500) zu einem deutlichen Wechsel im Erscheinungsbild der Inkunabeln führte, bei denen sich langsam ein Titelblatt herausbildet, der Kolophon zurückgedrängt wird, massive Buchwerbung einsetzt etc. etc., so sollte nun dagegengehalten werden, daß die Handschriftenproduktion auch in den letzten zwanzig Jahren des 15. Jahrhunderts noch ein beachtliches Ausmaß hatte, ebenfalls die Handschriftenproduktion im 16. Jahrhundert.[29]

Die technikgeschichtlichen Fragen der Erfindung Gutenbergs sollten künftighin nicht unter dem reinem Innovationsaspekt, sondern eher unter einem Entwicklungsaspekt gesehen werden. Nur wenigen Technik- und Wirtschaftswissenschaftlern[30] verdanken wir Hinweise darauf, daß etwa der Stempeldruck (gerade bei den Einbandstempeln), der Zeug- und Tuchdruck oder der Model-Druck ebenso als eine Grundlage für Gutenberg in Augenschein genommen werden müssen, wie auch alle Handgriffe aus dem Goldschmiede- und Münzhandwerk, ferner alle Gußformen und -techniken, gerade auch Gußformen beim Glockenbau, sowohl im Zusammenhang mit ihrer Legierung als auch mit der Art der Schrifteinbringung verglichen werden sollten.

Im erheblich stärkerem Maße als bisher sollte die reiche Holzschnittproduktion seit etwa 1400 in Mitteleuropa Berücksichtigung finden. Schließlich sollten nicht (wie in den meisten Gutenberg-Biographien bisher) die Druckentwicklungen in Korea oder China mit einem Halbsatz abgetan werden. Zwar bleibt es im Moment noch spekulativ, ob und auf welchem Wege Gutenberg oder seine Mitstreiter vom koreanischen Typen-Guß erfahren haben könnten (die Thesen Kaprs[31] auf eine Vermittlung von Cusanus sind nicht belegbar), doch ist es nicht auszuschließen, daß sich Gutenberg Anregungen für seine Entwicklungen sowohl von Hochdruckstempeln von Handschrifteneinbänden holte, als auch von typographisch hergestellten koreanischen Geldscheinen, die ihm in Straßburg begegnet sein könnten. Dies würde in keiner Weise die Qualität und Bedeutung seiner eigenen Erfindungen schmälern, würde aber auch im technikgeschichtlichen Bereich das deutlich machen, was

[29] Vgl. dazu jüngst profund Brandis, Tilo: Die Handschrift zwischen Mittelalter und Neuzeit. Versuch einer Typologie, in: GJb 1997, S. 27-57.

[30] Stromer, Wolfgang: Gesporte Lettern. Leitfossilien des Stempeldrucks (ca. 1370-1490), in: GJb 1996, S. 23-64.

[31] Kapr, Albert: Johann Gutenberg. The Man and his invention. Translated from the German by Douglas Martin, Hants 1996. Diese englische Übersetzung bildet die 3., überarbeitete Auflage (die nicht in deutsch erschien). Darin widmet sich Kapr ausführlicher dem möglichen Kontakt zu Cusanus (S. 61-64) und den „Printing Parallels“ (S. 100-122).

bereits eingangs von der biographischen Forschung gefordert wurde, einen dynamischen Prozeß der Entwicklung zu konstatieren, statt auf eine statische, einmalige Großtat zu schauen.

Ebenso wäre es wichtig, das Augenmerk stärker auf die Begleitpublikationen der B 42 zu richten als auf dieses erste typographische Meisterwerk. Wir kennen ja das bekannte Diktum „Was lasen die Deutschen, während ihre Klassiker schrieben?", das sich auf die umgekehrt reziproke Rezeption von Goethes „Werther" bzw. seines Schwagers Vulpius mit dem „Rinaldo Rinaldini" bezieht. Vergleichbar wurde die eine Auflage der B 42 mit etwa 180 Exemplaren von Brotartikeln begleitet, wie den über vierzig verschiedenen Ausgaben und Auflagen allein in der Inkunabelzeit der Kurzgrammatik von Aelius Donatus, der hohen Zahl von Auflagen astrologischer Kalender oder des „Aderlaß- und Laxier-Kalenders" ab 1456, oder des Bauernkalenders seit 1471, oder eben auch den Ablaßbriefen, die sich nachweislich schon in der Inkunabelzeit mit Auflagen von 143.000 Exemplaren in Windeseile absetzen ließen.[32] Ebenso wie bei dem Plädoyer für die stärkere Berücksichtigung der Handschriften und ihres Marktes soll hier für eine deutlichere Hinwendung zum Massen-Artikel Buch und seinen Erscheinungsformen als Flugblatt, Pamphlet etc. eingetreten werden. Hierbei gewinnen wir dann neue Perspektiven der Kommunikationsdimensionen, die auch die massenhafte Verbreitung von einfachen, dem Alltag zugewandten Wissen, etwa bei den Bauernregeln, astrologischen Kalendern bis hin zu gehobenem Wissen in den Grammatiken und Rechentabellen aufzeigen. Das darin erkennbare Bildungsbestreben, welches gleichzeitig mit einem gesellschaftlichen Aufbruch einherging, ist in erster Linie der Aufnahme der Buchdruckerkunst durch die Humanisten zu verdanken. Diesem wichtigsten geistesgeschichtlichen Impuls der frühen Neuzeit seien daher noch einige Ausführungen gewidmet.

4. Humanismus und Buchdruck

Humanismus[33] bedeutet die vertiefte Beschäftigung mit dem klassischen und christlichen Altertum, eine auf deren Ideale zielende Bildungsbewegung, die

[32] Vgl. Stromer, Ulrich von: Eine reziproke Klassifikation von Wiegendrucken, in: GJb 1993, S. 15-19.

[33] Der Begriff *Humanismus* wurde erst zu Beginn des 19. Jahrhunderts geprägt und seit 1859 durch Georg Voigts Buch „Die Wiederbelebung des Classischen Alterthums" als Epochenbezeichnung aufgefaßt; vgl. dazu Rüegg, Walter: Cicero und der Humanismus, 1946, S. 12-13. Jacob Burckhardt verwendete den Begriff Renaissance für die geistesgeschichtlichen Umbrüche der Epoche vom 14. bis 16. Jahrhundert (vgl. dens., Cultur der Renaissance, ein Versuch, 1860). Heute bezeichnet man zumeist mit *Renaissance* die geistigen und kulturellen Wandlungen der Zeit, mit Humanismus die zugrundeliegende Bildungsbewegung.

das religiöse, politische und gesellschaftliche Leben des 15. Jahrhunderts in Europa formte, sich bald als eine Bildungsmacht verselbständigte und die gesamte Breite des Daseins umfaßte. Die Antike wurde als ein Maßstab menschlichen Tuns angenommen, auch ihre ästhetischen und stilistischen Kategorien übernommen. Eine neue Art von Dichter setzte sich durch, der *poeta doctus*, der Bildungsdichter, der eine Mittelstellung zwischen Philosoph, Gelehrtem und Schriftsteller einnahm und den Dichter als Naturbegabung verdrängte. Im deutschsprachigen Gebiet schalt namentlich Erasmus von Rotterdam mit satirischer Schärfe in polemischen Briefen eine neue Generation von Scholastikern, die nicht zu einer schöpferischen Begegnung mit der Antike gelangten und die den aufklärerischen Impuls der *humanitas* nicht verstünden. Es ging ihm darum, im Rückgriff auf altes, vorrangig antikes Wissen im Bewußtsein der Würde und Verpflichtung des Menschen als Ebenbild Gottes ein neues Wissen, ein neues Bewußtsein, neue Weisheit zu schaffen, die den Menschen ethisch reifer machen und Gott näher bringen sollte.[34] Den Humanisten war die Einheit von Geistes- und Naturwissenschaften noch selbstverständlich.[35] Die hohe Einschätzung ihrer pädagogisch-geistigen Bildungsaufgaben führte sie zu gesteigerten Anforderungen an die technische und illustrative Ausstattung der von ihnen herausgegebenen Druckwerke. Sie sollten nicht nur philologisch exakt sein, sondern auch in ihrer äußeren Gestaltung dem inneren Wert entsprechen. Diese Forderung stellte hohe Ansprüche an die Bildung der Setzer, Korrektoren und Verleger. Es haben sich zahlreiche Äußerungen von Drucker-Verlegern erhalten, in denen sie hervorheben, mit welcher Sorgfalt sie einen einwandfreien Druck der Texte ermöglicht hätten.[36] Aber auch Typographie und Seitengestaltung fanden die Aufmerksamkeit der Herausgeber und bald auch der Käufer. Die Wahl der richtigen Schriftgrade, des angemessenen Durchschusses oder die Verwendung eines sauberen, glatten Papiers wurden ausgiebig disputiert; wichtig war ihnen auch die grundsätzliche Wahl der Antiqua als die vermeintliche, vor allen Dingen aber angemessene Schrift für Texte der Antike.[37]

Sie wurde für den Druck aus der Humanistenhandschrift entwickelt, die wiederum eine Nachempfindung der karolingischen Minuskel war, in der zahlreiche römische Schriftsteller überliefert worden waren. Die Antiqua wur-

[34] Vgl. die neue Definition von Dieter Wuttke in: Humanismus und Entdeckungsgeschichte, in: Pirckheimer-Jb 1992, S. 9-52, hier S. 34.

[35] Vgl. Grössing, Helmuth: Humanistische Naturwissenschaft in den deutschsprachigen Ländern, Baden-Baden 1983, passim.

[36] Vgl. Bissels, Paul: Humanismus und Buchdruck, Nieuwkoop 1965, S. 39-40.

[37] Vgl. Friedland, Klaus: Antiqua, in: Philobiblon 20 (1976), S. 213-234; de la Mare, Albina: Humanistic script, in: Das Verhältnis der Humanisten zum Buch, Bonn-Bad Godesberg 1977, S. 89-110.

de daher bei der Wiedergabe klassischer Quellen oder bei zeitgenössischen, an deren Vorbild orientierten humanistischen Werken überwiegend verwendet. Erasmus von Rotterdam äußert sich mit hoher Wertschätzung über die Chancen des Buchdrucks für die Bildung des Volkes. Er beklagt eine geistige Verspätung nördlich der Alpen: „Denn als ich ein Knabe war, begannen die guten Wissenschaften in Italien wieder aufzublühen. Aber entweder, weil die Buchdruckerkunst noch nicht erfunden worden war, oder weil sie noch zu wenig bekannt war, bis zu uns gelangten keine Bücher und in absoluter Ruhe führten überall die das Zepter, welche die ungebildetste Bildung dozierten.“[38] Auch nach der Verbreitung der Buchdruckerkunst nutzten nach Meinung von Erasmus wiederum die Italiener die neue Technik konsequenter und sinnvoller, und er fordert ihre öffentliche Unterstützung auch diesseits der Alpen: „Würden unsere Fürsten ... den wissenschaftlichen Bestrebungen in ähnlicher Aufgeschlossenheit gegenüberstehen wie die italienischen, so stünden die Schlangen Frobens im buchhändlerischen Erfolg dem Delphin des Aldus nicht nach. Aldus hat unter dem Motte ‘Eile mit Weile’ nicht weniger Geld als Ruhm erworben, beides übrigens verdientermaßen. Froben aber, der den Stab immer aufrecht hält und kein anderes Ziel vor Augen hat als das Gemeinwohl, ist, da er von der Einfalt der Tauben nicht abgehen will und die Klugheit der Schlangen mehr in seiner Druckermarke bekundet als in seiner Handlungsweise, eher berühmt als reich geworden.“[39] Erasmus zielt damit natürlich auf die Druckermarken von Aldus Manutius in Venedig und Johann Froben in Basel,[40] die für die Verbreitung seiner Schriften, aber auch für die Verbreitung der Texte der Antike aus dem Geist des Renaissance-Humanismus erhebliches geleistet haben. Eine gleiche Einschätzung finden wir beim deutschen Erzhumanisten Conrad Celtis, der in seiner Ode III, 9 schreibt, daß es „einem Sohn der Stadt Mainz zu verdanken sei, daß die Deutschen nicht mehr von den Italienern wegen ihrer angeblichen geistlosen Untätigkeit geschmäht werden“ könnten.[41]

[38] „[...] Nam me puero repullulascere quidem coeperant apud Italos bonae litterae, sed ob typographorum artem aut nondum repertam; aut paucissimi cognitam, nihil ad nos librorum perferebatur & altissima quiete regnabant ubique; qui litteras docebant illiteratissimas [...]“. Brief von Erasmus an Johannes Boltzheim in der Einleitung zur Gesamtausgabe von J. Clericus, Bd. 1, ungez.

[39] Kommentar zum Stichwort *Eile mit Weile* in den *Adagia*, 11,1,1; vgl. auch Tschudin, Peter F.: Erasmus und der Buchdruck, in: Erasmus von Rotterdam. Katalog der Ausstellung Basel 1986, S. 41-48, hier S. 47.

[40] Vgl. Hieronymus, Frank: Autor und Verleger, in: ebd., S. 49-57. Froben war 1491 bis 1527 in Basel tätig, seit 1500 kooperierte er gelegentlich mit Johannes Amerbach; über 300 Drucke seiner Offizin lassen sich nachweisen. Als Vorzeichner für den Holzschnitt waren u.a. Urs Graf und Hans Holbein tätig.

[41] Celtis schreibt: „[...] Ex Moguntiacis civibus editus / Nostri gloria nominis / Qui sculpsit solidos aere characteres / Et versis docuit / scribere litteris, / Quo nasci utilus non peterat magis / Cunctis, credite, saeculis. / Iam tandem Italici non potuerunt viri / Germanos stolida carpere inertia [...]“, Ode III, 9.

Und Celtis fährt fort, auf welchem Wege es nun möglich sei, die geistige Verspätung Deutschlands zu überwinden: Allein durch die technische Erfindung Gutenbergs, die es erlaube „feste Typen aus Erz zu formen und die Kunst zu lehren, mit umgekehrten Buchstaben zu schreiben". Diese Technik – die er mit den „umgekehrten Buchstaben" in aller Kürze, aber ebenso präzise beschreibt – ermöglichte nämlich

1. Bereitstellung von Texten der Antike in Anthologien und Editionen und damit freie Teilnahme an ihrer impliziten Weisheit,
2. Wissensvermittlung als eine Bildungsaufgabe durch kostengünstige Textausgaben mit philologischer Exaktheit und in angemessener äußerer Gestaltung,
3. fundierte universitäre Lehre und Forschung und schließlich
4. die Bergung von internationalen und nationalen Handschriftenschätzen.

Celtis und Erasmus ging es um die den Texten angemessene typographische Schönheit, natürlich aber auch um die philologische Korrektheit ihrer Werke. Die Gelehrten standen mit den Druckerverlegern in engem Austausch, sowohl bei Fragen des Verlagsprogrammes und der – modern gesprochen – Marktanalyse, wie auch bei der äußeren Gestaltung (Abbildungen, besonderer Durchschuß für Schulbücher etc.) und bei den Korrekturen. In seiner Kooperation mit Johann Froben in Basel, den man ja den zweiten Aldus nannte, da er in Basel den Gebrauch der Antiqua-Lettern eingeführt hatte, ging Erasmus so weit, während der Zeit der Drucklegung seiner Schriften im Hause des Verlegers zu wohnen und als eigener Korrektor zu arbeiten.[42] Er überwachte dort zum Teil den Neudruck seiner „Adagia", des griechischen Neuen Testaments und des „Lobs der Torheit". Über diese Tätigkeit äußert er sich vielfach in seinen Briefen, voller Klagen über die „Basler Zwangsarbeit".[43] Selbstverständlich waren die Editionen antiker Autoren im Mittelpunkt humanistischen Interesses, und bei ihnen ragten die Schriften Ciceros bei weitem heraus.[44] Die Hälfte der 316 nachgewiesenen Ausgaben stammt aus Italien, aus den großen Druckerstädten Venedig, Mailand oder auch Parma. Von den römischen Dichtern findet man 80 Ausgaben Ovids, darunter mehr als die Hälfte Ausgaben der „Epistolae heroidum", die auch als Schulbuch Verwendung fanden.[45] Die Schriften Vergils nehmen eine quantitative Sonderstellung ein, sie wurden ja bereits in der Antike – auf besonderen Wunsch von Kaiser Augustus – zunächst als Papyrusrollen weit verbreitet und im vierten nachchristlichen Jahrhundert auf Perga-

[42] Vgl. Frank Hieronymus, (wie Anm. 40), S. 52.

[43] So in einem Brief vom 1.6.1516 an Rimaclus von Florennes: „Tandem effugi ex ergastulo Basiliensi, in quo ex annorum operas octo mensibus praestiti [...]" (Erasmus: Opera epistolarum, Bd. 2, Nr. 411).

[44] Vgl. die Auflistung im Gesamtkatalog der Wiegendrucke (GW), Nr. 6708 bis 7023.

[45] Zur Rezeptionsgeschichte vgl. Dörrie, Heinrich: Der heroische Brief, Berlin 1968.

mentcodizes übertragen. Nachdem etwa fünfzig Generationen die Texte immer wieder abgeschrieben hatten, erschien 1469 in Rom die erste Ausgabe im Druck. Seither ist bis in die Gegenwart kein Jahr vergangen, in dem nicht mindestens eine Vergil-Ausgabe erschien, zwischen 1469 und 1500 allein 81 Drucke der „Opera omnia".[46]

Aber es erschienen nicht nur Werke der antiken Literatur, sondern auch der Rechtsprechung und der Naturwissenschaften. Im Mai 1468 beendete Peter Schöffer bereits den Druck der „Institutiones Iustitiani", im Satzbild wiederum den Handschriften nachempfunden: den Text im größeren Schriftgrad vom Kommentar im kleineren Schriftgrad umgeben. Der GW verzeichnet etwa 200 Ausgaben des „Corpus iuris civilis". Die meisten Editionen erschienen in Venedig, aber auch Wendelin von Speyer, Heinrich Eggestein in Straßburg oder Anton Koberger in Nürnberg druckten das Römische Recht; die „Historia naturalis" von Gaius Plinius Secundus, ein Kompendium antiker Physik, Mathematik, Medizin, Zoologie, Geographie und Astronomie, erschien bereits 1469 in Venedig bei Johannes von Speyer und wurde fünfzehnmal bis 1500 nachgedruckt. Vor allem in Italien fanden auch die medizinischen Werke von Galen Interesse. Zu den wichtigsten astronomischen und astrologischen Inkunabeln zählen die „Elementa geometria" des Euklid von 1482, die von Regiomontanus bearbeitete „Epitoma in almagestum Ptolemaei", 1496 bei Hartmann in Venedig erschienen, sowie die 1499 erschienene Sammlung von Aldus Manutius „Scriptores astronomici veteres".[47]

Der deutsche Humanismus entstand durch eine direkte Begegnung mit dem italienischen Humanismus um die Mitte des 15. Jahrhunderts an verschiedenen Orten: an Höfen und Kanzleien, Schulen und Universitäten. Er erfaßte ständeübergreifend Adlige, Patrizier und Personen niederer Herkunft, denen er Aufstiegsmöglichkeiten über die Bildung eröffnete. Zunächst fand er bei der laikalen Intelligenz, dann aber auch bald im sogenannten Klosterhumanismus und bei der Erneuerung christlicher Erziehung Widerhall.[48] Der oft beschworene Frühhumanismus um 1400 am Prager Hof Karls des IV. blieb – zunächst – ohne Folgen. Sein bedeutendstes Dokument, der „Ackermann aus Böhmen" des Johann Tepl, das Streitgespräch zwischen dem Menschen und dem Tod, wurde als eine der ersten illustrierten volkssprachigen Inkunabeln in den frühen 70er Jahren von Albrecht Pfister in Bamberg hergestellt. Wie Rudolf

[46] Vgl. Bernd Schneider in: Vergil, Katalog Wolfenbüttel 1982, S. 21.

[47] Vgl. Füssel, Stephan: „Dem Drucker aber sage er Dank ..." Zur wechselseitigen Bereicherung von Buchdruckerkunst und Humanismus, in: Artibus. Kulturwissenschaft und deutsche Philologie des Mittelalters und der frühen Neuzeit. Festschrift für Dieter Wuttke, Wiesbaden 1994, S. 167-178.

[48] Vgl. Worstbrock, Franz Josef [Artikel]: Humanismus, in: Lexikon des Mittelalters Bd. 5, München 1990, Sp. 186-205.

Agricola, Conrad Celtis oder Peter Luder zu Protagonisten humanistischer Ideen und neulateinischer Literatur wurden, so wurden auch die frühesten Vertreter volkssprachiger humanistischer Literatur durch persönliche Kontakte zu italienischen Humanisten in ihrer Einstellung bestimmt.

Die zwei bedeutendsten humanistischen deutschsprachigen Gelehrten waren der Ulmer Arzt und Schriftsteller Heinrich Steinhöwel und der Kanzler des Grafen Ulrich von Württemberg Niklas von Wyle. Sie wurden gleichzeitig zu den ersten bedeutenden literarischen Übersetzern im deutschen Sprachraum. Steinhöwel brachte seit 1471 in Ulm bei Johann Zainer sein gesamtes Werk planvoll zum Druck. Mit der Drucklegung seiner „Translazen" 1478 wandte sich Wyle mit neuen humanistischen Leitbildern an die literarische Öffentlichkeit: Der durch Bildung qualifizierte Fürst und die ihm ebenfalls durch Bildung ebenbürtige adlige Dame standen im Zentrum seiner Übersetzungen. Prägend für Wyle erwies sich seine lange persönliche Beziehung und Korrespondenz zu Enea Silvio Piccolomini, dem späteren Papst Pius II., während dessen Tätigkeit in Diensten Friedrichs III. in Wien.[49]

Die Notwendigkeit, im wissenschaftlichen Unterricht mit gesicherten Texten zu arbeiten, kann am Beispiel des seit 1512 in der Nachfolge des Celtis in Wien Philosophie und Poetik lehrenden Joachim Vadian gezeigt werden.[50] Er gab mit sehr sprechenden Dedikationsepisteln die Werke von Sallust, Plinius, Ovid, aber auch der Zeitgenossen wie Lorenzo Valla und Conrad Celtis heraus. Bislang unbekannt ist sein „Wohlverdientes Lob der Buchdruckerkunst", das sich als Beigabe in einem Geleitgedicht eines Wiener Druckes von 1511 erhalten hat und das hier in einer schon interpretierenden deutschsprachigen Übersetzung vorgestellt werden soll:[51]

Ein Hinkjambus von Joachim Vadian auf das wohlverdiente Lob der Buchdruckerkunst

Die vom fruchtbaren Nilstrome mit seiner Gunst beschenkten Ägypter wiederholen immer wieder ihre Lobpreisungen für ihren Gott Hermes, da er als der allererste Erfinder der Buchstaben der Nachwelt das Licht der Wissenschaft geschenkt hat.

Der Grieche preist in seiner Aufmerksamkeit Cadmus, den Sohn des Agenor, als Schöpfer einer bereits weiter entwickelten Schrift. Die Buchstabenbilder, die er seinen Landsleuten von seinem Bruder Phoinix mitgebracht hatte, führte attischer Feingeist auf ein noch höheres Niveau und fügte sie zu Literatur, würdig, der Nachwelt überliefert zu werden.

[49] Vgl. Amelung, Peter: Der Frühdruck im deutschen Südwesten. Teil 1. Stuttgart 1979.

[50] Stephan Füssel, (wie Anm. 47), S. 174-176.

[51] Lateinische Edition und Kommentar bei Füssel, Stephan: Ein wohlverdientes Lob der Buchdruckerkunst, in: Pirckheimer-Jb 1996, S. 7-14.

10 Die Lateiner schreiben Carmentis, der Mutter und Nährerin des alten Euander, den Ruhm zu, jene Buchstabenformen, die in kultivierten Schriften Verwendung finden, nach Latium gebracht zu haben, als sie auf der Suche nach einem neuen Wohnsitz ihre Heimat verließ.

15 Der Deutsche jedoch, der Buchstaben aus Metall goß und den Beweis antrat, daß durch einen einzigen Druckvorgang in der Presse durchaus die Tageshöchstleistung flinker Schreiberhände wettgemacht wird, überstrahlt sämtliche Erfindungen der Alten; gepriesen und unendlich glücklich sei er!

20 Um wieviel höher doch sind die Leistungen des Geistes vor denen des Körpers zu bewerten! Selbst wenn der Mensch heute noch [mit der Hand] schreibt, so ist er doch im allgemeinen bereits ein Drucker. Denn dafür, was man liest und womit man seinen gottgegebenen Verstand regelmäßig speist, bürgt nunmehr die Qualität der Metallegierung.

24 Wenn Hermes am Leben wäre, so würde er dem Rhein danken, ebenso Cadmus, käme er direkt aus dem Reich der Schatten, und auch Carmentis, käme sie aus der Unterwelt zurück, wenn sie alle sähen, wie Griechisch, Hebräisch und alles, was früher von Hand geschrieben wurde, mit bloßem Metall in ebenso ausgezeichneter Qualität wie das Lateinische gedruckt wird.

Das bei den Lobpreisungen der Erfindung der Buchdruckerkunst häufig verwendete nationale Argument, daß die Erfindung Gutenbergs nun auch den Deutschen ermögliche, an der geistigen Welt der Antike zu partizipieren, wird bei Vadian in einen kulturhistorischen, weltgeschichtlichen Zusammenhang gestellt. In Form einer vierfachen Klimax, an deren Zielpunkt die Erfindung der Metall-Lettern Gutenbergs steht, wird an den ägyptischen Gott Toth (mythologisch verschmolzen mit Hermes) erinnert, der als der Erfinder der Schriftzeichen gilt. Cadmus als Nachfahre des Stammvaters der Phönizier, Agenor, gilt seit Herodot als der Erfinder des griechischen Alphabetes und damit als Vater abendländischer Kultur. Die arkadische Quellnymphe Carmentis, die mit ihrem Sohn Euander nach Italien auswanderte, gilt schließlich als die Erfinderin des ältesten lateinischen Alphabets mit 15 Buchstaben. Mit dem Wortspiel „litterae politiores" zielt Vadian nicht nur auf die kultivierte lateinische Literatur der Antike, sondern auf die neulateinische, humanistische Dichtung der Gegenwart, die zeitgenössisch mit der gleichen Phrase bezeichnet wurde. Vadian spann damit nicht nur den Bogen zwischen den Werken der römischen Antike und seiner Gegenwart, sondern spielt mit „litterae politiores" auch auf die Verwendung lateinischer Typen, der Antiqua, für die Werke seiner humanistischen Zeitgenossen an.

Gutenberg kumuliert alle bisherigen Menschheitsfortschritte durch seine

Erfindung, die es erlaubt, nur durch einen einzigen Druckvorgang ein Vielfaches mehr zu publizieren als es jeder Schreiberfleiß ermöglicht hätte. Aber nicht nur die neuen Quantitäten, sondern vor allen Dingen auch die Qualität dieser Erfindung bürgt dafür, daß nun das Licht der Bildung überall aufleuchten kann. Vadian zeigt im Jahr 1511 nicht nur, daß sich die Buchdruckerkunst quer durch Europa ausgebreitet hat, sondern das es nun bereits möglich war, auch in griechischer oder hebräischer Typographie zu setzen und zu drucken. Die überaus enge Verbindung zwischen der Technikgeschichte und der Geistesgeschichte wird in diesem Gedicht Vadians prägnant ausgedrückt: Durch die Erfindung der Buchstaben und ihrer Vervielfältigungsmöglichkeit kommt das Licht der Bildung „lumen scientiae“ in die Welt. Diese Apotheose von Gutenbergs Erfindung im Licht der Kulturgeschichte steht am Ende eines Beitrages, der den Versuch unternommen hat, einige Akzente und Desiderate der Gutenberg-Forschung aufzuzeigen und der von dem Gedanken getragen war, daß das Buch mehr ist als ein Medium, also mehr als ein „Zwischenträger“, und auch mehr als eine nur von Äußerlichkeiten bestimmte Handelsware, sondern daß es selbst zu den wichtigen Elementen der Kultur- und Geistesgeschichte gehört und weiterhin gehören wird.

WERNER ARNOLD

Buch- und Bibliotheksgeschichte als Bildungsgeschichte

1.

In der seit einigen Jahren laufenden Diskussion über die Abgrenzung der Inhalte der Sozialgeschichtsforschung gegenüber einer historisch orientierten Kulturwissenschaft spielen die Geschichte der Bücher als Träger der Ideen und die Geschichte der Bibliotheken als Institutionen, in denen die Erkenntnisse rezipiert und geordnet werden, eine wichtige Rolle. Buch- und Bibliotheksgeschichte wird dabei entsprechend der französischen ‚Histoire du livre' und der englischen ‚History of the Book' als eine Disziplin verstanden, deren zentraler Gegenstand die Geschichte des Wissens ist, die sich als Teil der ‚Intellectual History' versteht und interdisziplinär wahrgenommen wird. Man kann ‚Intellectual History' nicht einfach mit Geisteswissenschaften übersetzen, da dieser Terminus einer nationalen Tradition verbunden ist. Die Anliegen der ‚Intellectual History' finden sich vielmehr in einer vergleichenden Kulturgeschichte als Part einer historischen Kulturwissenschaft[1] wieder. In der zu ihrer Definition veranstalteten Diskussion werden Buch und Bibliothek als Bildungsinstrumenten Aufgaben übertragen, die bei der historischen Buchforschung stärkere Beachtung finden sollten. In dem vorliegenden Beitrag sollen die betreffenden Gesichtspunkte skizziert werden. Es geht also um die Rezeption der Bücher, um deren Vermittlung von Ideen sowie um die Bibliotheken, die das Wissen strukturieren und ihm dadurch Ordnung und Wirkung verleihen. Die Orientierung folgt den Forschungsergebnissen, die in den vergangenen Jahrzehnten – vor allem auch in Frankreich und England – erzielt worden sind, ohne einen Forschungsbericht bieten zu wollen. Der angesprochene Zeitraum umfaßt primär das späte 18. und das 19. Jahrhundert.

[1] Vgl. auch Otto Gerhard Oexle: Geschichte als Historische Kulturwissenschaft. In: Kulturgeschichte heute. Hrsg. von Wolfgang Hartwig u. Hans-Ulrich Wehler. Göttingen 1996 (Geschichte und Gesellschaft. Sonderheft 16), S. 14-40, hier S. 40.

2.

Seit der Zeit der Aufklärung, die einen bewußt reflektierten, vernunftorientierten Bildungsbegriff formulierte, kann es als eine Selbstverständlichkeit gelten, daß gedruckte Texte die Grundlage des Wissenstransfers darstellen. Neu war nicht, daß Bildung durch Bücher sozialen Aufstieg bedeuten konnte, denn diese Erfahrung ist seit der Antike belegt, und die Epochen des Humanismus sowie der Barockzeit haben mit dem Ausbau der Territorialstaaten und der mit diesem Prozeß verbundenen Rezeption des römischen Rechts eindrucksvoll gezeigt, daß fachspezifische Kenntnisse das Gefüge einer Gesellschaft verändern können. Die Notwendigkeit des Erwerbs einer Fachbildung, um an der Ämtervergabe weiterhin partizipieren zu können, hat das Selbstverständnis des Adels in der frühen Neuzeit intensiver als jeder andere Faktor geprägt; der Wandel vom Geburts- zum Tugendadel hat hier seinen Ursprung.[2] Als theoretische Grundlage haben dabei die Fürstenspiegel als Anleitung zur Adelserziehung gedient, denn sie vermittelten die Auffassung, daß die *litterae* die Basis der *virtus* seien[3] und Bildung die Voraussetzung politischen Handelns darstelle. Die Aufklärung hat – und das verdient Beachtung – die Bildungsidee von den Eliten gelöst und als Gut für die Allgemeinheit propagiert, sie hat die lateinische Sprache als Medium aufgegeben und durch die Nationalsprache ersetzt, was einen fundamentalen Wertewandel bedeutet.[4] Das 19. Jahrhundert wurde durch diese Motivation maßgeblich beeinflußt. Bildung – d.h. vornehmlich Bildung durch Bücher – wurde für das Bürgertum zum Leitbegriff für Modernisierung, die den Gebrauch des geschriebenen und gedruckten Wortes voraussetzte; sie war das Movens für die Alphabetisierung, die die Grundlage eines breiten wirtschaftlichen Aufschwungs darstellte; sie hat die Differenzierung des Kulturbetriebs herbeigeführt und auf die Ausdehnung des Buchmarkts, die Schaffung von Lesegesellschaften, Leihbüchereien und öffentlichen Bibliotheken eingewirkt.[5] Gegen Ende des 19. Jahrhunderts hat der

[2] Das Phänomen ist wiederholt behandelt worden. Ich zitiere als Beispiele aus der jüngeren Literatur: Jan-Dirk Müller: Gedechtnus. Literatur und Hofgesellschaft um Maximilian I. München 1982 (Forschungen zur Geschichte der älteren deutschen Literatur. Bd. 2), S. 39 ff. Maximilian Lanzinner: Fürst, Räte und Landstände. Die Entstehung der Zentralbehörden in Bayern 1511-1598. Göttingen 1980 (Veröffentlichungen des Max-Planck-Instituts für Geschichte. Bd. 61), S. 195-203; 231-248. Sabine Schuhmann: Joachim Mynsinger von Frundeck (1514-1588). Herzoglicher Kanzler in Wolfenbüttel – Rechtsgelehrter – Humanist. Zur Biographie eines Juristen im 16. Jh. Wiesbaden 1983 (Wolfenbütteler Forschungen. Bd. 23), S. 11-22.

[3] Bruno Singer: Die Fürstenspiegel in Deutschland im Zeitalter des Humanismus und der Reformation. München 1981 (Humanistische Bibliothek. Reihe I: Abhandlungen. Bd. 34), S. 64 f.

[4] Aleida Assmann: Arbeit am nationalen Gedächtnis. Eine kurze Geschichte der deutschen Bildungsidee. Frankfurt/M.; New York 1993 (Edition Pandora. Bd. 14), S. 24 ff.

[5] Ebd., S. 29 ff.

Bildungsbegriff allerdings seinen fortschrittlichen Charakter eingebüßt, da der Gedanke vornehmlich mit einer bestimmten Schicht des Bürgertums identifiziert wurde und dadurch zur Abgrenzung gegenüber anderen Schichten diente.[6]

Buch- und Bibliotheksgeschichte des 19. Jahrhunderts haben den Prozeß der Formulierung des Bildungsbegriffs zwar in positivistischer Tradition mit einer großen Zahl von Veröffentlichungen, aber so gut wie unreflektiert hinsichtlich der gesellschaftlichen Implikationen dieser Entwicklung begleitet, so daß sie bei der von Max Weber und Georg Simmel um 1900 initiierten Debatte über Inhalt und Bedeutung der Kulturwissenschaften[7] keine Rolle spielen konnten. Die Ablehnung eines kulturhistorischen Ansatzes, die dagegen gesetzte Bekräftigung der nationalstaatlichen Perspektive der Geisteswissenschaften und der Weg in die NS-Ideologie haben eine Neuorientierung auch der buch- und bibliothekgeschichtlichen Forschung verhindert.

Erst die Rezeption der in Frankreich erprobten Methoden zur Sozialgeschichtsschreibung, die ursprünglich von der Schule der „Annales" ausgingen und mit der „Ecole Pratique des Hautes Etudes" eng verbunden sind, haben zu einem Perspektivenwechsel vor allem der Buchgeschichte geführt. Die Anstöße gingen von der Mentalitätsgeschichte aus, die für die "nouvelle histoire" als charakteristisch gelten kann.[8] Mentalitätsgeschichte hat, trotz der definitorischen Unschärfe des Inhalts,[9] ihre Legitimation durch die Erkenntnisse erhalten, daß Entscheidungen nicht allein auf politische und ökonomische Faktoren – so hoch ihr Wert auch zu veranschlagen ist – zurückzuführen sind, sondern in gleicher Weise von kulturell geprägten Bewußtseinshaltungen beeinflußt werden, die der Veränderung unterworfen sind und den Wandel von Identitäten erkennen lassen.

In Deutschland ist die Übernahme dieses Forschungsansatzes vor allem der Untersuchung der Geschichte des Lesens, der Lesegesellschaften und Leihbibliotheken zugute gekommen.[10] Der Fortschritt wurde dadurch ermöglicht,

[6] Ebd., S. 65 ff.

[7] Zu dieser Diskussion vgl. Kultur und Kulturwissenschaften um 1900. Krise der Moderne und Glaube an die Wissenschaft. Hrsg. von Rüdiger vom Bruch, Friedrich Wilhelm Graf und Gangolf Hübinger. Stuttgart 1989.

[8] Philippe Ariès: Die Geschichte der Mentalitäten. In: Die Rückeroberung des historischen Denkens. Grundlagen der Neuen Geschichtswissenschaft. Hrsg. von Jacques Le Goff, Roger Chartier, Jacques Revel. Aus dem Französischen von Wolfgang Kaiser. Frankfurt a.M. 1990, S. 137-165.

[9] Frank-Michael Kuhlemann: Mentalitätsgeschichte. Theoretische und methodische Überlegungen am Beispiel der Religion im 19. und 20. Jahrhundert. In: Kulturgeschichte heute (wie Anm. 1), S. 182-211.

[10] Aus der umfassenden Literatur nenne ich lediglich einige der grundlegenden Untersuchungen: Alberto Martino: Die deutsche Leihbibliothek. Geschichte einer literarischen Institution

daß die hier wesentlich beteiligte Literaturwissenschaft ihre Arbeit in einen gesellschaftlichen Kontext stellte, den Leser als Faktor des ästhetischen Verstehens in ihre Überlegungen einbezog,[11] und am Beispiel der Lesegesellschaften einen grundlegenden Kommunikationsprozeß in das Bewußtsein hob. Hier stellt sich für Buch- und Bibliotheksgeschichte eine neue Aufgabe. Die Funktionsweise der Lesegesellschaften und Leihbibliotheken, ihr Bestandsprofil, die soziale Schichtung der Mitglieder, auch die Lektürepräferenzen sind auf relativ breiter Basis gut erforscht worden, so daß die Untersuchung weiterer Institutionen der Art zwar einen Zuwachs an Wissen, aber keine neue Erkenntnis mehr verspricht. Diese läßt sich nur gewinnen, wenn nun, nachdem das Feld der Makrohistoire des Lesens einigermaßen bestellt ist, die Mikrohistorie in Angriff genommen und die Rezeption einzelner Werke oder der Schriften einzelner Autoren rekonstruiert wird. Das ist zweifellos ein mühsamer Weg, aber unerläßlich, wenn exemplarisch sicher festgehalten werden soll, wie Bücher verstanden wurden und welchen geistigen Einfluß sie genommen haben. Nur auf solche Weise läßt sich allerdings die Bildung durch Bücher konkretisieren.

Für den Erfolg des Verfahrens sind zwei Voraussetzungen wünschenswert, die sich in folgender Weise skizzieren lassen:

1. Die Bibliotheken in der Bibliothek, also zumeist erworbene Privatbibliotheken, müssen im Zusammenhang stehenbleiben und dürfen nicht aus Platzgründen aufgelöst werden. Diese Sammlungen stellen intellektuelle Netzwerke dar und lassen nur in ihrem Kontext die kulturellen Beziehungen und Interessen erkennen, die die Sammler geknüpft und die sie selbst geleitet haben.
2. Der Zusammenhang der privaten Bibliotheken bildet die Bedingung für ein Provenienzenregister der älteren Bestände, das die Forschung seit langer Zeit einfordert. Dieses Provenienzenregister kann als Basis zunächst die Drucke einer größeren Bibliothek erschließen. Die Namen der Besitzer müssen normiert und – soweit vorhanden – durch individualisierende Angaben wie Lebensdaten, Zeit und Ort des Kaufs sowie Preis des Buches ergänzt werden. Die Titel werden mit dem Namen verknüpft, das Register

(1756-1914). Wiesbaden 1990 (Beiträge zum Buch- und Bibliothekswesen. 29). Ders.: Lektüre und Leser in Norddeutschland im 18. Jahrhundert. Zur Veröffentlichung der Ausleihbücher der Herzog August Bibliothek Wolfenbüttel. Amsterdam 1993 (Chloe. 14). Lesegesellschaften und bürgerliche Emanzipation. Ein europäischer Vergleich. Hrsg. von Otto Dann. München 1981. Rolf Engelsing: Analphabetentum und Lektüre. Zur Sozialgeschichte des Lesers in Deutschland zwischen feudaler und industrieller Gesellschaft. Stuttgart 1973. Georg Jäger: Historische Lese(r)forschung. In: Die Erforschung der Buch- und Bibliotheksgeschichte in Deutschland. Hrsg. von Werner Arnold, Wolfgang Dittrich u. Bernhard Zeller. Wiesbaden 1987, S. 485-507.

[11] Den Anstoß dazu gab Hans Robert Jauss: Literaturgeschichte als Provokation der Literaturwissenschaft. Konstanz 1967 (Konstanzer Universitätsreden. 3).

wird regelmäßig aktualisiert und steht über die Homepage der entsprechenden Bibliothek im Netz zur Verfügung. Es ist für Ergänzungen durch andere Bestände offen und die Entwicklung der Qualität seiner Daten kann ohne Einschränkung in die Zukunft weitergedacht werden. Was wie eine leichte Utopie erscheint, wäre eine sehr realistische Grundlage für die historische Leserforschung, da Buchbesitz und Wanderung der Bücher exakt nachvollziehbar werden.

Diese Leserforschung läßt sich jedenfalls – um die Forderung zu wiederholen – nur durch die genaue Untersuchung der Rezeption einzelner Texte, also der Auswertung von Marginalien, Anmerkungen und Notizen unter Berücksichtigung evtl. vorhandener Korrespondenzen weiterentwickeln. Anregungen zu dieser Methode hat vor Jahrzehnten bereits die mittellateinische Philologie hinsichtlich der Handschriften gegeben. Weitergehende Einsichten in das Verständnis der Bildungstradition lassen sich gewinnen, wenn sich die Gelegenheit bietet, den durchschnittlichen Buchbesitzer als Leser zu begleiten, denn nur auf diesem Weg läßt sich der Prozeß Bildung durch Bücher realiter dokumentieren.

3.

Unsere Kultur beruht weitgehend auf Texten, deren Produktion, Distribution, Rezeption und Tradition von der Buch- und Bibliotheksgeschichte erforscht werden. Nach dem hier vertretenen Verständnis können diese Aufgaben nur interdisziplinär in sinnvoller Weise wahrgenommen werden, bei denen es sich – allgemeiner formuliert – um die Untersuchung der Beziehungen zwischen der Textkultur und der sozialen Struktur einer Gesellschaft handelt.[12] Vor allem die über gedruckte Texte vermittelte Bildung ist für die Entwicklung einer Gesellschaft von grundsätzlicher Bedeutung, da mit Hilfe dieses Mediums die Identitätsbegriffe formuliert werden. Die pädagogisch-philosophische Literatur der Spätaufklärung hat Tugenden wie Selbstwertgefühl, Disziplin, Ordnung und Leistung definiert,[13] die im 19. Jahrhundert zu den Leitbegriffen des Bürgertums wurden. Bildung wurde, wie bereits erwähnt, zur Grundlage der Modernisierung der Gesellschaft und über den – aber erst im 20. Jahrhundert gefundenen – Terminus “Bildungsbürgertum” mit einer sozialen Schicht in ei-

[12] Robert Darnton: The Kiss of Lamourette. London, Boston 1990, S. 107 f.

[13] Rudolf Vierhaus: Der Aufstieg des Bürgertums vom späten 18. Jahrhundert bis 1848/49. In: Bürger und Bürgerlichkeit im 19. Jahrhundert. Hrsg. von Jürgen Kocka. Göttingen 1987, S. 64 – 78, hier S. 66.

ne feste Verbindung gebracht. Die Problematik des Begriffs ist bekannt, er wird mangels einer präziseren Bezeichnung für das gemeinte Phänomen hier verwendet. Das Bildungsbürgertum lebt in den Städten, neigt primär liberalen politischen Ansichten zu und stellt für den Staat eine unverzichtbare Gruppe dar, da seine Vertreter die Beamtenschaft prägen. Sie treten für Reformen ein, die eine Revolution verhindern helfen, und der mit ihnen verbundene Bildungsbegriff ist neben Gesetzgebung und Verwaltung ein Fundament staatlicher Ordnung.[14] Innerhalb des Bildungsbürgertums existierten gravierende Unterschiede im Hinblick auf Einkommen und Lebensstandard, und entprechend differierten die Möglichkeiten zum Erwerb von Bildungsgütern wie beispielsweise Büchern, sowie zur Finanzierung einer Erziehung, die für die Standeszugehörigkeit unerläßlich war. Die Bildungsvorstellungen des Bürgertums schlossen andere Stände wie die Handwerker und die sich formierende Arbeiterklasse aus; die Arbeiter entwickelten einen eigenen Bildungsbegriff, der zunächst sozialistisch orientiert war und sich während der ersten Hälfte des 20. Jahrhunderts den bürgerlichen Ideen annäherte.[15]

Wenn es, wie hier vermutet wird, zutrifft, daß tragenden Schichten des Bürgertums durch gemeinsame Bildungserfahrung neben den traditionellen Wertvorstellungen, wie Geburt und Besitz, eine neue leistungsbezogene Identität vermittelt worden ist, dann muß dieses Phänomen nicht nur beschrieben, sondern genau analysiert werden.[16] Dies ist zusammen mit anderen Disziplinen eine genuine Aufgabe der Buch- und Bibliotheksgeschichte. Eine brauchbare Materialgrundlage für eine solche Analyse können die Privatbibliotheken oder deren Auktionskataloge sein. Mit ihrer und der Hilfe korrespondierender Quellen wie Autobiographien und Briefen sind die Texte zu ermitteln, die identitätsstiftend und möglicherweise gesellschaftlich integrierend gewirkt haben. Das ist ein komplexer und widersprüchlicher Prozeß, was ein Beispiel andeuten mag. Es ist bekannt, daß sich die jüdischen Bürger Deutschlands große Verdienste um die Tradition der Klassiker erworben haben. Die Bücher Stefan Zweigs und Emil Ludwigs richteten sich an ein breites Publikum, um das in

[14] Rudolf Vierhaus: Umrisse einer Sozialgeschichte der Gebildeten in Deutschland. In: Quellen und Forschungen aus italienischen Archiven und Bibliotheken 60 (1980), S. 395 – 419, hier S. 404 ff.

[15] Zur Arbeiterbildung vgl. die zusammenfassenden Beiträge von Hans-Josef Steinberg: Was sollten die Arbeiter lesen und was haben sie gelesen? Ein Beitrag zur sozialistischen Arbeiterbildung in Deutschland. In: Wolfenbütteler Notizen zur Buchgeschichte 21 (1996), S. 118-132 und Dieter Langewiesche / Klaus Schönhoven: Arbeiterbibliotheken und Arbeiterlektüre im Wilhelminischen Deutschland. In: Archiv für Sozialgeschichte 16 (1976), S. 135-204.

[16] Jürgen Kocka: Bürgertum und Bürgerlichkeit als Probleme der deutschen Geschichte vom späten 18. zum frühen 20. Jahrhundert. In: Bürger und Bürgerlichkeit (wie Anm. 13), S. 21-63, hier S. 26 f.

Aufklärung und Klassik entworfene Humanitätsideal zu vermitteln, und die Funktion der Dichtung Goethes beim Versuch der jüdischen Gebildeten zur Integration in die Gesellschaft kann nicht hoch genug eingeschätzt werden.[17] Der Versuch ist gescheitert, die gemeinsamen Bildungswerte haben nicht zu Identität geführt, ein wirklicher Dialog hat nicht stattgefunden, da die Vorurteile des angesprochenen Partners viel stärker als die vermeintlich übereinstimmenden Wertvorstellungen waren. Aus dieser Erfahrung muß der Schluß gezogen werden, daß Identität und Integration durch Bildung nur dann erfolgreich verlaufen können, wenn alle Schichten eines Standes oder einer Klasse, die sich dieser Bildung verpflichtet fühlen, zur öffentlichen Vertretung privater Tugenden bereit sind.

Trotz dieser negativen Erfahrung behält die Einsicht Gültigkeit, daß die bürgerliche Gesellschaft zur Festlegung ihrer Leitvorstellungen auf Bildung durch Texte angewiesen ist, da nur diese Kultur die erforderliche Argumentations- und Diskursfähigkeit vermittelt, die in einem durch die Aufklärung geprägten Gemeinwesen zur Teilnahme am politischen und gesellschaftlichen Leben befähigt. Daher ist die Frage zu analysieren, warum diese Kultur ihren Ursprung im Bürgertum hatte, diesen Stand prägte und umgekehrt von ihm Einflüsse aufnahm. Maßgeblich waren sicherlich die ökonomischen Voraussetzungen: ein regelmäßiges Einkommen, das wirtschaftliche Sicherheit garantierte, um Bildung und Ausbildung finanzieren zu können sowie die erforderliche Zeit gewährte, um sich diese Bildung anzueignen.[18] Beide Bedingungen erfüllten sich für die Selbständigen und Beamten und fehlten denjenigen, die ihren Unterhalt durch Handarbeit verdienen mußten. Unter Berücksichtigung der wirtschaftlichen Situation wird verständlich, daß diese Bildung auf eine verhältnismäßig schmale Schicht beschränkt bleiben mußte und nicht beliebig übertragen werden konnte.[19] Bildung ohne Kapital genügte nicht zur Integration, wie das während des gesamten 19. Jahrhunderts bestehende Problem der akademischen Arbeitslosigkeit beweist. Schließlich ist eine Veränderung des Bildungsbegriffs durch die Bourgeoisie zu konstatieren, die in der Folge der industriellen Entwicklung innerhalb des Bürgertums zunehmend an Bedeutung gewann und durch technische sowie naturwissenschaftliche Kenntnisse die Bildungsinhalte differenzierte. Dieser substantielle Wandel muß näher un-

[17] George L. Mosse: Jüdische Intellektuelle in Deutschland. Zwischen Religion und Nationalismus. Mit einer Einleitung von Aleida Assmann. Frankfurt etc. 1992, S. 13 ff.; 58; 77. Ders. Das deutsch-jüdische Bildungsbürgertum. In: Bildungsbürgertum im 19. Jahrhundert. T. II: Bildungsgüter und Bildungswissen. Hrsg. von Reinhart Koselleck. Stuttgart 1990 (Industrielle Welt. Bd. 41), S. 168-180.

[18] Kocka (wie Anm. 16), S. 46 ff.

[19] Ebd., S. 47.

ter der Fragestellung untersucht werden, wie die Entstehung neuer Disziplinen und die Gründung neuer Institute Buchmarkt und Bildungsanforderungen hinsichtlich der Erarbeitung neuer Bücher beeinflußt haben.[20]

Die Öffentlichkeit der Gesellschaft ist seit dem späten 18. Jahrhundert durch Kommunikation verändert worden, die von Institutionen wie Lesegesellschaften und Leihbibliotheken getragen wurde. Texte ganz verschiedener Gattungen, darunter in spezieller Weise Zeitungen, Pamphlete, kleine Schriften aller Art, aber auch Reiseberichte, haben ein neues Bildungswissen geformt, dessen Inhalt sich permanent ändert und das den Integrationsfaktor für das Bildungsbürgertum darstellt. Zu ihm gehört, wer innerhalb des durch die Textkultur vermittelten jeweils gültigen Bildungswissens Argumentationsfähigkeit erwirbt.[21] Buch- und Bibliotheksgeschichte hätten zu analysieren, wie die Bibliotheken auf die Veränderungen des Standards reagiert haben, müßten also die Erwerbungsprofile nachzeichnen, um zu prüfen, ob die Bibliotheken sich in die Lage versetzt sahen, das geforderte Bildungswissen bereitzustellen. Die Kataloge der Privatbibliotheken, um diese Quelle noch einmal zu erwähnen, lassen in den Beständen erhebliche Differenzen zwischen dem aufgrund des Diskurses der Intellektuellen sich wandelnden innovativen Wissens sowie dem traditionellen Wissen erkennen. Als innovatives Wissen kann für das 19. Jahrhundert vornehmlich die Diskussion in den Disziplinen Philosophie und Naturwissenschaften gelten, deren Bücher in den Privatsammlungen auffallend gering vertreten sind.

4.

Die Debatte zwischen Sozialgeschichte und Kulturwissenschaft über die tragfähigen Konzepte zur Analyse historischer Wirklichkeiten hat ihren Ursprung in der Einsicht, daß sich gesellschaftliches Leben nicht allein durch Strukturen, sondern auch durch individuelle Traditionen und Maximen erklärt. Ohne zu

[20] Der Wolfenbütteler Arbeitskreis für Bibliotheksgeschichte hat in seinen Veranstaltungen wiederholt auf dieses Thema hingewiesen, beisp. in dem 1993 veranstalteten Seminar "Wissenschaftsentwicklung und Wissensvermittlung in Mathematik und Naturwissenschaften vom 19. Jahrhundert bis zur Gegenwart im Spiegel von Fachliteratur und Fachbibliotheken", dessen Referate unter dem Titel: Fachschrifttum, Bibliothek und Naturwissenschaften im 19. und 20. Jahrhundert. Hrsg. von Christoph Meinel. Wiesbaden 1997 (Wolfenbütteler Schriften zur Geschichte des Buchwesens. Bd. 27) erschienen sind.

[21] M. Rainer Lepsius: Zur Soziologie des Bürgertums und der Bürgerlichkeit. In: Bürger und Bürgerlichkeit (wie Anm. 13), S. 79-100, hier S. 90. Ders.: Das Bildungsbürgertum als ständische Vergesellschaftung. In: Bildungsbürgertum im 19. Jahrhundert. T. 3: Lebensführung und ständische Vergesellschaftung. Hrsg. von M. Rainer Lepsius. Stuttgart 1992 (Industrielle Welt. Bd. 47), S. 8-18, hier S. 9 f.

dieser Auseinandersetzung einen Beitrag liefern zu wollen, sei doch die Anmerkung gestattet, daß eine Vernachlässigung der an den Strukturen erprobten Methoden der sozialgeschichtlichen Forschung einen Erkenntnisverlust bedeuten würde, der nicht auszugleichen wäre. Er beträfe auch die Buch- und Bibliotheksgeschichte, deren Anliegen (vgl. Lesergeschichte) von der Sozialgeschichte aufgegriffen und weiter entwickelt wurden. Bei genauer Betrachtung der Positionen in der Diskussion handelt es sich weniger um Gegensätze als um eine Erweiterung der Sozialgeschichte durch eine an Strukturen orientierte Kulturgeschichte, der es um die Herausarbeitung des Individuellen in den allgemeinen Zusammenhängen geht.[22] Der buch- und bibliotheksgeschichtlichen Forschung bietet sich hier die Chance, in die Erörterung einzugreifen, da ihre Aufgabe – die Untersuchung der Beziehungen zwischen Textkultur und Sozialgefüge – von den Fragestellungen der Kulturgeschichte mit erheblichem Interesse verfolgt wird. Texte aller Gattungen stellen für mentalitätsgeschichtliche Untersuchungen ein wichtiges und beinahe unerschöpfliches Quellenreservoir dar. Dessen Anregungen sollte die Buch- und Bibliotheksgeschichte aufgreifen und über die folgenden vier Punkte nachdenken, mit denen das Referat zusammengefaßt wird:

1. Die Analyse der Überlieferung von Ideen in handschriftlichen und gedruckten Büchern sowie deren Rezeption durch die Leser. Dies wird an einzelnen Texten geschehen müssen und die Einordnung der Texte in ihren intellektuellen Zusammenhang zum Ziel haben.
2. Die Einzeluntersuchung läßt sich durch die von Reinhart Koselleck als "Methode der Quellenkritik" begründete Begriffsgeschichte[23] in einen weiteren Rahmen stellen. Für die Darstellung des Bedeutungswandels von Leitbegriffen der Politik, Verfassung, der Ideologien, der Bildung und des Rechtssystems im synchronen und diachronen Verlauf bergen die Bibliotheken unschätzbares Material, das der Beschreibung des Epochenwandels sowie der Entstehung von Modernität, der Untersuchung der Differenzierung der Wissenschaften sowie der Verbreitung des Wissens dienstbar gemacht werden kann und – nebenbei bemerkt – der definitorischen Genauigkeit von Normbegriffen bei der Sacherschließung zugute kommt.

[22] Eine vermittelnde Haltung vertritt Rudolf Vierhaus: Die Rekonstruktion historischer Lebenswelten. Probleme moderner Kulturgeschichtsschreibung. In: Wege zu einer neuen Kulturgeschichte. Hrsg. von Hartmut Lehmann. Göttingen 1995 (Göttinger Gespräche zur Geschichtswissenschaft. Bd. 1), S. 5-28.

[23] Reinhard Koselleck: Begriffsgeschichte und Sozialgeschichte. In: Ders.: Vergangene Zukunft. Zur Semantik geschichtlicher Zeiten. Frankfurt/M. 1979, S. 107-129, Zitat S. 114. Geschichtliche Grundbegriffe. Historisches Lexikon zur politisch-sozialen Sprache in Deutschland. Hrsg. von Otto Brunner, Werner Conze und Reinhart Koselleck. Bd. 1-8. Stuttgart 1972-1992, vgl. Bd. 1, Einleitung, S. XIII ff. (R. Koselleck).

3. Die Erforschung des Kontextes, in dem Bücher erarbeitet und rezipiert werden, wird sich auf überschaubare räumliche Einheiten beschränken müssen. Dafür kommen Städte mit einer kulturellen Infrastruktur in Frage.[24] Zu dieser Infrastruktur gehören Drucker, Buchhändler, Lesegesellschaften, Diskussionskreise, in denen Autoren Anregungen erhielten, Theater, Museen und Bibliotheken, also Institutionen, die die Kommunikation förderten.[25]
4. Das Bildungsbürgertum hat starke Antriebskräfte für die wissenschaftliche Produktivität entwickelt. Wir wissen noch sehr wenig darüber, wie Bibliotheken als kulturelle und wissenschaftliche Zentren die Forschung im konkreten Einzelfall unterstützt haben, aber alle überlieferten Korrespondenzen spiegeln die Beziehungen zwischen Wissenschaft und Bibliotheken wieder, so daß es lohnen würde, diesem Prozeß nachzugehen. In den weiteren Zusammenhang einer solchen Analyse gehört auch die Frage, ob und in welchem Maße die Bibliotheken in der Lage waren, der Differenzierung der Wissenschaften seit dem 19. Jahrhundert durch Erweiterung ihrer Erwerbungsprofile gerecht zu werden und wie sie ihre eigenen Wissensordnungen dieser Veränderung angepaßt haben.

Detailgenaue Untersuchungen, die diesen Vorschlägen folgen, können nur im Bereich der Mikrohistorie durchgeführt werden, mit der hier nicht die Ebene der Alltagsgeschichte gemeint ist,[26] sondern eine überschaubar bemessene Einheit, die gültige Aussagen zuläßt; das Ziel der Methode ist die Prüfung der theoretischen Vorgabe durch Beobachtung des individuellen Phänomens.[27]

Die auch in diesem Beitrag vertretene These von der Bildung durch Bücher als Leitbegriff für Modernität vor allem des 19. Jahrhunderts ist mit der schwer zu beschreibenden Gruppe oder Schicht des Bildungsbürgertums eng verbunden und verknüpft mit den Städten als ihrem Wohnort. Die Kritik an der Modernisierungstheorie verweist als Einwand auf das unbestritten vorhandene Lektüreinteresse und die – vornehmlich auf geistlicher Literatur basierende –

[24] Viele Hinweise finden sich in dem Sammelband: Stadt und Bibliothek. Literaturversorgung als kommunale Aufgabe im Kaiserreich und in der Weimarer Republik. Hrsg. von Jörg Fligge und Alois Klotzbücher. Wiesbaden 1997 (Wolfenbütteler Schriften zur Geschichte des Buchwesens. Bd. 25).

[25] Exemplarisch untersucht von Harold Samuel Stone: Vico's Cultural History. The Production and Transmission of Ideas in Naples 1685-1750. Leiden usw. 1997 (Brill's Studies in Intellectual History. Vol. 73).

[26] Die Thematik wird kontrovers diskutiert in dem Band: Sozialgeschichte, Alltagsgeschichte, Mikro-Historie. Eine Diskussion. Hrsg. von Winfried Schulze. Göttingen 1994 (Kleine Vandenhoeck-Reihe. 1569)

[27] Vgl. auch die Begründung von Hans Medick: Weben und Überleben in Laichingen 1650-1900. Lokalgeschichte als Allgemeine Geschichte. Göttingen 1996 (Veröffentlichungen des Max-Planck-Instituts für Geschichte. 126), S. 21 ff.

Bücherkenntnis der Menschen des 17. und 18. Jahrhunderts, die außerhalb der Städte in kleinen Ortschaften oder auf dem Lande wohnten und durch ihre "Literalität" die Modernität vorweggenommen oder in eine inhaltlich anders geprägte Richtung gelenkt hätten.[28]

Diesem Einspruch kann hier nicht ausführlich nachgegangen werden. Zur Klärung der Positionen ist aber der Hinweis von Bedeutung, daß Bildung durch Bücher in dem hier gedachten Sinn das sich wandelnde Bildungswissen repräsentiert, dessen Beherrschung, wie im Verlauf bereits erwähnt, für die Teilnahme an der öffentlichen Diskussion notwendig ist. Und dieses Bildungswissen wird nicht durch den Kanon geistlicher Literatur welcher Konfession auch immer vermittelt, sondern durch Bücher, die den in der Aufklärung konzipierten Fortschrittsgedanken als Legitimation für die Verfolgung neuer Ideen tradieren. Bildung durch Bücher als Leitidee für Modernität setzt den Anspruch auf Erkenntnis voraus, der den eigentlichen Unterschied des rationalen Zeitalters und der folgenden Epochen zu den vorausgehenden Jahrhunderten darstellt.

[28] Zuletzt Medick (wie Anm. 27), S. 447 ff., das Zitat S. 449.

VERZEICHNISSE HISTORISCHER BESTÄNDE

JUTTA WEBER

Bestandserhaltung durch verbesserte Informationsvermittlung Die Zentralkartei der Autographen innerhalb eines europäischen Netzwerkes Manuskript- und Briefbestände

Wie kann man sich die Möglichkeiten der Technik zunutze machen, um den Interessen der Forschung besser gerecht zu werden? Und wie verträgt sich verstärkte Benutzung mit dem Ziel, die Bestände selbst besser zu schützen? Diesen Fragen soll im folgenden nachgegangen werden unter besonderer Berücksichtigung der Benutzung von Nachlässen und Autographen.

Die Technik eröffnet neue Wege, das in Bibliotheken und Archiven bewahrte Wissen anders als bisher, schneller und besser zu verbreiten und dabei Dienstleistungen anzubieten, die die Gewohnheiten aller beteiligten Personen grundlegend verändern werden. Die Zeiten, da es der Regelfall war, daß sich der Wissenschaftler ruhig – in einem wunderschönen Lesesaal, umsorgt von freundlichen Bibliothekaren oder Archivaren – in die lange vorher schriftlich vorbestellte und für ihn zum rechten Zeitpunkt bereitgelegte Korrespondenz Friedrich Nicolais oder Franz Schuberts, Virginia Woolfs oder Charles Baudelaires vertiefte, neigen sich ihrem Ende zu. In zunehmendem Maße macht sich nicht mehr der Benutzer auf die Reise, um zu studieren, sondern das, was er für die Forschung benötigt, kommt per Datenleitung zu ihm auf den heimischen Schreibtisch. Die Originale werden immer seltener benutzt, immer häufiger ihre digitalen Abbilder. Das heute unserem besonderen Schutz anvertraute Material soll eines Tages weltweit für jeden jederzeit zugänglich sein. So läßt sich beschreiben, was heute mit den Worten „Service der Bibliotheken“ und „Globalisierung des Wissens" für die Zukunft umrissen wird. Die gültigen Kommunikationswege reichen nicht mehr aus, um den eigenen Informationsbedürfnissen und denen der Benutzer gerecht zu werden. Es ist an der Zeit, sich auch in dem speziellen Bereich der Nachlaßerschließung mit dieser Zukunftsperspektive sehr gründlich auseinanderzusetzen und mehr noch: Aus dieser Entwicklung Konsequenzen zu ziehen, die sowohl für die tägliche Arbeit der Archivare und Bibliothekare als auch für die Benutzer Gewinn versprechen.

Nachlässe und Autographen gehören zu dem, was heute gern unter dem Schlagwort „cultural heritage of Europe“ zusammengefaßt wird. Sie sind in der Tat Zeugnisse der eng verflochtenen gemeinsamen Geschichte Europas, Dokumente eines beständigen Kontakts, wie ihn etwa Egon Friedell an den Beginn der Kulturgeschichte Griechenlands setzt: „Aber wenn der richtige Reisende die richtige Reise macht! Dann entsteht das Schöpfungswunder des Kontakts.“[1] Kultur entsteht aus solchen Kontakten und lebt von ihnen. Sie findet Ausdruck in literarischen und wissenschaftlichen Werken, wird uns deutlich auch in Briefen und Äußerungen über „Erfahrungen“ im eigentlichen Wortsinne. Autographen und Nachlässe werden, sofern sie nicht Privatbesitz sind, in Bibliotheken, Archiven, Dokumentationsstellen und Museen verwahrt. Jede Institution pflegt ihre eigenen Erschließungstraditionen: Institutsinterne Autographenkataloge, gedruckte Verzeichnisse, Findbücher, provisorische Listen sind immer noch die Regel. Man kann sagen, daß diese Dokumente im allgemeinen nach wie vor nur Spezialisten zugänglich sind. Ja, der durch das Dokument bezeugte und gepriesene Kontakt wird durch die Art seiner Aufbewahrung und Erreichbarkeit massiv behindert. Bestände, die in Zettelkatalogen und Bandkatalogen nachgewiesen werden, erreichen die Welt der möglichen Benutzer kaum. Dieses ist der heutige Zustand in den meisten Bibliotheken und Archiven, sowohl in Deutschland als auch in allen anderen Ländern.

Einzuwenden wäre, daß durchaus Autographennachweise schon zu einem nicht geringen Teil in Datenbank- und Textverarbeitungsprogrammen erfaßt sind; die auf Einzelplatzrechnern erstellten Katalogisate bleiben jedoch im allgemeinen der Benutzung vor Ort vorbehalten; der Zugriff auf digitale Nachweise als online-Angebot ist die Ausnahme (z.B. im Schweizerischen Literaturarchiv, der Nachlaß Otto Nebel oder im Deutschen Literaturarchiv das allgemeine Nachlaßverzeichnis). Einzuwenden wäre auch, daß ein wesentlicher Teil der erhaltenen Dokumente, gerade von den bedeutendsten Personen unserer Kulturgeschichte, längst veröffentlicht ist, und damit das Original selbst von weniger hohem Interesse sei. Dem wäre zu erwidern, daß zunächst wirklich nur die bedeutendsten Nachlässe vollständig veröffentlicht worden sind. Und Nachlässe, deren Inhalt in gedruckten Katalogen minutiös festgehalten wurde, sind dennoch nur dem Publikum zugänglich, das von der Existenz dieses Kataloges Kenntnis hat, also dem Experten, der aus seinem Fachwissen heraus die Verbindung zwischen seiner Forschung und dem Nachlasser sowie dem Personenkreis um diesen herum hergestellt hat. Eine, wie man zugeben muß, glückliche Fügung, der allerdings auch viel Zufälliges anhaftet. Und der

[1] Egon Friedell, Kulturgeschichte Griechenlands. Leben und Legende der vorchristlichen Seele. München 1976, S. 11.

dritte Einwand könnte sein: Ja, braucht denn „alle Welt" Kenntnis von diesen Nachlässen? Wer soll denn noch in unseren Schätzen herumwühlen, ohne Ahnung von dem zu haben, was ihm da durch die Hände gleitet? Sicher ein zutreffender Einwand, wenn – ja, wenn wir heute das Jahr 1910 schrieben. Die Wirklichkeit des Jahres 1997 jedoch ist eine andere: An einer Stelle wie der Zentralkartei der Autographen kann man vielleicht ganz besonders gut sehen, wie die Zeiten sich gewandelt haben. Wenn hier alle Anfragen erst danach überprüft würden, ob sie aus ausreichender Sachkenntnis gestellt wurden, würde man vermutlich kaum noch zur Erledigung der eigentlichen Auskunftstätigkeit kommen. Aber wer auch immer, aus welchen Gründen auch immer sich mit der Geschichte und der Lebensgeschichte anderer beschäftigt, blickt über seinen eigenen Tellerrand, macht einen Schritt vom Ich zum Du, wird hoffentlich oder vielleicht (?) etwas Neues hinzulernen. Ein wichtiges Ziel für Bibliotheken und Archive sollte es sein, der Neugier auf das, was in diesen Institutionen verwahrt wird, die Tore zu öffnen.

Historische und philologische Forschung, Sammler, Verleger, Künstler, Schriftsteller, Journalisten, kurz jeder, der historisch arbeitet, möchte Originaldokumente aus Nachlässen benutzen, er möchte wissen, wo sie liegen und möglichst bequem mit ihnen arbeiten. Auch Archivare, Dokumentare und Bibliothekare selbst benötigen für ihre Erschließungsvorhaben entsprechende umfangreiche übergreifende Recherchemöglichkeiten. Die Ansätze zur Verbesserung der Situation sind in Europa recht unterschiedlich:

- Bei der British Library erschien ein gedrucktes Verzeichnis sämtlicher literarischer Manuskripte und Briefe, die in Großbritanniens Bibliotheken liegen. Das zunächst auf das 20. Jahrhundert beschränktes Projekt wurde nach seinem großen Erfolg auch auf die beiden vorangegangenen Jahrhunderte ausgedehnt.[2]
- In den Niederlanden wird in einem zentralen Register der gesamte Briefbestand aller Bibliotheken nach einem einheitlichen Schema erfaßt, die Erfassung der Manuskriptbestände ist in Vorbereitung, das eine landesweit genutzte System macht diese wunderbar einfache Lösung möglich.[3]
- In Österreich erschienen in den letzten Jahren sehr gut durchdachte gedruckte Nachlaßverzeichnisse: Eines bezieht sich auf Nachlässe in österreichischen Institutionen[4] und ist damit den deutschen Verzeichnissen von

[2] Location Register of Twentieth-Century English Literary Manuscripts and Letters. London 1988. – Location Register of English Literary Manuscripts and Letters. Eighteenth and Nineteenth Centuries. Ed. by David C. Sutton. London 1995.

[3] Catalogus Epistolarum Neerlandicarum (CEN)

[4] Gerhard Renner, Die Nachlässe in den Bibliotheken und Museen der Republik Österreich. Wien u.a. 1993.

Denecke/Brandis[5] und Mommsen[6] vergleichbar, das andere umfaßt Nachlässe österreichischer Autoren in aller Welt.[7]

- Die Schweiz publizierte eine Neuauflage des Nachlaßverzeichnisses von Schmutz-Pfister, das Bestände in der Schweiz dokumentiert.[8] Dieses Verzeichnis wird in Zukunft als Datenbank über die Schweizerische Landesbibliothek im Internet zugänglich sein. Die Landesbibliothek selbst stellt mit dem ihr angegliederten Schweizerischen Literaturarchiv ihre eigenen maschinenlesbaren Nachlaßkataloge direkt über das Internet zur Verfügung.
- In Deutschland gibt es einen nationalen Zentralkatalog in Zettelform, die Zentralkartei der Autographen, sowie die genannten gedruckten Nachlaßverzeichnisse und das Verzeichnis der Schriftsteller- und Gelehrtennachlässe in der DDR.[9]

Diese Beispiele mögen genügen um zu zeigen, daß Nachlaß- und Autographenkatalogen als nationalen Projekten ein durchaus hoher Stellenwert beigemessen wird. Die Wege, die zum angestrebten möglichst vollständigen Nachweis führen, sind durchaus unterschiedlich, die Gewichtung ist auch aus den besonderen nationalen Traditionen herzuleiten.

So ist die Situation: bunt und vielfältig. Es wurden ganz verschiedene Wege beschritten, weil sie auf der Basis vorhandener Ressourcen erreichbar und finanzierbar erschienen. Der Forscher steht am Ende vor einer Unzahl von Datenangeboten, deren Qualität er, da das Umfeld unbekannt bleibt, nicht erkennen kann. Er muß sich wie bisher mit dem zufrieden geben, was der Zufall ihm anbietet. Da die Benutzung der Autographen wegen ihrer Kostbarkeit nur vor Ort möglich ist, und manche Autographen wegen der schlechten Papierqualität gar nicht mehr in die Hand genommen werden dürfen, werden ersatzweise Mikrofilme (in Ausnahmefällen Kopien) zur Verfügung gestellt. Sie sind zu einem Teil auch als Sicherheitsfilme zur Langzeitkonservierung geeignet. Insgesamt stellt sich die Situation des Nachweises und der Präsentation der Dokumente zur europäischen Kulturgeschichte also als äußerst disparat dar und wenig geeignet zur komfortablen Nutzung durch Forschung und Fachöffentlichkeit. Das kann nicht der „Service“ sein, mit dem in Zukunft unsere Kunden

[5] Ludwig Denecke, Tilo Brandis, Die Nachlässe in den Bibliotheken der Bundesrepublik Deutschland. 2. Aufl., Boppard 1981.

[6] Wolfgang A. Mommsen, Die Nachlässe in den deutschen Archiven, Teil I u. II, Boppard 1971 u. 1983.

[7] Murray G. Hall, Gerhard Renner, Handbuch der Nachlässe und Sammlungen österreichischer Autoren, Wien u.a. 1992.

[8] Anne-Marie Schmutz-Pfister, Repertorium der handschriftlichen Nachlässe in den Bibliotheken und Archiven der Schweiz. Basel 1992.

[9] Gelehrten- und Schriftstellernachlässe in den Bibliotheken der Deutschen Demokratischen Republik, Teil 1-3, Berlin 1959-1971.

bedacht werden sollen, zumal auch die jetzt vorhandenen Angebote nicht ohne finanziellen Aufwand vorbereitet werden. Benötigt wird eine Grundlage, auf der eine vernünftige Suche mit hohen Erfolgschancen und eine weit über das heutige Angebot hinausgehende Dienstleistung möglich ist.

Will man ernsthaft zu dem Ziel gelangen, das Informationsangebot in diesem Bereich zu verbessern, muß man sich von lieben Gewohnheiten verabschieden. Nicht mehr die minutiöse Beschreibung des einzelnen Dokuments steht im Vordergrund, sondern die rasche, effektive Aufbereitung. Da diese dann auch weltweit abfragbar sein soll, muß ihr Hauptmerkmal Datenkonsistenz sein, also Vergleichbarkeit der Beschreibungsinhalte ebenso aufweisen wie leichte Verständlichkeit. Dies sind die Kriterien, die heute gefragt sind. Dieses muß nicht zwangsläufig bedeuten, einer „quick and dirty"-Lösung den Vorzug zu geben gegenüber einer dem Gegenstand angemessenen tiefgehenden Beschreibung von hoher Qualität. Es kommt vielmehr darauf an, dem tatsächlichen Bedarf so gerecht zu werden, daß Aufwand und das von den Bearbeitern und den Benutzern gewünschte Ergebnis in einem vernünftigen Verhältnis zueinander stehen. „Less is more", ein schönes Wort Mies van der Rohes, das in dem außerordentlich anregenden Artikel Joachim Lüggers zu Strukturen des Kooperativen Bibliotheksverbundes treffend zitiert wird.[10]

Wenn auf internationaler Ebene eine Kooperation über Autographenerschließung und -benutzung einen Sinn machen soll, sind zunächst auf nationaler Ebene die Voraussetzungen dafür zu schaffen:

Welche Suchbegriffe müssen bei der Beschreibung eines Autographs vorkommen, damit es ohne Hilfe (Hilfe wird im Internet nicht gegeben, die WEB-Seiten sind stumm!) als solches auffindbar wird:

1. Name(n)
2. Art des Dokuments (Brief, Manuskript, Nachlaß)
3. ggf. Titel
4. Ort
5. Datum
6. ggf. Sachbezug/Inhaltsangabe

In den im Frühjahr 1997 erschienenen „Regeln zur Erschließung von Nachlässen und Autographen – RNA"[11] stehen die genannten Kategorieninhalte als wichtigste im Mittelpunkt. Wenn für diese Beschreibungselemente institutionenübergreifende, überregionale Auffindbarkeit erreicht werden soll, muß auf

[10] Joachim Lügger, Wo ist der Opac der virtuellen Bibliothek? Strukturen des kooperativen Bibliotheksverbundes. Vorläufige Version vom 8. April 1997, S. 6 (http://elib.zib.de/kobv).

[11] Deutsche Forschungsgemeinschaft, Unterausschuß für Nachlaßerschließung, Regeln zur Erschließung von Nachlässen und Autographen, RNA. Berlin 1997.

Homogenität innerhalb dieser Kernkategorien geachtet werde. Erst dann vermag auch die Maschine aus den Daten das gewünschte Ergebnis herauszusuchen. Was neben den Kernkategorien als zusätzliche Elemente der Beschreibung beigefügt wird, kann jede Institution für sich entscheiden; hier wird Einheitlichkeit kaum zu erreichen sein. Und ob ein Dokument ein Wasserzeichen hat, aus 7 oder 200 Seiten besteht, eigenhändig oder mit Maschine geschrieben wurde, mag für seine Bestimmung von großer Bedeutung sein, als Kriterium für die Auffindbarkeit spielen diese Angaben letztlich keine Rolle. Die Kernkategorien hingegen wären auch die Grundlage für eine internationale Kooperation: Sie würden genügen, um jeder Institution – Archiv, Bibliothek, Museum, Dokumentationsstelle – Resonanz auf ihr Datenangebot, z.B. auch im Internet, zu sichern. Wünschenswert wäre eine zusätzliche Übersetzung der wichtigsten Suchbegriffe in die gängigen Sprachen Europas. Von ähnlichen Voraussetzungen gehen die oben genannten Projekte in den verschiedenen Ländern aus. „The aim is to give users enough information to assess the relative importance of the holdings in various places of the papers of any author, but not to present full physical descriptions, bibliographical histories or other annotations."[12]

Nach diesem Muster wird nun in Zukunft die Zentralkartei der Autographen verfahren: In einem groß angelegten Retrokonversionsprojekt, das von den in Berlin gesammelten Nachweisen ausgeht, wird von 1997 an innerhalb von zwei bis vier Jahren ein maschinenlesbarer Gesamtüberblick über die in Deutschland vorhandenen Autographenbestände erarbeitet, dessen wichtigste Ziele ein möglichst rasches Erscheinen und die Einbindung in europäische Vorhaben sind. Ein Antrag an die DFG, dieses Projekt zu unterstützen, ist in Vorbereitung. Eine Voraussetzung für das Projekt ist dadurch gegeben, daß inzwischen alle Namen der Zentralkartei erfaßt sind; sie werden im September 1997 in die Personennamendatei in Der Deutschen Bibliothek überspielt. Durch die Weiternutzung dieser Normdatensätze auch bei Erschließung von Nachlässen und Autographen kann dann große Homogenität bei der Behandlung der Personennamen herbeigeführt werden. Die Staatsbibliothek zu Berlin wird in Verbindung mit dem Deutschen Bibliotheksinstitut die durch Standortangaben zu Autographenbeständen angereicherte Personennamendatei als DIANA – Deutscher Index zu Autographen und Nachlässen – der Benutzung öffnen, wegen der informationstechnischen Neuorientierung des DBI allerdings mit Verzögerung. Mit DIANA entsteht der Angelpunkt, der für die Fortführung aller Autographennachweise nach dem Prinzip der verteilten Datenhaltung nötig ist, unter Einbeziehung aller einzelnen Institutionen in

[12] Vgl. David C. Sutton, Location Register of Twentieth-Century English Literary Manuscripts and Letters, p. VIII.

Deutschland sowie der Zentralkartei als nationalem Redaktionsinstrument. Da eine Einigung auf eine gemeinsame Dateiführung sowohl regional als auch national und erst recht international von vornherein ausgeschlossen ist – und dem Stand der Technik schon lange nicht mehr entspricht – , ein „gemeinsamer" Nachweis auf internationaler Ebene jedoch, wie gezeigt, dem Gegenstand ganz besonders angemessen erscheint, wird eine auf dem Prinzip der verteilten Datenhaltung basierende Konstruktion mit „Suchmaschine", „intelligent agent", erforderlich. Dabei werden nationale Grenzen vermutlich kaum noch eine Rolle spielen. Der oben als verlorengegangen beklagte Kontakt wäre wiederhergestellt.

Diese Gesamtschau, die dann weltweit zur Benutzung offensteht, wird mehr Wissen zu den Dokumenten des alten Europa verbreiten, als dies jemals vorher möglich war. Für die Bearbeiter wird sich eine ganz neue Aufgabenstellung ergeben: Sie werden sich mit ganz anderen und viel, viel häufigeren Benutzungswünschen vertraut machen müssen. Und auch den für alle Seiten so wichtigen, bisher viel zu wenig wahrgenommenen Austausch zwischen Forschern, Bibliothekaren, Archivaren, Dokumentaren wird die Technik erleichtern. Dabei kann ruhig in Kauf genommen werden, daß sich Bearbeiter und Benutzer oft gar nicht mehr kennenlernen. Da der Kontakt auf elektronischem Wege zustandekommt, werden die Benutzer der Nachweisdatei solange völlig unbekannt sein, bis sie mit dem Antrag zur Benutzung des Originaldokuments ihre Anonymität lüften müssen. Diese Anonymität wird jedoch aller Wahrscheinlichkeit nach nicht das einzige Problem sein: Im konkreten Benutzungsfall wird sich nämlich möglicherweise herausstellen, daß der hergebrachte Weg über die Mikroverfilmung zu schwerfällig ist. Ein verbesserter Bestandsnachweis muß mit einer verbesserten Dienstleistung einhergehen, um nicht auf halbem Wege stehen zu bleiben. Unter dieser Voraussetzung könnte sich die Anreicherung der Bestandsnachweise durch eine Image-Datenbank als sinnvoll erweisen: Wem nützen zufällige Abbildungen von Originaldokumenten im Netz, wenn sie nicht in einen größeren Zusammenhang zu stellen oder nicht vernünftig zu suchen sind? Und welchen Sinn kann man darin finden, den Gesamtbestand einer Institution zu scannen, ohne zu wissen, für wen? Zu teuer ist der Vorgang allemal.

Es geht hier nicht um eine Dienstleistung für die Forscher, welche immer schon die Möglichkeit hatten (und diese auch behalten werden), Originaldokumente vor Ort einzusehen. Ihre Zahl ist so hoch nicht. Wer kann schon um die halbe Welt reisen, um ein Originaldokument einzusehen? Zu denken ist vielmehr an die „Normalbenutzer", denen heute mit Mikrofilmen und Kopien geholfen wird, und deren Zahl steigen wird. Zur gegebenen Zeit wird dann die Möglichkeit des Scannens in Anbetracht der Erhaltung von Originaldokumenten äußerst willkommen sein: Dem Bestandsnachweis zugeordnet werden könnte eine Komponente, die es ermöglicht, das gewünschte Dokument bei Bedarf (on demand) als digitales Bild anzusehen oder – dann allerdings gegen eine höhere Gebühr – eine Kopie dieses Bildes auf den eigenen Rechner zu laden. Sollte das digitale Bild noch nicht vorhanden sein, könnte über den elektronischen Zugang die Bestellung eines Abbildes des gewünschten Autographs angefordert werden. Da Autographenbestände häufig verfilmt wurden, wäre es möglich, diese Filme zur Grundlage der Digitalisierung „on demand" zu machen; sollten sie nicht vorhanden sein, könnte mit der Digitalisierung auch eine gleichzeitige Sicherheitsverfilmung (falls nötig, also falls das Original besonders gefährdet erscheint) erfolgen. Das Datenangebot sollte diese elektronischen Faksimilia neben den Originalen in einer bedarfsgerechten Image-Datenbank nachweisen, ohne daß für diese ein eigener Katalogisierungsaufwand entstehen müßte. Nach dem einmaligen Scannen könnte das Original nur noch in Ausnahmefällen der Benutzung zugänglich gemacht werden und damit sicheren Schutz genießen. An seine Stelle träte dann das digitale Surrogat.

Genau diese Vorstellungen – nämlich auf fachlicher Grundlage eine technische Lösung herbeizuführen – hat die Staatsbibliothek zu Berlin in einem europäischen Konsortium, dem auch England, Spanien, Norwegen, Dänemark, Portugal, Österreich, Frankreich und die Schweiz angehören, als Projekt MALVINE (Manuscripts and Letters via Integrated Networks in Europe) erarbeitet und bei der Europäischen Kommission eingereicht. Was aus diesem Antrag auch werden mag, wichtig war und ist der Konsens, der innerhalb der Vorbereitungsphase für dieses Projekt zu den angesprochenen Problemen in den genannten Partnerländern gefunden wurde: Es ergeben sich zu viele wichtige Anregungen, als daß man sie wie bisher nur auf lokaler, und bestenfalls nationaler Ebene behandeln sollte. Das Verstehen der Interessen anderer Länder, der Dialog mit Benutzern und die gegenseitige Bereicherung im Austausch sind Erfahrungen, die nicht ohne weiteres zu erwerben sind, für die sich jedoch manche Mühe lohnt. Abschließend ein ermutigendes Zitat aus einem Gebiet, das man – wenn man's nicht besser weiß – zu den am wenigsten zukunftorientierten zählen mag: Ein amerikanischer Papyrologe äußert sich über die außerordentlich attraktive gemeinsame Image-Datenbank fünf papyrologischer Sammlungen der Vereinigten Staaten mit dem wunderbar passenden Namen APIS (Advanced Papyrological Information System): „The APIS-project has created a new perspective within the interested fields, which looks as deep into the future as papyrological research goes back into the past. We stand at the juncture between past and future."[13] Und wo stehen wir?

[13] Traianos Gagos, Scanning the past: A modern approach to ancient culture, in: Library Hi Tech, Issue 53, 14,1 (1996), p. 22.

THOMAS BÜRGER

Modelle zum Umgang mit originalen und digitalen Drucken
Zur Bereitstellung alter Bücher

Von Gutenberg zum Internet: dieses Motto des Bibliothekskongresses 1997 ist vom Verleger Vittorio E. Klostermann als ein Abgesang auf das Buch kritisiert worden.[1] Freilich dürfte er es mißverstanden haben, ist doch nicht die Ablösung von Gutenberg durch das Internet, sondern das breite Spektrum des Berufsbildes und das Neben- und Miteinander von alten und neuen Medien gemeint, wie es längst zum Erfahrungsalltag unserer Bibliotheken gehört. Mit ihrer Aufgabe, das historische und das aktuelle Wissen zu bewahren und zu verbreiten, sind die Bibliotheken stets mit der Gleichzeitigkeit des Ungleichzeitigen konfrontiert. Die neuen Medien lösen die alten in der Regel nicht ab, sondern ergänzen und erweitern sie und beschleunigen und vervielfältigen damit den Informations- und Wissenstransfer. Zur Handschrift ist das gedruckte Buch, zum Buch der elektronische Datenträger hinzugekommen. Es ist naheliegend, daß der Bibliothekar gleichermaßen mit Skepsis und Neugierde in das digitale Zeitalter aufbricht. Skeptisch ist er angesichts der Sorge, daß die Speicherung flüchtiger Daten in virtuellen Bibliotheken künftig mehr Aufwand und Pflege erfordern könnte als die Bewahrung handschriftlicher Codices und gedruckter Bücher der vorangegangenen Jahrhunderte. Neugierig und aufgeschlossen ist er, nutzt er doch nach Möglichkeit alle neuen technischen Mittel, den Leser besser, d.h. schneller und effektiver als bisher zu bedienen.

Der freie Zugang zur Information schließt den Umgang mit alten und wertvollen Drucken ein. Unter alten Drucken sollen hier die im Handsatz hergestellten und individuell gebundenen Bücher vor Beginn der industriellen Fertigung ab ca. 1830 verstanden werden. Diese Rare Books werden in der Regel im Lesesaal der besitzenden Bibliothek, aber auch über Reprints, Mikroformen und künftig auch über Datennetze zugänglich gemacht. Die Frage nach der Bereitstellung historischer Drucke umfaßt kulturpolitische und wissenschaftliche, bürokratisch-organisatorische und nicht zuletzt technische Aspekte; entsprechend heterogen sind die Annäherungen an das Thema:

[1] Klostermann, Vittorio E.: Von Gutenberg zum Internet – Wie bitte?! In: BuB-Journal 49 (1997), S. 25.

1. Das Buch als Quelle der Kulturwissenschaften
2. Zum Stand der Erschließung der Altbestände
3. Die Bereitstellung von Originalen und Reproduktionen
4. Erwartungen an eine Retrodigitalisierung
5. Archivierung von Original und Kopie
6. Zur innovativen Integration von gedruckten und digitalen Medien

Mit diesem zugegebenermaßen groben Umriß sollen frühere Gedanken über Erschließungswünsche an neue Technologien fortgeführt werden.[2]

1. Das Buch als Quelle der Kulturwissenschaften

Die Bibliotheken sammeln, erschließen und bewahren Handschriften (soweit sie nicht in Archiven aufbewahrt werden) und vor allem gedruckte Texte. Diese sind die Hauptquellen für alle historischen Wissenschaften. Über die Inhalte hinaus sind die Überlieferungsformen aufschlußreiche Zeugnisse der Kultur- und Mediengeschichte. Dazu zählen die Materialien wie Pergament und Papier, Tinte und Drucktypen, die Beigaben wie Illustrationen und Tafeln, die individuellen Einbände, die handschriftlichen Einträge und, nicht zuletzt, das jeweils historisch gewachsene Ensemble einer Buchsammlung in privatem oder öffentlichem Besitz. Das alte Buch ist, mit einem Wort, eine komplexe Hauptquelle für die Kulturwissenschaften, die geistes- und naturwissenschaftliche Disziplinen umfassen.

2. Zum Stand der Erschließung der Altbestände

Mit Bernhard Fabians *Handbuch der historischen Buchbestände,* das die Volkswagen-Stiftung finanziert, ist es möglich, die reichen Buchbestände in Deutschland und einige Bibliothekssammlungen europäischer Nachbarländer zu überblicken und differenziert kennenzulernen. Aus den zahlreichen bereits erschienenen Bänden wird der für Deutschland typische dezentrale kulturelle Reichtum in der Region deutlich.[3] Dieser Streubesitz erstreckt sich von den großen Staats-, Landes- und Universitätsbibliotheken bis hin zu den Stadt-, Kirchen- und Schulbibliotheken, die nicht selten wertvolle und unikale Be-

[2] Bürger, Thomas: Das alte Buch als Herausforderung für neue Medien – Erschließungswünsche an neue Technologien. In: 85. Deutscher Bibliothekartag in Göttingen 1995. Die Herausforderung der Bibliotheken durch elektronische Medien und neue Organisationsformen. Hrsg. von Sabine Wefers (ZfBB; Sonderheft 63), S. 241-251.

[3] Handbuch der historischen Buchbestände. Gefördert von der Volkswagen-Stiftung. Hrsg. von Bernhard Fabian. Bd. 1 ff. Hildesheim 1992 ff.

stände besitzen. Die Nachteile, die diese Streuung für eine Benutzung mit sich bringen, werden ausgeglichen durch den Gewinn, den eine Erhaltung von Buchbeständen in ihrem historischen Überlieferungskontext darstellt. Schließlich kann elektronisch zusammengeführt werden, was räumlich weit auseinanderliegt. In Nordrhein-Westfalen sind Kompetenzzentren in den Universitätsbibliotheken Köln und Münster eingerichtet worden, um kleinere dezentrale historische Sammlungen in die Erschließung und Bereitstellung einzubeziehen.

Auf methodisch vielfältige Weise kommt die Erschließung der historischen Bibliotheksbestände in Deutschland kontinuierlich voran. Durch die umfangreichen Katalogkonversionsprojekte der Deutschen Forschungsgemeinschaft sind große Teile des gedruckten Altbestands inzwischen maschinenlesbar erfaßt. Rund 30 Mio. Titeldaten zu Büchern des 15. bis 20. Jahrhunderts mit über 42 Mio. Besitznachweisen aus rund 1.000 deutschen Bibliotheken sind inzwischen aus den regionalen Bibliotheksrechenzentren im zentralen Verbundkatalog beim Deutschen Bibliotheksinstitut in Berlin zusammengeflossen. Die leistungsfähigen lokalen und regionalen Online-Kataloge und deren Zusammenfluß in virtuellen Gesamtkatalogen sind unentbehrlich gewordene Instrumente moderner Fachwissenschaften.

Parallel zu diesen großen Datenressourcen entstehen spezialisierte Verzeichnisse alter Drucke auf hohem nationalbibliographischen Niveau wie die Inkunabelkataloge, das *VD16* oder das *VD17*. Das von der Deutschen Forschungsgemeinschaft geförderte *Verzeichnis der im deutschen Sprachbereich erschienenen Drucke des 17. Jahrhunderts (VD17)* macht sich dic beschleunigten technischen Fortschritte im Bereich der elektronischen Datenverarbeitung in innovativer Weise zunutze. Mit diesem Multimedia-Katalog können die zeittypischen Bild-Text-Kombinationen auf den Titelseiten des 17. Jahrhunderts vor Augen geführt und erste Einblicke in die Bücher ermöglicht werden. Die Hauptphase des *VD17* hat im Juli 1996 in den drei Katalogisierungszentren der Bayerischen Staatsbibliothek München, der Staatsbibliothek zu Berlin und der Herzog August Bibliothek Wolfenbüttel begonnen. Ab September kamen als Projektpartner die Sächsische Landesbibliothek/Staats- und Universitätsbibliothek Dresden, die Forschungs- und Landesbibliothek Gotha und die Universitäts- und Landesbibliothek Sachsen-Anhalt in Halle hinzu. Diese sechs Bibliotheken konnten im ersten Jahr rund 20.000 Titel bearbeiten; das heißt, daß – rein statistisch gesehen – in zehn Jahren 200.000 Titel- und/oder Exemplarnachweise verfügbar sein dürften. Verglichen mit dem *VD16* bedeutet dies, daß das *VD17* etwa die doppelte Menge in halber Zeit bei nochmals gesteigertem Qualitätsniveau verzeichnen kann. Diese erfreuliche Bilanz verdanken wir nicht nur der verbesserten bibliothekarischen Infrastruktur (z.B. mit der Personennamendatei und den Retrokonversionsdaten) sowie der kooperativen Partnerschaft aller beteiligten Institutionen unter der Federführung der Bayerischen Staatsbibliothek, sondern auch dem werbewirksamen Prinzip „Vorsprung durch Technik".

Grundlage des *VD17* sind die Katalogkonversionsdaten des DBI-VK; das sind inzwischen 480.000 Datensätze zum 17. Jahrhundert, von denen über 200.000 für den Einzugsbereich des *VD17* relevant sind. Diese Titelaufnahmen werden nach Autopsie verbessert, jedoch nicht mehr diplomatisch getreu nach der Vorlage abgeschrieben, sondern statt dessen mit der Abbildung der Titelblätter verbunden. Da alle suchrelevanten Titelbegriffe vorlagegemäß und ggf. darüber hinaus zusätzlich noch in moderner normierter Orthographie erfaßt werden, sind Recherchen komfortabler als bisher möglich. Die photographischen Reproduktionen aller Titelblätter und weiterer Schlüsselseiten (durchschnittlich vier pro Druck) ergänzen und präzisieren die Titelbeschreibung. Erfaßt werden im *VD17* die literarischen und künstlerischen Beiträger, die Zensoren und die Widmungsempfänger. Die Berücksichtigung von Normdateien für Autoren, Drucker und Verleger erleichtert die Eingabe und die Recherche; die Verleger-/Drucker-Hilfsdatei ist eigens für das Projekt eingerichtet worden, so daß die Ansetzungsformen im Cut- and paste-Verfahren in die Aufnahme kopiert werden können. Die Formalerschließung wird durch die Vergabe von rund 140 Gattungsbegriffen und Fächerbezeichnungen über das übliche Maß hinaus erweitert, um zusätzliche sachliche Sucheinstiege zu ermöglichen: Koch- und Gebetbücher, Dissertationen und Gelegenheitsschriften, Kalender und Lexika, Ordensliteratur und Hochschulschriften, Frauen- und Jugendliteratur, Schriften zur Astrologie oder Alchemie lassen sich künftig bequem selektieren. Bei den ersten 18.000 Titeln wurde nach einer ersten statistischen Auswertung durchschnittlich ein Gattungsbegriff pro Titel vergeben, so daß künftig vielfältige Recherchekombinationen denkbar sind (z.B.: Dissertation + Ordensliteratur: Jesuiten, oder: Flugschrift + Ort + Jahr etc.).

Voraussichtlich ab Herbst 1997 wird das *VD17* im Internet zugänglich sein. Die Homepages der Partnerbibliotheken in Berlin, Dresden, Gotha, Halle, München und Wolfenbüttel führen zur zentralen *VD17*-Datenbank des FORWISS-Instituts der TU München, das die Retrieval-Software Omnis-Myriad entwickelt hat. Es lohnt sich, mit dem *VD17* zugleich die technischen Möglichkeiten quantitativ und qualitativ verbesserter Text- und Bild-Recherchen speziell für alte Drucke kennenzulernen und zu nutzen.

Der verbesserten Erschließung folgt stets eine steigende Nachfrage nach den Drucken selbst. Damit werden zwei Fragen vordringlich: Wie können die vorhandenen historischen Quellen optimal bereitgestellt und das Fehlende besorgt werden?

3. *Die Bereitstellung von Originalen und Reproduktionen*

Alte Drucke stehen in der Regel im Lesesaal der besitzenden Bibliothek zur Verfügung. Achtzig von hundert Lesern, so Beobachtungen in der Herzog August Bibliothek Wolfenbüttel, bringen ihren Laptop mit, um direkt aus den Quellen ihre Manuskripte zu erstellen. Dabei werden die Bücher mit gefährdeten Einbänden am besten auf Schaumstoffkeile gelegt und ggf. mit einem schlauchförmigen Sandsäckchen beschwert. So läßt sich das Buch gleichermaßen gut schützen und öffnen. Lesepulte insbesondere für Folianten sind in Einzelfällen nützlich, bewirken u.U. aber eher Schaden als Nutzen. Die Bereitstellung alter Drucke für die Fernleihe wird in der Praxis recht unterschiedlich gehandhabt, manchmal wohl zu rigide, oft aber auch, angesichts geeigneter Reproduktionsformen, zu freizügig. Deshalb sind eine Revision der Leihverkehrsordnung (mit der Festlegung flexibler Zeitgrenzen ab 1850ff.) und Vereinbarungen praktikabler Standards (z.B. für eine einheitliche Verpackung der Bücher in Noppenfolie zur besseren Schonung der Bestände bei Transporten mit dem Bücherauto) sinnvoll.

Für Drucke vor 1800 bzw. 1850 ist seit langem eine Herstellung von Filmen und Microfiches für den Leihverkehr üblich. Nach Bestellung wird, soweit noch nicht vorhanden, ein Masterfilm für die Bestandssicherung und eine Kopie für den Leser angefertigt. Die Bücher, die sich nicht mehr öffnen lassen und deshalb der Benutzung vorenthalten wurden, können künftig mit der Prismenkamera lesbar gemacht werden. Die Schonung des Originals, die Sicherungsverfilmung und die Bereitstellung einer Arbeitskopie sind also wirkungsvoll miteinander zu verbinden. Tatsächlich wird schon jetzt ein großer Teil der Anfragen nach alten Drucken durch die Bereitstellung eines Films durchaus zufriedenstellend beantwortet. Dabei wäre mancher Leser freilich froh, wenn der Film nur ausgeliehen und auf Dauer von der passiven Fernleihbibliothek verzeichnet und archiviert werden könnte. Daß die großen Film- und Microficheausgaben, von den amerikanischen Barocksammlungen der 70er Jahre bis hin zur Edition Corvey u.a., zur Schonung von seltenen Originalen und für deren flexible Benutzung besonders nützlich sind, ist wenigstens zu erwähnen. Freilich sind sie es nur, wenn alle Titel in ausreichender Qualität verzeichnet sind, und dies in allen Verbundkatalogen, so daß dann nicht mehr, wie gelegentlich beklagt, einzelne Drucke als Fernleihwünsche durch die Regionen wandern, obwohl der Film in der Nähe oder gar im eigenen Hause vorhanden ist. Aus dem gleichen Grunde wird die Recherche in der EROMM-Datenbank immer wichtiger; in ihr sollen nicht nur alle Microform-Master, sondern künftig auch alle digitalisierten Dokumente verzeichnet werden.

4. Erwartungen an eine Retrodigitalisierung

Der Aufbau einer *Verteilten digitalen Forschungsbibliothek,* wie ihn die Deutsche Forschungsgemeinschaft fördert, bezieht ausdrücklich auch die Bereitstellung forschungsrelevanter älterer Literatur ein. Der qualitative Fortschritt neuer Digitalisierungstechniken[4] gerade für Altbestandsbibliotheken besteht in der Synergie von Sicherung, Erschließung und Bereitstellung. Die hochwertige Sicherungsverfilmung wird zur Grundlage einer digitalen Reproduktion, die in Kombination mit formalen und sachlichen Erschließungsdaten dazu beitragen kann, seltene, wertvolle oder auch vergessene Quellen als CD-ROM und im Netz, d.h. schneller und besser als bisher zu präsentieren.

Eine Reihe von Bibliotheken haben entsprechende Anträge an die Deutsche Forschungsgemeinschaft gestellt bzw. konkret damit begonnen, überschaubare Teilbestände direkt oder über den Film zu scannen. Die Herzog August Bibliothek beispielsweise bereitet seit einiger Zeit die Verfilmung und Digitalisierung von 500 Drucken zur Festkultur des Barock vor. Dabei handelt es sich um höfische und städtische Festbeschreibungen, Opernlibretti und Funeralwerke, die mit Noten und Kupferstichen reich ausgestattet und nur in kleinen Auflagen verbreitet wurden. Mit der elektronischen Publikation dieser von der internationalen Barockforschung stark frequentierten Quellen werden die bereits angedeuteten drei Erwartungen verbunden: die kostbaren und seltenen Werke optimal zugänglich zu machen, die fragilen Drucke mit den eingebundenen Falttafeln und Illustrationen zu schonen und die Inhalte durch spezielle sachliche Indizes auf neue Weise zu erschließen. Für Literatur-, Musik- und Kunsthistoriker, aber auch für Bühnenbildner, Theatermacher, Opernkenner und Freunde seltenster Stadtansichten sollen neue Einsichten in alte Quellen möglich sein. Auf diese Weise werden die kostbaren Drucke natürlich nicht ersetzt, wohl aber auf neue und intelligente Weise zusammengestellt und geöffnet. Die 500 Festbücher des Barock umfassen rund 50.000 Textseiten und Illustrationen, die je nach Vorlage schwarz/weiß, mit Graustufen oder farbig digitalisiert werden. Die Images sind mit den nach Autopsie erstellten Titelaufnahmen zu verbinden, und da es keine oder nur unzureichende zeitgenössische Inhaltsverzeichnisse gibt, müssen diese intellektuell erstellt werden, damit der Leser und Betrachter auf Texte, Noten und Illustrationen gezielt zugreifen kann.

Mit der Möglichkeit, komfortabel in z.T. unhandlichen alten Drucken zu blättern, wird der Wunsch nach weiterer, vertiefter inhaltlicher Erschließung

[4] Dörr, Marianne u. Weber, Hartmut: Digitalisierung als Mittel der Bestandserhaltung? Abschlußbericht einer Arbeitsgruppe der Deutschen Forschungsgemeinschaft. In: ZfBB 44 (1997), S. 53-75.

verbunden werden. Da man am Bildschirm kein Buch ganz lesen, vielmehr in ihm zielgerichtet nachschlagen will, werden differenzierte Sucheinstiege notwendig sein. Leider fehlt es bei vielen Mikroformensammlungen an entsprechenden Zugriffsmöglichkeiten, weshalb ihre Benutzbarkeit oftmals eingeschränkt oder zumindest nicht so kreativ möglich ist, wie man sich dies wünschen möchte. Bei digitalisierten Dokumenten sollte es leichter realisierbar sein, die Erschließung des alten Buches Stufe um Stufe weiterzuentwickeln. In einem ersten Schritt würden über die Titelaufnahme hinaus die genannten Inhaltsverzeichnisse und Seitenzeiger eingerichtet, die umfangreiche Werke im Netz erst handhabbar machen. Eine Erschließung der Text- und Bildinhalte, etwa in Form von Verschlagwortungen, könnte dann im Netz, ggf. interaktiv in Zusammenarbeit mit Forschungseinrichtungen, erfolgen. Hier eröffnen sich neue Perspektiven für Kooperationen zwischen Bibliothek und Forschung und insbesondere für gemeinsame methodologische Anstrengungen zur Aneignung erweiterter Medienkompetenz.

Die Retrodigitalisierung gestattet variablere und komfortablere Modelle der Dokumentenlieferung insbesondere älterer Drucke. So ist es naheliegend, daß die Bibliotheken künftig alternativ zum Film oder Fiche auch die CD-ROM anbieten werden. Daß dies sehr leserfreundlich wäre, steht außer Frage: Kaum ein Benutzer besitzt zu Hause ein Filmlesegerät, viele aber ein CD-ROM-Laufwerk. Mit der CD-ROM kann sich der Leser eine nach seinen Bedürfnissen zusammengestellte Teilmenge aus der digitalen Forschungsbibliothek ins Haus holen, und mit ihr kann er Bilder in einer Auflösung und Qualität betrachten, wie er sie im Netz kaum zu sehen bekommt. Auf dem Markt gibt es inzwischen eine Fülle interessanter Compact-Discs von historischen Quellen verschiedenster Art. Bill Gates, der Chef von Microsoft, erwarb unlängst für 100 Mio. Dollar zwei Leonardo-Handschriften, ließ sie digitalisieren und machte sie so jedermann zugänglich. Auf die Frage, warum ausgerechnet er so technikfern in Handschriften investiert hatte, antwortete er mit seiner Begeisterung für die Originale, die durch keine technische Kopie zu ersetzen seien.

5. Archivierung von Original und Kopie

Bill Gates weiß, wovon er spricht. Seine Leonardo-Handschriften sind wie die ungezählten kostbaren Handschriften und Drucke in den Bibliotheken einzigartige Dokumente, und wenn Originale auf Auktionen oder durch Antiquariate angeboten werden, sollten die Bibliotheken trotz knapper Mittel auch künftig alles versuchen, diese zu erwerben und damit der Öffentlichkeit zugänglich zu machen. Nichts, weder ein Faksimile, ein Film oder eine digitale Kopie, kann die Authentizität eines Originals ersetzen. Die retrospektive Bestandsergänzung wird in der Regel durch den professionellen Antiquariatshandel unterstützt; dabei ist es immer wieder erstaunlich, wie viele Bücher auf dem Markt verfügbar sind, die nicht, nicht mehr oder noch nicht in öffentlichem Besitz nachgewiesen sind. Deshalb sind die Überlieferungslücken kontinuierlich und kooperativ zu schließen und Spezialsammlungen alter Drucke nach Möglichkeit zu komplettieren. So erwirbt die *Arbeitsgemeinschaft Sammlung Deutscher Drucke* systematisch in Deutschland fehlende oder seltene Drucke; die Bayerische Staatsbibliothek München (1450-1600), die Herzog August Bibliothek Wolfenbüttel (1601-1700), die Niedersächsische Staats- und Universitätsbibliothek Göttingen (1701-1800), die Stadt- und Universitätsbibliothek in Frankfurt am Main (1801-1870), die Staatsbibliothek zu Berlin (1871-1912), Die Deutsche Bibliothek/Deutsche Bücherei in Frankfurt am Main und Leipzig (1913ff.) kaufen jährlich mehrere tausend Originaldrucke zur Vervollständigung des von ihnen betreuten Zeitsegments. Mit Hilfe der Volkswagen-Stiftung konnten während der fünfjährigen Einführungsphase der *Sammlung Deutscher Drucke* zwischen 1990 und 1995 mehr als 50.000 Originaldrucke und 30.000 Reproduktionen des Zeitraums 1450-1912 erworben werden – ein großartiger Zuwachs mit einer Vielzahl bislang nirgends beschriebener Drucke.

An zahlreichen Einzelbeispielen liesse sich zeigen, wie mit der Pflege und Erschließung der nationalen Buchüberlieferung eine aktive Forschungsförderung verbunden werden kann.[5] So hat die Herzog August Bibliothek jüngst den verschollen geglaubten Erstdruck einer Komödie aus dem Jahre 1605 (Ludwig Hollonius: *Somnium vitae humanae,* Stettin 1605[6]) erwerben können, der seit dem Zweiten Weltkrieg in keinem Exemplar mehr zur Verfügung stand. Eine Neuedition des Jahres 1970 mußte deshalb auf einen Nachdruck von 1891 zurückgreifen.[7] Die deutschsprachige Erziehungskomödie über die eitlen Träume der Menschen ist eine sozialgeschichtliche Quelle ersten Ranges, ein Musterbeispiel literarisch eingekleideter, absolutistischer Sozialdisziplinie-

[5] Das deutsche Buch. Die Sammlung Deutscher Drucke 1450-1912. Bilanz der Förderung durch die Volkswagen-Stiftung. Im Auftrag der Arbeitsgemeinschaft Sammlung Deutscher Drucke 1450-1912 hrsg. von Bernhard Fabian und Elmar Mittler. Wiesbaden 1995.

[6] Somnium Vitae Humanae, Das ist: Ein Newes Spiel/ Darin Aus einer lustigen geschicht ... Gleich einem Spiegel gezeiget wird/ das unser zeitlichs leben ... nur ein ... Traum sey. Gestellet durch Ludovicum Hollonium. Stettin 1605 (HAB Wolfenbüttel: Xb 5243).

[7] Somnium vitae humanae. Ein Drama von Ludwig Hollonius. Hrsg. von Franz Spengler. Halle a.S. 1891 (Neudrucke deutscher Litteraturwerke des 16. und 17. Jahrhunderts; 95); dass. Text. u. Materialen zur Interpretation besorgt von Dorothea Glodny-Wiercinski. Berlin 1970 (Komedia; 16).

rung: Ein Bauer darf einen Tag lang die Rolle des Regenten spielen, um dann vom geistlichen Autor wieder in seine Standesschranken verwiesen zu werden. Das erworbene Exemplar ist ein vermutlich im Privatbesitz unbekannt gebliebenes Rarissimum, das der Forschung nun den Text erstmals wieder im Original verfügbar macht. Diese eher durchschnittliche, sicher nicht spektakuläre und dennoch kostbare Erwerbung illustriert stellvertretend für viele andere den Sinn und die Notwendigkeit, systematisch die Überlieferungslücken zu schließen. Und nur anhand einzelner Buchindividuen wird deutlich, welch großartigen Schatz alter, aber keineswegs veralteter Bücher wir in unseren Bibliotheken besitzen. Mit Recht appelliert deshalb der Verleger Klaus G. Saur an die Bibliothekare, angesichts der Online-Euphorie den wahren Reichtum der Bibliotheken, die unglaublichen Bestände, nicht zu vergessen.

Zur Medienkompetenz gehört die Beachtung der Medienvielfalt mit ihren Kontinuitäten und Diskontinuitäten. Unlesbaren virtuellen Büchern und unbegehbaren virtuellen Bibliotheken sollte deshalb nicht voreilig das Wort geredet werden. Die sogenannten alten Medien, wie die Handschrift oder das Buch, würden ihrer offenkundigen Vorzüge beraubt, wollte man sie schlechthin digital ersetzen, und die neuen Medien würden in ihrer Kreativität und Originalität gehemmt, wollte man sie wahllos mit überlieferten Inhalten vollstopfen. Die moderne Imformations- und Kommunikationsgesellschaft lebt zu einem guten Teil aus der Erinnerung; sie benötigt den Rückhalt des schon einmal Gedachten und Geschriebenen und damit die Wissensspeicher der Bibliotheken mit ihren vielfältigen Zeugnissen der Vergangenheit. Für den Bibliothekar, der historische Drucke aufbewahrt, ist es deshalb eine Herausforderung, die Überlieferung nach den neuesten wissenschaftlichen Ansprüchen inhaltlich zu erschließen und mit den jeweils modernsten konservatorisch-technischen Möglichkeiten zu bewahren und bereitzustellen.

Die in der Bücherwelt gegenwärtigen Erkenntnisprobleme hat der Philosoph Hans Blumenberg in seinem Buch über *Die Lesbarkeit der Welt* spitz und prägnant auf den Begriff gebracht: „Bibliotheken machen kurzsichtig und lahmärschig“, weil die in ihnen überlieferte Quantität der Bücher suggeriere, es sei sinnlos, „in der Spanne des ohnehin allzu kurzen Lebens noch einmal hinzusehen und wahrzunehmen, was einmal zur Kenntnis genommen und gebracht worden war“. [8] Nicht nur den Philosophen, auch den Bibliothekar überkommt gelegentlich die Melancholie des Lesers angesichts einer ebenso erdrückenden wie unbewältigten Überlieferung, und wenn er dann auch noch mitleidsvoll als Bücherwurm dargestellt wird, dann darf man sich nicht wun-

[8] Blumenberg, Hans: Die Lesbarkeit der Welt. Frankfurt am Main 1981, Kap. Bücherwelt und Weltbuch, S. 17 ff.

dern, wenn manch einer die Flucht nach vorn ergreift und einseitig auf die neuen Medien setzt. Aber der professionelle Bibliothekar sollte einen kühlen Kopf bewahren und weder degoutanten Spielarten der Bibliophilie und Bibliomanie noch vordergründigem Multimedia-Zauber auf den Leim gehen.

6. Zur innovativen Integration von gedruckten und digitalen Medien

Josef Brauner, Chef von Sony Deutschland, hat im vergangenen Jahr in seinem Entwurf der *Cyber-Society* das Realszenario der modernen Informations- und Kommunikationsgesellschaft beschrieben. Nach seiner Einschätzung sind die Bibliotheken als Pfeiler für Bildung und Forschung durchaus zukunftsfähig.[9] Dies gilt in besonderem Maße für die alten Bibliotheken, denen sich neue Chancen bieten, Magazine und Tresore weiter als bisher zu öffnen, ohne die Originale zu gefährden.

Film und Faksimile haben weit verstreute, aber inhaltlich zusammengehörige Quellen in zahlreichen Verlagseditionen zusammengeführt und leicht zugänglich gemacht. Die neue Qualität der digitalen Reproduktion liegt in der fortschreitenden Flexibilisierung der Bereitstellung und, damit verbunden, neuer, intelligent kombinierbarer und entwicklungsfähiger Recherchemöglichkeiten.

Die Images im Netz bringen das kostbare und seltene Buch auf den Tisch des Lesers. Sie ersparen ihm unter Umständen weite Reisen oder locken ihn umgekehrt in die Medienwelt der Bibliotheken. Wenn den Leser dort eine gut erschlossene Quellensammlung mit Originalen und Reproduktionen, eine moderne umfangreiche Handbibliothek, ein vernetzter Arbeitsplatz mit CD-ROM-Laufwerk, kompetente Mitarbeiter und nicht zuletzt ein Café erwarten, in dem über das Gelesene und Ersurfte kreativ diskutiert werden kann, dann befindet er sich in einer Forschungsbibliothek, selbst wenn diese sich selbst so nicht nennen sollte. In diesem bibliothekarischen Realszenario hat das alte Buch nach Inhalt und Form nicht ausgedient, sondern eine Zukunft. Mit dem Laptop hat sich der PC schon der praktischen Form des Buches angenähert, und bald, warten wir´s ab, werden auch die schrecklichen Monitor-Ungetüme den Rückzug antreten und im angemessenen Buchformat vor uns auf dem Schreibtisch liegen, gleichberechtigt neben dem Buch, versteht sich.

[9] Brauner, Josef und Bickmann, Roland: Cyer Society. Das Realszenario der Informationsgesellschaft: Die Kommunikationsgesellschaft. Düsseldorf 1996, S. 173.

CLAUDIA FABIAN

Die „Hand Press Book Database" des Consortium of European Research Libraries

Auf einem Bibliothekskongreß, der sich das Motto „Von Gutenberg zum Internet" gewählt hat, müssen die Aktivitäten des Consortium of European Research Libraries (CERL) dargestellt werden. Trotz des englischen Namens sind Gründung und Entwicklung dieses Consortiums eng mit Deutschland verbunden. Auf gemeinsame Initiative der Bayerischen Staatsbibliothek und der British Library sowie nach zwei internationalen Konferenzen in den Jahren 1990[1] und 1992[2] wurde das Consortium 1994[3] gegründet. Es ist nicht verwunderlich, daß die Staats- und Universitätsbibliothek Göttingen von Anfang an aktiv beteiligt war, verbanden sie doch enge Kooperationsbeziehungen im Bereich der Altbestandskonversion mit der Bayerischen Staatsbibliothek und ähnlich enge – etwa im Bereich des Eighteenth Century Short Title Catalogues – mit der British Library. Als dritte deutsche Bibliothek wurde schließlich 1995 die Staatsbibliothek zu Berlin Mitglied des Consortiums.

Seit seiner Gründung verfolgt CERL im Unterschied zu anderen Kooperationen wissenschaftlicher Bibliotheken auf europäischem Level, etwa CENL und LIBER, ein zunächst einziges, klares und außerordentlich konkretes Ziel: den Aufbau einer europäischen Datenbank für Altbestandskatalogisate jeglicher Provenienz und Erschließungstiefe, die bibliothekarischen Zwecken unter dem Stichwort Fremddatennutzung und der Wissenschaft und Forschung in gleicher Weise dienen soll. Diese Datenbank heißt offiziell Hand Press Book Database (abgekürzt: HPB), wobei das englische „Hand Press" buchgeschichtlich die Zeit seit Gutenberg bis etwa 1830, also die Zeit vor der Einführung maschineller Druckverfahren meint. Strukturen und Funktionen der Datenbank wurden in den frühen neunziger Jahren definiert und beschrieben. Ein Host für die bewußt zentral konzipierte Datenbank wurde durch ein den EU- Richtlinien gemäß durchgeführtes Ausschreibungsverfahren im Jahr 1993

1 Retrospective Cataloguing in Europe: 15th to 19th Century Printed Materials : Proceedings of the International Conference, Munich 28th – 30th November 1990, ed. by Franz Georg Kaltwasser and John Michael Smethurst, München 1992 (Bibliothekspraxis ; 31).

2 Fabian, Claudia: Die Gründung der Eurodatenbank für Altbestandskatalogisierung in Europa, in: ZfBB 39 (1992), S. 207 – 213.

3 Fabian, Claudia: Das Consortium of European Research Libraries (CERL) und die Gründung einer Datenbank für frühe europäische Drucke (1450 – 1830), in: ZfBB 41 (1994), S. 353 – 359.

ermittelt. Die so ausgewählte Research Libraries Group (RLG) ist ein amerikanischer Host, was einige Ressentiments der EU gegen das Unternehmen von CERL begründet, jedoch charakteristisch für die Situation in Europa ist. Den großen amerikanischen Hosts, OCLC und RLG, kann Europa auch heute noch nichts Vergleichbares gegenüberstellen. Für die Arbeit von CERL ist diese US-Komponente eine zusätzliche Herausforderung: Die europäische bibliothekarische Kooperation ist so faktisch eine internationale. Das Consortium – in der englischen Geschäftsform einer Company limited by guarantee – wird von einem Board of Directors mit fünf aus den Mitgliedern gewählten leitenden Direktoren juristisch geführt. Es hat einen Direktor, eine ständige Sekretärin sowie einen hauptberuflichen Projektmanager. Ihre Arbeit wird durch zwei freiberufliche Consultants unterstützt. Viermal jährlich trifft sich eine Gruppe aus dem Mitgliedskreis benannter Bibliothekare, das Executive Committee, um die laufenden Aktivitäten abzustimmen und zu betreuen.[4]

Ein Consortium, das eine solche Datenbank aufbauen möchte, muß über finanzielle Mittel verfügen. Eine europäische Organisation, die dieses bibliothekarische Projekt finanzieren oder auch nur finanziell unterstützen würde, gibt es nicht. Die Bibliothekskommission der EU verfolgt andere Schwerpunkte, unterstützt Machbarkeitsstudien und theoretische, informationstechnologisch innovative Ansätze, keine konkrete bibliothekarische Arbeit auf technisch gesicherter, nachgerade konservativer Grundlage. So muß der Aufbau der HPB-Datenbank voll durch die Mitgliedsbeiträge der derzeit 29 europäischen Bibliotheken[5] finanziert werden, ein Verfahren, das für deutsche Bibliotheken mit ihren haushaltsmäßigen Bindungen und festen Verbundstrukturen ungewöhnlich und im einzelnen sehr schwierig ist, in anderen Ländern, besonders Großbritannien und Italien, jedoch der üblichen Struktur im Kataloggeschäft entspricht. Die Zahl der Mitgliedsbibliotheken und das über ihre Beiträge er-

[4] Einen jeweils aktualisierten Überblick über Strukturen und Gremien von CERL findet man auf CERL's Homepage: http://portico.bl.uk/cerl/main.html

[5] Neben den drei deutschen Bibliotheken sind im Mai 1997 folgende Bibliotheken Mitglied bei CERL: Bibliothèque Royale Albert Ier, Brüssel; Universitätsbibliothek Louvain; Kongelige Bibliotek, Kopenhagen; Bibliothèque Nationale de France, Paris; Ecole Nationale Supérieure des Sciences de l'Information et des Bibliothèques, Lyon; National Library of Ireland, Dublin; Biblioteca Marciana, Venedig; Biblioteca Nazionale Centrale, Florenz; Biblioteca Nazionale Centrale Vittorio Emanuele III, Neapel; Biblioteca Nazionale Centrale Vittorio Emanuele II, Rom; Centro di Ateneo per le Biblioteche, Padua; Istituto Centrale per il Catalogo Unico, Rom; Sopraintendenza per i Beni Librari e Documentari, Bologna; Koninklijke Bibliotheek, Den Haag; Instituto da Biblioteca Nacional e do Livro, Lissabon; Russische Nationalbibliothek, Sankt Petersburg; National- und Universitätsbibliothek, Ljubljana; Biblioteca Nacional de Espana, Madrid; Kungliga Biblioteket, Stockholm; British Library, London; Edinburgh University Library; Glasgow University Library; National Library of Scotland, Edinburgh; National Library of Wales, Aberystwyth; University of London Libraries; University of Oxford Libraries.

reichte Haushaltsvolumen von CERL sind entscheidend für den Fortschritt der Datenbank. Die zweite Verpflichtung der Mitgliedsbibliotheken besteht in der Abgabe ihrer maschinenlesbaren Altbestandskatalogisate für die HPB-Datenbank. Diese Verpflichtung, die die Bibliotheken sozusagen als Vereinszweck eingegangen sind, erweist sich im konkreten Fall oft als aufwendiger und vermutlich auch teurer als der Mitgliedsbeitrag. Die Bibliotheken mußten sich 1994 erstmals auf eine Zeit von drei Jahren zur Mitgliedschaft verpflichten, um dem Consortium eine finanzielle Planungssicherheit zu gewährleisten. Im November 1997 beginnt die nächste Dreijahresperiode, so daß es jetzt an der Zeit ist, über eine weitere oder neue Mitgliedschaft nachzudenken, das Geleistete zu evaluieren und eine Perspektive für die nächsten drei Jahre zu suchen.

Beim Bilanzieren ist mit dem Positiven zu beginnen:

Der Optimismus, der dem Projekt in den frühen 90er Jahren entgegengebracht wurde, hat sich gehalten. Die Bibliotheken oder besser Bibliothekare, die sich aktiv an CERLs Gremien beteiligen, haben – trotz mannigfaltiger sachlicher Probleme – die enge Kooperationsbasis behalten und vertieft. Die Erschließung alter Drucke in Europa kann gemeinschaftlich organisiert werden. Unterschiede in der Erschließung existieren zwar, doch ist es möglich, die Daten in *einer* Datenbank zu verwalten. Gerade bei Altbeständen gibt es nicht eine Erschließungsnorm, von der man schuldhaft abweichen würde – wie man das in Deutschland manchmal hört und glaubt –, sondern es gibt mannigfach differenzierte Erschließungspraktiken, die sich aus unterschiedlichen Traditionen herleiten, erklären, sicher nicht bereinigen, jedoch durchaus zusammenfassen lassen.

Die Bücher der Zeit vor 1830 – somit einen bedeutenden Teil des gemeinsamen kulturellen Erbes Europas – die in vielfältiger Weise erschlossen über zahlreiche große und kleinere Bibliotheken verteilt sind, in *einer*, hierfür spezialisierten Datenbank nachzuweisen, die Aufnahmen in eine Struktur so einheitlich wie möglich zu überführen und in optimaler Nutzung der DV- Möglichkeiten unter einer gemeinsamen Oberfläche anzubieten, wird für die Wissenschaft auch dann noch ein Wert sein, wenn, wie heute zunehmend Realität, das Surfen im Internet den Zugriff auf viele Bibliothekskataloge gewährt.

Das Interesse der großen wissenschaftlichen Bibliotheken, die aus finanziellen und/oder technischen Gründen ihre Altbestände bislang noch nicht maschinenlesbar nachweisen, an der Nutzung einer solchen Datenressource bleibt groß. Es spiegelte sich in beeindruckender Weise auf einem im Herbst 1996 von CERL veranstalteten und von dem Open Society Institute gesponsorten Workshop für Bibliothekare aus osteuropäischen Ländern, dem Ruf nach ähnlichen Veranstaltungen, aber auch in den Begründungen für manche

Mitgliedschaften, auch solche, die über den zunächst intendierten, europäischen Raum hinausgehen. Genauso ungebrochen bleibt der Wunsch der Bibliotheken, ihre Bestände so in den europäischen Kontext zu integrieren und gemeinsam mit anderen bedeutenden und einschlägigen Beständen anzubieten. Die Liste der für die Übernahme unmittelbar anstehenden Daten ist für sich bereits beeindruckend,[6] umso mehr, wenn sie um die angebotenen, aber bei CERL und RLG noch nicht in Bearbeitung befindlichen Bestände ergänzt wird.[7] Insgesamt handelt es sich um ca. vier Millionen Titel, die keineswegs alle nur aus Konversionsprojekten entstanden sind. Je nach Interessenschwerpunkt des Nutzers können gerade kleinere, vielleicht auch entlegene Spezialbestände oft hohen bibliographischen Erschließungsniveaus besonders interessant sein, zumal sie sonst kaum nachweisbar bzw. ermittelbar sind.

Die Mitgliedschaft bei CERL bleibt begehrt. Die bessere Kenntnis der bibliothekspolitischen Verhältnisse in den verschiedenen europäischen Ländern sowie die Nachfrage und das Interesse außerhalb dieses primär intendierten Kreises erlaubten eine klarere Definition möglicher Mitgliedschaftsstrukturen.[8] Bei all dem muß ein außerordentlich schwieriger Interessenausgleich versucht werden: Trotz bester Gründe kann die Datenbank derzeit nur Mitgliedsbibliotheken zugänglich sein, da ihr Aufbau allein über die Mitgliedsbeiträge finanziert wird. Sogar diese Bibliotheken müssen – einmal abgesehen von tausend kostenfreien Suchen, die CERL wieder aus den Mitgliedsbeiträgen finanziert – für jede einzelne Transaktion zahlen. Die Zeiten, in denen diese Fremddatennutzung billiger ist als das Anlegen eines eigenen, auch komplexen Katalogisats, sind noch nicht angebrochen. Auch die goldenen Zeiten für das gezielte Retrieval sind noch nicht da. Zwar profitiert CERL hier in erfreulicher Weise von der allgemeinen Entwicklung von RLG, das den Zugriff auf HPB wie auf alle seine Datenbanken in neuerdings drei Verfahren, das neueste und benutzerfreundlichste über das Internet als „Eureka on the Web“, anbie-

[6] Dabei handelt es sich neben dem Altbestandskatalog der Bayerischen Staatsbibliothek um ca. 50.000 Aufnahmen der schwedischen Nationalbibliographie 1700-1826 (SB 17), ca. 50.000 Aufnahmen aus dem italienischen SBN von ICCU, ca. 30.000 Titelaufnahmen der Bibliothèque Nationale de France aus dem Katalog der „Anonymes“, darunter besonders bemerkenswert die Erschließung der Bibelausgaben, ca. 15.000 Aufnahmen der Schottischen Nationalbibliothek und ca. 5.000 Aufnahmen der Nationalbibliothek in Zagreb. Diese Bestände sollen bis Herbst 1997 vollständig geladen sein.

[7] Besonders sind zu erwähnen: die Aufnahmen von Büchern vor 1831 aus dem British Library Catalogue; Altbestandsdaten der Nationalbibliothek in Madrid; der Short Title Catalogue Netherlands; die Titel bis 1850 aus dem Bestand der Staats- und Universitätsbibliothek Göttingen.

[8] Zu den Konditionen der Mitgliedschaft, besonders auch die beitragsgünstigeren Gruppenmitgliedschaften informiert am aktuellsten die Homepage von CERL. Eine wachsende Zahl von Mitgliedsbibliotheken würde den Mitgliedsbeitrag für die einzelne Bibliothek nachhaltig reduzieren können.

tet, das Entscheidende jedoch, die Füllung der Datenbank, ist noch längst nicht so fortgeschritten, wie man in optimistischeren Zeitplänen festschreiben wollte. Hierfür sind – neben den üblichen personellen Engpässen, die vor allem bei RLG zu bemerken sind – im wesentlichen die Daten und ihre Strukturen verantwortlich, die es in Umsetzung der hehren, dem Aufbau der Datenbank zugrundeliegenden Prämissen, erstmalig in dem Umfang und in dem Spezialisierungsgrad in eine – noch dazu US-amerikanische Datenbank – zu integrieren galt. Die Schwierigkeiten, die bereits bei der Bearbeitung der ersten Dateien auftauchten, waren charakteristisch, ihre Lösung stellte die Weichen für die ganze Datenbank. Entsprechend langwierig und zäh wurde um diese Entscheidungen gerungen.

Das Consortium hat die grundsätzliche Konzeption der Datenbank in zehn Prinzipien formuliert, die immer wieder zur Kontrolle herangezogen werden.[9] Eine Grundsäule ist die Verwendung des europäischen Austauschformats UNIMARC, als Importformat, aber auch zum Export der Daten – ohne Datenverlust. Die Daten müssen von den abgebenden Bibliotheken im ersten Schritt in UNIMARC konvertiert werden. Zwar gibt es auf nationalbibliographischem Level Konversionsroutinen, die Altbestandsdaten haben jedoch vielfältige Besonderheiten, verwenden zusätzliche oder eigene Felder, so daß eine entsprechende Konversion für jede Datei neu zu entwickeln ist, was für die abgebenden Bibliotheken und für CERL, das die Einheitlichkeit der Konversionen überwacht, einen immensen Aufwand bedeutet, der sich zeitlich im wesentlichen als unberechenbar erwiesen hat. Im heute real möglichen europäischen Vergleich konnten die Aufnahmen der Bayerischen Staatsbibliothek mit minimalem Aufwand umgesetzt werden.[10] Das ist natürlich den exzellenten, im Routinebetrieb erprobten Konversionsprogrammen der Deutschen Bibliothek zu verdanken, aber auch der durch die Zwänge der Verbundkatalogisierung und den Verfahren der Katalogkonversion glatten und einfachen, modernen MAB-konformen Kategorisierung der Primärdaten. Je mehr Felder belegt (oder gar „mißbraucht") sind, je weniger die Altbestandsdaten dem national

[9] Sie lauten in englischer Originalfassung: (1) It should provide a reference tool for research and be widely available to scholars. (2) It should be available for downloading of records for catalogue creation. (3) Records should be in UNIMARC. (4) There should be a hierarchy of records with ISBD-A as the top level standard. (5) It would be hospitable to records of all retrospective cataloguing. (6) There should be a national standard underlying any name authority. (7) The Consortium would hold control over authority for editing procedures, amendment and deletion. (8) The database would incorporate standard forms of locations in order to function as a Union Catalogue. (9) There would be fields for recording copy specific features. (10) The database should be easily accessible in all Europe on-line and off-line.

[10] Dazu im Detail: Fabian, Claudia: Der Katalog 1501 bis 1840 der Bayerischen Staatsbibliothek, in: Bibliotheksforum Bayern 24 (1996), S. 341 – 369; zur Umsetzung der Daten in UNIMARC und US- MARC bes. S. 355 – 368.

definierten Standard entsprechen, desto schwieriger ist die Konversion in UNIMARC. Aber sogar die Konversationsroutine der Deutschen Bibliothek konnte nicht ohne Modifikationen eingesetzt werden, die sich aus dem Ziel der HPB-Datenbank erklären: So war es nötig, das ID-Nummern-System der Bayerischen Staatsbibliothek zu erhalten, um hierüber die Updates zu realisieren, es aber andererseits in eine neue Verbunddatenbank zu integrieren, wofür eine Präfigierung der Nummern in einer von CERL festgelegten Form nötig war. Auch sollten – anders als sonst bei der Weitergabe bibliographischer Daten – gerade auch besitzerspezifische Informationen, vorab die Signaturen, in die HPB-Datenbank eingestellt werden. Hierfür war die Definition und Belegung eigener UNIMARC-Felder genauso nötig wie die Festlegung (und Verwaltung) normierter Namen für die besitzende Bibliothek. Was angesichts der Bayerischen Staatsbibliothek noch pedantisch klingt, wird bei der Bearbeitung des italienischen Verbundbestands bitter ernst. Eine umfassende, gültige europäische Norm für das Zitieren von Bibliotheken gibt es nicht. Sogar bei der Bayerischen Staatsbibliothek sind Diskrepanzen vorherzusehen: Ihre Bestände sind z.B. auch im ISTC nachgewiesen; dort heißt die Bibliothek jedoch anders.

UNIMARC ist als Austauschformat bewußt großzügig angelegt. Um sicherzustellen, daß alle Bibliotheken ihre Daten vergleichbar in UNIMARC überführen, hat CERL als verbindliche Richtschnur eine eigene UNIMARC-Spezifikation erarbeitet. Eine von CERL initiierte und von der Bayerischen Staatsbibliothek verantwortlich betreute, von der EU finanzierte Studie zur Verwendbarkeit von UNIMARC für den Aufbau einer multinationalen Datenbank zeigte, daß trotz dieser gemeinsam vereinbarten Spezifikation nicht alle Bibliotheken UNIMARC einheitlich bedienen können. Schon die Ursprungsformate können das verhindern, wenn z.B. wie in MAB nur ein Feld für weitere Sachtitel vorgesehen ist, lassen sich die dort erfaßten Titel nicht nachträglich in verschiedene, von UNIMARC vorgesehene Kategorien unterteilen. Das gleiche gilt für den Zeichensatz: Wo dasselbe Zeichen für Trema und Umlaut erfaßt wurde, kann nicht mehr nachträglich unterschieden werden, usw. Die Studie[11] beschreibt ausführlich die signifikanten Unterschiede, dokumentiert sie durch eine statistische Analyse zu Feldverwendung und Zeichensatz und rät im wesentlichen zu einem möglichst sparsamen Umgang in der Belegung unterschiedlicher Felder.

Auf diesem Reflexionsstand hatten die UNIMARC-Daten von CERL Europa noch nicht verlassen. Neue, gravierendere und den Zeitplan erheblich

[11] Feasibility of the application of UNIMARC to multinational databases: PROLIB/COBRA-UNIMARC 10173, final report. European Commission, DG XIII-E/3, 1996 (mit Software zur Analyse von UNIMARC-Daten). Die Studie wird in Kürze im Verlag Saur in der Schriftenreihe UBCIM Publications – New Series veröffentlicht werden.

verzögernde Herausforderungen tauchten in den USA auf. Die HPB-Datenbank basiert auf US-MARC, genauer noch RLIN- MARC, in das die UNIMARC-Daten konvertiert werden müssen. Für die Lokaldaten wurde relativ rasch ein eigenes Format gefunden. Bei den bibliographischen Daten tauchten im wesentlichen drei Problemkreise auf, deren Lösung noch nicht vollständig gefunden ist: der Zeichensatz, die Zurückübersetzbarkeit der Daten in UNIMARC und die Verwaltung hierarchischer Strukturen mehrbändiger Werke.

Etwa ein Jahr lang zogen sich die Verhandlungen zum Thema Zeichensatz hin. Die Lösung stellt alle Partner zufrieden: für Zeichen, die UNIMARC definiert, der viel kleinere US-MARC- Zeichensatz jedoch nicht kennt, werden Protypenverschlüsselungen verwendet. So liest sich das scharfe ß in der HPB-Datenbank \ss\\, suchbar ist es als ss. Auch das Retrieval konnte europäisiert werden: Die deutschen Umlaute, das dänische ø, das schwedische å sind jetzt doppelt indiziert und retrievalfähig, und zwar in amerikanischer Art als a, o, u und in der in den Originalsprachen üblichen Form als ae, oe, ue bzw. aa. Die Anzeige für den Benutzer in Eureka bleibt jedoch leider hinter dem Retrieval zurück, das Umlautzeichen entfällt wie andere Diakritika auch, ü wird als u dargestellt.

Die eindeutige und vollständige Zurückübersetzbarkeit der Daten aus RLIN-MARC in UNIMARC konnte als Forderung nicht aufrechterhalten werden. RLG's Lösungsvorschlag zielte darauf, die betroffenen Felder doppelt zu speichern: einmal in dem nicht korrekt-reversiblen US- MARC-Feld, ein zweites Mal, völlig identisch, in einem eigens definierten Sonderfeld, aus dem der Inhalt beim Datenexport wieder in das korrekte UNIMARC-Feld hätte umgesetzt werden können. Da hierdurch die Anzeige der Daten unnötig unübersichtlich und eine Primärkatalogisierung in HPB unverständlich aufwendig geworden wäre, rückte man schließlich von dieser Forderung ab. Der Verlust erscheint im Einzelfall angesichts der von diesem Phänomen betroffenen Informationen, etwa in den Daten der BSB der Unterscheidung zwischen ein- und zweiteiligen Nebeneintragungen unter Personennamen, durchaus akzeptabel.

Die Verwaltung hierarchischer Strukturen, die UNIMARC erlaubt und – um diesem Vorurteil entgegenzutreten – auch andere Länder als Deutschland kennen und verteidigen, verzögerte den Aufbau der Datenbank erheblich.

Ende Mai 1997 darf man behaupten, daß die größten Schwierigkeiten im Aufbau der Datenbank bewältigt sind. Es sind Standards definiert, Datenbestände in UNIMARC überführt, Abstriche an zu ehrgeizigen Zielen gemacht. Die Testdatenbank enthält 50.000 Aufnahmen, neben dem BSB-Altbestand auch Daten der schwedischen Bibliographie des 18. Jahrhunderts, Altbestandskatalogisate italienischer Bibliotheken, aus Kroatien und dem Anonyma-Katalog der Bibliothèque Nationale de France.[12] Die vollständigen Titelaufnahmen der Bayerischen Staatsbibliothek sowie des Eighteenth Century Short Title Catalogues (aus urheberrechtlichen Gründen in einer separaten Datei bei RLIN) stehen schon seit Anfang 1996 zur Verfügung. Ferner haben die Mitglieder des Consortiums Zugriff auch RLIN's Book file, in der unter anderem auch die Aufnahmen des Incunabula Short Title Catalogue (ISTC) nachgewiesen sind. Der Echtaufbau der HPB kann jetzt zügig durchgeführt werden, um die Datenbank für die Benutzung attraktiv zu machen. In den nächsten drei Jahren wird der Aufbau der Datenbank aus den verschiedenen Teilbeständen höchste Priorität haben; man geht davon aus, daß pro Jahr sechs Teilbestände geladen werden können. Entsprechende Vorarbeiten in den einzelnen Bibliotheken, besonders der British Library für ihre Aufnahmen aus dem BLC to 1975, des Niederländischen Short Title Catalogues und des Göttinger Altbestands, sind in Angriff genommen. Die planerischen Aktivitäten des Consortium wenden sich verstärkt der Nutzung der Datenbank zu. Ein Pilotprojekt beschäftigt sich mit den Möglichkeiten, eigene Bestände in HPB zu katalogisieren – ein Verfahren, das vor allem für solche Bibliotheken erwägenswert sein dürfte, die keinem Verbund angehören, keinen oder disparaten DV-Einsatz in der Katalogisierung, aber umso interessantere Altbestände haben. Im wesentlichen zeigen sich osteuropäische Bibliotheken hier interessiert.

Die Frage nach der optimalen Aufbereitung und Vermittlung der so gespeicherten und zusammengeführten Daten für die Wissenschaft tritt jetzt in den Vordergrund. Der Benutzer wird mit sehr heterogen erschlossenen Beständen konfrontiert sein: Quasi alle normierten Elemente der Aufnahmen, vor allem die Personennamen, sind je nach Provenienz unterschiedlich angesetzt. Der Umfang der Normierung differiert, wenn man an Erscheinungsorte, Drucker, Verleger, Sacherschließung, Fingerprint denkt. Auch in Ansetzung bzw. Wiedergabe der Sachtitel verfahren die Bibliotheken verschieden, nicht nur in den bekannten Problembereichen (i, j, u, v, w, Umlaute), sondern auch in der Bestimmung des Sachtitels, der Abgrenzung zu Zusatz oder Verfasserangabe, der Verwendung hierarchischer oder flacher Strukturen usw. Für die Strukturierung und Handhabung dieses heterogenen Bestands bietet RLG ein für das Retrieval sehr überzeugendes Verfahren an, das sogenannte Clustering. Anders als in den deutschen Verbünden üblich, bleibt im Ergebnis des Verfahrens nicht eine Aufnahme übrig, mit der sämtliche Bestände verknüpft sind, sondern jede Aufnahme mit ihrem Bestand bleibt erhalten, verschiedene Aufnahmen für die gleiche Ausgabe werden jedoch wie ein Bündel zusammengeschnürt, „geclustert". Wer ein Element aus diesem Cluster sucht, z.B. den mit

[12] Vgl. Anm. 6.

einer schwedischen Aufnahmen verknüpften Fingerprint, erhält primär die Aufnahme angezeigt, die dieses Element enthält, hat jedoch die Möglichkeit, alle mit ihr zusammengestellten, geclusterten Aufnahmen, z.B. eine Ausgabe aus der kroatischen Nationalbibliothek, die diesen Fingerprint nicht enthält – damit idealerweise alle in der Datenbank nachgewiesenen Ausgaben – anzusehen. Dieses Datenmodell erlaubt die optimale Nutzung divergierender Erschließung, läßt den Bibliotheken die Autonomie ihrer Verfahren und erklärt vielleicht auch, warum US-amerikanische Verbundarbeit so ganz anders aussieht als deutsche. In seinen ursprünglichen Planungen ging CERL davon aus, über und aus den Daten der Bibliotheken eine bibliographisch hochwertige, endgültige CERL-Aufnahme zu bilden, zu der alle anderen im Cluster zugeordnet sind. Heute sind die Visionen realistischer geworden. Man tendiert eher dazu, zwischen den verschiedenen Aufnahmen den kleinsten gemeinsamen Nenner zu finden, der verschiedene Ausgaben hinreichend definiert, jedoch eine raschere, dem Suchvorgang ähnliche, vielleicht sogar DV-unterstützte Bildung eines Clusters erlaubt. Um eine solche das Cluster konstituierende, alle Aufnahmen umfassende Definition dessen, was eine Ausgabe ist, zu erarbeiten und zu erproben, sind die Bibliographen gefragt.

Diese weitere Arbeit an der Datenbank, dieses bibliographische Ziel, das 1992 an hervorgehobener Stelle genannt wurde, ist heute noch keineswegs gesichert. Sieben Jahre nach der ersten Münchener Konferenz[13] sind wir auf dem Weg zu konkreter europäischer Zusammenarbeit im Bereich der Altbestandserschließung trotz besten Willens noch am Anfang, und diese lohnenswerte Reise bleibt beschwerlich, teuer, somit gefährdet. Doch müßte die gemeinsame Erschließung des gemeinsamen kulturellen Erbes Europas, das den wahren und zeitlosen Reichtum der großen und vieler kleinerer Bibliotheken ausmacht, eine gewisse finanzielle Anstrengung gerade in Zeiten verdienen, in denen es die Errungenschaften Gutenbergs und seiner Nachfolger in die virtuellen Welten des Internets harmonisch, zugleich rettend, aber eben auch wirkungsvoll neu gestaltend zu überführen gilt.

[13] Vgl. dazu die aktuelle Darstellung des Direktors von CERL, Smethurst, J. Michael: Towards a European Database of the Hand Printed Book in Europe : the work of the Consortium of European Research Libraries (CERL), in: Der wohlinformierte Mensch: eine Utopie, Graz 1997, S. 368 – 382.

FORSCHUNGSBIBLIOTHEKEN HEUTE

ARNO MENTZEL-REUTERS

Elf Jahre neue „Literaturversorgung in den Geisteswissenschaften“ Versuch einer kritischen Bilanz

Bernhard Fabian löste mit seiner Studie „Buch, Bibliothek und geisteswissenschaftliche Forschung“[1] in den achtziger Jahren eine intensive Diskussion um die „Literaturversorgung in den Geisteswissenschaften“[2] aus, eine Diskussion, die damals als wesentliche Grundlage der Forschungsarbeit dieser so umrissenen Wissenschaftsdisziplinen definiert wurde. Besonders das Fehlen einer deutschen Nationalbibliothek wurde beklagt. 1985 sollten auf dem 75. Deutschen Bibliothekartag in Trier kompensatorische Maßnahmen diskutiert werden.[3] Es wurden teils im Vorfeld dieses Forums, vor allem aber in den folgenden Jahren kostenträchtige Projekte initiiert, die den bibliothekarischen Alltag gravierend verändert haben. Man kann sie hier nur nennen, und wahrscheinlich sogar unvollständig: VD 16 und VD 17, das Handbuch der historischen Buchbestände, DFG-Programm zur Retrokonversion usw. Der Tagungsband von 1985 berücksichtigt alle diese Themen. Ziel der vorliegenden Darstellung ist, die damalige Diagnose zu betrachten, die vorgeschlagene Methodik und die angestrebten Ziele mit den tatsächlichen Resultaten zu vergleichen.

1 Fabian, Bernhard: Buch, Bibliothek und geisteswissenschaftliche Forschung. Zu Problemen der Literaturversorgung und der Literaturproduktion in der Bundesrepublik Deutschland. Göttingen 1983. (Schriftenreihe der Stiftung Volkswagenwerk ; 24)

2 Der Begriff „Geisteswissenschaften“ ist sicherlich, wie bei Jürgen Weber: Forschungsbibliotheken im Kontext, in ZfBB 44 (1997), 127-148, hier S. 142 f ausgeführt, wissenschaftsgeschichtlich belastet – aber es hilft wenig, ihn durch „Kulturwissenschaften“ zu ersetzen. War dem 19. Jahrhundert alles Geist, so dem 20. Jahrhundert alles Kultur, wobei die begriffliche Dynamik der hier gemeinten Wissenschaften allmählich die „Information“ ins Zentrum rückt. Man wird immer hinter der Entwicklung hinterher hinken und immer ganze Sparten geradezu beleidigen, wenn man ihr Forschungsgebiet unter diesen oder jenen Begriff subsumiert. Der vorliegende Text hält sich daher zum einen einfach an das Thema des 75. Bibliothekartages von 1985, zum anderen an den Begriff, der noch am ehesten allgemeine Akzeptanz für sich beanspruchen kann.

3 Literaturversorgung in den Geisteswissenschaften. 75. Deutscher Bibliothekartag in Trier 1985. Hrsg. von Rudolf Frankenberger und Alexandra Habermann. Frankfurt am Main 1986. (Zeitschrift für Bibliothekswesen und Bibliographie. Sonderh. ; 43)

a) *Die Diagnose*. Bernhard Fabian wie auch Klaus Garber gingen auf ihren Vorträgen auf dem Trierer Bibliothekartag von den ihrer Meinung nach verheerenden Folgen der Tatsache aus, daß sich in Deutschland im 18. und 19. Jahrhundert keine Nationalbibliothek hat bilden können, wie sie in London oder Paris zur Verfügung steht. Angesichts der deutschen Bibliotheksgeschichte des 20. Jahrhunderts – oder besser: angesichts der deutschen Geschichte dieses Jahrhunderts – ist eine solche These unbegreiflich. Angenommen, es hätte eine Nationalbibliothek gegeben: Welches Schicksal hätte diese Bibliothek spätestens 1945 ereilt? Das der Königsberger Staatsbibliothek (gänzliche Vernichtung), das der Berliner (Teilung bei riesigen Kriegsverlusten), das der Münchner (50 % Bestandsverlust)?[4] Und auch ohne die „Ekpyrosis", die seit Alexandria zu den flammenden Standardszenarien populärer Vorstellungen von Bibliotheken gehört: Soll man allen Ernstes glauben, daß das regionale und ephemere Schrifttum, dessen Ergänzung die 1988 abgeschlossene Studie von Erdmute Lapp[5] so eindringlich als Desiderat herausgestrichen hat, von einer gigantischen Zentrtalbibliothek besser gepflegt worden wäre als von den Regionalbibliotheken? Deutschland kann froh sein, eine regional breite und in den Erwerbungsmethoden nicht uniformierte, auch geschichtlich tief geprägte Bibliothekslandschaft besessen zu haben und noch zu besitzen, und es muß alles daran setzen, sie weiter zu pflegen. Wissenschaftskritisch könnte man – dies wäre natürlich noch breiter auszuführen – ganz einfach sagen, daß der nationalromantische Liberalismus des 19. Jahrhunderts dort weiterwirkt, wo ebenso romantisch eine Nationalbibliothek als Sinnbild kultureller nationaler Einheitlichkeit und geistiger Geschlossenheit gefordert wird. Bezeichnenderweise war es (und dies ist keineswegs abfällig gemeint) der Geschäftsssinn, der eine nationale Einrichtung wie die Deutsche Bücherei begründete. Das deutsche Denken war nie – auch da nicht, wo es politisch erzwungen werden sollte – uniform, es war nie nur national. Daher gehörte zu Kant die Königsberger Schloßbibliothek, zu Lessing die Bibliothek in Wolfenbüttel, zu Goethe die Weimarer Hofbibliothek und zu den Brüdern Grimm die Murhardsche Bibliothek in Kassel. Die massive Forderung nach einer Nationalbibliothek kam nicht zufällig von Forschern mit dem Schwerpunktbereich des 17.-19. Jahrhundert. Es ist bis heute und trotz aller großen Anstrengungen auch international der am schlechtesten erschlossene Bereich des europäischen Schrift-

[4] Vgl. Leyh, Georg: Die deutschen wissenschaftlichen Bibliotheken nach dem Krieg. Tübingen 1947.

[5] Lapp, Erdmute: Nachweis des deutschen Schrifttums des achtzehnten und neunzehnten Jahrhunderts in Bibliotheken der Bundesrepublik Deutschland und West-Berlin. Berlin 1988 (dbi-Materialien; 72)

tums. Der Mediävist hatte seit Mitte des 19. Jahrhunderts seine Handschriften- und Inkunabelkataloge, die zwar verbesserungswürdig, aber eben nicht mehr ganz neu zu schaffen waren, und die auch nach dem Kriege sehr rasch mit großem Schwung weiter erstellt wurden. Er war es außerdem wegen des (zuweilen allerdings auch überschätzen) hohen Werts der Stücke gewohnt, Handschriften und Inkunabeln nur unter schweren Auflagen einsehen zu dürfen – die Mikrofilmtechnik hatte bereits in den dreißiger Jahren das Editionsgeschäft erheblich erleichtert – kurz, von hier war keine Empörung zu erwarten. Der an der modernen Forschungsliteratur interessierte empirische Sozialwissenschaftler oder Psychologe, der mit der neuesten „schönen“ Literatur befaßte Literaturwissenschaftler hatte dank der seinerzeit noch guten finanziellen Ausstattung das Gewünschte im Seminar; die neuere Literatur war außerdem in den Universitätsbibliotheken aufgrund der Modernisierungen besser erschlossen und infolge der Regionalisierung der Universitätslandschaft breiter gestreut. Auch hier also wenig Grund zur großen Kritik, selbst wenn jeden die starken Verzögerungen im Leihverkehr ärgerten.

b) *Die Theorie*. Das Unbehagen, das sich auf dem Trierer Bibliothekartag artikulierte, hat im Grunde nichts mit der Nationalbibliothek zu tun; es war eine berechtigte Kritik an den engen Strukturen des regionalen Leihverkehrs,[6] mehr aber noch ein Unbehagen gegenüber der damaligen Bibliothekspolitik. Es war das Bewußtsein aufgekommen, daß im Zeitalter der Massenuniversität und der Massen an geisteswissenschaftlichen Publikationen[7] – auch für die Bibliothekare – eine beschauliche Pflege (Erwerben, Erschließen, Bewahren) der wissenschaftlichen Literatur nicht mehr möglich war. Das wurde akut etwa 1970, als gerade eine neue Generation von leitenden Bibliotheksdirektoren ihren Dienst antrat[8] – was die Entwicklung sicher beschleunigte. Der Bibliotheksplan von 1973[9] war der erste Versuch einer Antwort auf diese neuen Erfordernisse. „Jedes Buch an jeden Ort“ – wie absurd klingt diese Forderung heutzutage angesichts des überlasteten Leihverkehrs und der großen konservatorischen Probleme – aber es war, soweit die wissenschaftlichen Bibliotheken betroffen waren, der ernstgemeinte Schlußstrich unter die alte eng strukturierte Universitätsbibliothek,

6 Fabian, Forschung S. 81 f.

7 Fabian, Forschung S. 238-243 spricht von einem „exponentiellen Literaturwachstum“.

8 Einige Daten nach dem Jahrbuch der deutschen Bibliotheken 54 (1991): Wolfgang Kehr in Freiburg 1967, Günther Gattermann in Düsseldorf 1970, Hans-Peter Geh in Stuttgart 1970, Franz Georg Kaltwasser in München 1972, Gerhard Römer in Karlsruhe 1973.

9 Bibliotheksplan 1973. Entwurf eines umfassenden Bibliotheksnetzes für die Bundesrepublik Deutschland / Deutsche Bibliothekskonferenz. Berlin 1973; eine bearbeitete Neuauflage erschien 1991.

die somit zusammen mit der Ordinarienuniversität aufgegeben wurde. Hierhin, und vielleicht auch in den Trend einer „Amerikanisierung", gehören die ersten OPAC-Projekte und die ersten Jahre der – dem Benutzer noch für lange Zeit unzugänglichen – Verbünde. An den Altbestand dachte man dabei kaum, sonst hätte die Parole des Bibliotheksplans sicher anders gelautet, an den hochqualifizierten Forscher jedoch auch nicht: Wichtig wurden Leihverkehrszahlen, Ausleihstatistiken und Lehrbuchsammlungen, mithin die Vereinfachung der Geschäftsgänge für die Neuerwerbungen. Die Instituts- und Seminarbibliotheken reichten dem Forscher als Nischen jedoch nicht aus, dazu waren sie zu jung und zu schwach. Die mit großen Altbeständen ausgestatteten Staats- und Landesbibliotheken, deren Stunde eigentlich damals schon hätte schlagen können, blieben vorerst im Dornröschenschlaf. Der Prinz, der sie wachküßte, war dann Bernhard Fabian – im Auftrag der Stiftung Volkswagenwerk; die DFG und der Wissenschaftsrat gesellten sich bald als gute Feen mit weiteren Wünschen hinzu. Ihren Segen erteilten sie unter der Prämisse, daß man den Mangel einer Nationalbibliothek kompensieren müsse und könne durch die Schaffung eines Systems von „Forschungsbibliotheken". Es ist bemerkenswert, wie Fabian, aber auch neuere Publikationen zu diesem Thema,[10] tun, als sei dies – mit Ausnahme der NSUB Göttingen – in Deutschland eine Schöpfung der jüngsten Zeit. Das Prinzip der Sondersammelgebietsbibliotheken basiert ja nicht nur darauf, den überregionalen Leihverkehr zu versorgen,[11] sondern auch darauf, dem hochqualifizierten Forscher eine möglichst umfassende Literatursammlung an einer Stelle anzubieten; von den zahlreichen mittleren und großen Spezialbibliotheken ganz zu schweigen. Wer an einem Thema der mittelalterlichen Geschichte arbeitet, wird schwerlich an einer anderen Bibliothek in der Welt so gute Arbeitsbedingungen finden wie bei den Monumenta Germaniae Historica in München, und zwar sowohl was den Altbestand als auch was die Katalogsituation betrifft. Ist die MGH-Bibliothek also eine „Forschungsbibliothek", so war sie es seit ihrer offiziellen Einrichtung im Jahr 1907, damals noch in Berlin. Ähnliches läßt sich *mutatis mutandis* von der Bibliothek des Münchner Instituts für Zeitgeschichte oder der des Literaturarchivs in Marbach sagen. Für die neuere Geschichte und erst recht die europäische Literaturgeschichte des 16. bis 18. Jahrhunderts haben wir aber keine vergleichbare Spezialbibliothek. Die Einrichtung einer zentralen geisteswissenschaftlichen *Lending Library* (analog zur TIB Hannover) wies Fabian mit Hinweis auf den Altbestand

[10] Zuletzt: Weber in: ZfBB 44 (1997), S. 127-148 mit weiterer Literatur.

[11] Vgl. Landwehrmeyer, Richard, damals Leiter der UB Tübingen, in „Literaturversorgung ..." S. 102 f.

zurück, die kompensatorische Einrichtung eines nationalen Gesamtkataloges ebenso, und zwar aus Kostengründen.[12] Er schlug der Stiftung Volkswagenwerk zwei Projekte vor, die dann auch wirklich umgesetzt wurden: das Handbuch der historischen Buchbestände und das auf fünf Bibliotheken (München, Wolfenbüttel, Göttingen, Frankfurt) verteilte, nach Jahrhunderten gestaffelte und mit Sondermitteln ausgestattete „Nationalarchiv", zu dem natürlich „Die Deutsche Bibliothek" als Zentrum für die neue Literatur hinzuzurechnen ist. Übersichtlicher ist die deutsche Bibliothekslandschaft damit nicht geworden. Dies gilt auch für die historische, retrospektive Nationalbibliographie. Auch sie ist zeitlich geschichtet und aufgespalten. Gedruckte Werke wie das VD 16 oder gar das kursorische Handbuch der historischen Buchbestände erscheinen heute fast schon antiquiert, einfach weil sie unweigerlich – und dies trifft die gedruckten Handschriftenkataloge noch weit mehr – einem Veralterungsprozeß ausgesetzt sind, dem man nur mit Neuauflagen begegnen könnte, die in der Regel viel zu teuer sind. Der „Gesamtkatalog der Wiegendrucke" hält wieder besseres Wissen das preußische Ideal der zwischen A und Z in einer nie endenden Intervallschachtelung versiegenden Universalkatalogierung hoch, das VD 16 wurde (ebenfalls wider besseres Wissen) [13] mit einem nur mehr als Starrsinn zu bezeichnenden Konservatismus bis zum Ende als gedruckter Zettelkatalog angelegt (als ob man nicht auch in einem laufenden Projekt die Titelerfassung hätte umstellen können – aber seine nur rudimentär mögliche Konvertierung sichert jetzt immerhin Arbeitsplätze), das VD 17 schreitet erfreulich fort, ist derzeit jedoch nicht öffentlich zugänglich, und vom Erscheinungsjahr 1700 an haben wir das GV alt, über dessen Stärken und Schwächen bereits anderswo viel geschrieben wurde.[14]

c) *Das Ziel.* Es sollte aufgezeigt werden, wie aus der Fixierung auf die Idee einer universellen Bibliothek und dem Eingeständnis, daß es sie in Deutschland nicht gibt (in Wahrheit gibt es sie nirgends), ein immer wirreres System der Literaturversorgung gewachsen ist: Regionalbibliotheken mit Pflichtexemplaren, Sondersammelgebiete, Spezialbibliotheken und am Ende das in fünf plus zwei geteilte Nationalarchiv. Kompensatorisch wirken kann hier allenfalls ein einheitlicher Katalog. Denn es ist eine bibliothekarische Bin-

[12] Fabian, Forschung S. 103-105.

[13] Und nicht erst heute! In Trier vermerkte Franz Georg Kaltwasser: „Die EDV konnte bei diesem Unternehmen 1969 leider noch nicht eingesetzt werden. Es ist somit wohl die letzte große konventionell hergestellte Bibliographie dieser Art." Literaturversorgung ... S. 166.

[14] Über die Lückenhaftigkeit dieses Verzeichnisses, das darum auch nicht als „Ersatz einer Nationalbibliographie" angesprochen werden sollte, vgl. Mentzel-Reuters, Arno: Historisches Pflichtexemplar und retrospektive Nationalbibliographie in: Bibliothek und Wissenschaft 24 (1990), S. 104-138, bes. S. 104-106 mit weiterführender Literatur.

senweisheit, daß die beste Buchsammlung wertlos ist, wenn sie nicht katalogisiert wurde. Und hier eröffnet sich der spektakulärste Bereich – die Retrokonvertierungen von Zettelkatalogen in eine maschinenlesbare Form und die Öffnung der Verbünde. Die Schaffung der Bibliotheksverbünde wurde zu einem Zeitpunkt vollzogen, als die heutigen Möglichkeiten und Standards des World Wide Web nicht abzusehen waren. Es spricht für die Qualität der Verbünde, daß es dennoch möglich war, sie in diese Standards einzubetten und den Einsatz von bibliothekarischen Steinzeitprogrammen auf ein Minimum zu beschränken (oder unter der WWW-Oberfläche zu verstecken). Die größere Herausforderung aber war es, in diese an sich schon durch älteres Datenmaterial z.T. recht heterogenen und dublettenbestückten Pools das ohne Autopsie gewonnene Datenmaterial hineinzugeben. Als Beispiel sei der Bayerische Verbund genannt. Die Konvertierung der Kataloge der BSB war ein beeindruckendes Unternehmen, dessen Bedeutung hier nicht geschmälert werden soll. Dennoch zeigt sich allmählich, daß es auch bedenkliche Folgen hat. Die Hoffnung, auf diese Weise einen schlagkräftigen Pool für alle anderen Bibliotheken zu gewinnen, hat sich zerschlagen. Das Gros der Titelaufnahmen fällt derart aus, daß man Bestände weder bei der Neukatalogisierung noch bei einem Konversionsprojekt ohne weiteres ansigeln kann. Auch der Südwestverbund, der einmal auf seine annähernd dublettenfreien Katalogisate stolz war, ist durch die Konversionsprojekte in seiner Datenkonsistenz massiv verändert worden. [15] Zu Beginn der Konversionsprojekte schien auch das Grenzjahr 1840 in München (bei den späteren DFG-Projekten: 1850) zu verkraften; man war ja froh, daß überhaupt einmal eine moderne Altbestandserschließung geschaffen wurde. Heute – im Jahre 1997 – muß man das anders sehen. Als 1995 die Konversion des alphabetischen Zettelkataloges der Bibliothek der Monumenta Germaniae Historica in Angriff genommen wurde, wurden Stichproben genommen, anhand derer der Aufwand einer Konvertierung durch Ansigeln im Verbund geprüft werden sollte. Es stellte sich heraus, daß der kostengünstigste Weg die Konvertierung sämtlicher Hauptaufnahmen durch Hilfskräfte war. Abgesehen von technischen Fragen (die Eingabemaske des BVB ist schwerfälliger als die von Allegro C, der BVB setzt bestimmte Gerätenormen voraus usw.) stellte sich heraus, daß nur ein geringer Teil der Bestände mit Erscheinungsjahren zwischen 1840 und 1980 im Bayerischen Verbund nachgewiesen ist. Insgesamt waren 60 % der untersuchten Titel im BVB nachzuweisen; bei den Neuerwerbungen hingegen

[15] Nicht einmal die an sich sinnvolle Teilung des Alphabets, die die Württembergische Landesbibliothek Stuttgart und die Universitätsbibliothek Tübingen vereinbarten, um sich gegenseitig mit Fremddaten zu versorgen, hat eine Dublettenfreiheit gewährleisten können.

lag die Zahl bei über 80 %. Doch bei nicht weniger als einem Drittel der Titel vor 1840 konnte nicht entschieden werden, ob die Verbundaufnahme der BSB dem entspricht, was der Katalog der MGH auswies. Dieser Katalog war zwischen 1960 und 1983 komplett nach Autopsie erstellt worden. Einen solchen Katalog wird niemand aufgeben, um sich an Titelaufnahmen des frühen 19. Jahrhunderts anzuhängen; an eine Überarbeitung der vorhandenen Aufnahmen war jedoch aus Zeit- und Kostengründen nicht zu denken. So war es der einzige vertretbare Weg, den MGH-Katalog komplett neu zu konvertieren und den Verbund außen vorzulassen. Die Daten können dann komplett zu einem späteren Zeitpunkt in den Verbund eingespielt werden.[16] Dort werden sie aber Tausende von Dubletten produzieren. Das Ziel, möglichst schnell möglichst geschlossene Bestände zu konvertieren, klang vor Jahren pragmatisch und sinnvoll. Es wird jedoch so bleiben, daß Konversionsaufnahmen gegeneinander nicht sicher abprüfbar sind; wo sie – wie im Falle der BSB im Bayerischen Verbund – massenhaft auftreten, stellen sie sogar einen Fremdkörper dar, der eigentlich komplett aufgearbeitet werden müßte. Man mag geneigt sein, dieses Problem herunterzuspielen. Es ist aber so, daß beim Zusammenwachsen großer ursprünglich heterogener Kataloge die Datenmengen Dimensionen erreichen, die vielleicht für die EDV nicht problematisch sind, deren Output aber die Kapazität eines Benutzers übersteigt. Und gerade für das Anliegen von Fabian und anderen wird es zum Problem – wohlgemerkt zum Problem, keineswegs zur Katastrophe – wenn der Benutzer eine ganz spezielle Ausgabe sucht und dann auf ein Konglomerat von Konversionsaufnahmen trifft, die in sich widersprüchlich sind und ohne Autopsie nicht zusammengeführt werden können. Die Konsistenz der Information ist nicht mehr gewährleistet. Dies ist ein wichtiges Phänomen, das Bibliothekare beschäftigen sollte. Denn bei den Digitalisierungen von ganzen Büchern wird sich dieses Problem wiederholen. Allen Einschränkungen zum Trotz stellen die großen elektronischen Katalogsysteme jedoch die bisher einzigen geisteswissenschaftlichen[17] elektronischen Projekte dar, die wirklich erfolgreich waren.

Dieser augenfällige Beweis – daß die elektronische Technologie trotz einer immensen Fehlerquote, die durch unkritisch eingegebene Altdaten zwangsläufig entsteht, dennoch zu einem respektablen Ergebnis führt, ist ein Schlag gegen das geisteswissenschaftliche Ethos. Die hier betroffenen Wissenschaften wer-

16 Dies setzt jedoch voraus, daß die Namensansetzungen nach RAK-WB bzw. der PND umgesetzt werden, was ebenfalls aus Kostengründen bislang nicht möglich war. Überhaupt konnte ein Abbruch des Projektes aus Kostengründen bei einer Erfassung von 2/3 des Kataloges nur mit Mühe abgewendet werden.

17 „Geisteswissenschaftlich", weil es sich um die Verarbeitung von Texten handelt.

den sich dessen erst allmählich bewußt. Denn das Prinzip gilt ebenso für die Editionsphilologie, überhaupt für die Quellenerschließung. Was helfen Katalogprojekte wie der preußisch-deutsche Gesamtkatalog, die nicht vor dem Jahr 2139 fertig werden?[18] Was helfen Wörterbücher, die innerhalb von zwei Forschergeneration gerade den Buchstaben C erreichen? Was helfen Editionen, die vor 100 Jahren beschlossen wurden und bis heute trotz des Einsatzes einer illustren Reihe von Wissenschaftlern nicht mehr als Berge von unbenutzbaren Nachlässen produzieren? Das Bessere ist bekanntlich der Feind des Guten – aber das unveränderliche, kostspielig zu erstellende Buch ist der Feind der raschen Informationsvermittlung. Nichts beweist dies mehr als die elektronische Version der Patrologia Latina des Abbé Migne. Als wissenschaftlich indiskutabel galten Mignes Nachdrucke (mehr ist es in der Regel nicht) schon zu seiner Zeit, um wieviel mehr heute; aber er stellte damals schon ein Textvolumen bereit, daß die exakte Philologie niemals wird erreichen können, und die elektronische Version macht seine Texte heutzutage wieder hoch aktuell.

Darum wurden, ohne daß dies geplant war, das Großunternehmen miteinander verknüpfter deutscher regionaler Verbundkataloge selbst wiederum ein geisteswissenschaftliches Projekt – und zwar das erste erfolgreiche in dieser Größenordnung. Ob Bibliothekaren deutlich ist, was dies bedeutet? War doch der Ausgangspunkt dieser Vorhaben eigentlich eine „Entwissenschaftlichung" der Bibliotheken, also eine Orientierung an der Bewältigung von Massen. Aber das informationstheoretische Problem besteht unabhängig von der Disziplin, die es am meisten betrifft. Seine Lösung bedeutet einen erheblichen Fortschritt in der informationstheoretischen Grundlagenforschung und natürlich auch die Bereitstellung eines Diskussionsmodells. Durch die Digitalisierungsprojekte hat die technische Entwicklung im Grunde die Kataloge selbst schon überholt. Nicht in dem Sinne, daß man heute keine Kataloge mehr benötigen würde (manche Surfer scheinen dies zu glauben). Ganz im Gegenteil sind angesichts der ungezügelten Entropie des Internets ordnende Eingriffe nötig. Die Hilfe, die aus der jahrhundertelangen Beschäftigung mit erschließenden und ordnenden Prinzipien erwachsen könnte, wäre nötiger denn je: Niemand würde in einer Bibliothek die Benutzer gnadenlos ohne Kataloge in die nach Numerus currens aufgestellten Magazine schicken und dies als „Freiheit" titulieren – im Internet hingegen ist es noch schlimmer. Um dort etwas zu finden, muß man Hilfe in Anspruch nehmen, professionelle Hilfe. Fragt sich nur, ob Bibliothekare diese auch anbieten? Oder, anders herum, ob das, was sie anbieten, auch das ist, was die Forschung benötigt? Denn was hilft

[18] Dieses Jahr ermittelte Kaltwasser für den Gesamtkatalog, den er treffend als eine „gigantische Planungsruine" kennzeichnet. Literaturversorgung ... S. 167 f.

eine Flut von bibliographischen Informationen, wenn die so erschlossenen Texte unzugänglich sind? Also werden endlich auch Texte zugänglich gemacht. Per Mausklick müßte von der Titelaufnahme gleich zum Text übergegangen werden können. Das ist die Vision der universalen „digitalen Bibliothek“. Sie ist klüger angelegt als der Moloch einer Nationalbibliothek, weil sie „verteilt“ wird, auf mehreren Schultern ruht, die auch ganz unterschiedliche Interessen wahren, und weil sie zumindest prinzipiell „jedes Buch an jeden Ort“ bringt. Sie ist also pluralistisch und ortsunabhängig, und damit ist unwahrscheinlich viel gewonnen. Nein, sie wird wohl nicht da scheitern, wo die bisherigen nationalen bibliothekarischen Projekte ihre Grenze fanden, sondern an einer Informationsbarriere, die wohl auch den wahren Grund des seit Mitte des Jahrhunderts wachsenden Unbehagens in den Geisteswissenschaften ausmachen dürfte. Die Endstufe der Informationsverarbeitung ist nicht der Computer, sondern der Mensch, in diesem Fall wohl eine hochqualifizierte Gruppe von Forschern. So wird sich am Ende eine Erkenntnis moderner Straßenverkehrsplanung auch bei den „Datenautobahnen“ durchsetzen: Sicher ist es richtig, den Individualverkehr zu beschleunigen, also schnellere und breitere Autobahnen zu bauen. Aber: je mehr Autobahn, desto mehr Autofahrer mit Autos, desto schneller wieder die Verstopfung des Highway. Und desto schneller die Gefahr, daß der einzelne Autofahrer den Verkehrssituationen nicht mehr gerecht werden kann. Reizüberflutung führt zu Fehlleistungen. Das Nachlassen der Forschungsleistung, das Fabian als ein rein deutsches Phänomen beklagte, ist am Ende vielleicht gar nicht darauf zurückzuführen, daß nicht genug investiert würde an Geld und Geist, sondern darauf, daß die Forschung an eine informationstheoretisch bedingte Grenze stößt, die man mit Hilfe der EDV zwar weit herausschieben, aber nicht aufheben kann. Kulturelle und gesellschaftliche Prozesse sind mit weit mehr Parametern ausgestattet als Prozesse der klassischen Physik. Dieses Problem wird auch in anderen Bereich offenkundig; an dieser Stelle sollte jedoch nur auf das beschauliche Feld mediävistischer Editionsvorhaben eingegangen werden. Große, vielrezipierte und breit überlieferte mittelalterliche Texte sind angesichts der extrem hohen methodischen Anforderungen praktisch nicht edierbar. Die Zahl der Überlieferungsträger ist zu groß, allein die Aufstellung eines Stemmas ist aus rein statistischen Gründen nicht mehr möglich, weil niemand mehr in der Lage ist, sämtliche möglichen Varianten auch nur zu durchdenken und dann zu qualifizieren. Will man solche Texte benutzen, muß man auf historische Überlieferungsträger zurückgreifen, Handschriften oder Frühdrucke. Jede schlechte Edition wäre besser als diese, aber niemand wird seinen Ruf ruinieren, nur um die Wissenschaft voranzubringen. Die Texte sind also nur mit Aufwand in einem Lesesaal oder vor dem Mikrofilmgerät benutzbar. Damit bestand für die Forscher ein gewisser „Sachzwang“, solche Texte nur bei zwingender Unvermeidlichkeit zu konsultieren. Die „digitale Forschungsbibliothek“ wird auf kurz oder lang genau diese Barriere beiseite schaffen. Man kann sich also Handschriften und Inkunabeln im Internet vorstellen: Aber das textkritische Problem wird damit nur drängender und im Grunde in seiner Unlösbarkeit offenkundig. Und außerdem wird sich herausstellen, daß die Digitalisierung ebenfalls Kapazitätsgrenzen hat – wahrscheinlich weniger technischer als menschlicher Art. Denn es ist zuviel geschrieben und gedruckt worden – und, es ist sicher mephistophelisch, dies zu sagen – viel zu viel ist erhalten, als daß die Menschheit damit noch zurecht kommen könnte. Es ist nicht neu, daß die Kultur ihren Rezipienten über den Kopf wächst, aber angesichts der Potenz der elektronischen Medien wird die menschliche Beschränktheit offenbar.

Was hier zu tun ist, braucht den Bibliothekar nicht im vollen Umfang zu interessieren. Aber man sollte sich daran erinnern, daß das in Deutschland wenig blütenträchtige Pflänzchen „Bibliothekswissenschaft“ (eben ein Orchideenfach wie viele andere) in anderen Ländern als „Library and Information science“ einen breiteren Horizont hat, der tatsächlich nicht bloß Berufsausbildung, sondern so etwas wie Grundlagenforschung ermöglicht. Gerade wenn der Begriff „Forschungsbibliothek“ jedoch als Prädikat von Bibliotheken verwendet wird, ist der Mangel an bibliothekarisch-informationstheoretischer Forschung, der Deutschland kennzeichnet, erschreckend. Es waren Fachfremde, die den deutschen Bibliotheken ihre Mängel aufzeigen mußten.

ELMAR MITTLER

Verteilte digitale Forschungsbibliothek
Ein neuer Förderbereich der Deutschen Forschungsgemeinschaft

Bei der Erstellung, Speicherung und Ausgabe wissenschaftlicher Information ist in den letzten Jahrzehnten die digitale Form in zunehmendem Maße zum Kernmedium geworden. Wissenschaftliche Publikationen werden am PC bearbeitet, in digitaler Form dienen sie ebenso als Grundlage zur Bereitstellung in lokalen, regionalen und überregionalen Netzen wie als Ausgangsmedium für die Ausgabe als gedrucktes Medium. Das Gedruckte wird durch die Nutzung von Internet und Intranet zunehmend nur noch eine unter vielfältigen Möglichkeiten der Ausgabe digitaler Medien, wenn vielleicht auch die in vieler Hinsicht angenehmste und die am weitesten verbreitete, auf die jeder bei intensiverem Gebrauch gern zurückgreift. Dabei ist Kennzeichen digitaler Medien, daß sie leichter und ohne Informations- und Qualitätsverluste weltweit verbreitet werden können als die Druckausgaben. Die gedruckten Medien waren nur in einem arbeitsteiligen Verfahren, z.B. im verteilten System der überregionalen Literaturversorgung der DFG, in ihrer Gesamtheit einigermaßen vollständig zu sammeln und bereitzustellen. Dies ist in digitaler Form leichter möglich als bisher sind. Wegen der außerordentlich steigenden Zahl digital verbreiteter wissenschaftlich relevanter Texte und Medien sind aber die verteilte Sammlung und Bereitstellung sowie wahrscheinlich auch die verteilte Archivierung von besonderer Bedeutung. Es ist nur konsequent, daß die Deutsche Forschungsgemeinschaft ihre verschiedenen Programme zum Einsatz der elektronischen Datenverarbeitung und der Digitalisierung in der neuen Förderlinie „Verteilte digitale Forschungsbibliothek" zusammengeführt hat.

1. Modernisierung und Rationalisierung in wissenschaftlichen Bibliotheken

Eingebracht in diesen Förderbereich wurde das schon seit längerem bestehende Modernisierungsprogramm. Hier wird z.B. das sogenannte DBV/OSI-Projekt gefördert, in dem Fachinformations- und Bibliothekssysteme vernetzt werden (DDB). Ein auf eine Bibliothek bezogenes Projekt ist BIEBLIS, mit dem elektronisch gespeicherte Literatur zugänglich gemacht werden soll (UB

Bielefeld). Ein rechnergestütztes System zur Strukturierung und Speicherung gedruckt vorliegender Dokumente in digitaler Form wird von der Universität Frankfurt a. M. entwickelt. Die Zielrichtung, die internationale Z 39.50 Schnittstelle zur Einbindung auch des Allegro-Systems in Datennetze und -verbünde einzusetzen, wird in einem Projekt der UB Braunschweig verfolgt. Regelwerks- und Formatkonvergenz als Voraussetzung für transnationale Datennutzung ist ein vom DBI eingebrachtes Projekt. Es wird sich in wesentlichen Teilbereichen mit der internationalen Metadatenentwicklung (SUB Göttingen) und ihrer nationalen Einbindung (DDB Frankfurt a.M.) beschäftigen. Neben der Formalerschließung sind die Sacherschließung (Regensburger Systematik) und die maschinelle Indexierung (Milos II) sowie die Katalogisierung durch Scanning und automatische Dokumenterschließung (KASCADE) in der ULB Düsseldorf zwei geförderte Bereiche. Um die Entwicklung eines erweiterten OCR-Systems, das auch mathematische Formeln und Darstellungen umzusetzen vermag, kümmert sich das Institut für Experimentelle Mathematik der Universität Essen. Multimediale Dokumente im Hochschulnetz will die UB Magdeburg bereitstellen, während die UB Freiburg an der elektronischen Zeitschrift „Fly Brain" arbeitet, in der alle Daten und vor allem Abbildungen der Drosophila publiziert werden. Die für das Programm „Modernisierung und Rationalisierung" vorgesehenen Mittel liegen 1997 bei 2,25 Mio. DM und 1998 bei 2,4 Mio. DM.

2. Elektronische Publikationen im Literatur- und Informationsangebot wissenschaftlicher Bibliotheken

Gerade mit den beiden zuletzt genannten Publikationen wird deutlich, daß der Übergang von einem Förderungsprogramm zum nächsten innerhalb des Förderungsbereiches Verteilte Digitale Forschungsbibliothek (VDF) fließend ist. Im Bereich der elektronischen Publikationen sollen Perspektiven und Anstöße im Bereich der neuen Medien gegeben werden, die Informationsversorgung unter Einbeziehung neuer Publikationsformen zu entwickeln.

Hier werden Projekte wie die Integration von Informationen im Internet in die Sondersammelgebietsarbeit (SSG-FI, SUB Göttingen) oder der Aufbau eines deutschen Harvest Systems (GERHARD, UB Oldenburg) gefördert. Aber auch ein Electronic Library-Modell (UB Osnabrück) und Aufbau und Betrieb eines elektronischen Dokumentspeichers (UB Dortmund) sind in Arbeit. Dynamisches Publizieren im Rahmen eines Institutes wird in Gelsenkirchen erprobt (IAT Gelsenkirchen) während DDB und Bayerische Staatsbibliothek ein verteiltes Informationssystem für Rechtsquellen entwickeln. 1997 ist für diesen Projektbereich eine Summe von 1,8 Mio. DM, 1998 von 2,1 Mio DM vorgesehen.

3. Retrospektive Digitalisierung von Bibliotheksbeständen

Intensiv vorbereitet wird von und für die Deutsche Forschungsgemeinschaft die retrospektive Digitalisierung: Aus der Erkenntnis heraus, daß die digitalisierte Bereitstellung älterer Literatur eine wesentliche Verbesserung ihrer Zugänglichkeit wie ihrer Nutzbarkeit für konkrete Forschungsaufgaben bedeutet, wurde dieses Programm aufgelegt, für das 1997 3 Mio. DM vorgesehen sind und für 1998 eine Summe von 3,4 Mio. DM in die Planung eingesetzt wurde.

3.1 Technische Aspekte

Eine von der DFG finanzierte Arbeitsgruppe hat im vergangenen Jahr technische Empfehlungen für die Retrodigitalisierung erarbeitet.[1] Sie ging bei ihren Überlegungen davon aus, daß die technischen Möglichkeiten der Digitalisierung älteren Materials zunächst einmal eine Digitalisierung der jeweiligen Seite als Bild nahelegen, für deren Speicherung verschiedene Standards vorliegen (empfohlen TIFF). Daneben steht die weit kostenintensivere Volltextdigitalisierung mit Hilfe von OCR oder Texterfassung. Für die Bereitstellung müssen die TIFF-Dateien konvertiert werden, um sie mit gängigen Web-Browsern direkt ansehen zu können (z.B. im GIF oder PNG). Für die Volltexte setzt sich in den USA neben ASCI die relativ aufwendige SGML-Aufbereitung durch, die eine optimale Druckausgabe ermöglicht. Für die Archivierung erscheint CD-R als ISO-Standard derzeit das Mittel der Wahl, ohne daß damit das Problem der Langzeitsicherung schon als abschließend geklärt gelten kann.

Entscheidend für den Erfolg der Retrodigitalisierung ist die Sicherung des Zugriffs auf die Daten. Es sind kommerzielle Dokumenten-Management-Systeme auf dem Markt, mit denen eine gute technische Bearbeitung der gescannten Seiten und eine Zuordnung z.B. zu Inhaltsverzeichnissen möglich ist. Sie werden z.T. auf veralteten Softwareplattformen angeboten oder sind für den Textbereich noch nicht unmittelbar einsatzfähig. Besondere Entwicklungsarbeit ist erforderlich, wenn man höhere Ansprüche an die Zugriffsmöglichkeiten (z.B. mit Registern) oder die parallele Zugänglichkeit auf mehrere Datenbestände erreichen will. Im deutschen Projekt wird angestrebt, möglichst auch

[1] Der Bericht der technischen Arbeitsgruppe ist im Internet unter http://www.GWDG.DE/~sub//ebene_2/vdf/entwurf3.htm zu finden. Er wird aufgrund neuer Erkenntnisse u. a. einer USA-Reise von Mitarbeitern des Göttinger Digitalisierungszentrums laufend aktualisiert.

eine sachorientierte Suche über die Bestände einer einzelnen Bibliothek hinaus zu ermöglichen. Damit stünde wirklich eine verteilte digitale Forschungsbibliothek zur Verfügung.

Als selbstverständlich ist anzusehen, daß die formale Erschließung retrodigitalisierter Daten über den lokalen Online-Katalog und die Verbünde erfolgt. Darüber hinaus ist die Meldung an das zum Register von Mastern aller Sekundärformen ausgebaute EROMM (European Register of Microform Master) vorgesehen. Die Rechteverwaltung ist zunächst ein Nebenaspekt der Retrodigitalisierung, wird aber bald eine wichtige Rolle spielen, so daß sie in den Document Management Systemen unbedingt berücksichtigt werden muß.

3.2 Inhaltliche Aspekte

Das technische Instrumentarium gilt es zur Förderung der Wissenschaft möglichst optimal einzusetzen.[2] Grundsätzlich ist dabei festzustellen, daß gerade in den Geisteswissenschaften z.B. größere Textcorpara digital so bereitgestellt werden können, daß die Bearbeitung neuer Fragestellungen möglich wird. Andere Vorteile sind

- Direktzugriff unabhängig von Raum und Zeit
- Mehrfachzugriff auf vielgebrauchte Literatur
- Erleichterung des Zugriffs auf schwer zugängliches, besonders schützenswertes Material

  und schließlich
- die Chance, kaum bekanntes Material zugänglich zu machen.

Die Tatsache, daß digitalisiertes Material eine erhöhte Nutzungschance hat, gibt auch Anlaß zur Hoffnung, daß Verlage in der kooperativen Digitalisierung mit Bibliotheken eine Verbesserung ihrer Verbreitungsmöglichkeiten erkennen. Nur wenn das der Fall ist, kann in absehbarer Zeit die notwendige kritische Masse erreicht werden, um mit digitalisierten Materialien wirklich effizient arbeiten zu können. Es ist andererseits erkennbar, wie wichtig es ist, daß auch älteres wissenschaftliches Material deutscher Herkunft digitalisiert wird, damit es weltweit die notwendige Beachtung findet. Dabei erweist sich das Mittel der Imagedigitalisierung gerade in den Geisteswissenschaften als besonders sinnvoll, weil in der Bildform oft dauerhaft benötigte Informationen enthalten sind, die durch seine Volltexterfassung teilweise nicht wiedergegeben werden können. Andererseits muß bei den digitalisierten Materialien vermieden werden, daß „Textfriedhöfe“ entstehen, wie das bei den schlecht erschlossenen Mikroformensammlungen oft der Fall ist.

[2] Der vollständige Text der Arbeitsgruppe Inhalt ist im Internet unter http://www.GWDG.DE/˜sub//ebene_2/vdf/empfehl.htm zugänglich.

Stärke der elektronischen Bereitstellung ist eindeutig der gezielte Zugriff auf Daten; dagegen kann man sich in absehbarer Zeit kaum vorstellen, daß man längere Texte intensiv am Bildschirm lesen wird. Der gezielte Zugriff auf Texte, die als Bilder gescannt vorliegen, bedarf der zusätzlichen Erfassung von Inhaltsdaten (Inhaltsverzeichnisse, Register) möglichst in SGML-Form. Die Kombination von Bildbereitstellung und gezieltem sachlichem Zugriff soll für alle DFG-geförderten Projekte bindend vorgeschrieben werden. Mit der Förderung soll eine Art Schneeballeffekt erzielt werden. Deshalb sollen möglichst Projekte bevorzugt werden, die Ansätze für weitergehende Digitalisierungsvorhaben bilden sowie eine längerfristige Zusammenarbeit zwischen Bibliotheken, Fachwissenschaftlern und Verlagen zum Zweck haben. Doch auch der Gedanke, häufiger benutztes Material zu digitalisieren (digitizing on demand), wird positiv bewertet.

Auf diesem Hintergrund werden von der Inhaltsarbeitsgruppe der DFG Textgattungen auf ihre (Image-) Digitalisierungsfähigkeit überprüft. Für ältere Enzyklopädien und Nachschlagewerke ist ein Machbarkeitsprojekt erwünscht, während für biographische Nachschlagewerke die vorliegenden Mikroformenausgaben als ausreichend angesehen werden. Bibliographien benötigen Volltextdigitalisierung, während für historische Sprachwörterbücher gilt, daß durchaus auch Image-Dateien geeignet sind, die Zugänglichkeit dieser schwer greifbaren Quellenmaterialien wesentlich zu verbessern. Quellenmaterialien von besonders hohem Wert stellen auch ältere Kultur- oder Rezensionszeitschriften dar. Hier aber werden Projekte besonders empfohlen, für die schon teilweise umfassende Erschließungsmaßnahmen durchgeführt wurden (Index deutschsprachiger Zeitschriften, Journal des Luxus und der Mode). Das gilt auch für andere historische Quellen oder literarische Texte sowie für Nachlässe.

3.3 Rahmenbedingungen für den Aufbau der verteilten digitalen Forschungsbibliothek und einzelne Projekte

Der hohe Anspruch an Erschließung und Zugänglichkeit, der in den deutschen Projekten erreicht werden soll, aber auch Komplexität und Tempo der technischen Entwicklung und die Notwendigkeit der Einführung von Standards lassen es als sinnvoll erscheinen, die Retrodigitalisierung durch den Aufbau von Service- und Kompetenzzentren zu unterstützen, die in Göttingen (SUB) und München (BSB) errichtet werden. Der Projektbereich hat schon jetzt einen außerordentlichen Widerhall gefunden. Bibliothekskonsortien wie die sechs Träger der Sammlung Deutscher Drucke (BSB München, HAB Wolfenbüttel, SUB Göttingen, StUB Frankfurt, SB Berlin, DDB) haben Projekte eingereicht; aber auch Max Planck-Institute und Akademien sind neben Bibliotheken unterschiedlicher Größenordnung bei der Beantragung beteiligt. Besonders wichtig erscheinen fachliche Initiativen wie sie sich in Göttingen für die Mathematik und in München für die Geschichte abzeichnen, weil hier die Chance besteht, die Verleger für die Zusammenarbeit auch bei nicht urheberrechtsfreiem Material zu gewinnen sowie die Forschung dazu zu bewegen, auch neueste Literatur in digitaler und gedruckter Form kombiniert bereitzustellen.

In diesem Zusammenhang sei auf das amerikanische JSTOR-Projekt hingewiesen, das inzwischen im Rahmen einer Non-Profit-Unternehmung mit einer 3,5 Mio. Dollar Grundausstattung durch die Andrew-W.-Mellon-Foundation betrieben wird.[3] Hier werden retrospektiv ganze Zeitschriften auch bis in die jüngste Zeit digitalisiert; in Abstimmung mit den Verlegern wird für die letzten Jahre auf eine Bereitstellung verzichtet (insbesondere, wenn volldigitalisierte Zeitschriften vorliegen). Man rechnet aber auf Dauer mit der Zustimmung der Verleger, auch dieses Material bereitzustellen (weil sie z.B. den Aufwand für technische Umstellungen auf neue Plattformen u. ä. scheuen werden). Die älteren Materialien werden als Image zur Verfügung gestellt. Ein Zugriff ist aber über OCR-erfaßte Texte möglich, die im Hintergrund eine gezielte Volltextsuche ermöglichen. Es erscheint aber dann jeweils die Bildseite (wobei man eine besondere Kennzeichnung des gesuchten Begriffs auf dem Bild anstrebt). Das Beispiel JStor zeigt, daß bei dem hohen Aufwand, den die Retrodigitalisierung bedeutet, nicht nur eine nationale, sondern auch eine internationale Zusammenarbeit wünschenswert ist. Dem dient auch das von der SUB Göttingen bei der EU als Konsortialführer eingebrachte Projekt „Dieper", das im Bereich der Retrodigitalisierung von Zeitschriften eine europäische Zusammenarbeit organisieren will.

4. Forschungsschwerpunkt „Digitale Dokumente"

Beim Aufbau digitaler Bibliotheken ist nicht nur die Zusammenarbeit Bibliothekare, Autoren und Verleger notwendig. Auch interdisziplinäre Forschung ist besonders dringlich. Hierfür wurde das Schwerpunktprogramm „Verteilte Verarbeitung und Vermittlung digitaler Dokumente" von der DFG bewilligt.[4] Inhaltlich handelt es sich um Aspekte wie logische Datenhaltungs- und -er-

[3] Informationen zu JSTOR finden sich im Internet unter http://www.jstor.org/

[4] Dieter W. Fellner: DFG-Forschungsschwerpunkt „Digitale Bibliotheken" – Design, Konzeption, Inhalte. In: 19. Online-Tagung der DGD. Die Zukunft der Recherche. Frankfurt am Main. 14. – 16. Mai 1997. Proceedings. S. 139 – 146. Neueste Informationen finden sich im Internet unter http://www.graphics.uni-bonn.de/dfgspp.vvvdd

mittlungsräume, textuelle Dokumenten- und Faktensammlungen, aber auch Audio- und Videosequenzen sowie multimediale Lehr- und Lernsysteme. Verwaltung und Vermittlung der Materialien sowie ihre Erstellung, Kompression und Datenübertragung sollen hier unterstützt werden. Einen allgemeinen Überblick hat Fellner jüngst gegeben.

5. Die verteilte digitale Forschungsbibliothek – Förderungsschwerpunkt der DFG

Zusammenfassend läßt sich feststellen, daß die Deutsche Forschungsgemeinschaft die digitale Bibliothek in verschiedensten Formen fördert. Das geschieht keineswegs unter Vernachlässigung der gedruckten Literatur. Aber die Weichen für die „hybride“ Bibliothek sind deutlich gestellt, in der die digitalen und gedruckten Materialien gleichberechtigt, sozusagen als zwei Aggregatzustände derselben Inhalte, nebeneinander vorhanden sind und in der einen oder anderen Form bedarfsgerecht zur Verfügung gestellt werden können. Die Wissenschaft wird weltweit davon profitieren.

BIBLIOTHEKSVERBUNDSYSTEME

REINER DIEDRICHS

Wer liefert was an wen ... nicht nur im GBV. Endbenutzer, Fernleihe und Lieferdienste – eine Ist-Aufnahme

Einleitung

Bis heute ist die Literaturversorgung über den regionalen und überregionalen Leihverkehr geprägt durch einen bürokratischen, verwaltungsintensiven, schwerfälligen, langsamen und benutzerunfreundlichen Prozeß. Ein unschlagbarer Vorteil dieses „Lieferdienstes" ist allerdings seine für den Benutzer weitgehende Kostenfreiheit. Obwohl Bibliotheksverbünde zunächst zur Unterstützung und Rationalisierung der kooperativen Katalogisierung gegründet wurden, wurde in Niedersachsen von Anfang an der Entwicklung und Organisation eines DV-gestützten Fernleihsystems ein hoher Stellenwert beigemessen, wobei die Einbeziehung aller für die Literaturversorgung maßgeblicher Bibliotheken, insbesondere solcher in kommunaler Trägerschaft, ein wichtiges Ziel war und ist. Diese Entwicklung war letztendlich Grundlage für die Formulierung der Aufgabenstellungen des Sieben-Länder-Verbundes des GBV:

- die Beteiligung aller wissenschaftlichen und sonstigen, für die Literaturversorgung relevanten Einrichtungen, am Verbund,
- der Nachweis und die Nutzung aller Literaturbestände der am GBV beteiligten Institutionen,
- Schaffung eines Rahmes für eine abgestimmte Bibliotheksautomation,
- Entwicklung und Anwendung neuer Bibliotheks- und Informationsdienstleistungen.

Diese Schwerpunkte beschreiben keinen konventionellen Katalogisierungs-, sondern einen modernen Dienstleistungsverbund. Letztendlich dienen alle Anstrengungen, auch die Katalogisierung, dem Ziel, dem Benutzer eine möglichst effiziente Literaturversorgung im gesamten Verbund zu bieten. Konkrete Vorhaben zur Umsetzung dieser Zielvorgaben sind:

- die vollständige Ablösung des „roten Leihscheines" durch ein integriertes Retrieval- und Bestellsystem,

- die Einbeziehung aller Lieferdienste in dieses System,
- die Schaffung einer virtuellen Bibliothek GBV, die dem Benutzer alle beteiligten Einrichtungen wie EINE Bibliothek präsentiert.

Um dieses Ziel zu erreichen, sind zunächst einige Voraussetzungen zu schaffen:

- Behandlung des GBV als eine Leihverkehrsregion,
- ein möglichst vollständiger elektronischer Nachweis der vorhandenen Bestände,
- die Teilnahme aller am Verbund beteiligten Einrichtungen am Bestellsystem, sowohl gebend wie nehmend,
- Freigabe des Bestellsystems für Endbenutzer.

Natürlich lassen sich diese Ziele, insbesondere der vollständige elektronische Nachweis, nur mittel- bis langfristig in einem mühsamen und arbeitsreichen Prozeß verwirklichen. Die Entwicklung des GBV zeigt jedoch, daß schon wichtige Fortschritte erzielt werden konnten.

Das Online-Fernleihsystem 1984 bis 1993

Bereits seit 1984 wurden die Datenbanken (Nds. Monographiennachweis NMN, Nds. Zeitschriftennachweis NZN) des damaligen Niedersächsischen Bibliotheksverbundes für ein Online-Fernleihsystem genutzt. Gefundene Nachweise wurden automatisch in der ersten besitzenden Bibliothek in Form eines Leihscheines ausgedruckt. Konnte diese Bibliothek den Bestellwunsch nicht erledigen, mußte der Bestellschein weiterhin konventionell an die nächste Bibliothek weitergeleitet werden. Ein weiterer Nachteil waren die recht anspruchsvollen technischen Zugangsvoraussetzungen: X.25 und Siemens-9750-Terminals.

Dieses System brachte immerhin eine Verbesserung an zwei Punkten:

- die Bestellungen waren signiert,
- die Zeit für die Zustellung der Bestellung wurde erheblich verkürzt.

1990 wurden mit diesem System immerhin 66.000 Fernleihbestellungen auf Monographien und Zeitschriftenaufsätze abgewickelt. Da aber die Aufgabe der Bestellung durch Bibliotheksmitarbeiter erledigt wurde, war der Rationalisierungseffekt in der nehmenden Bibliothek kaum spürbar. Zudem mußte der Endbenutzer weiterhin seinen „roten Leihschein“ ausfüllen.

Das PICA-Fernleihsystem

Dieses System wurde schrittweise 1993/94 durch das PICA-Fernleihsystem ersetzt, welches durch die integrierte Bestellverwaltung weitere Verbesserungen brachte:

- automatische Auswertung des Verfügbarkeitsstatus der Nachweise (ausleihbar, kopierbar, Präsenz),
- automatische Band- und Jahrgangserkennung bei Zeitschriften,
- automatische Weiterleitung negativ quittierter Bestellungen (Leitwegalgorithmus),
- Abfrage- und Überwachungsmöglichkeiten für den Bestellstatus (Mahnungs- und Ergebnislisten).

Diese Verbesserungen führten zu einer erheblichen Beschleunigung des über das Online-System abgewickelten Leihverkehrs. Etwa 60 % der Bestellungen werden innerhalb eines Tages bearbeitet. Die Erfolgsquote der Bestellungen liegt bei Monographien bei ca. 80 % und bei Zeitschriften bei über 90 %. Die vier im GBV zusammengeschlossenen Zentralkataloge übernehmen in diesem System die Weiterleitung von Bestellungen in den konventionellen regionalen und überregionalen Leihverkehr, wenn diese nicht durch die vorhandenen Online-Nachweise erledigt werden können. Diese zusätzlichen Möglichkeiten führten zu einer verbesserten Akzeptanz des Systems, wie 150.000 abgewickelte Online-Bestellungen für 1996 zeigen.

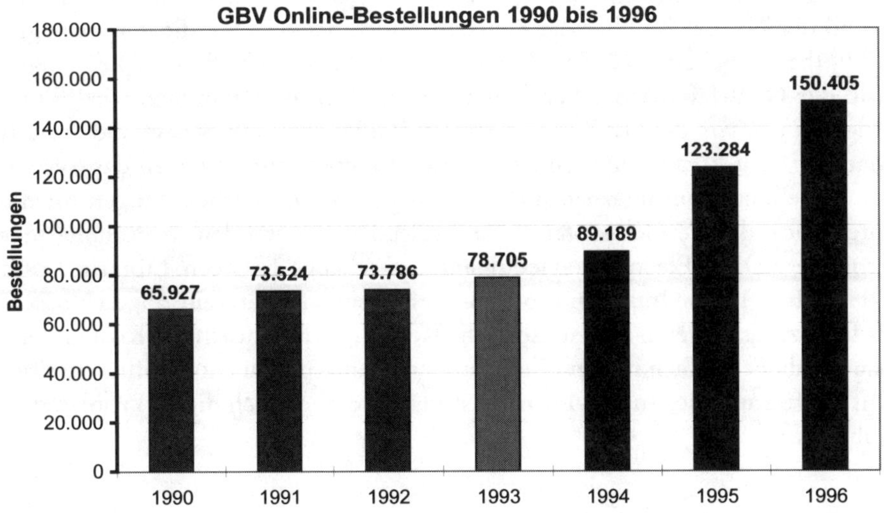

Abbildung 1

Teilnehmer am Fernleihsystem

Das Bestellsystem des GBV wird praktisch von fast allen am GBV beteiligten wissenschaftlichen und einer Reihe öffentlichen Bibliotheken in Anspruch genommen. Die Verteilung auf die unterschiedlichen Bibliothekstypen im 1. Quartal 1997 zeigt folgendes Diagramm:

GBV nehmende Fernleihe 1. Quartal 1997: beteiligte Bibliotheken

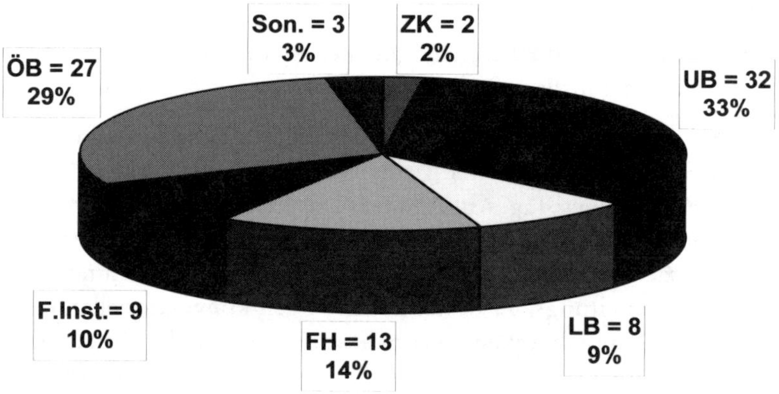

Abbildung 2

Im gebenden Leihverkehr liegt die Zahl der Öffentlichen Bibliotheken aufgrund der Nachweise über die Zentralkataloge bei etwa 50, die der sonstigen Bibliotheken bei etwa 20. Seit Anfang 1997 können auch Bibliotheken außerhalb der GBV-Länder das Fernleihsystem nutzen. Angenommen wird dieses Angebot u.a. von der UB Bonn, der HLB Fulda, der GHB Kassel und der UB Marburg. Seit kurzem nutzen auch einige finnische Bibliotheken das System für Bestellungen im internationalen Leihverkehr. Die Vorbereitungen für die Integration der Fernleihsysteme der PICA-Partner wurden im Rahmen der Projekte EDIL (Electronic Document Interchange between Libraries) und NHI (Neue Hanse Interregio) bis zur technischen Einsatzreife abgeschlossen. Es fehlt z.Z. noch eine organisatorische Regelung hinsichtlich der Kostenübernahme, da Fernleihen in den Niederlanden grundsätzlich entgeltpflichtig sind. Mit Einführung der subito-Dienstleistung wird aber auch dieses Problem behoben sein.

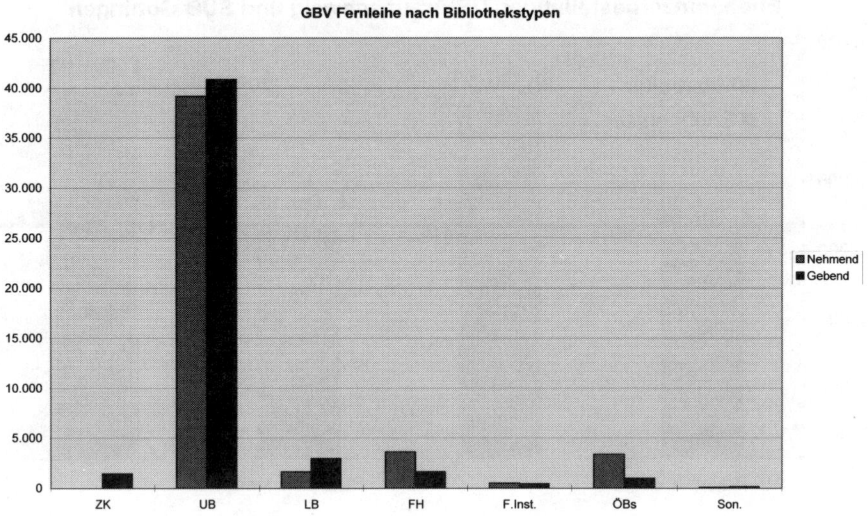

Abbildung 3

Endbenutzerfernleihe

Mit der weltweiten Freigabe der Internetzugänge (WWW und Telnet) für die GBV-Datenbanken Mitte 1996 war eine wichtige Voraussetzung für die Nutzung des Bestellsystems durch Endbenutzer gegeben, denn erst die Endbenutzerfernleihe führt zu einer wirklichen Entlastung des Bibliothekspersonals. Die technischen und organisatorischen Voraussetzungen wurden, unterstützt durch die FAG Endbenutzer und Fernleihe, im Rahmen einer testweisen Freigabe der Endbenutzerfernleihe in der UB Braunschweig und der SUB Göttingen ab Oktober 1996 mit durchschlagendem Erfolg erprobt:

Die offizielle Freigabe der Endbenutzerfernleihe erfolgte am 1. Februar 1997. Mittlerweile bieten etwa 30 Bibliotheken, darunter auch drei Stadtbibliotheken, ihren Benutzern diesen Service an. Im April 1997 wurden bereits 17,5 % der Online-Bestellungen durch Endbenutzer aufgegeben.

Integriert in das Bestellsystem sind als ergänzende Serviceangebote die Online Contents Datenbank (OLC) mit über 6,5 Mill. Aufsätzen ab Erscheinungsjahr 1993 aus über 12.000 überwiegend naturwissenschaftlich orientierten Zeitschriften sowie über 1,0 Mill. Aufsatztiteln der IBZ aus über 3.000 überwiegend geisteswissenschaftlichen Zeitschriften. Die in einer dieser Datenbanken gefundenen Aufsätze können direkt bestellt werden. Das Bestellsystem ermittelt dann automatisch die für den gewünschten Band in Frage

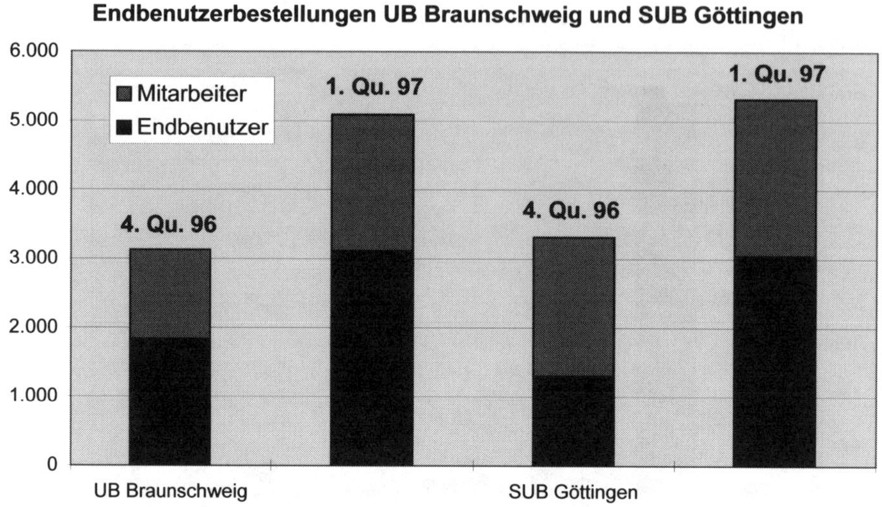

Abbildung 4

kommenden Lieferbibliotheken. Ab Juli 1997 stehen die noch fehlenden Funktionalitäten zur Abfrage des Bestellstatus durch den Endbenutzer und zur Aufgabe „freier Bestellungen" auf Titel, die nicht im GBV nachgewiesen sind, zur Verfügung, u.a. mit automatischer Weiterleitung an die eigene Bibliothek oder einen zuständigen Zentralkatalog.

Dokument-Direktlieferdienste

Mit Beginn der subito-Initiative zur Beschleunigung der Literaturversorgung wurde ein grundlegender Wandel der Literaturversorgung von einem „Literaturzuteilungs-" hin zu einem an den Bedürfnissen der Benutzer orientierten Literaturversorgungssystem eingeleitet.

Einige wesentliche Ziele dieser Initiative sind:

- alle Bestellungen erfolgen online,
- alle Bestellungen erfolgen auf der Grundlage von Online-Nachweisen (qualifizierte Bestellungen),
- direkte Belieferung der Endbenutzer (wissenschaftlich oder kommerziell), möglichst auf elektronischem Wege,
- bundesweit einheitliche Lieferentgelte anstelle von landesbestimmten, nicht einheitlichen Fernleihgebühren,
- garantierte zeitliche Lieferbedingungen.

Mit der Preisfestlegung von DM 5,00 für den Normaldienst wird hier eine realistische Alternative zum bisherigen Fernleihverkehr geboten, zumindest für Aufsatzkopien. Der GBV ist mit seiner langen Erfahrung bei der Organisation der Online-Fernleihe und dem erreichten technischen Entwicklungsstand seines Bestellsystems gut darauf vorbereitet, die subito-Dienstmerkmale in sein Bestellsystem zu integrieren. Elektronische Lieferverfahren werden bereits seit einem Jahr im „normalen" Fernleihverkehr als Ersatz für Kopielieferungen genutzt.

Während subito allgemein seine Dienstmerkmale nur für in der ZDB nachgewiesene Zeitschriften garantieren kann, weitet der GBV im Rahmen seines Dokumentliefersystems ***GBVdirekt*** dieses Angebot auf alle in seinen Datenbanken nachgewiesenen nicht-rückgabepflichtigen Materialien, insbesondere Aufsatzkopien aus Kongressbänden und Tagungsberichten, aus. Zusätzlich treten in ***GBVdirekt*** auch Bibliotheken als Anbieter (im Normaldienst) auf, die den in subito geforderten obligatorischen Eildienst aus organisatorischen Gründen nicht anbieten können, wie z.B. das BIS Oldenburg. Durch die Einbeziehung der Partnerverbünde in den Niederlanden (PICA), Frankreich (ABES) und den USA (RLG) wird darüber hinaus eine weitreichende internationale Basis für die Literaturversorgung im GBV geschaffen. ***GBVdirekt*** wird seit Anfang dieses Mai 1997 als subito-Zugangssystem des GBV angeboten. Als Lieferanten bieten in der Anlaufphase die UB Braunschweig, die SUB Göttingen, die TIB Hannover und das BIS Oldenburg ihre gesamten Bestände zu subito-Konditionen an. Mit Beginn der Pilotphase werden mindestens die subito-Pilotbibliotheken SUB Bremen, ULB Halle, SUB Hamburg und ZBW Kiel folgen. Genutzt wird ***GBVdirekt*** zur Zeit hauptsächlich von Instituten der MPG und weiteren Großforschungseinrichtungen.

Zusammenfassung

Der GBV hat mit seinem Online-Fernleihsystem gezeigt, daß sich auch ein traditionell langsames und wenig benutzerfreundliches Angebot mit der entsprechenden Technik und Organisation in ein endbenutzerorientiertes und effizientes Dienstleistungsangebot mit einem hohen Akzeptanzgrad verwandeln läßt. Voraussetzung dafür waren die Offenheit des Systems für alle für die Literaturversorgung wichtigen Einrichtungen und die Bereitschaft für eine länder- und leihverkehrsregionenübergreifende Zusammenarbeit der beteiligten Institutionen.

Mit der Integration der kostenpflichtigen Dokumentlieferdienste in ein einheitliches PICA-Retrieval- und Bestellsystem wurde die Basis für ein leistungsstarkes, auf nationaler und internationaler Zusammenarbeit basierendes Literaturversorgungssystem für den GBV und darüber hinaus geschaffen. Die Entwicklung in den vergangen Jahren hat gezeigt, daß die PICA-Partner in der Lage sind, erfolgreich auf die schnellen technischen und organisatorischen Veränderungen im Bibliotheksumfeld zu reagieren und diese im Sinne einer benutzerorientierten Dienstleistungsauffassung voranzutreiben.

HEINZ-WERNER HOFFMANN

Von der Ausschreibung zur Detailplanung – Bericht zum Stand der kooperativen Beschaffung einer neuen Bibliotheksverbundsoftware

1. Einleitung

Vor drei Jahren wurde auf dem Bibliothekskongreß in Dortmund unter dem Titel „Von der Machbarkeitsstudie zu einem neuen Verbundsystem für das Hochschulbibliothekszentrum des Landes NRW" zum ersten Mal die bibliothekarische Öffentlichkeit über die Planungen für ein neues Verbundsystem im HBZ informiert. Ein Jahr später – in Göttingen – konnte unter dem Titel „Das Kooperationsvorhaben ‚Neuentwicklung eines Verbundsystems' – Konzept und Perspektiven" darüber berichtet werden, daß das Hochschulbibliothekszentrum zusammen mit dem Institut für Informatik III der Universität Bonn einen Prototypen für ein neues Verbundsystem entwickelt und Kooperationspartner für die Neuentwicklung eines Verbundsystems gefunden hat. Die Länder Baden-Württemberg, Bayern und Nordrhein-Westfalen sowie das Deutsche Bibliotheksinstitut haben sich vertraglich darauf geeinigt, bei der Auswahl, Beschaffung und Pflege einer Bibliotheksverbundsoftware zur Ablösung der jetzt in den Verbundzentralen in Berlin, Köln, Konstanz und München eingesetzten Systeme zusammenzuarbeiten.

Im Frühsommer 1996 – auf dem Bibliothekartag in Erlangen – ist es dann recht spannend geworden, als das Ergebnis einer europaweiten Ausschreibung für ein neues Bibliotheksverbundsystem bekannt gegeben werden konnte. Demgegenüber ist der heutige Vortrag eher ein Werkstattbericht: Es gibt keine Sensationen zu berichten, es existiert noch kein fertiges System, aber es hat seither eine ganze Reihe von Aktivitäten gegeben, die dazu beitragen, daß es bald ein neues Verbundsystem für den Bibliotheksverbund Bayern, den Nordrhein-westfälischen Bibliotheksverbund, den Südwestdeutschen Bibliotheksverbund sowie das Deutsche Bibliotheksinstitut geben wird.

2. *Kaufvertrag und Finanzierung*

Nach dem Abschluß der europaweiten Ausschreibung und der getroffenen Systementscheidung standen die Kooperationspartner zunächst vor einem formalen Problem: In der „Vereinbarung über die Zusammenarbeit bei Auswahl, Beschaffung und Pflege einer Bibliotheksverbundsoftware" war festgelegt, daß die Partner eine Mitfinanzierung des Bundes an den Kosten im Rahmen des Hochschulbauförderungsgesetzes (HBFG) anstreben. Möglich ist eine Mitfinanzierung des Bundes im HBFG-Verfahren jedoch nur bei drei Kooperationspartnern, bei den Verbundzentralen in Köln, Konstanz und München, nicht jedoch beim Deutschen Bibliotheksinstitut, an dessen Finanzierung sich der Bund im Rahmen der sogenannten „Blauen Liste" beteiligt.

Nach dem Hochschulbauförderungsgesetz gehören zum Ausbau und Neubau von Hochschulen auch die Ausgaben für die Beschaffung von Großgeräten für Ausbildung und Forschung, wenn die Kosten für das einzelne Gerät einschließlich Zubehör 150.000 DM bzw. 250.000 DM übersteigen. Software kann mitfinanziert werden, wenn sie zum Betrieb des Großgeräts erforderlich ist. Software alleine wird nach dem HBFG jedoch nicht gefördert. Die Finanzierung im HBFG-Verfahren erfolgt auf Empfehlung des Wissenschaftsrates. Dieser stützt seine Empfehlung wiederum auf eine Beurteilung durch die Deutsche Forschungsgemeinschaft. Die DFG nimmt zu Großgeräten, die bereits vor der Anmeldung beim Wissenschaftsrat vom jeweiligen Antragsteller beschafft worden sind, nicht gutachterlich Stellung.

Aus diesen Regeln für die Mitfinanzierung des Bundes im HBFG-Verfahren ergaben sich für die Kooperationspartner eine Reihe von Konsequenzen. Sie durften vor der fachlichen Begutachtung durch die Deutsche Forschungsgemeinschaft noch keinen rechtsverbindlichen Kaufvertrag mit der ausgewählten Firma unterzeichnen. Gleichwohl mußten mit der Firma Vertragsverhandlungen geführt werden, damit für den HBFG-Antrag der Entwurf eines Kaufvertrags mit genauer Kostenspezifikation vorlag. Weiterhin mußten Angebote für die zu beschaffende Hardware eingeholt werden, denn die Hardware-Beschaffung bildet die Grundlage für das HBFG-Verfahren. An dieser Stelle sollen nun nicht alle Einzelheiten dieses komplexen Vorgehens aufgezählt werden; es genügt, das Ergebnis vorzustellen. Mit der Firma Dynix ist auf der Basis des Angebots ein Vertrag im Entwurf ausgehandelt worden, der zum einen die in der Ausschreibung genannten fachlichen Anforderungen der Kooperationspartner enthält und zum anderen weitere fachliche Klarstellungen über den Umfang der vertraglichen Leistungen. Die Firma Dynix hat einen Brief erhalten, in dem ein Auftrag zu den ausgehandelten Bedingungen in Aussicht gestellt wird, unter der Voraussetzung, daß die Beschaffung im Rahmen des

HBFG-Verfahrens von der Deutschen Forschungsgemeinschaft befürwortet wird. Dieser sogenannte „Letter of intend“ ist bis heute Grundlage für die Zusammenarbeit der Kooperationspartner mit der Firma Dynix.

Die HBFG-Anträge konnten im September 1996 inhaltlich fertiggestellt und den zuständigen Länderministerien zur landesinternen Beratung und Antragstellung beim Wissenschaftsrat übergeben werden. Anfang November 1996 ist der letzte der drei Anträge bei der Deutschen Forschungsgemeinschaft eingetroffen. Die Anträge enthalten einen gemeinsamen Teil, in dem das fachliche Konzept der Kooperation, das Ausschreibungsverfahren und die Auswahlentscheidung dargestellt sind, und jeweils individuelle Teile, in denen die zu beschaffende Hardware beschrieben wird. Aufgrund der unterschiedlichen Größenordnungen der einzelnen Verbünde und der unterschiedlichen lokalen Rahmenbedingungen ist eine einheitliche Hardware-Beschaffung nicht möglich. Bei der Hardware muß sich die Kooperation auf eine gegenseitige Information und Abstimmung beschränken. Im Vorfeld hatten die Kooperationspartner mit der DFG-Geschäftsstelle eine gemeinsame Begutachtung der drei Anträge vereinbart. Dazu sollte eine besondere Gutachtergruppe aus Vertretern der Kommission für Rechenanlagen und des Bibliotheksunterausschusses für Datenverarbeitung und Kommunikationstechniken gebildet werden. Dennoch hat die Begutachtung der HBFG-Anträge länger als erwartet gedauert. Aufgrund von Terminschwierigkeiten konnte der Gutachterausschuß erst am 12. März 1997 zusammentreten. Die drei antragstellenden Partner hatten Gelegenheit, ihr Konzept vor dem Ausschuß zu erläutern und Fragen der Gutachter zu beantworten. Insgesamt sind die Anträge der Kooperationspartner von den Gutachtern positiv bewertet und mit einigen Auflagen und kleineren Kürzungen bewilligt worden. Es ist damit zu rechnen, daß die zuständigen Länder im Juni 1997 eine offizielle Mitteilung des Wissenschaftsrates über die Mitfinanzierung des Bundes im Rahmen des Hochschulbauförderungsgesetzes erhalten, so daß dann der Kaufvertrag endlich unterschrieben werden kann. Keiner der Kooperationspartner hätte geglaubt, daß sich die Unterschrift unter den Vertrag so lange verzögern wird.

3. Fachliche Arbeiten

Obwohl der von den Kooperationspartnern erarbeitete Ausschreibungstext insgesamt rund 1.000 Seiten umfaßt, konnten darin nicht alle Anforderungen bis ins letzte Detail beschrieben werden. Umgekehrt konnte die Firma Dynix im Rahmen des Angebots nicht zu allen gewünschten Funktionalitäten Detailkonzepte vorlegen. Daher mußten sich Auftraggeber und Auftragnehmer zunächst auf ein Verfahren verständigen, wie die noch erforderliche Detaillierung erreicht werden kann. Auf seiten der Kooperationspartner wird dazu ein DV-unterstütztes Projektmanagement-Verfahren eingesetzt, das unter anderem sicherstellen soll, daß alle Partner denselben Informationsstand haben. Für den Test und die Abnahme der von der Firma Dynix fertiggestellten Programmbausteine ist im Hochschulbibliothekszentrum ein Testlabor eingerichtet worden, auf das alle Kooperationspartner zugreifen können und in dem die vertraglich vereinbarten Abnahmeverfahren durchgeführt werden. Darüber hinaus betreiben die Partner in Berlin und Konstanz eigene Test- und Schulungssysteme.

Was hier pauschal beschrieben wurde, hat im Frühjahr 1997 zu zahlreichen bibliotheksfachlichen und technischen Arbeiten geführt. Es gab Besprechungen der Kooperationspartner untereinander und mit der Firma. Ergebnisse wurden protokolliert und korrigiert. Konzepte wurden zu Papier gebracht, diskutiert und modifiziert. Ein Software-Tool für das Projektmanagement wurde beschafft und an die speziellen Bedingungen der Kooperation angepaßt. Schließlich wurden bereits vorhandene Softwarekomponenten den Kooperationspartnern von der Firma Dynix zur Verfügung gestellt und zu Test- und Schulungszwecken installiert. Auf diese Weise konnten die Kooperationspartner den konkreten Umgang mit dem ausgewählten Produkt Horizon einüben und Einblicke in die bereits vorhandenen Systemkomponenten gewinnen. Die bisher ausgelieferten Systemkomponenten entsprechen im wesentlichen dem allgemeinen Entwicklungsstand des Systems Horizon. Die in der Ausschreibung enthaltenen verbundspezifischen Anforderungen sind darin noch nicht realisiert.

4. Ausblick

Die Kooperationspartner gehen davon aus, daß die förmliche Zustimmung zur Vertragsunterzeichnung durch die zuständigen Ministerien noch im Sommer 1997 erteilt wird. Aufgrund der bisher erfolgten Verzögerung bei der Vertragsunterzeichnung könnte man vermuten, daß sich der Fertigstellungstermin ebenfalls verzögern wird. Bei einigen Kooperationspartnern gibt es einen hohen Ablösungsdruck, weil vorhandene Großrechner aus technischen oder finanziellen Gründen stillgelegt werden müssen und damit für die auf diesen Rechnern bisher laufenden Verbundanwendungen keine Hardware-Plattform mehr zur Verfügung steht. Dem will die Firma Dynix Rechnung tragen. Trotz aller Verzögerungen beim Vertragsabschluß steht sie bis heute zu ihrer Zusage, daß die im Vertragsentwurf vorgesehene Verbundanwendung im Sommer 1998 fertiggestellt wird. In dem zusammen mit der Firma aktualisierten Entwurf für einen „Projekt- und Zahlungsplan“, der Bestandteil des Kaufvertrags werden soll, ist als Termin für die Gesamtabnahme des Systems nach wie vor der September 1998 vorgesehen.

Dazu hat die Firma Dynix den Kooperationspartnern mitgeteilt, daß die internationale Releaseplanung von Ameritech Library Services dem Zeitplan der Kooperation angepaßt wurde. Nach ihren Angaben war es aufgrund des bevorstehenden Auftrags der deutschen Kooperationspartner möglich, die für Deutschland erforderlichen Entwicklungsarbeiten mit den Arbeiten zur Einführung des Horizon-Systems beim Western Library Network in den USA zu koppeln. Dadurch will die Firma nicht nur Synergieeffekte und zusätzliche Entwicklerkapazität erreichen, sondern auch zur Internationalisierung deutscher Verbundstrukturen beitragen. Was auf dem Bibliothekartag in Erlangen als mögliche Konsequenz aus der Kooperationsentscheidung für die Firma Dynix vorgestellt wurde, scheint schneller als erwartet Wirklichkeit zu werden. Nach Auskunft der Firma Dynix wird die Realisierung der Kooperationsvorgaben „zum bestimmenden Faktor bei der Verbundentwicklung weltweit“. Im Prinzip wird beim Western Library Network dieselbe Horizon-Version zum Einsatz kommen wie bei den deutschen Kooperationspartnern, natürlich nicht mit einer deutschen Oberfläche und natürlich nicht mit dem deutschen MAB-Format. Oberflächen und Anzeigeformate wird man über Parameter steuern können. Der dahinter liegende Systemkern wird jedoch einheitlich sein.

JULIANE FUNKE

Berliner Bibliotheken im Verbund

Der folgende Beitrag bringt einen Überblick über die aktuellen Verbundplanungen für die Bibliotheken im Land Berlin, die von der für das Berliner Bibliothekswesen zuständigen Senatsverwaltung für Wissenschaft, Forschung und Kultur in kontinuierlicher und enger Abstimmung mit dem zuständigen Fachministerium des Landes Brandenburg sowie den Bibliotheken beider Länder unter Beteiligung externer Experten erarbeitet wurden, und die sich grundsätzlich auf die gesamte Bibliotheksregion Berlin-Brandenburg erstrecken.

Ausgangssituation

Einleitend seien kurzgefaßte Erläuterungen zur Verwaltungsstruktur Berlins als Hintergrundinformation vorangestellt, die das Bibliothekswesen in dieser Stadt strukturell mitprägt und die sich in ihrer Zweistufigkeit von der anderer Großstädte wesentlich unterscheidet.

Berlin als „*Einheitsgemeinde*" verfügt zum einen auf der *bezirklichen Ebene* über *23 unterschiedlich große Verwaltungseinheiten (*Bezirksämter), die neben 'Bezirksaufgaben unter Fachaufsicht' sämtliche Bezirksaufgaben eigenverantwortlich nach den Grundsätzen der Selbstverwaltung betreiben, wobei sie ihre finanziellen Mittel im Rahmen eines Globalhaushaltes von der Hauptverwaltung, nämlich dem Senat von Berlin, erhalten und über keine eigenen Steuereinnahmen verfügen. Das unterscheidet sie deutlich von Kommunen im eigentlichen Sinn bzw. im restlichen Bundesgebiet.

Die Ebene der *Hauptverwaltung* auf der anderen Seite, der Senat von Berlin (z.Zt. aus *10 Senatsressorts* zusammengesetzt), nimmt sowohl ministerielle als auch gesamtstädtische Aufgaben wahr und unterhält – direkt oder mittelbar – landeseigene Einrichtungen wie z.B. die Senatsbibliothek Berlin, die zentrale Behördenbibliothek Berlins, sowie den Berliner Gesamtkatalog als nachgeordnete Einrichtungen der für das Bibliothekswesen zuständigen Senatsverwaltung (z. Zt. Senatsverwaltung für Wissenschaft, Forschung und Kultur) bzw. finanziert in Form von entsprechenden Zuwendungen zu einem maßgeblichen Anteil bibliothekarische Einrichtungen im Land Berlin, wie z.B. die zum

1. Oktober 1995 aus der Fusion von Amerika-Gedenkbibliothek und Berliner Stadtbibliothek entstandene Zentral-und Landesbibliothek Berlin, eine Stiftung des öffentlichen Rechts.

Auf den Bibliotheksbereich bezogen bedeutet dies, daß die *Landesregierung nur bedingt Einfluß nehmen kann*, da innerhalb der zweistufigen Berliner Verwaltung dem Senat nur Eingriffe in die Planungen der direkt nachgeordneten Einrichtungen (z.B. der Senatsbibliothek Berlin und des Berliner Gesamtkatalogs) erlaubt sind, während die überwältigende Mehrzahl der Berliner Bibliotheken in die Autonomie ihrer Träger gestellt ist:

- Die *Universitäts-und Hochschulbibliotheken* unterliegen der im Berliner Hochschulgesetz (BerlHG) verankerten *Autonomie der Berliner Hochschulen* (Kuratorialverfassung) und partizipieren in diesem Rahmen am jeweiligen Globalhaushalt nach Maßgabe der einzelnen Hochschule.
- Das *Öffentliche Bibliothekswesen* ist als *eigenverantwortliche Bezirksaufgabe* fest in den *23 Berliner Bezirken* verankert – hier ist der Einfluß des Senats auf die „allgemeinen Angelegenheiten der öffentlichen Bibliotheken" und die „zentralen Arbeiten des öffentlichen Bibliothekswesens" begrenzt.
- Ebenfalls *eigenständig*, d.h. ausschließlich ihren Trägern verpflichtet, sind auch die zahlreichen *wissenschaftlichen Spezialbibliotheken*, die die dichte Bibliothekslandschaft Berlins prägen (z.B. Blaue Liste und andere wissenschaftliche Institute, Stiftungen, Firmen; etc.) sowie die *Bibliotheken des Bundes* (z.B. des Bundestages und der Ministerien) und *Bund-Länder-finanzierte Einrichtungen* (z.B. die Staatsbibliothek zu Berlin – Preußischer Kulturbesitz).

Vor diesem Hintergrund ist die bisherige Entwicklung des Berliner Bibliothekswesens zu sehen: Eine *herausragende Bestandsdichte* in der Region (rund 40 Mio Bände), die jedoch infolge mangelnder technischer Ausstattung (nur eine der vier Universitätsbibliotheken, nämlich die UB der Humboldt-Universität zu Berlin, verfügt bislang über ein lokales integriertes Bibliotheksverwaltungssystem), fehlender Vernetzung und heterogener Interessenlagen bis heute nur zu einem Bruchteil (nämlich rund 5 %) maschinenlesbar im regionalen Verbund der wissenschaftlichen Bibliotheken beider Länder, dem Bibliotheksverbund Berlin-Brandenburg/BVBB), nachgewiesen ist.

Die Berliner Verbundplanungen seit 1995

Der daraus und aus den Folgen der Vereinigung resultierende bibliothekspolitische Handlungsbedarf wurde seitens der Berliner Landesregierung sukzessive anerkannt.

Mit einem bezirksübergreifenden „Bibliotheksentwicklungsplan“ für die Berliner Öffentlichen Bibliotheken in den Bezirken und damals auch den Einrichtungen auf Landesebene (Amerika-Gedenkbibliothek, Berliner Stadtbibliothek, Senatsbibliothek und Berliner Gesamtkatalog), der im Januar 1995 vom Senat von Berlin verabschiedet wurde, konnten u.a. die Grundlagen für ein ÖB-spezifisches Verbundmodell geschaffen werden, den *EDV-Verbund der Öffentlichen Bibliotheken Berlins (VÖBB)*, der in einem Fünfjahresprogramm (1997 – 2001) rund 160 Bibliotheksstandorte in den 23 Bezirken mit einem einheitlichen integrierten Bibliothekssystem ausstattet (Software ADIS-BMS der Firma a/S/tec mit BB-Data als Generalunternehmer) und sie in einem gemeinsamen Ausleih-und Katalogisierungsverbund miteinander vernetzt. Dieser noch an einem klassischen, nämlich zentralistisch organisierten Verbundmodell orientierte Verbundabschnitt trägt zum einen der politischen Verantwortung des Landes Berlin für eine einheitliche Entwicklung der Berliner Öffentlichen Bibliotheken Rechnung und macht gleichzeitig den politischen Willen deutlich, einen tatsächlichen Informations-und Kommunikationsverbund zu schaffen und sich nicht auf bibliographische Funktionen zu beschränken. Zum anderen spiegelt der VÖBB aber auch die langjährige, spartenspezifisch geprägte Interessenlage innerhalb des Berliner Bibliothekswesens wider (insbesondere im Bereich der Anwendung von bibliothekarischen Standards für Katalogisierungszwecke), die bis 1995/96 noch getrennte Verbundplanungen (BVBB versus VÖBB) bzw. die Parallelität von zwei Verbünden erforderlich machte. So viel an dieser Stelle zu dem ersten Teilausschnitt der Berliner Verbundplanungen.

Immer lauter werdende Kritik aus dem Bereich von Wissenschaft und Forschung an der konkreten Literaturversorgung und Nachweissituation im Land Berlin, besonders im Bereich der Universitätsbibliotheken, wachsende Budgetrestriktionen auf allen Ebenen in Verbindung mit zunehmenden Wirtschaftlichkeitsanforderungen sowie die rasanten Entwicklungen auf dem Gebiet der Informations-und Vernetzungstechnik (Stichwort: Internet) legten der zuständigen Berliner Senatsverwaltung in jüngster Zeit einen grundlegenden *Paradigmenwechsel* nahe, der sich künftig auch nicht auf das Land Berlin beschränken, sondern die Bibliotheksregion Berlin-Brandenburg umfassen soll, so der politische Wille der beiden zuständigen Fachministerien in Berlin und Brandenburg. Erklärtes Ziel beider Landesregierungen ist die *generelle Neuordnung der Verbundregion* Berlin-Brandenburg, d.h. die Weiterentwicklung des bestehenden Bibliotheksverbundes Berlin-Brandenburg (BVBB) von einer reinen Katalogisierungs- und Nachweisdatenbank zu einem leistungsfähigen und *spartenübergreifenden Informationssystem* mit entsprechenden Dienstleistungsangeboten. Basis dieser gemeinsamen Neuorientierung war die Empfehlung einer unabhängigen Expertengruppe, die im *Januar 1997* im Auftrag der Berliner Senatsverwaltung für Wissenschaft, Forschung und Kultur *„Empfehlungen zur zukünftigen Struktur der Informationssysteme der wissenschaftlichen Bibliotheken des Landes Berlin unter Berücksichtigung der wissenschaftlichen Bibliotheken des Landes Brandenburg“* vorlegte.[1] Die Empfehlungen schlagen den politischen Entscheidungsträgern das Modell eines *Kooperativen Bibliotheksverbundes* vor, der auf den technischen Möglichkeiten des Internet aufsetzt, damit strategische Zukunftsoptionen offenläßt und gleichzeitig auf zentralistisch organisierte Strukturen verzichtet.

Die Architektur dieses kooperativen Verbundmodells ersetzt – im Abgleich zu einem zentralistisch organisierten Bibliotheksverbund – den Zentralrechner durch das Netz *(Internet)* und die zentrale Datenbank durch eine *verteilte Datenbank* (d.h. die ‘Summe’der lokalen Datenbanken der teilnehmenden Bibliotheken). Technisch zentral vorzuhalten bleibt bei diesem Modell nur noch ein ausreichend dimensionierter, Unix-basierter *Server*, auf dem *Fremd- und Normdaten* gehalten werden, sowie eine *Suchmaschine*, die über entsprechende Profile steuerbar ist, um die Reihenfolge der Anfragen und Antworten zu kontrollieren bzw. zu kanalisieren. Die Teilnahme am Kooperativen Bibliotheksverbund setzt voraus, daß die interessierten Lokalsysteme über eine *WWW-Schnittstelle* (mit Suchformular und Ausgabe im HTML-Format) sowie die *Schnittstelle Z39.50* (Server/Client) verfügen. Darüber hinaus ist eine verbindliche Absprache erforderlich, „wie der Inhalt im ‘Transportvehikel Z39.50’ auszusehen hat, um eine Interpretation und Zusammenführung der Ergebnisse zu bewerkstelligen und eine Nachnutzung von Katalogisaten durch andere Bibliotheken ermöglichen zu können.“[2]

Das aus diesen Empfehlungen resultierende IuK-Programm der Länder Berlin und Brandenburg eines *„Kooperativen Bibliotheksverbundes Berlin-Brandenburg (KOBV)“* definiert sich in spe – im Gegensatz zur Vergangenheit – primär durch die Bedürfnisse der NutzerInnen in der Region und verlagert in der Konsequenz den Schwerpunkt weg von der klassischen zentralenVerbunddatenbank hin zur Lokalebene. Es zielt darauf ab, die Verbundorganisation zu minimieren (Anwendung gemeinsamer bibliographischer Minimalstandards statt arbeitsintensiver Anpassung an einen umfangreichen Kanon von Standards) und stärkt statt dessen entscheidend die Lokalsysteme, d.h. die

1 Empfehlungen zur zukünftigen Struktur der Informationssysteme der wissenschaftlichen Bibliotheken des Landes Berlin unter Berücksichtigung der wissenschaftlichen Bibliotheken des Landes Brandenburg. Vorgelegt von B. Dugall, M. Hebgen u. W. König, Berlin Januar 1997, 32 S..- Die „Empfehlungen“ sind unter folgender URL abrufbar: http://elib. zib. de / kobv / empfhehlu.html.

2 ebd., S. 34

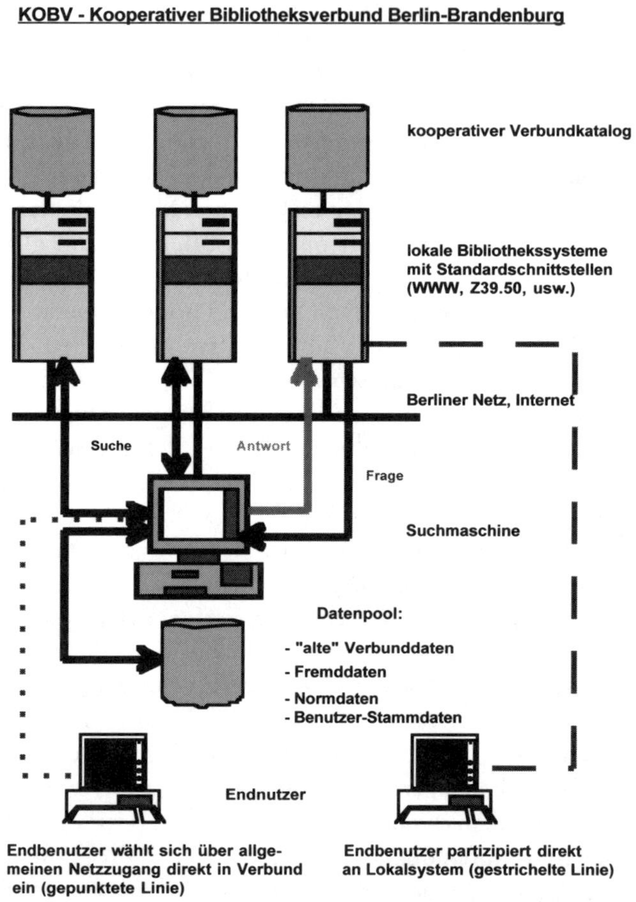

Quelle: Empfehlungen zur zukünftigen Struktur der Informationssysteme der wissenschaftlichen Bibliotheken des Landes Berlin unter Berücksichtigung der wissenschaftlichen Bibliotheken des Landes Brandenburg. Vorgelegt von B. Dugall, M. Hebgen u. M. König. Berlin Januar 1997. S. 34

Abbildung 1

Bibliotheken vor Ort, bei ihrem Informationsauftrag. Erklärtes Ziel ist die *Öffnung* der Vielfalt *der heterogenen Informationssysteme* und -strukturen in der Region – und dies nicht nur für örtliche, sondern auch nationale und internationale NutzerInnen. Dies bedeutet vor allem, daß der Endnutzer künftig an seinem Arbeitsplatz den *Direktzugriff* sowohl auf die Daten in den lokalen Bibliothekssystemen als auch auf die der wichtigen Bestände in der Region (möglichst einschließlich der Bundeseinrichtungen und der von Bund und Ländern getragenen Institutionen,wie z.B. den Bibliotheken der Stiftung Preußischer Kulturbesitz) erwarten kann. Gleichzeitig muß er auch *direkte Zugriffsmöglichkeiten auf Literaturressourcen und Datenbanken* außerhalb der Region (möglichst weltweit) erhalten.

Vor diesem Hintergrund, so die Erwartung der beiden Landesregierungen, soll der Leistungsrahmen nicht nur – wie bisher – die klassische Katalogrecherche umfassen, sondern künftig vor allem auch *Online-Bestellmöglichkeiten* und *Dokumentlieferdienste*, wie sie z.B. im Rahmen der Subito-Intiative entwickelt werden, sowie die *elektronische Belieferung mit Volltexten* beinhalten. Entsprechend wird sich das Angebot der Berlin-Brandenburgischen Bibliotheken auf elektronische Publikationen, Multi-Media-Dokumente, Volltexte etc. zu erweitern haben. Nicht jede Bibliothek muß/kann alles haben, sondern nur die *verstärkte Kooperation* der Bibliotheken untereinander (Erwerbungsabsprachen etc.) sowie mit Verlagen, elektronischen Informationsanbietern u.a. wird eine tatsächlich bedarfsorientierte Literatur- und Informationsversorgung auf Dauer sicherstellen können.

Das alles ist jedoch nur denkbar, wenn die einzelnen Bibliotheken in der Region entsprechend gestärkt und in die Lage versetzt werden, ihre *Ressourcen* tatsächlich *servicebezogen* einzusetzen. Das setzt zum einen funktionsfähige, leistungsstarke lokale Bibliotheksverwaltungssysteme voraus und deren Vernetzung über das Internet. Zum anderen soll mit der*Verlagerung der Primärkatalogisierung auf die Lokalebene* bei gemeinsamer Anwendung von *Minimalstandards* (die bei individuellem Bedarf lokal ergänzt werden können) der bibliothekarische Abstimmungsaufwand deutlich reduziert werden. Dafür erhält jede teilnehmende Bibliothek im Gegenzug größtmögliche Freiheit und Eigenverantwortlichkeit für individuelle Lösungen, die ihre spezifische Klientel von ihr erwartet, ohne daß alle anderen teilnehmenden Bibliotheken diese Einzellösungen bzw. Regeldichte nachvollziehen müssen. Die bibliotheksinternen Arbeitsabläufe, so die Erwartung der beiden Landesregierungen, sollen gestrafft werden, indem die *gemeinsame Nutzung* von nationalen und internationalen *Fremddaten* intensiviert wird. Preiswerte und erprobte *Standardsoftware* muß auf der lokalen Ebene die bisherigen teueren Individuallösungen ablösen – insbesondere wird den Bibliotheken abzuverlangen sein, daß sie ihre Organisationsstrukturen den Softwarekonzepten anpassen und nicht (wie in der Vergangenheit) umgekehrt, um zu wirklich wirtschaftlichen Arbeitsabläufen zu kommen.

Auf der verbleibenden zentralen Ebene (Server für Fremd-und Normdaten/Suchmaschine) soll insbesondere die personelle Infrastruktur künftig klein gehalten werden: Mit einer Personalausstattung von fünf Personen (zwei Informatiker Vgr BAT IIa/Ib, zwei Bibliothekarinnen des höheren Bibliotheksdienstes Vgr BAT IIa/Ib sowie eine Sekretariatskraft Vgr BAT VII/VIb) zeichnet der ‚zentrale Kern' des neuen Berlin-Brandenburgischen Verbundes, insbesondere in der Pilotphase, verantwortlich für Wartung und Pflege des Servers und der Suchmaschine, pflegt die Normdaten sowie den Fremddatenpool und beteiligt sich an der Mitarbeit an den überregionalen Normdateien; er koordiniert die Abstimmung zwischen den beteiligten Bibliotheken über die erforderlichen Minimalstandards für die Primärkatalogisierung vor Ort, definiert gleichfalls zusammen mit den beteiligten Bibliotheken die Steuerungsprofile und Indices für die Suchanfragen und übernimmt deren Pflege. Mit der Realisierung dieser reduzierten zentralen Verbundkomponente[3] ist in der zunächst auf drei Jahre terminierten Pilotphase (bis zum 31.März 2000) das *Konrad-Zuse-Zentrum für Informationstechnik Berlin (ZIB)* beauftragt worden, eine außeruniversitäre Forschungseinrichtung des Landes Berlin, die in enger fächerübergreifender Kooperation mit den Berliner Hochschulen und wissenschaftlichen Einrichtungen in Berlin Forschung und Entwicklung auf dem Gebiet der Informationstechnik betreibt. In dieser Zeitspanne wird das Verbundprojekt durch ein Steuerungsgremium begleitet, dem neben Vertreterinnen und Vertretern der Bibliotheken der Region sowie der zuständigen Länderministerien auch die Mitglieder der damaligen Expertengruppe angehören. Den Vorsitz hat der zuständige Staatssekretär der Berliner Senatsverwaltung für Wissenschaft, Forschung und Kultur übernommen.

Der Zeitplan für dieses Pilotprojekt legt in seinem *ersten Schritt* notwendigerweise den Schwerpunkt auf die *lokalen Strukturen* – parallel dazu muß das *bibliothekarische ‚Kerngeschäft'* (Suchmaschine, Fremd- und Normdatenpool für Katalogisierungszwecke, Nachweis/Recherche) zur Funktionsfähigkeit gebracht werden. Vor diesem Hintergrund ist *bis Ende 1997* vordringlich ein umfangreicher Aufgabenkanon[4] abzuarbeiten – insbesondere:

- Aufbau einer zentralen Betreibereinrichtung beim ZIB (Entwicklungsumgebung bereits im Aufbau – Beschaffung der Produktionsumgebung für das 3. Quartal 1997 vorgesehen),
- Verhandlungsverfahren mit den Anbietern für die Lokalsysteme an den Berliner Hochschulbibliotheken,
- Ausarbeitung der konkreten Schnittstellenspezifikation,
- Festlegung einer Strategie der Fremddatenversorgung,

[3] Alle aktuellen Arbeitspapiere zum KOBV sind unter der Homepage des KOBV unter folgender URL abrufbar: http://elib. zib. de / kobv.

[4] Die aktuellen Diskussionsbeiträge aus den entsprechenden Berlin-Brandenburgischen Facharbeitsgruppen stehen im Internet über das Majordomo-Mailsystem des ZIB allgemein (öffentlich) zur Verfügung. E-Mail-Adresse: majordomo@zib.de.

- Definition der Mindeststandards für die Primärkatalogisierung sowie bei der Übernahme von Fremddaten,
- Festlegung der Rahmenbedingungen für die Nutzung von Normdaten,
- Erarbeitung einer Konzeption für die Übernahme von Altdaten (z.B. des BVBB),
- Ausarbeitung eines umfassenden Schulungskonzeptes für alle Anwendungen in den Lokalsystemen (incl. der Verbundkomponenten),
- Beschaffung der Lokalsysteme für die drei Berliner Hochschulen (FU, TU, HdK) ab dem 4. Quartal 1997, damit zum 1. Quartal 1998 alle Voraussetzungen geschaffen sind, um den KOBV in Betrieb zu nehmen.

Selbstverständlich ist beabsichtigt, möglichst zum Jahresbeginn 1998 auch die brandenburgischen Bibliotheken – nach Maßgabe der zur Verfügung stehenden Haushaltsmittel – an den neuen Verbund anzuschließen; dafür ist allerdings in sieben Bibliotheken die Umstellung der SISIS-SE-Systeme auf die neue Version SISIS-ONL zwingend, da sonst die Schnittstellenvoraussetzungen nicht erfüllt sind. Im *zweiten Schritt* sind dann die *erweiterten Funktionalitäten* (insbesondere Fernleihe, Dokumentenlieferung) zu realisieren, um auch den inhaltlichen Ausbau zu einem funktionalen Stadtverbund zu leisten. Mittelfristig sollen selbstverständlich auch die Öffentlichen Bibliotheken beider Länder – z.B. in Form von Sub-Verbünden – in den Kooperativen Bibliotheksverbund Berlin-Brandenburg einbezogen werden.

Fazit

Mit dieser neuartigen Lösung –

- Wechsel von hierarchischen zu kooperativen Strukturen,
- konsequente Orientierung der Informationsversorgung an den Bedürfnissen der EndnutzerInnen und nicht mehr an internen Organisationsabläufen,
- Ablösung der traditionellen Großrechner durch miteinander vernetzte autonome Workstations und Server,
- Ablösung der Individuallösungen beim Einsatz von Informationstechnik durch Standardlösungen und standardisierte Werkzeuge,
- neue Formen der Aufgabenteilung der Bibliotheken untereinander (arbeitsteiliges Vorgehen),
- Aufhebung der Spartentrennung zwischen wissenschaftlichen und öffentlichen Bibliotheken,
- verstärkter Wettbewerb auch im Bibliotheksbereich –

hoffen beide Länder, einen eigenen Weg gefunden zu haben, der der sehr heterogenen Bibliothekssituation in der Region mit ihren spezifischen Anforderungen gerecht wird, und der durch seinen grundlegenden Paradigmenwechsel gleichzeitig auf die wachsenden Budgetrestriktionen sowie die zunehmenden Wirtschaftlichkeitsanforderungen eingeht.

BIBLIOTHEKSMANAGEMENT

HERMANN LESKIEN

Die Globalisierung auf dem Markt bibliothekarischer Leistungen

Als Bürger des ausgehenden 20. Jahrhunderts spüren wir zumindest partiell die Ohnmacht räumlich begrenzter Wirtschaftspolitik am eigenen Leibe und haben das „Ende der nationalen Ökonomien"[1] als Phänomen vor Augen. Wir reden immer häufiger von Globalisierung. Nicht so deutsche Bibliothekare: Die Schlagwortnormdatei verweist von „Globalisierung" auf „Internationalisierung". Der nachfolgende Beitrag wird natürlich nicht in einem Plädoyer pro oder contra dieser Begriffswahl gipfeln. Sein Ziel ist es vielmehr, allgemeingültige Rahmenbedingungen, unter denen wir heute handeln und künftig handeln werden, ins Bewußtsein zu rücken. Das Thema verlangt Konzentration auf die bibliothekarische Relevanz, noch konkreter auf den Blickwinkel des Bibliotheksmanagements. Unberücksichtigt bleiben alle rein politischen, gesellschaftlichen, volkswirtschaftlichen und ökologischen Probleme und Implikationen – so bedeutsam, beunruhigend und beängstigend sie auch sind, und so fragmentarisch die Sicht dadurch wird.

1. Globalisierung – ein Schlagwort der 90er Jahre

Der Begriff „Globalisierung" bezieht sich auf Ereignisse, Prozesse, Produkte sowie Strukturen, die tendenziell den gesamten Erdkreis betreffen bzw. umfassen. Wenn von Globalisierung gesprochen wird, geht es aber auch „um Grenzenlosigkeit und Entgrenzung einerseits und um Protektion und Begrenzung andererseits".[2] Die betrieblichen Reaktionen darauf sind die „Antwort der Unternehmen auf das schrittweise Zusammenwachsen der ‚Weltmärkte' zu ei-

[1] So der Untertitel des grundlegenden Werkes von Robert B. Reich, das 1993 in Frankfurt als deutsche Übersetzung unter dem Titel ›Die neue Weltwirtschaft‹ erschien.

[2] Altvater, Elmar, und Birgit Mahnkopf: Grenzen der Globalisierung : Ökonomie, Ökologie und Politik in der Weltgesellschaft. – 2. Aufl. – Münster 1997, S. 11.

nem ‚Weltbinnenmarkt'".[3] Die Entwicklungen sind vor allem Folge einer internationalen Wirtschaftspolitik, die langfristig auf Abbau von Handelsschranken, Konvertibilität der Währungen sowie eine wachsende Mobilität von Menschen und von Kapital setzte. Sie ist aber auch Konsequenz technologischen Wandels und – nicht zu vergessen – seiner organisatorischen Auswirkungen auf die Gebiete Telekommunikation und weltweiter Transport. Beschleunigt wurde dieser Prozeß durch den Übergang der Länder in Mittel- und Osteuropa sowie in Asien von der Planwirtschaft zur Marktwirtschaft.[4]

„Global" im eben definierten Sinn unterscheidet sich von „transnational". Dieses Adjektiv bezeichnet alles, was zwar grenzüberschreitend, aber nicht weltumspannend, somit also zwischen „national" und „global" angesiedelt ist. Im Gegensatz zu „regional", einer Eigenschaft, die einheitliche Merkmale unterhalb der nationalen Schwelle zusammenfaßt, bezeichnet „makro-regional" Übereinstimmungen oberhalb der nationalen Ebene und repräsentiert somit in transnationalen Beziehungen topographisch-organische Zusammenhänge. „International" ist synonym mit „global", aber heute in unserem Kontext weniger gebräuchlich. „Globalisierung" als Substantiv weist auf einen anhaltenden Prozeß oder eine fortwährende Tendenz hin und unterscheidet sich somit inhaltlich von „Globalität" als Zustand, so wie wir „Modernisierung" und „Modernität" ebenfalls auseinanderhalten. Vergleicht man diese kurze Begriffsübersicht mit dem alltäglichen Sprachgebrauch, dann werden Inkonsequenzen offenbar. So wie „ausländisch" und „international" häufig verwechselt werden, nehmen viele das Wort „global" in den Mund, wenn sie eigentlich „umfassend" oder „pauschal" meinen.

Die meisten Soziologen, Politologen und Wirtschaftswissenschaftler sind sich einig, daß Globalität in größerem Maßstab aus einer Reihe von Gründen wohl nie erreicht werden kann. Denn der Prozeß der Globalisierung verläuft zu asymmetrisch,[5] um einheitliche und flächendeckende Ergebnisse zeitigen zu können. In der Praxis bleiben aufgrund dessen weiße Flecken, und „global" bezieht sich häufig de facto lediglich auf die Triade USA, Westeuropa und Japan. Insbesondere bleiben oftmals Osteuropa mit Rußland und die sogenannte Dritte Welt ausgespart, obwohl seit dem Zusammenbruch der kommunistisch geführten Staaten und der Öffnung Lateinamerikas und Asiens kein grundsätzliches Hindernis mehr besteht, diese Länder in weltumspannende Betrachtungen einzubeziehen. Es fehlt ihnen nur auf wirtschaftlichem Gebiet

[3] Aufwendungen der deutschen Wirtschaft für Forschung, Entwicklung und Produktion in Deutschland und im Ausland im Rahmen der globalen Verflechtung der Wirtschaftstätigkeit. Vorgelegt vom Bundesministerium für Bildung, Wissenschaft, Forschung und Entwicklung und vom Bundesministerium für Wirtschaft am 2.September 1996.

[4] idem

[5] Altvater/Mahnkopf, S. 351.

die Kraft zur Makro-Regionalisierung. Umso mehr läßt sich in diesen Makro-Regionen ein Konfliktpotential von beträchtlicher Sprengkraft ausmachen.[6]

Wenn sich Globalisierung als eines der wichtigen Schlagworte der 90er Jahre entpuppt, so muß gleichzeitig festgestellt werden, daß das Phänomen als solches keineswegs lange Tradition hat. Erdkreisumfassendes Verständnis kam schon mit Beginn der Neuzeit auf. „Die Moderne ist in ihrem innersten Wesen auf Globalisierung angelegt."[7] Ende des 18. Jahrhunderts wird von Kant erstmals der Begriff „Weltbürgerrecht" in präziser Abgrenzung verwendet; „Weltliteratur", „Weltausstellungen", „Weltrevolution" und andere Komposita folgten in den nächsten Jahrzehnten.[8]

2. Phänomene der Globalisierung

Zunächst soll das Besondere der Globalisierung am Ende des 20. Jahrhunderts an einigen ausgewählten Phänomenen charakterisiert werden, jeweils mit kurzer Reflexion über ihre Bedeutung für die Bibliothekswelt.

2.1 Entbettung

Begleiterscheinungen, die sich einstellen, wenn ein Sozialgebilde in globale Zusammenhänge eintaucht, werden im Englischen mit dem Begriff „disembedding" belegt – im Deutschen zwar zutreffend, aber wenig impressiv mit „Entbettung" übersetzt. Entbettung meint den Vorgang, der ein soziales System aus seinen Bezügen herauslöst, um es für das umfassendere, eben das globale Geflecht zu öffnen. (Verläuft ein solcher Aufbruch negativ, wird man wohl besser von „Entwurzelung" sprechen müssen.) Die Umstrukturierung wird mit der „Rückbettung" abgeschlossen, die stattfindet, wenn zwischen lokalen, regionalen und globalen Kräften eine neue Balance erreicht ist.

Derartige Vorgänge basieren auf verschiedenen Voraussetzungen, unter denen funktionsfähige abstrakte Expertensysteme und Vertrauen sind. Jeder der eine Fernreise unternimmt, verläßt sich auf eine Vielzahl von Systemen: den öffentlichen Personennahverkehr, das Fluggerät, die Flugsicherung, die Terminplanung, den Taxifahrer am Zielort. Zahl, Leistungsfähigkeit und Verflechtung von Expertensystemen haben in den letzten Jahrzehnten dramatisch zugenommen. Dabei ist zu beobachten, daß sich alle auf Systeme verlassen müssen (und auch verlassen), ohne deren Funktion im einzelnen zu durchschauen

[6] Altvater/Mahnkopf, S. 12 f.

[7] Giddens, Anthony: Konsequenzen der Moderne. Übers. von Joachim Schulte. – 2. Aufl. – Frankfurt 1995, S. 84.

[8] Altvater/Mahnkopf, S. 11.

oder die handelnden Personen und ihre Vertrauenswürdigkeit persönlich zu kennen. Vertrauen in abstrakte Fähigkeiten ist also ein selbstverständlicher Bestandteil der Moderne.

Reflektieren wir den Stand der Entbettung in deutschen Bibliotheken, dann muß man konstatieren, daß wir bestenfalls im Begriff sind, uns auf die Bettkante zu setzen. Beim Bestandsaufbau denken wir im allgemeinen bestenfalls auf regionaler Ebene. Ähnlich sieht es bei der Erschließung aus, die ebenfalls auf diesem Level organisiert ist. Zwar beziehen wir im Bibliotheksalltag international gehandelte Fremdleistungen, jedoch lediglich als Halbfertigprodukte, die – aufgrund von Format- und Regelproblemen – noch umgestaltet werden, bevor sie in die Katalogdatenbanken gelangen. Und selbst bei der Dokumentenlieferung hält die internationale Fernleihe nur als Notnagel her und dient der Ergänzung von Beständen, die man eigentlich lieber vor Ort hätte. So läßt sich resümieren, daß Vertrauen in globale Expertensysteme nur bei den wenigen transnational kooperativen Projekten anzutreffen ist und folglich die Ausnahme darstellt.

2.2 Unberechenbarkeit

Globalisierung gilt bei Befürwortern wie bei Gegnern gleichermaßen als unberechenbar, so daß die wahrscheinliche Zukunft kaum verläßlich zu prognostizieren ist.[9] Oftmals sind nicht einmal Richtung oder Tendenz auszumachen. Man kann sich indessen den Wirkungen dieser Prozesse nicht entziehen, ist also der Globalisierung schicksalhaft ausgeliefert.[10] Einer der Gründe für die Unberechenbarkeit der Globalisierung liegt in der Dominanz des Shareholder-Kapitals über das Stakeholder-Kapital. Die Bindung an langfristige Unternehmensstrategien und an konkrete Unternehmen ist dem Gewinn, der aus finanziellen Investitionen gezogen werden soll, nachgeordnet. Diese Rangfolge bewirkt, daß das Engagement in Unternehmen, in Zusammenschlüsse und Allianzen immer kurzlebiger wird und das blanke Streben nach Profit immer unverhohlener durchscheint.[11]

Unberechenbarkeit und Unplanbarkeit werden allgemein als höchst negative Begleiterscheinung der Globalisierung empfunden. Da Bibliothekarinnen und Bibliothekare aus sachlichen Gründen großen Wert auf langfristige Entwicklungen und auf Beständigkeit legen müssen, verschärft sich für diesen Berufsstand das ungute Gefühl. Wir werden uns wohl auf Dauer am Prozeß der

[9] Walter, Norbert: Globalisierung : Ende nationaler Wirtschaftspolitik? – Akademiegespräche im Landtag. – München 1996, S. 7 f.

[10] Schmid, Josef: Unausweichlich, aber kein Fortschritt : Bei der Debatte über die Globalisierung sollte man die Finger von der Geschichtsphilosophie lassen, in: Frankfurter Allgemeine Zeitung, 22.8.1996, S. 11.

[11] Altvater/Mahnkopf, S. 346 f.

Globalisierung reiben. Und trotzdem müssen wir uns diesen Herausforderungen gestaltend stellen. Um das schon gebrauchte Bild noch einmal aufzugreifen: Ohne ein Risiko einzugehen, werden wir nicht aus dem Bett kommen, sondern bettlägerig werden.

2.3 Geschwindigkeit

Globalisierung läuft mit hoher Geschwindigkeit ab, es hat sogar den Anschein, daß sie kontinuierlich – oder auch diskontinuierlich – zunimmt. Auch in dieser Einschätzung stimmen Befürworter wie Gegner überein. „Zeitwettbewerb"[12] ist die kritische Größe des Erfolgs am internationalen Markt. Und dies, obwohl die Beschleunigung des Wandels – mehr in gleicher Zeit, erhöhter Anteil des Verfalls – Synchronisationsprobleme schafft und vergrößert. Für das immer rasantere Tempo zeichnet die steigende Zahl der Marktteilnehmer verantwortlich. Irgendwo auf der Welt ist immer jemand, der schneller ist. So geht das Wort um, daß heute nicht die Großen die Kleinen fressen, sondern die Schnellen die Langsamen.[13]

Die hohen Geschwindigkeiten werden als pathologisch empfunden.[14] Nüchtern resümiert ein Wirtschaftswissenschaftler: „Die immer schneller werdende Entwicklung der Kommunikationstechnik und der rasante Wechsel der Moden und Meinungen in der modernen Gesellschaft zwingen erfolgreiche Unternehmen zu einer Beschleunigung aller Prozesse. Die Zunahme der Veränderungsgeschwindigkeit durch Technik und die immer schneller erfolgenden Änderungen der Kundenanforderungen sind ein Merkmal unserer Zeit. Schnelligkeit ist auf fast allen Märkten zu einem Wettbewerbsvorteil erster Ordnung geworden."[15] In einer weitgestreuten Anzeigenkampagne der Nippon Telegraph and Telephone Corporation NTT vom Frühjahr 1997 läßt sich nachlesen: „Das digitale Zeitalter der 90er: An der Spitze zu bleiben heißt, Zugriff auf Daten und Informationen aus aller Welt zu haben ... und dann schnelle Entscheidungen auf ihrer Basis zu treffen. Denn einen Vorsprung im Wettbewerb genießt man heutzutage vielleicht für ein paar Monate, vielleicht aber auch nur für ein paar Tage. Ideen müssen also immer schneller Wirklichkeit werden."

Für Betriebe der öffentlichen Hand entwickelt sich die hohe Geschwindigkeit, mit der Änderungen von außen herangetragen werden, zu einem ständigen, essentiellen Problem. Denn es fällt nicht nur aus allgemeinen Gründen

[12] Korber, Eberhard von, in: Die Zeit, 15.12.1995; zitiert nach Altvater/Mahnkopf, S. 362.

[13] idem

[14] Virilio, Paul, in: Frankfurter Allgemeine Zeitung, Magazin, 18.4.1996, S. 58 f.

[15] Wildemann, Horst: Europas neue Chance gegenüber den USA und Japan, in: Süddeutsche Zeitung, 11.2.1997.

schwer, mit dem Innovationstempo Schritt zu halten. Die notwendigen Beschaffungen binden darüber hinaus Haushaltsmittel für Ausgaben, die möglicherweise weder für den Betriebsablauf nützen noch bei der Kundenzufriedenheit Gewinn bringen. Bibliotheken sind deshalb doppelt betroffen, weil Information und Kommunikation einerseits Betriebsmittel darstellen, andererseits aber auch die betriebliche Leistung ausmachen.

2.4 Marktdynamik

Traditionell waren wir es gewohnt, daß Unternehmen hinsichtlich ihrer Geschäftsfelder und ihrer Marktposition relativ stabil waren und nur schrittweise veränderten. In zwei Dekaden hat sich dieser Eindruck grundlegend gewandelt. Vorreiter waren amerikanische Firmen, aber auch das wechselvolle Schicksal der Daimler-Benz AG steht uns noch lebendig vor Augen. Die ständige Restruktierung von Unternehmen durch Umschichtungen in den Geschäftsfeldern, die größenmäßige Anpassung an wechselnde Marktentwicklungen, der Ausstieg aus Bereichen einerseits sowie andererseits der Zukauf von neuen Geschäftsfeldern sind typische Erscheinungen der Gegenwart. Ziel dieser Maßnahmen ist es, den Rückfluß auf das eingesetzte Eigenkapital zu verbessern.[16] Unter derartigen Prämissen ähneln die langfristigen Strategien internationaler Unternehmen daher oftmals nur noch „Gummi-Leitplanken".[17]

Klein- und Mittelbetriebe – zu ihnen zählen die Bibliotheken – haben auf dem globalen Markt besondere Schwierigkeiten. „Nicht alle Unternehmen – und dies gilt besonders für KMU – sind in der Lage, eigene Globalisierungsstrategien zu entwickeln und umzusetzen. Umso mehr sind diese auf die Einbindung in regionale und europäische Netzwerke angewiesen."[18] Der Grund liegt nicht nur in mangelnder internationaler Erfahrung, sondern vor allem in den knappen personellen Ressourcen und in allgemeinen Größennachteilen. Sie führen dazu, daß unter Gesichtspunkten der Effizienz ein Engagement auf neuem Terrain gelegentlich gar nicht erwogen werden kann.[19]

Im allgemeinen Vergleich mit dem Mittelstand sind Bibliotheken in einem Punkt , dem der technologischen Basis, günstiger dran. Denn nur drei Prozent der kleinen und mittleren Unternehmen in Deutschland verfügen über einen Netzanschluß, im Gegensatz zu den Großunternehmen, die in 98% der Fälle

[16] Höfner, Klaus: Bausteine der strategischen und operativen Überlegenheit, in: Die Herausforderungen der Zukunft meistern: Globalisierung, Potentialorientierung und Fokussierung. Hrsg. von Hans H. Hinterhuber. – Frankfurt 1995, S. 355-366.

[17] Hilb, Martin: Leitbilder international tätiger Unternehmen, in: Die Herausforderungen der Zukunft meistern, a.a.O., S. 11-26.

[18] vgl. Fußnote 3.

[19] Weber, Hajo: Globalisierung als Herausforderung für Unternehmen und Wirtschaft. – Akademie für Technikfolgenabschätzung in Baden-Württemberg. – Stuttgart 1994, S. 3.

Zugang zum Internet haben.[20] Das sieht im Bibliotheksbereich doch besser aus. Die resümierende Bilanz auf dem Gebiet der allgemeinen Marktdynamik fällt aus bibliothekarischer Sicht demnach bestenfalls gemischt aus. Die Sparte tut sich besonders mit Marktanpassungen und mit der konsequenten Ausrichtung ihrer Aktivitäten auf möglicherweise wechselnde Betriebsziele schwer.

2.5 Homogenisierung, Standards oder Hegemonie?

Globalisierung verlangt in der Theorie, wo immer möglich Differenzierungen zu vermeiden, um im Idealfall zu einer totalen Homogenisierung von Erzeugnissen und des Marktes überhaupt zu gelangen. Dieses Erfolgsrezept hat dazu geführt, daß vor allem die Produkte, die allerorts in gleicher Art benötigt werden, wie z.B. Autos oder Telefone, der Globalisierung am stärksten unterliegen.[21] Auf anderen Gebieten trifft dieser Gleichschritt von Globalisierung und Homogenisierung nicht zu. Globalisierung kennt nämlich keine Autoritäten, die etwas durchsetzen, sondern nur den Wettbewerb. Daher kommt es, daß nicht nur nationale Institutionen, sondern auch internationale Gremien trotz formal hoher Autorität in ihrer weltweiten Wirksamkeit sich immer wieder als schwach erweisen. Die UNO ist sicher das treffendste Beispiel. Wenn verschiedentlich das Ende des Verbändestaates und der Flächentarifverträge als Möglichkeit diskutiert werden, dann ist bekannt, daß die dahinter stehenden Kräfte nicht nur global wirksam sind, sondern auf anderen Ebenen auftreten.

Der Hintergrund hierfür liegt in der Tatsache, daß nicht wenige Marktakteure ein Eigeninteresse daran haben, ihre Position als hegemoniale Macht herauszukehren; sie setzen weniger auf internationale Normen, Regeln, Institutionen und Verträge.[22] Ihnen kommt der Umstand zu Hilfe, daß proprietäre Hegemonien ebenfalls geeignet sind, internationale Systeme zu vereinheitlichen.[23] Entsprechende Beobachtungen lassen sich schon im uns vertrauten Informationsbereich anstellen. Die Normierung der Zeichensätze war ein lange Zeit erstrebtes Ziel der zuständigen Gremien. Aber erst als die Marktführer die Initiative ergriffen, kam UNICODE zustande. Das Dublin Core Set – heute in aller Munde – wurde nicht von der IFLA in Szene gesetzt, sondern in Konferenzen, deren Zustandekommen und Besetzung eher zufällig und andererseits so zufällig nicht war. Schirmherren des ersten Treffens von 1995 waren OCLC und das amerikanische National Center for Supercomputing Applications

[20] Mittelstand droht beim Internet weltweit den Anschluß zu verlieren. – Süddeutsche Zeitung, 8.4.1997, S. 19.

[21] Altvater/Mahnkopf, S. 354.

[22] Altvater/Mahnkopf, S. 37.

[23] Bredow, Wilfried von: Regionale Großmächte in der Entwicklung des internationalen Systems, in: Regionale Großmächte: internationale Beziehungen zwischen Globalisierung und Zersplitterung. – Opladen 1994, S. 18.

(NCSA).[24] An diesen beiden Beispielen ist ablesbar, wie sehr Quasi-Standards die Welt beherrschen. Gesetzt werden sie von hegemonialen Institutionen und Nationen. Wie Standardisierung auch immer zustande kommen mag, sie spielt im Zeitalter der Globalisierung eine herausragende Rolle und ist auch im Bibliotheksbereich von großer Bedeutung. Und so kommt es nicht überraschend, daß gerade in den 90er Jahren die Diskussion um Datenformate, Regelwerke und Normdateien weltweit neu entbrannt ist. Leider müssen wir erkennen, daß die Hegemonie jenseits des Atlantik liegt; speziell deutsche Interessen werden schwer durchzusetzen sein.

2.6 Arbeitsmarkt

Ernstzunehmende Prognosen deuten darauf hin, daß in den großen Industriestaaten ein traditionell wichtiger Arbeitsbereich schrumpfen wird, und zwar die routinemäßigen Produktionsdienste, die von „Fußsoldaten" erledigt werden. Hier drohen Abbau und Verlagerung einmal an billigere, ein anderes Mal aber auch an effizientere Standorte.[25] Zudem zeichnet sich speziell auf dem Informationsmarkt eine stärkere Individualisierung ab. Vorgefertigte Produkte werden in der Gunst des Publikums tendenziell verlieren. In der freien Wirtschaft liegen dementsprechend die größten Profite dort, wo Standardprodukte dem individuellen Kundenbedarf angepaßt werden. Das gilt besonders für traditionelle Dienstleistungsunternehmen aus den Bereichen Telekommunikation und Transport.[26] Wenn die kundenbezogenen Dienste in unseren Ländern dennoch kaum wachsen, sondern eher stagnieren dürften, dann liegt der Grund hierfür nicht in mangelnder Nachfrage, sondern ausschließlich in der Finanzierbarkeit – gerade durch die öffentliche Hand.

Erhebliche Wachstumsraten sind hingegen bei Leistungen zu erwarten, die Problemidentifizierung und Problemlösung betreffen. Im Gegensatz zu den klassischen Dienstleistungen für eine spezielle oder gar individuelle Klientel können diese Tätigkeiten weltweit erbracht und vermarktet werden. Der Bedarf ergibt sich aus der immer komplexer werdenden Welt.[27] Der amerikanische Wirtschaftswissenschaftler Reich nennt diese Leute Symbolanalytiker. „Symbolanalytiker lösen, identifizieren und vermitteln Probleme, indem sie

[24] Vgl. den zusammenfassenden Bericht von Diann Rusch-Feja: Dublin Core Metadata. – in: Bibliotheksdienst 31 (1997), S. 622-639.

[25] Die Billiglohnländer Asiens oder Osteuropas sind hier ebenso zu nennen wie der oftmals effizientere amerikanische Arbeitsmarkt, den bestimmte deutsche Firmen wegen der besseren dortigen Effizienz aufsuchen. Ferner ist an Informatiker aus Indien zu denken, die in großer Zahl und mit sehr guten Leistungen im eigenen Land ein überdurchschnittliches Einkommen haben, wenn sie für ausländische Firmen arbeiten.

[26] Reich, S. 95.

[27] Reich, S. 196 ff.

Symbole manipulieren. Sie reduzieren die Wirklichkeit auf abstrakte Bilder, die sie umarrangieren, mit denen sie jonglieren und experimentieren, die sie an andere Spezialisten weiterreichen und die sie schließlich zurück in die Wirklichkeit verwandeln können. Die Manipulationen werden vorgenommen mit analytischen Werkzeugen, geschärft durch Erfahrung."[28] Die Tätigkeiten, die hier erbracht werden, zielen auf effizienteren Ressourceneinsatz, auf technologische Erfindungen oder auf innovative Anwendungen.

Transponieren wir diese Prognosen in die Bibliothekswelt, so stehen einige Verlagerungen ins Haus: von Erschließungstätigkeiten zu individuellen Dienstleistungen, aber auch von der Leistungsproduktion zu systembezogenen allgemeingültigen Analysen. Internationaler Dienstleistungstransfer und Internationalisierung höherwertiger Tätigkeiten[29] sind Themen, die bei uns erst langsam ins Bewußtsein gelangen. Resource-Sharing in Bibliotheken beschränkt sich bislang auf Erwerbungsabstimmung, koordinierten Nachweis, Datenübernahme sowie auf die Fernleihe.[30] Menschliche Ressourcen gemeinschaftlich zu nutzen, ist eine Notwendigkeit, der wir künftig verstärkt nachgehen müssen. Die partnerschaftliche Einbeziehung von freien Mitarbeitern und assoziiertem Expertenwissen gehören ebenfalls dazu. „Da sich die Unternehmen aller Länder zunehmend global vernetzen, darf die Frage, auf die es – hinsichtlich des Reichtums eines Volkes – ankommt, nicht lauten, was die Bürger einer Nation besitzen, sondern was sie lernen können, um der Weltwirtschaft Wert hinzuzufügen und somit ihren eigenen potentiellen Wert zu erhöhen."[31] Der Wohlstand jeder Nation oder jeder Sparte ist nicht mehr von der Prosperität ihrer Unternehmen oder von der Tüchtigkeit ihrer Fertigungsbetriebe abhängig, sondern von dem Wert, den sie der Weltwirtschaft durch ihre Kenntnisse und ihr Können hinzufügen.

Auch aus dieser Warte kommt die Forderung, im Bibliotheksbereich schwerpunktmäßig Leistungen zu erbringen, die weltweit für den Bibliotheks- und Kundenmarkt von Interesse sind, und den personellen Bedarf hierfür durch Abbau bei routinemäßigen Produktionsleistungen zu decken. Dieser Mehrwert ist ein tragender Zukunftsfaktor.

2.7 Gegenbewegungen

Bei der Intensität der Globalisierung und angesichts der großen Probleme, die damit einhergehen, entstehen unvermeidlich Gegenbewegungen. Sie münden in der Regel in einer Stärkung der Nationalisierung, der Regionalisierung und

[28] Reich, S. 199.

[29] Altvater/Mahnkopf, S. 232 ff.

[30] Edward Shreeves: Is there a future for corporative collection development in the digital age?, in: Library Trends 45 (1996/97), S. 373-390.

[31] Reich, S. 153.

des Lokalpatriotismus. Der Rückgriff auf kulturhistorische Fakten und auf alte Traditionen spielt in diesem Zusammenhang eine kaum zu überschätzende Rolle. So gibt es lokal und regional motivierte Strömungen natürlich auch im Bibliotheksbereich, wenngleich eher selten und mit dem Beigeschmack der Kuriosität. Kürzlich meldete eine überregionale Tageszeitung unter der Überschrift „Ein alter Krieg bricht wieder aus“, daß der Kanton St. Gallen vom Kanton Zürich den verbliebenen Teil der Kriegsbeute von 1712 für die Stiftsbibliothek zurückfordert, darunter auch rund hundert Handschriften.[32] Derartige Vorkommnisse sind sorgsam von Widerständen und Einwänden zu unterscheiden, die auf der Basis fundierter Analysen beabsichtigen, Grenzen und Gefahren der Globalisierung aufzeigen.[33] Die Auseinandersetzung mit Positionen aus diesem Lager schärft den Blick für das, was in jedem Fall erhaltenswert ist und so verteidigt werden muß. Denn es steht zweifellos fest, daß kulturelle Einrichtungen insgesamt und unter ihnen gerade die langzeitorientierten Bibliotheken Schaden leiden werden, der nicht wieder gut zu machen ist, wenn sie dem weltweiten Markt mit einem knallharten Wettbewerb schutzlos ausgesetzt sind. Globalisierungsfallen[34] lauern insofern für den bibliothekarischen Berufsstand in besonderer Weise.

3. Unternehmerische Antworten auf die Globalisierung

Betriebswirtschaftliche Erfahrungen der freien Wirtschaft sind bekanntlich nicht ohne weiteres auf Bibliotheken übertragbar. Dennoch ist der Blick über die Grenzen nützlich. Auf makroökonomischer Ebene herrschen für alle Marktakteure ohnehin sehr ähnliche Rahmenbedingungen. Es lohnt also hinzuschauen, wie sich Firmen mit internationalem Engagement im harten globalen Konkurrenzkampf verhalten. Das betrifft im übrigen keineswegs nur die großen Multis. Selbst kleinere, begrenzt operierende Unternehmen haben Strategien entwickelt, um auf neuen Märkten Fuß zu fassen – allerdings nur unter bestimmten Konditionen.

3.1 Konzentration auf Kernkompetenzen oder Expansion?

Das Leistungsspektrum auf Gebiete zurückzunehmen, in denen Führerschaft oder zumindest Konkurrenzfähigkeit beansprucht werden kann, ist ein proba-

[32] Süddeutsche Zeitung, 11.4.1997, S. 10.

[33] Vgl. z.B. Altvater/Mahnkopf, a.a.O., und: Grenzen des Wettbewerbs: Die Globalisierung der Wirtschaft und die Zukunft der Menschheit / Die Gruppe von Lissabon. – München 1997.

[34] Vgl. Martin, Hans-Peter, und Harald Schumann: Die Globalisierungsfalle : der Angriff auf Demokratie und Wohlstand. – 11. Aufl. – Hamburg 1997.

tes Mittel erfolgsorientierter Unternehmen. Es ist unter dem Leitspruch „Konzentration auf die Kernkompetenzen" allgemein bekannt. Dahinter steht das Bestreben, die Angebotspalette nicht zu überdehnen und die Leistungsfähigkeit nicht zu überfordern. Denn in der Globalisierung besteht man entweder durch Kostenkonkurrenz oder durch Qualitätskonkurrenz.[35] Keine der beiden Wettbewerbsrunden kann man auf beliebig vielen Tätigkeitsfeldern für sich entscheiden. Erfolgreiche Unternehmen zeichnen sich durch die Bereitschaft aus, notfalls auch das aufzugeben, was in der Vergangenheit zum Erfolg geführt hat.[36] Durch die Ablösung vorherrschender Denkmodelle wird zudem Kreativität freigesetzt, und Innovation ist in diesem Sinn nichts anderes als die „kreative Zerstörung des Bestehenden durch den Unternehmer". Daß die Anwendung solcher Grundsätze nicht auf die freie Wirtschaft beschränkt bleiben muß, zeigen aktuelle Äußerungen des neu gewählten Präsidenten der Technischen Universität Berlin, der seine Hochschule um klassische Schwerpunkte herum neu gruppieren will.[37]

Der Blick auf die Spitzenziele und Arbeitsfelder von Bibliotheken nährt die Überzeugung, daß nicht wenige Einrichtungen ihr Leistungsspektrum überdehnt haben und allein schon deshalb in hausgemachte Krisen geraten müssen. Wenn Bibliotheken universale Sammelansprüche definieren, alle Medienformen mit einbeziehen und mit ihren Katalogen alle Zielgruppen vom Gesellen bis hin zum Leibniz-Preisträger bedienen wollen, dann ist das ebenso hypertroph, als wenn eine Regionalbibliothek mit begrenzten personellen Ressourcen Landesbibliotheksfunktionen, museale Aufgaben, Erschließung alter Drucke und eine reduzierte Universalität unter dem Motto „von allem das Wichtigste" wahrnehmen will. Dem strategischen Rückzug[38] steht als Alternative die – insbesondere rein quantitative – Expansion als Möglichkeit gegenüber. Wo Angebot und Leistung nicht in Einklang stehen, ist es zwingend, den Absatzmarkt zu erweitern. Mit der Einführung von Dokumentlieferdiensten in der Initiative SUBITO liegt eine aktuelle Chance vor, mit konzeptuell aufgefrischten Diensten neue Benutzerkreise zu erschließen. Bei dieser Expansion werden Bibliotheken im übrigen durch die veränderten Reichweiten unweigerlich miteinander in Wettbewerb geraten. Die Direktvermarktung von Anbietern im fremden Revier wird nicht jeder Bibliothek gefallen.

[35] Walter, S. 21.

[36] Wildemann, a.a.O.

[37] Süddeutsche Zeitung, 10.2.1997, S. 10.

[38] Hinterhuber, Hans H., und Stephan A. Friedrich: Strategischer Rückzug als Ausweg aus Unternehmenskrisen, in: Die Herausforderungen der Zukunft meistern, a.a.O., S. 286-317.

3.2 Vernetzung

Von Vernetzung war schon die Rede. Sie ist eine probate Antwort auf die Herausforderung der Globalisierung. Dabei mischen sich zwei Aspekte miteinander: die Einbindung als selbständiger Partner mit einem eigenen Leistungsprofil in Netzwerke und die Nutzung von Netzen zur Leistungserstellung. Einzelne Partner können dabei durchaus über ein gesundes Maß an Autonomie verfügen, um nützliche Kontakte zu anderen Netzen herzustellen.[39] Möglich sind diese Entwicklungen erst, seit die digitalen Kommunikationsnetze Zeitschranken und räumliche Distanzen faktisch aufheben. Arbeit kann „weltzeitgetaktet" termingerecht über die Welt verteilt geleistet werden. Die Wahl der Standorte wird folglich grundsätzlich beliebig und ist nicht an den Sitz der Institution gebunden. Das Unternehmen mutiert „zu einem temporären, ständig wechselnden, mehr oder weniger lockeren Verbund von Teams, Telearbeitern, Zuarbeitern und Zulieferern".[40]

Am Beispiel der Autoindustrie läßt sich der Wandel gut erläutern. Dort verändert sich die Arbeitsteilung zugunsten der Beteiligung der Zulieferer, die sich in „Zulieferpyramiden" organisieren, um zu effizienteren und kostengünstigeren Produkten und Ergebnissen zu gelangen. Lieferanten müssen sich dabei auch einem Wettbewerb der Konzepte, nicht nur der erbrachten Leistung stellen. In globalen Netzen sind Produkte das Ergebnis internationaler Zusammenarbeit. Qualitätsunternehmen entwickeln sich zu einer internationalen Partnerschaft zwischen Fachleuten, die ihre Kenntnisse miteinander kombinieren und die für alles, was in standardisierten Massen produziert werden muß, ungelernte Arbeiter in aller Welt beschäftigen.[41] Globale Know-how-Partnerschaften werden zu wichtigen Schnittpunkten.[42] Die Vernetzung ermöglicht es nun sogar, Aufgaben anzupacken, die die Kraft eines einzelnen Unternehmens übersteigen und daher bisher ungelöst blieben.

In diesen Zusammenhang gehören auch strategische Allianzen, die über weite Distanzen hinweg eingegangen werden. Sie bilden oftmals die Basis für eine Verbesserung der Kosten-Nutzen-Relation. (Auf 250 Millionen Mark schätzt die Lufthansa die jährliche Ergebnisverbesserung durch strategische Kooperationsabkommen, die durch Code-Sharing realisiert werden. Flüge werden bei diesem Verfahren auf mehreren Heimatmärkten – nämlich dem der Partner – gleichzeitig angeboten.)[43] Insgesamt gesehen schwingt beim Thema Vernetzung aus bibliothekarischer Perspektive zunächst sehr viel Positives

[39] Reich, S. 109.
[40] Altvater/Mahnkopf, S. 356.
[41] Reich, S. 148.
[42] Reich, S. 149.
[43] Süddeutsche Zeitung, 20.1.1997, S.X.

mit, und es klingen durchaus geläufige Grundsätze an. Es zeichnet diesen Berufsstand aus, in Netzen zu denken und zu arbeiten. Es handelt sich aber nur um Ansätze, die entschlossen weiterzuentwickeln sind.

3.3 Bibliothekarische Probleme und Visionen

Im folgenden seien abschließend einige spartenspezifische Splitter unter die Lupe genommen, als Anregung für denkbare Problemlösungen.

3.3.1 Leistungsverzeichnis

Jede Bibliothek hat einen Katalog, der ihren Bestand nachweist. Der lokale Katalog bildet die Basis des bibliothekarischen Angebots. Darüber hinaus werden weiterführende Informationsmittel bereitgehalten. Folgen wir den Leitgedanken Konzentration auf die Kernkompetenzen und Vernetzung, dann könnte das Angebot einer Bibliothek auch ganz anders strukturiert sein. Der Katalog enthielte – wie der Katalog eines Versandhauses oder eines Fachgeschäfts – alle für die spezielle Klientel interessanten Titel; und zwar unabhängig davon, ob sie als Papierexemplar bereits im Haus stehen oder erst gekauft werden müssen, ob sie Teil einer vorhandenen CD-ROM sind oder ob sie im Bedarfsfall über Netze vermittelt werden können. Den Titelaufnahmen wären die Konditionen der Bereitstellung beizugeben.

Da auf dem Sektor der nicht-rückgabepflichtigen Dokumente elektronische Lieferung international möglich ist, gäbe es auf diesem wichtigen Feld nicht einmal einen Unterschied in der Lieferzeit. Amerikanische Untersuchungen in der Louisiana State University und der University at Albany haben ergeben, daß ein solches Modell durchaus tragfähig ist. Die verlangten Titel sind vollzählig und in angemessener Zeit erhältlich, und die Beschaffung von Aufsatzkopien im Bedarfsfall ist ab einer bestimmten Schwelle billiger als der vorsorgliche laufende Erwerb der ganzen Zeitschrift.[44] Folglich könnte die vermittelte Leistung zu den gleichen Kosten abgegeben werden als wenn die Zeitschrift vor Ort vorhanden wäre – in der Regel also zum reinen Kopierpreis, unabhängig von den Beschaffungskosten.

Dieses Beispiel macht deutlich, daß es sich nicht nur um eine andere Form der Darbietung der traditionellen bibliothekarischen Produktpalette, sondern um eine völlig neue Ausrichtung in der Leistungserstellung handelt. Derzeit läßt sich ein Angebot in der beschriebenen Form mit unseren Arbeitsweisen, Regeln und Geschäftsgängen indessen nicht realisieren. Hier soll die Frage im

[44] Gossen, Eleanor A., and Suzanne Irving: Ownership versus Access and Low-Use Periodical Titles; in: Library resources & technical services 39(1995), S. 43-52; Carrigan, Dennis P.: Commercial journal publishers and university libraries: retrospect and prospect, in: Journal of scholarly publishing 27(1996), S. 208-221.

Raum stehengelassen werden, ob diese Alternative nicht eine besonders kundenorientierte und eine kostengünstige Leistung böte. Leicht ist der Weg dorthin nicht, allein schon wenn man an die Diskussion um die Katalogregeln denkt, die virtuelle Bestände mit eingebundenen Bestellmasken anderer Bibliotheken und nach Kooperationspartnern differenzierte Lieferkonditionen enthalten müßten.

3.3.2 Allianz gegen Global Player

Der Informationsmarkt bei Naturwissenschaften, Technik und Medizin wird von international tätigen Verlagen dominiert. Sie gehören zur Gruppe der gefürchteten „global player", deren Marktmacht Bibliotheken bislang hilflos ausgeliefert sind. Die Ursachen hierfür dürften in einem ungünstigen Zusammentreffen von Mechanismen liegen.[45] Die einschlägigen Verlage genießen mit ihren Periodica weltweit hohes Ansehen; jeder publizierte Artikel trägt insofern Züge eines monopolistischen Angebots. Eine Ausnutzung der Vormachtstellung wird dadurch möglich. Andererseits sind die eigentlichen Verbraucher, die Wissenschaftler also, keineswegs die Zahler; das nämlich sind die Bibliotheken, welche die teuren Zeitschriften laufend halten. Die Koinzidenz dieser beiden Fakten – Monopol und Zahlung durch Dritte – wirkt sich fatal aus. Vergleichbar ist diese Konstellation mit einem weit entfernten Wirtschaftszweig, dem Pharmamarkt. Man kann dort beobachten, daß verschreibungspflichtige Medikamente ebenfalls überteuert sind. Zur immerwährenden Kostenmisere des Gesundheitswesens braucht es im übrigen keiner weiteren Ausführungen.

Nur eine geschlossene Allianz der Bibliotheken der Welt und möglichst auch der Wissenschaft kann die Chance auf einen Wettbewerb mit gleichen Ausgangsvoraussetzungen eröffnen. Kooperativer Bestandsaufbau ist unter diesem Aspekt möglicherweise eine wichtige Perspektive. Dieser unterscheidet sich von einer bloßen Erwerbungsabstimmung dadurch, daß konkrete Zielsetzungen gemeinsamer Bestandsnutzung dahinterstehen.[46] Ohne weiter ins Detail zu gehen, sei ferner auf die rigorosen Beschlüsse der internationalen Community der Mathematiker und Informatiker, denen sich die Physiker und Chemiker angeschlossen haben, hingewiesen. Man darf gespannt sein, welchen Verlauf dieser Machtkampf, der auf alternative Wege der Publikation setzt, nehmen wird. Auch ist die eher ambivalente Möglichkeit zu erwägen, die Endbenutzer mit den realen Kosten zu belasten und sie auf diese Weise in die Aus-

[45] Michael A. Stoller, Robert Christopherson, and Michael Miranda: The economics of professional journal pricing, in: College & Research Libraries 57(1996), S. 9-21.

[46] Zuletzt Edward Shreeves: Is there a future for corporative collection development in the digital age?, in: Library Trends 45(1996/97), S. 373-390.

einandersetzungen hineinzuziehen; dies umso mehr, als sie zugleich Autoren sind.

3.3.3 Organisatorische Zerreißprobe

Bibliotheken sind angesichts von Tradition und Globalisierung einer organisatorischen und psychologischen Zerreißprobe ausgesetzt. Technologischen Innovationen können und wollen sie sich nicht verschließen. Die Mentalität des hiermit befaßten Personals differiert indessen erheblich von der – sagen wir – jener Arbeitsgruppen, die sich mit der Verwaltung, Katalogisierung oder Restaurierung alten Kulturerbes beschäftigen. Während im ersten Fall der globale Wettbewerb zur überstürzten Eile antreibt, ginge im zweiten Fall bei gleicher Vorgehensweise genau das verloren, was den eigentlichen Wert der Arbeit ausmacht.

Betrachten wir vergleichend drei wesentliche Bibliotheksleistungen unter dem Gesichtspunkt, ob lokale Freiheit und globale Abhängigkeit dominiert. Bei dieser Gegenüberstellung wird schnell klar, wie sehr sie – mehr als alle anderen Betriebe – auf unterschiedlichen Bedingungen aufbauen. Die Benutzung von Lehrbüchern und anderem studienbegleitenden Schrifttum beispielsweise wird von der Globalisierung herzlich wenig Veränderung erfahren. Es ist eine direkte Dienstleistung, die am Ort erledigt werden muß. Anders sieht es aus, wenn man sich das Arbeitsfeld des Informationsbibliothekars vor Augen führt. Zwar handelt es sich auch in diesem Fall um einen personengebundenen Dienst vor Ort, wo sich Produktion und Konsumption uno actu vollziehen. Das Wissen jedoch, das von der Auskunftsperson verlangt wird, wächst mit rasanter Geschwindigkeit, weil die gesamte Informationsbreite der Welt zur Verfügung steht. Bei Dokumentlieferdiensten schließlich bleibt nichts, wie es war: Vernetzung, Kooperation, Leistungsvermittlung und digitaler Datentransfer bestimmen die Kette. Zusammengefaßt ist einzugestehen, daß die Spannweiten, die in Bibliotheken und ihren Abteilungen überbrückt werden müssen, künftig noch größer werden dürften, als sie es heute schon sind.

3.3.4 Zugangspunkte zu Systemen

Entgegen der Prognose, was alles sich im Netz auflösen oder gar darin verdampfen wird, sei beim Thema der Existenzberechtigung von lokalen Bibliotheken Zuversicht verbreitet. Die obigen Ausführungen zur Bedeutung der Netze und der Vernetzung haben bisher einen Aspekt ausgelassen, um ihn bewußt an den Schluß zu stellen: den Zugangspunkt zu Netzen. Netze und Netzwerke brauchen Knoten. Knoten in globalen Netzwerken sind für Dienstleistungsunternehmen Plätze, an denen nachgefragte Funktionen effizient erfüllt werden.[47] Im Gegensatz zu produzierenden Unternehmen, deren Standort aus Sicht des Absatzes eher beliebig ist, kommt der räumlichen oder fachlichen Kundennähe für Dienstleistungsunternehmen große Bedeutung zu. Einleitend war vom Vertrauen, das in der globalisierten Welt unabdingbar ist, die Rede. Vertrauen ist nicht nur die Basis von Expertensystemen; auch der Zugangspunkt zu den Systemen mit seinen Bediensteten muß die Verläßlichkeit und Leistungsfähigkeit des Systems verkörpern. Anders gewendet: Je mehr Netzwerke unpersönliche Komponenten aufweisen und je größer die räumliche Distanz der Komponenten wird, desto mehr sind Menschen gefragt, die in der Lage sind, stellvertretend für das anonyme System Vertrauen auszustrahlen. Da es sich um eine ontologische Gegebenheit und ein Ur-Bedürfnis des Menschen handelt, können wir darauf bauen. Zugangspunkte sind „Orte, an denen abstrakte Systeme verwundbar sind, aber zugleich Kreuzungspunkte, an denen Vertrauen gewahrt oder aufgebaut werden kann.“[48] Daß hierfür eine besondere persönliche Eignung vonnöten ist, steht auf einem anderen, aber ebenso wichtigen Blatt.

4. Zusammenfassende Bemerkungen

Der Prozeß der Globalisierung hat große Dynamik entwickelt und so viele andere Mechanismen in Gang gesetzt, daß seine Fortsetzung auf lange Zeit als sicher anzunehmen ist. Wie überall, wo Grenzen fallen, neigen die Betroffenen zu Verunsicherung und Angst, aber auch zu Abschottung. Das ist verständlich, denn sie empfinden die Größe des neuen, unbekannten Raumes als Bedrohung und als Überforderung. Wollen Bibliotheken in der Zukunft erfolgreich arbeiten, müssen sie regressiven Tendenzen widerstehen. Aber auch hektischer Aktionismus ist nicht angezeigt. Fallen, die von Kurzzeitstrategien ausgehen,[49] lauern auch für bibliothekarisches Wirken. „Im härter werdenden Wettbewerb müssen auch die Organisationen erkennen, in Zukunft ihren Kurs nach dem Licht der Sterne zu bestimmen und nicht nach den Lichtern jedes vorbeifahrenden Schiffes.“[50]

„Act local, think global“ heißt ein oft auch in Wirtschaftskreisen zitierter Slogan. Er wurde aus der Ökologie-Diskussion übernommen, obwohl ehemals für Coca-Cola geprägt. Diese Bipolarität erfordert im Einzelfall die Fest-

[47] Altvater/Mahnkopf, S. 125 f.

[48] Giddens, S. 113.

[49] Eibl-Eibelsfeld, Irenäus: Warum wir die Natur lieben und trotzdem zerstören: die Fallen der Kurzzeitstrategien – und Gegenmittel, in: Süddeutsche Zeitung, 1.12.1996, SZ am Wochenende, S.I.

[50] O. Bradley, zitiert nach Hilb: Leitbilder, a.a.O., S. 16.

legung, welches Prinzip – das lokale oder das globale – das jeweils andere dominiert. „Am Anfang steht immer die Vision von der zukünftigen Rolle des Unternehmens im Markt, im Wettbewerb und in der Gesellschaft, abgesichert und auch überprüft vor dem Hintergrund realistischer Möglichkeiten und Ressourcen des Unternehmens."[51] Erfolgreiche Politik ist Angebotspolitik. Bibliothekare dürfen dabei nicht nur als Passive fühlen, die reagieren und vor allem permanente Verteidigungskämpfe führen. Vergessen wir nicht, daß wir auch Marktakteure sind, von denen Handeln und Offensive verlangt werden.

Was ist angesichts der begrenzten Mittel, die zur Verfügung stehen, zu tun?[52] Kürzlich äußerte Forschungsminister Rüttgers: „In der jetzigen Situation, in der wir mit weniger Geld in den öffentlichen Kassen klarkommen müssen, müssen wir unser Geld intelligenter ausgeben".[53] In diesem Kontext ist ein wichtiger Aspekt Programm, wenn auch in den Konsequenzen keineswegs überall hinreichend verstanden. Er trifft Bibliotheken, die auf Wachstum setzen, ins Mark. Das sogenannte Zukunftsministerium formulierte schon im Herbst 1996: „Als entscheidender Schritt ist vom BMBF die stufenweise Rückführung der staatlichen Festfinanzierung von Forschungseinrichtungen durch eine breitere leistungsorientierte Mittelvergabe im Wettbewerb der Einrichtungen und Forscher untereinander geplant ... Politik und Wissenschaftsorganisationen sind gefordert, gemeinsam Wege zu einem neuen effizienteren Ressourcenmanagement zu finden."[54] Im Klartext heißt dies, daß garantierte Etatzuweisungen für Bibliotheken rückläufig sein werden und dem Wettbewerb um Mittel Raum gegeben wird.

Im Zug der Globalisierung werden Entscheidungen darüber fallen, ob Bibliotheken als Leistungsträger im Bereich der Information wettbewerbsfähig, auch künftig zu unterhalten sind und welches Bibliothekssystem – sei es auf regionaler, nationaler oder globaler Ebene – effizienter ist. Bei der Vielfalt und den unterschiedlichsten Historien von Bibliotheken öffnet sich hier ein weites Feld. Wir in Deutschland haben aufgrund unserer kooperativen Arbeitsweise gute Voraussetzungen für die Erfüllung der Kriterien, die an ein erfolgreiches System geknüpft sind – vorausgesetzt, wir passen uns jeweils mit Weitblick den aktuellen Notwendigkeiten an. Darin liegt in den nächsten Jahren unsere wohl wichtigste Aufgabe überhaupt.

[51] Höfner, a.a.O.

[52] Rüttgers, Jürgen: Innovationen durch mehr Flexibilität und Wettbewerb: Leitlinien zur strategischen Orientierung der deutschen Forschungslandschaft, 11.7.1996.

[53] Von den Gewinnen sollte ein größerer Teil in Entwicklungen fließen, in: Süddeutsche Zeitung, 22.11.1996, S. 28

[54] Vgl. Fußnote 3.

AXEL HALLE

Die schlanke Bibliothek: Möglichkeiten und Grenzen

Die Zeiten des Wachstums sind auch für die Bibliotheken längst Vergangenheit. Zwar träumt manch einer noch von angemessenen Etatsteigerungen, um steigende Erwerbungskosten zu kompensieren und von Personalzuwachs, mit dem die gestiegenen Serviceerwartungen (z.B. kürzere Durchlaufzeiten) und breiter gefächerte bibliothekarische Aufgaben (z.B. elektronische Medien) bewältigt werden können. Die Realität hat hiermit jedoch gar nichts mehr zu tun.

Seit Ende der siebziger Jahre haben wir uns an stagnierende Erwerbungshaushalte gewöhnt und mit Haushaltssperren, die zum Jahresende jeweils reduziert, aufgehoben oder durch Sonderzuweisungen überkompensiert worden sind, zu leben gelernt. Doch die aktuelle Entwicklung ist sowohl in den wissenschaftlichen als auch in den öffentlichen Bibliotheken dramatischer: Ob angesichts der Horrorvision, künftig kein Buch mehr erwerben zu können und massive Abbestellaktionen bei den Zeitschriftenabonnements vornehmen zu müssen, ein Spendenaufruf eine geeignete Lösung des Problems und eine gelungene Imagekampagne ist, kann durchaus angezweifelt werden. Mit schlanker Bibliothek ist jedenfalls nicht gemeint, daß wir aufgrund der haushaltsmäßigen Einschnitte ohnehin zum Abmagern gezwungen sein werden.

Auch im Personalstand sind deutlich rückläufige Tendenzen zu beobachten. Seit mehreren Jahren gelingt es fast keiner Bibliothek mehr, Stellenhebungen und neue Stellen bei den Unterhaltsträgern durchzusetzen. Vielmehr müssen wir Stellenkürzungen hinnehmen. Hinter den Kürzungen im Personalbereich, die die Unterhaltsträger zur Kostensenkung durchsetzen und die meist pauschal formuliert werden und zudem fast immer solche Stellen betreffen, die rein zufällig durch das Ausscheiden von Mitarbeiterinnen und Mitarbeitern frei werden, steht von seiten der Unterhaltsträger i.d.R. kein Konzept. Die angestrebte Kosteneinsparung wird dort gesucht, wo es sich um freiwillige Leistungen handelt (Öffentliche Bibliotheken), oder sie ist nach dem Rasenmäherprinzip von allen Landeseinrichtungen mit grundsätzlich etwa gleichen Anteilen zu erbringen (wissenschaftliche Bibliotheken). Diese Politik ist aus der Not der Lohnkosten und Pensionslasten bei gesunkenen Steuereinnahmen geboren. Weniger Personal hat aber ebenfalls nichts mit schlanker Bibliothek zu tun.

Gleichzeitig wird von den Bibliotheken hinsichtlich ihres Dienstleistungsspektrums und ihrer Dienstleistungsqualität immer mehr erwartet. Sie sollen die neu erworbene Literatur in kürzester Zeit bearbeiten oder über Fernleihe beschaffen, auf zuvorkommende Art qualitativ hochwertige Auskünfte geben und selbstverständlich die neuen Medien in großer Breite und Tiefe kostenfrei bereitstellen. Wenn sie das nicht können, wird gerne die freie Wirtschaft als Gegenmodell herangezogen, ohne daß die Kritiker jemals eingeräumt hätten, daß die Dienstleistungsqualität dort erfahrungsgemäß häufig schlecht und die Preise (zu) hoch sind. Das tut jedoch einer Kritik, die bis zur ignoranten, aber für fortschrittlich gehaltenen Konstatierung geht, daß man angesichts der Digitalisierung eigentlich gar keine Bibliotheken mehr braucht, keinen Abbruch. Auch das hat mit schlanker Bibliothek gar nichts zu tun.

Man kann also mit einem gewissen Zynismus an das Thema herangehen. Eine solche Einstellung hilft in der Sache jedoch nicht weiter. Festzustellen ist daher an dieser Stelle zunächst, daß sich die Bibliotheken in einer Situation deutlich verengter Handlungsspielräume befinden, aus denen sie das Beste machen müssen, um die Zukunft für sich zu retten. Öffentliche und wissenschaftliche Bibliotheken haben gute Chancen, aus der Krise gestärkt herauszukommen, wenn sie bereit sind, neue Wege zu beschreiten.

1. Die Krise erfordert neues Denken

Es gilt, sich von den alten Mustern zu befreien. Dabei reicht es nicht aus, die Zustände zu beklagen, sondern sie müssen als Energie aufgenommen werden. Wie im Judo der Meister die Energie des Gegners aufnimmt, um seine eigene Kraft zu verstärken, müssen wir Haushaltsrestriktionen nutzen, um längst überfällige Reformen in den Arbeitsabläufen und den Regelwerken etc. durchzuführen. Die Zukunft wird verspielt, wenn wir keine aktive Rolle übernehmen und lediglich unsere Forderungen nach Ressourcenvermehrung auf Dienstwegen oder über die Presse transportieren. Die schlanke Bibliothek ist vorausschauend initiativ, gestaltet ihre Ablauforganisation in einem kontinuierlichen Optimierungsprozeß und reagiert antizipativ auf Benutzerwünsche. Allein diese wenigen Kriterien dürften für viele, v.a. wissenschaftliche Bibliotheken, mehr oder weniger neu sein.

Zwar war es schon immer zentrale Aufgabe des Bibliotheksmanagements, für eine Optimierung des Geschäftsgangs zu sorgen, doch drängt sich der Eindruck auf, daß dieses Ziel in vielen größeren Bibliotheken angesichts von Buchbearbeitungszeiten von durchschnittlich mehreren Monaten drastisch verfehlt worden ist. Kann nicht ein wichtiges, aber unausgesprochenes Parádoxon unseres bibliothekarischen Alltags wie folgt formuliert werden: Je größer die Bibliothek ist, desto länger dauert die Buchbearbeitung! Muß dem aber so sein?

Selbstverständlich sind auch größere Bibliotheken in der Lage, kurze Geschäftsgangszeiten zu realisieren. Wer das nicht glauben will, mag sich die Laufzettel der SUB Göttingen anschauen: Durch eine Geschäftsgangsreform wurden hier die Buchbearbeitungszeiten um den Faktor vier bis fünf beschleunigt. Im übrigen gelingt dies angesichts von Stellenkürzungen mit etwas weniger Personal als noch vor drei Jahren. Ausgangspunkt dieser Entwicklung war ein Quality-Management-Ansatz, der es ermöglicht hat, die Kreativität einiger nicht in hierarchischer Verantwortung stehender Mitarbeiter in Hinblick auf eine Optimierung der Ablauforganisation zu mobilisieren.[1] Was als Experiment für einen kleinen Teil des Zugangs begann, ist nach einer inzwischen durchgeführten Geschäftsgangsanalyse und hausinternen Diskussionen auf nahezu den gesamten Buchbearbeitungsbereich ausgedehnt worden. Solche Fortschritte sind nicht kurzfristig zu erreichen. Sie scheinen auch nur dann möglich, wenn das Problembewußtsein bei den meisten Mitarbeiterinnen und Mitarbeitern vorhanden ist. Hierzu bedarf es der Aufklärung, der Entwicklung von Eigenverantwortung und der Bereitschaft, Verbesserungsvorschläge auch untergeordneter Mitarbeiterinnen und Mitarbeiter aufzugreifen. Kann nicht ein weiteres Parádoxon wie folgt formuliert werden: Je größer eine Organisation ist, desto geringer ist die Beteiligung der untersten Hierarchieebene!

In der klassischen Linienorganisation, die nach wie vor ganz überwiegend die Bibliotheken kennzeichnet, ist der Verantwortungsbereich des Personals auf dieser unteren Ebene gering und die Tätigkeit trotz hochkomplexen Regelwerks durch große Routine gekennzeichnet. Dies steht in deutlichem Kontrast zu der fachlichen Kompetenz des Personals auf dieser unteren Ebene. Bibliotheken haben dort hervorragend ausgebildetes Personal, nämlich überwiegend Diplom-Bibliothekare oder Bibliotheksassistenten, ohne daß diese den Gesamtzusammenhang ihrer Tätigkeit durchschauen und verantworten müssen. Bei der schlanken Bibliothek geht es darum, das hier brachliegende Potential anzusprechen und zu entwickeln. In der organisationswissenschaftlichen und organisationspsychologischen Literatur besteht breiter Konsens darüber, daß die Schaffung von Entscheidungsspielräumen durch Teilautonomisierung und Verflachung von Hierarchien mit direkten horizontalen und vertikalen Kommunikationsstrukturen motivationsfördernd sind. Selbstverständlich gelten hierarchische Weisungen und Informationen als unzeitgemäße und die Motivation eher behindernde Führungsmethoden. Dabei darf ein ganz wichtiger

[1] Halle, Axel: Einführung integrierter Bibliothekssysteme: Strukturveränderungen und Quality Management; das Beispiel der SUB Göttingen, in: Bibliotheksdienst 29, 8 (1995), S. 1258-1266.

Aspekt nicht unerwähnt bleiben, nämlich die Weiterbildung, also Training on the Job. Hier ist sicherlich in den meisten Bibliotheken noch mehr zu tun. Es geht aber dabei nicht nur darum, die komplexen Regelwerke und Arbeitsabläufe zu trainieren. Vielmehr sollten Möglichkeiten angeboten werden, Führungskompetenzen, Kreativität und Teamfähigkeit zu entwickeln.

Aufgabe ist also, Strukturen zu schaffen, die es diesen qualifizierten Mitarbeiterinnen und Mitarbeitern leicht machen, sich im wohlverstandenen Eigeninteresse für das Ganze einzusetzen. Dann ist es eine Selbstverständlichkeit, um ständige Verbesserung der Arbeitsorganisation (KAIZEN) zu bemühen und überhaupt erst einmal Verbesserungsideen artikulieren zu wollen. Wichtige Voraussetzung hierfür ist natürlich, daß die Mitarbeiterinnen und Mitarbeiter überhaupt Möglichkeiten erhalten, ihre Anregungen vorzubringen. Das manchenorts durch die Unterhaltsträger bereits vorgeschriebene sogenannte Mitarbeitergespräch oder die Gelegenheit, alle drei Jahre bei der Eröffnung der Regelbeurteilung mit der Direktorin oder dem Direktor sprechen zu können, reichen hierfür selbstverständlich nicht aus. Partizipative Strukturen sind hierfür notwendige Rahmenbedingungen. Dazu gehört als bereits klassische Organisationsform in den Industriebetrieben die Gruppenfertigung beziehungsweise die Teambildung. Hierfür gibt es bereits seit Jahren einige seltene Beispiele in wissenschaftlichen Bibliotheken, die allerdings nicht als Beispiel für Lean Library verstanden werden können. Allerdings standen, wie am Konstanzer Beispiel belegt ist, die Gedanken des Job Enrichment und Job Enlargement Pate.[2] Immerhin sind damit wichtige Aspekte moderner Arbeitsorganisation bezeichnet, die bei Einsatz integrierter Bibliothekssoftware und unter dem Aspekt der Arbeitsmotivation durch Ausdehnung des Verantwortungsbereichs auch im Lean Management implizit zum Tragen kommen. Viel wichtiger sind aber neuere Entwicklungen in den Öffentlichen Bibliotheken, die arbeitsorganisatorische Dezentralisierungstendenzen letztlich im Rahmen der dezentralen Steuerung und des Kontraktmanagements zum Einsatz bringen. Von herausragender Bedeutung ist in diesem Zusammenhang das Beispiel der Stadtbibliothek Paderborn. Dort wurde ein System von sogenannten Kabinetten, wie es im internen Sprachgebrauch heißt, eingerichtet.[3]

[2] Franken, Klaus: Wandel im Bibliotheksbetrieb – Veränderungen der Arbeitsorganisation, in: Bibliotheken im Netz: Funktionswandel wissenschaftlicher Bibliotheken durch Informationsverarbeitungsnetze / Hrsg. Richard Landwehrmeyer (u.a.).- München: Saur, 1986, S. 44-62, insbesondere S. 60 ff.; Stolzenburg, Joachim: Bibliothek zwischen Tradition und Fortschritt, in: Mitteilungsblatt. Verband der Bibliotheken des Landes Nordrhein-Westfalen e. V. NF. 1984 (34), S. 433-456, insbesondere S. 449 ff..

[3] Ceynowa, Klaus: Von der „dreigeteilten" zur „fraktalen" Bibliothek: benutzerorientierte Bibliotheksarbeit im Wandel; das Beispiel der Stadtbibliothek Paderborn. – Würzburg: Königshausen u. Neumann, 1994.

Ein wichtiger gemeinsamer Kerngedanke von Qualitätsmanagement und Lean Management ist, Strukturen und Arbeitsverfahren so zu gestalten, daß Schwachstellen schnell erkannt und beseitigt werden. Es geht hierbei nicht um nachgelagerte Qualitätsprüfung, sondern um Minimierung der Fehler durch Stärkung der Eigenverantwortung, der Kundenorientierung, des vorausschauenden Handelns. Unter diesem Aspekt betrachtet, ist die am einzelnen Werk orientierte Qualitätsprüfung, die traditionell in den Schlußstellen durchgeführt wird, ein Relikt alter Bibliotheksorganisation. Bei dieser herkömmlichen Organisation des Arbeitsablaufs geht es nämlich nicht darum, wie lange ein Buch für den beschwerlichen Geschäftsgang gebraucht hat und warum es an welcher Stelle wie lange gelegen hat. Diese für die Bibliotheken überlebenswichtigen Fragen wurden zugunsten einer falsch verstandenen Qualitätsprüfung auf Regelkonformität zumeist ignoriert. In der SUB Göttingen wird inzwischen die Funktion der Schlußstelle auf im wesentlichen äußerliche Prüfungsroutinen sowie abschließend notwendige Eingaben (z.B. Ausleihcode) reduziert, die von inzwischen drei studentischen Hilfskräften durchgeführt werden. Die wahre Kontrolle findet im laufenden Geschäftsgang und durch Mitdenken der Mitarbeiterinnen und Mitarbeiter statt. Als Klammer fungiert eine Geschäftsgangsmanagerin, die aus der Sicht der Benutzungsabteilung den Geschäftsgang laufend abteilungsübergreifend analysiert, um die kontinuierliche Benutzer-, d.h. Kundenorientierung sicherzustellen.

2. *„Dickmacher"*

Die Rezeption moderner Managementmethoden ist in deutschen Bibliotheken zum Schaden der Bibliotheken sehr unterentwickelt. Dieser Kritik setzen sich vor allem die wissenschaftlichen Bibliotheken aus, da die Öffentlichen Bibliotheken in den vergangenen Jahren einen sehr raschen Wandel hinsichtlich neuer Steuerungsmodelle und Managementmethoden vollzogen haben. Vielleicht ist der Problemdruck im wissenschaftlichen Bibliothekswesen noch nicht bewußt genug?

Was hindert Bibliotheken daran, sich zu reformieren und zu verschlanken:

2.1. Kameralistik fördert bürokratisches Denken

Bibliotheken fehlt als öffentliche Einrichtungen die Kontrolle über die eingesetzten wirtschaftlichen und personellen Ressourcen. Über Haushalts- und Stellenpläne werden die Vorgaben letztlich über die Finanzminister bzw. Kämmerer aufgrund von Fortschreibungen der Vorjahre gemacht. Flexibilität wird damit erheblich erschwert bzw. teilweise unmöglich gemacht. Neue Aufgabenstellungen können nur im Rahmen der festgeschriebenen Stellenpläne und innerhalb der Grenzen der Deckungsfähigkeit von Haushaltstiteln bewältigt werden. Einnahmen – sofern sie überhaupt vorhanden sind – stehen den meisten Bibliotheken nur in sehr begrenztem Maß für die eigenen Zwecke zur Verfügung. Erst im Rahmen der Globalhaushalte und der Budgetierung zeichnen sich hier drastische Änderungen ab. Allerdings werden die Bibliotheken dadurch zumeist nicht vollständig in die eigene Verantwortung der Verwendung der Stellen und Haushaltsmittel entlassen. Erstens sind sie selbstverständlich weiterhin von der Bereitschaft und Fähigkeit ihrer Unterhaltsträger abhängig, sie überhaupt ausreichend zu finanzieren. Zweitens sind sie lediglich innerhalb dieses Rahmens frei von alten Bindungen der Titelbewirtschaftung. Typisch ist drittens, daß in der Regel keine Personalbudgetierung bei den Bibliotheken vorgenommen wird. Im übrigen wird in Fällen, wo dies möglich oder für die Zukunft geplant ist, die Freiheit dadurch deutlich beschnitten, daß restriktive Rahmenbedingungen gesetzt werden, z.B. müssen Mittel in bestimmten Größenordnungen eingespart werden, oder Einsparungen fließen zu bestimmten Anteilen an den Unterhaltsträger zurück. Hintergedanke ist dabei selbstverständlich die Überlegung, daß Entscheidungsträger sparsamer und wirtschaftlich verantwortlicher entscheiden, wenn sie auf die Verwendung der eingesetzten materiellen und personellen Ressourcen Einfluß haben. Wichtige Grundlage für solche neuen Steuerungsmodelle ist, daß wenigstens die Entscheidungsträger über die Kostenstrukturen informiert sind. Das Wissen hierüber sollte allerdings möglichst auch bei den unteren Organisationseinheiten und den dort arbeitenden Mitarbeiterinnen und Mitarbeitern vorhanden sein. Kostenbewußtsein und nach Möglichkeit Kostenverantwortung sind die Basis für Sparsamkeit und Kreativität.

2.2. Benutzerferne

Kann nicht ein drittes Parádoxon wie folgt formuliert werden: Je größer die Bibliothek, desto größer ist der Anteil des Personals, der in internen Dienststellen fern ab vom Benutzungsbetrieb arbeitet! Damit drohen die Interessen unserer Kunden tendenziell aus dem Blick zu geraten und Bibliotheken zu – soziologisch gesprochen – selbstreferentiellen Systemen zu werden. Wenn dann in letzter Instanz Arbeitsabläufe bzw. Arbeitsinhalte von den selbst definierten Regeln geprägt sind und kein oder nur ein geringer Bezug zu den Interessen der Kunden hergestellt wird, stellen sich Bibliotheken letztlich selbst in Frage. (Das hier umrissene Problem ist im übrigen wissenschaftlich beispielsweise für das Krankenhauswesen und private Unternehmen nachgewiesen).[4]

[4] Baitsch, Christof: Was bewegt Organisationen? Selbstorganisation aus psychologischer Perspektive. – Frankfurt/M: Campus, 1993.

Die Benutzerferne von Bibliotheken kann an vielen Beispielen deutlich gemacht werden. Als Beispiele können die Regelwerksarbeit sowie die Orientierung an Quantitäten erwähnt werden:

2.2.1. Regelwerke

Die bibliothekarischen Regelwerke haben einen sehr hohen Ausdifferenzierungsgrad erreicht, der den Bedürfnissen nach präzisen Titelbeschreibungen der buch- und zeitschriftenbearbeitenden Bibliothekare erfüllt. Alle einschlägigen Untersuchungen über das Retrievalverhalten der Nutzer haben bisher in keiner Weise Eingang in die Regelwerksarbeit gefunden. Es müssen endlich Schlußfolgerungen daraus gezogen werden, daß die beiden absolut dominanten OPAC-Suchstrategien die Autoren- und die Stichwortsuche sind, im übrigen aber unter diesen beiden Rechercheoptionen eine Vielzahl von bibliothekarischen Kategorien gemeinsam indexiert sind, von denen die meisten Benutzer keine Vorstellung haben. Als einfaches Beispiel seien die Kategorien für Personennamen genannt: 1. Verfasser, 2. und weitere Verfasser, sonstige beteiligte Person, gefeierte Person, Name im Sachtitel, Widmungsempfänger, literarischer/künstlerischer Beiträger, Zensor.

Die bibliothekarische Arbeit besteht also letztlich überwiegend darin, mehr oder weniger mühsam Kategorien zu differenzieren, die der Benutzer nicht versteht und entsprechend nicht recherchiert, und die wir wie ein Bild, das wir vollständig vorliegen hatten, zu einem Puzzle verarbeitet haben und dem Benutzer, weil wir ihm kein Puzzle vorlegen wollen, wieder als ganzes Bild servieren. Eine verschwindend geringe Zahl unserer Benutzer verfolgt differenzierte Recherchestrategien oder sucht z.B. nach den Körperschaften, Reihen oder Kongreßtiteln. Angesichts der Fortschritte in den Massenspeichern und der hohen Zugriffsgeschwindigkeiten auf große Datenmengen sollte dringend die Zahl der Regelwerkskategorien deutlich gekürzt und auf diese Weise einerseits den Bedürfnissen der Benutzerinnen und Benutzer entgegengekommen und andererseits die Geschäftsgänge durch Vereinfachung der Titelaufnahme – zumindest für moderne Literatur – beschleunigt werden. Die aktuelle Metadatendiskussion weist den Weg.

2.2.2. Quantität statt Qualität

In guter Tradition versuchen die Bibliotheken, den Benutzerinnen und Benutzern ein Maximum an erreichbarer Information zur Verfügung zu stellen. Schließlich weiß man heute nicht, was morgen gefragt sein wird. Wenn zwar letztlich niemand sagen kann, was wirklich eines Tages benötigt wird, so sollten schlanke Bibliotheken doch wenigstens darüber reflektieren und nach Möglichkeit auch empirisch ermitteln, was derzeit genutzt und was gewünscht wird. Benutzerbefragungen, wie sie derzeit wieder in Mode kommen, sowie quantitative Auswertungen, beispielsweise der Nutzung der Lehrbuchsammlungen, wie sie manchenorts durchgeführt werden, sind sehr hilfreiche Instrumente.

Schlanke Bibliotheken brauchen aber deutlich mehr Informationen über die Bedürfnisse ihrer Kunden und die Nutzung ihres Angebots. Beispielsweise sollte untersucht werden, welche Kauf- und Geschenkabonnements von Zeitschriften wirklich zum aktiven Bestand zählen. Untersuchungen haben nämlich ergeben, daß ein erheblicher Teil der Abonnements nicht genutzt wird. Für die Geschenk- oder Tauschzeitschriften sollte im übrigen für die schlanke Bibliothek nicht mehr länger das Motto heißen: Einem geschenkten Gaul schaut man nicht ins Maul. Denn letztlich verbrauchen lahme Gäule wertvolle Ressourcen, die auf andere Weise wesentlich sinnvoller genutzt werden könnten. Für Kaufzeitschriften gilt, daß ungenutzte Zeitschriften zugunsten wichtigerer abbestellt werden sollten. Es sollte vermehrt empirisch ermittelt werden, was die Benutzerinnen und Benutzer an Informationsmitteln brauchen. Im Bereich der akzessorisch aufgestellten monographischen Geschenk- und Tauschzugänge, wo dies empirisch nicht ermittelt werden kann, sollte endlich dem Wissenschaftsrat gefolgt werden, welcher empfiehlt, nur das einzuarbeiten, was auch gekauft werden würde.[5]

2.3. Öffentliches Dienstrecht

Es ist geradezu populär geworden, eine Hauptschuld für die schlechte Dienstleistungsqualität öffentlicher Einrichtungen im öffentlichen Dienstrecht zu sehen. Dies ist eine unbillige Verkürzung der Problematik. Sicherlich sind die Anreize hinsichtlich der Aufstiegsmöglichkeiten und leistungsbezogener Besoldung und Entlohnung angesichts der Stellenpläne und des Dienstrechtes begrenzt. Festzuhalten ist jedoch, daß das Leistungsprinzip einer der Kerngedanken des Berufsbeamtentums schon seit dem preußischen Landrecht von 1794 war und im Art. 33 Abs. 2 Grundgesetz festgeschrieben ist. Allerdings ist die Praxis vieler öffentlicher Einrichtungen, nach dem Anciennitätsprinzip zu befördern, schädlich und dem Leistungsgedanken diametral entgegengesetzt. Dieses lähmende Prinzip haben die öffentlichen Arbeitgeber längst als Ursache für Immobilität erkannt. Daher wird von den Dienststellen verlangt, teilweise hoch differenzierte Notensysteme für die vorgeschriebenen Regel- und Anlaßbeurteilungen anzuwenden. Solche Regelungen laufen jedoch ins Leere, wenn unter dem Strich eine nivellierende Einheitsnote vergeben wird, die nicht mehr

[5] Wissenschaftsrat: Empfehlungen zum Magazinbedarf wissenschaftlicher Bibliotheken. – Köln: Wissenschaftsrat, 1986.

deutlich erkennen läßt, wer nun über- oder unterdurchschnittliche Leistungen erbracht hat. Wenn fast alle letztlich gleich beurteilt werden, um möglichst wenigen Mitarbeiterinnen und Mitarbeitern einen Spiegel vorhalten zu müssen, ist es selbstverständlich, daß letztlich das Ancienntitätsprinzip wichtigstes Auswahlkriterium für die Beförderung ist und bleibt.

Die Forderung, daß sich Leistung lohnen soll, ist sicherlich begrüßenswert. Dennoch ist Skepsis angebracht, ob Motivation allein über leistungsbezogene Besoldungs- und Entgeltregelungen zu realisieren ist. Wichtige Hemmschuhe in diesem Zusammenhang dürften vielmehr die mangelnde Gestaltungsfreiheit des Arbeitsplatzes, die Überreglementierung der Arbeitsinhalte und die starke Hierarchisierung des Arbeitsalltags im öffentlichen Dienst sein. In diesem Zusammenhang ist auch die Problematik der richtigen Eingruppierung zu erwähnen. Während im Beamtenbereich gewisse Spielräume vorhanden sind, glauben viele, der BAT sei angesichts geforderter genauer Tätigkeitsbeschreibungen und der exakten Prozentverteilungen der Arbeitsinhalte für die Entwicklung einer schlanken Bibliothek hinderlich. Dies gelte vor allem dann, wenn sich die Tätigkeitsmerkmale von mittlerem und gehobenem Dienst bei integrierter Buch- und Zeitschriftenbearbeitung annähern. Dem ist entgegenzuhalten, daß es sich in vielen Fällen um ein Scheinproblem handelt. Letztlich lassen sich auch bei schlanken Geschäftsgängen einfache bis schwierige Aufgabenbereiche definieren und differenzieren.

2.4. Elektrifizierung bestehender Geschäftsgänge

Der Begründer des Reengineering-Ansatzes, Michael Hammer, stellt fest, daß in Unternehmen der effiziente Einsatz der Datenverarbeitung meist deswegen scheitert, weil ineffiziente Organisationsstrukturen und -prozesse lediglich „elektrifiziert" worden seien.[6] Um es in einem Bonmot zu formulieren: Es gibt nichts Innovativeres als die Datenverarbeitungstechnologie; es gibt aber nichts Konservativeres als die Organisation ihrer Einführung und Anwendung.

Betrachten wir die Einführung neuer Bibliothekssoftware, so ist typisches Kennzeichen, daß die Diskussion wohl meist von den Anforderungen, die wir an die Module stellen, geprägt ist. Die Anforderungen werden begründet mit einer Soll-Ist-Analyse, wobei man (bedauerlicherweise) richtiger von einer IST-Soll-Analyse sprechen müßte. Die Module sollen alles das und möglichst noch mehr leisten, was die konventionelle Organisationsform oder die veraltete und abzulösende Software auch schon konnte. Daraus folgen nicht selten umfangreiche Nachbesserungswünsche, die wiederum zur Grundvorausset-

[6] Hammer, Michael: Reengineering Work: Don't Automate, Obligate, in: Harvard Business Review 1990, S. 104-112; ders.: Business Reengineering : die Radikalkur für das Unternehmen /Michael Hammer /James Champy. – Frankfurt/M.: Campus, 1994.

zung für Kauf oder Einsatz des Systems gemacht werden, obwohl das System anderen Ortes bereits seine Alltagstauglichkeit erwiesen hat. Die Frage von Bibliothekaren ist kaum jemals die: Wie kann ich meine Geschäftsgänge vereinfachen, verschlanken, um die EDV optimal zu nutzen? Vielmehr lautet die Frage immer: Wie bekomme ich alle Wünsche, die ich schon immer hatte, endlich mit einem System realisiert? Dabei wird leider die Chance verspielt, Traditionen, Denkmuster, Organisationsabläufe kritisch zu hinterfragen. Auf diese Weise ist die schlanke Bibliothek nie zu erreichen.

KLAUS-PETER BÖTTGER
AREND FLEMMING
ULLA WIMMER

Kultur vom Fließband? Produktbeschreibung für Öffentliche Bibliotheken in Theorie und Praxis

Der dreiteilige Beitrag legt verschiedene Aspekte des Themas „Produktbeschreibung" dar. In Teil A geht es um die Einordnung von Produkten in den Rahmen der Verwaltungsreform und den Stand der Produktdefinition in Öffentlichen Bibliotheken (Ulla Wimmer). Teil B erläutert, welche Funktion die Produkte im Zusammenhang eines „output-orientierten" Bibliotheksmanagements haben können (Arend Flemming). Zum Schluß wird in Teil C dargelegt, wie die Verbindung von Produkten zu einer Kosten-Leistungsrechnung in der Bibliothek aussehen kann (Klaus-Peter Böttger).

A. Produktdefinition – Grundlagen und Diskussionsstand

1. Produkte im „Neuen Steuerungsmodell"

Die Städte und Gemeinden Deutschlands befinden sich seit ca. vier Jahren in einem Umgestaltungsprozeß. Ihre vielfältigen Ansätze zur Verwaltungsreform wurden von der Kommunalen Gemeinschaftsstelle des Deutschen Städtetages (KGSt) unter dem Titel „Neues Steuerungsmodell" (NSM) auf einen gemeinsamen Nenner gebracht.[1] Neben der „Dezentralen Ressourcenverantwortung" (auf die hier nicht eingegangen wird), baut die Theorie des „NSM" auf die Grundidee der „leistungs- oder output-orientierten Steuerung".

Leistungsorientierte Steuerung heißt: Zielvorgaben und Erfolgskontrolle des Gemeinderats für eine städtische Einrichtung geschehen nicht – wie bisher – rein über die Mittelzuweisung („input-orientierte Steuerung"), sondern über Leistungsvorgaben und Leistungsergebnisse. Man konzentriert sich jetzt also mehr auf den „Output" der Einrichtung. Es werden zwischen Rat/Verwaltungsspitze und Fachamt Vereinbarungen („Kontrakte") über die gewünsch-

[1] Vgl. die KGSt-Berichte 12/91: Dezentrale Ressourcenverantwortung: Überlegungen zu einem neuen Steuerungsmodell – 5/93: Das Neue Steuerungsmodell: Begründung – Konturen – Umsetzung.

ten Leistungen und die entsprechende Ressourcenzuweisung abgeschlossen. Ein angemessenes Controlling informiert laufend über den Erfolg der Arbeit und die Einhaltung des Kontraktes.

Bei der Umsetzung dieses Konzeptes ergab sich schnell ein Problem: Bisher waren die Leistungen (der Output) einer Verwaltungseinrichtung nicht faßbar und nicht eindeutig beschrieben. Damit fehlte das grundlegende Element der output-orientierten Steuerung. Um diese Lücke zu schließen, entwickelte die KGSt den Begriff der „Produkte".[2] In der Theorie des „Neuen Steuerungsmodells" sollen Produkte die Leistung der Verwaltung greifbar und analysierbar machen. Bei der Produktdefinition wird also das schon vorhandene Leistungsspektrum der Bibliothek neu beschrieben. Im Steuerungsverhältnis zwischen Fachamt (Bibliothek) und Rat/ Verwaltungsspitze haben Produkte zwei Funktionen:

1. *Sie sind Medium für Steuerungsvorgaben,* das heißt:
   - Sie sind Gegenstand von Zielvorgaben,
   - an ihnen vollzieht sich Aufgabenkritik,
   - sie bilden die „Recheneinheit" für Kontrakte und damit zukünftig für die Ressourcenzuweisung.
2. *Sie sind Medium für Steuerungsinformation,* das heißt:
   - Sie machen das Verwaltungshandeln transparenter,
   - sie ermöglichen überhaupt erst eine Wirtschaftlichkeitsanalyse,
   - sie bilden die „Recheneinheit" für das Controlling (sind z.B. Kostenträger) und für den interkommunalen Vergleich.

2. Gestaltung des Produktplanes und der Produktbeschreibung

Produkte müssen in der Theorie des „Neuen Steuerungsmodells" drei Kriterien erfüllen:

- Sie müssen Abnehmer außerhalb der Einrichtung haben,
- man muß ihnen exakt ihre Kosten zuordnen können,
- sie müssen in eine klare Verantwortlichkeit fallen.

Nicht jede der unzähligen Tätigkeiten einer Stadtverwaltung ist ein Produkt. Vielmehr werden die Tätigkeiten nach diesen Kriterien zu einer überschaubaren Anzahl von Produkten zusammengefaßt (3-20 pro Amt, ca. 180-500 pro Gemeinde). Die Produkte wiederum werden zu Produktgruppen, diese zu Produktbereichen gebündelt. Auf diese Art wird die Produktinformation nach oben hin immer mehr verdichtet, so daß die Entscheidungsträger um so undifferenziertere Informationen bekommen, je weiter sie „hierarchisch" von der Bibliothek entfernt sind.

[2] Vgl. den KGSt-Bericht 8/94: Das Neue Steuerungsmodell: Definition und Beschreibung von Produkten.

Eine Benennung von Produkten für sich allein ist nutzlos. Jedes Produkt muß durch Informationen und Kennzahlen zu Qualität und Quantität der Produkterstellung konkretisiert werden (dafür gibt es ein Schema der KGSt), sonst ist es für Zielvorgaben, Kontrakte und Controlling nicht zu gebrauchen. Das bedeutet aber auch, daß jedes definierte Produkt einen gewissen Arbeitsaufwand verursacht. Mit einer höheren Zahl von Produkten ist also mehr Arbeit, aber auch eine bessere Selbstdarstellung verbunden. Gleichzeitig bietet die Bibliothek damit dem Rat und der Verwaltungsspitze mehr Ansatzpunkte für Steuerungseingriffe in ihre Arbeit. Obwohl manche Bibliotheken mehr als zehn Produkte definiert haben, beschränken sich etliche (auch größere) auf zwei bis fünf Produkte. Bei der inhaltlichen Strukturierung der Bibliotheksprodukte ergibt sich das Problem, wie die gesamte bestandsbezogene „Kernarbeit" der Bibliothek (also nicht die leicht isolierbaren Tätigkeiten wie z.B. Veranstaltungsarbeit) gegliedert werden soll. Dafür gibt es verschiedene Möglichkeiten: eine Gliederung des Bibliotheksangebotes nach Medienarten, nach groben Sachgruppen, nach Nutzungsarten oder nach Zweigstellen.[3] Jede dieser Möglichkeiten wird in der Praxis verwendet; eine Einigung auf eine Variante gibt es momentan nicht. Auch wenn die Bibliothek sich für nur drei Produkte entscheidet (s.u.) wird sie die Produkt-*Kennzahlen* wahrscheinlich nach einer dieser Gliederungen differenzieren müssen.

3. Der Stand der Produktdiskussion

Mit Aufkommen der Produkt-Idee in den deutschen Gemeinden vor ca. zweieinhalb Jahren wurden in etlichen Bibliotheken individuelle Produktpläne und -beschreibungen erarbeitet. Diese variierten teilweise beträchtlich in Zahl und Struktur der Produkte. Recht schnell beschäftigten sich dann aber diverse kommunale und bibliothekarische Arbeitsgruppen mit dem Thema „einheitliche Produktbeschreibung für öffentliche Bibliotheken" – einmal, weil die Produkte ja einheitliche Grundlage für den interkommunalen Vergleich werden sollen (für Bibliotheken ein brisantes Thema), zum anderen, weil man sich von einer guten Produktdefinition eine Arbeitserleichterung für die einzelnen Bibliotheken und auch eine gewisse Außenwirkung versprach. Folgende Arbeitsgruppen seien genannt:

- die AG „Kommunale Bibliothek" bei der KGSt, wo für alle Verwaltungsbereiche Modell-Produktpläne erarbeitet werden,[4]

[3] Diese Fragen wurden schon ausführlicher dargestellt: Wimmer, Ulla: Produktdefinition für Öffentliche Bibliotheken. In: Bibliotheksdienst 30 (1996) H. 10, S. 1681-1691. Weitere methodische Hinweise bietet: Produktdefinition : eine Arbeitshilfe für öffentliche Bibliotheken / Staatliche Büchereistelle für den Regierungsbezirk Düsseldorf – Essen: Staatl. Büchereistelle für den Regierungsbezirk Düsseldorf, 1994.

[4] KGSt-Bericht 3/97: Von der Kulturverwaltung zum Kulturmanagement im Neuen Steuerungsmodell : Aufgaben und Produkte für den Bereich Kultur. – Köln: KGSt, 1997. – S. 47-56.

- die AG „Öffentliche Bibliotheken“ innerhalb der Produktbörse des Städtetag Baden-Württemberg,[5]
- das Bertelsmann-Projekt „Betriebsvergleich Öffentlicher Bibliotheken“,[6]
- die DBI-Projektarbeitsgruppe „Betriebswirtschaftliche Steuerungsmodelle“.[7]

Alle diese Arbeitsgruppen haben 1997 Produktplan-Empfehlungen veröffentlicht, die in ihrer Grobstruktur übereinstimmen. In allen vier Modellen – von denen das KGSt-Modell wohl die meiste Aufmerksamkeit auf sich zieht – findet sich eine Dreiteilung in die Produkte bzw. Produktgruppen
– Medien und Informationen
– Veranstaltungen
– besondere Dienstleistungen.

Es bleibt jeder Bibliothek überlassen, ob ihr diese drei Produkte ausreichen. Wenn sie eine differenziertere Darstellung wünscht, kann sie die Dreiteilung als Produkt*gruppen* auffassen (wie z.B. im KGSt-Modell) und sie weiter untergliedern, so daß dann 6 bis ca. 15 Produkte entstehen. Die Systematik der Untergliederung ist im KGSt-Modell nicht festgelegt.

Dieses Modell zeichnet sich dadurch aus, daß es sehr flexibel ist – keine Bibliothek wird in ein unpassendes Korsett gezwungen. Die anderen Arbeitsgruppen empfehlen dieselbe Struktur; auch fast alle Produktpläne, die *vor* dem KGSt-Modell entstanden sind, lassen sich der „Dreiteilung“ anpassen. Es ist also davon auszugehen, daß sich diese Gliederung weitgehend durchsetzt. Andererseits bleibt sie aber auch sehr vage. Mindestens 85 – 95% aller Bibliotheksressourcen entfallen auf das Produkt „Medien und Informationen“, so daß der gesamte Kern der Bibliotheksarbeit sehr undifferenziert dargestellt wird – sich gegebenenfalls jedoch auch gezielten Steuerungseingriffen von außen entzieht. Auch der interkommunale Vergleich bleibt auf dieser Ebene undifferenziert. Bibliotheken mit gleicher „Feingliederung“ sollen sich nach Ansicht der KGSt im Lauf der Zeit zu „Vergleichsringen“ zusammenfinden. Es scheint sich in der Praxis jedoch überwiegend eine Beschränkung auf zwei bis fünf Produkte durchzusetzen.

Es stellt sich heraus, daß bisher nur sehr wenige Gemeinden mit der Ver-

[5] Kommunaler Produktplan Baden-Württemberg / Hrsg.: Innenministerium Baden-Württemberg. – Stuttgart: Staatsanzeiger für Baden-Württemberg, 1996.

[6] Betriebsvergleich an Öffentlichen Bibliotheken Band 1: Empfehlungen und Arbeitsmaterialien für ein output-orientiertes Berichtswesen / hrsg. von Marga Pröhl und Bettina Windau; bearb. von Ursula Pantenburg und Kerstin Schmidt. – Gütersloh: Verlag Bertelsmann Stiftung, 1997. – S. 19-20.

[7] Wege zu einer bibliotheksgerechten Kosten- und Leistungsrechnung. – Berlin, Dt. Bibliotheksinstitut, erscheint 1997. – (Arbeitshilfen).

waltungsreform so weit fortgeschritten sind, daß die Produkte tatsächlich als zentrales Steuerungsmedium fungieren. Inwieweit sie im Lauf der Zeit die grundlegende Bedeutung erlangen werden, die ihnen in der Theorie des NSM zukommt, hängt vom Reformwillen der einzelnen Gemeinde ab. In der Anfangsphase betrachteten die bibliothekarischen Einrichtungen, die Produkte erarbeiteten, diese durchaus als ein Instrument der Selbstdarstellung, bis hin zur Vermittlung bibliothekarischer Arbeitsinhalte und -ziele. Mit Fortschreiten der Verwaltungsreform, Weiterentwicklung des Controlling und *noch* schwierigerer Haushaltslage tritt aber für die Gemeinden immer stärker die Funktion des Produktes als Kostenträger und Recheneinheit für Planungs- und Controllingzwecke in den Vordergrund. Mit der pragmatischen aber vagen Produktplan-Empfehlung der KGSt hat sich die Gewichtung eindeutig hin zu einer quantitativ-technischen Funktion der Produkte verschoben. Es bleibt also mehr denn je wichtig, daß bibliothekspolitische Fragen und Ziele durch Öffentlichkeitsarbeit und verbale Selbstdarstellung vermittelt werden.

B. Produktorientiertes Management in der Öffentlichen Bibliothek am Beispiel der Dresdener Städtischen Bibliotheken

1. Vorbemerkung

Die vorgeschlagene Managementstruktur basiert unter anderem auf einem betriebswirtschaftlichen Ansatz und verwendet daher das entsprechende Vokabular. Ziel ist es, Durchsetzungsstrategien zu entwickeln, welche erfolgreiche bibliothekarische Arbeit ermöglichen. In einer Zeit des finanziellen Mangels werden wichtige kommunalpolitische Entscheidungen auch im Bereich der Kultur und Bildung vor allem von der Finanzpolitik getroffen. Dieses Kampffeld betreten wir mit den zwei Zielstellungen:

- Absicherung der Finanzierung unserer Dienstleistungen,
- höhere Flexibilität und Eigenverantwortung im Umgang mit den Ressourcen.

Es geht also nicht um die Ablösung kultur- und bildungspolitischer Sichtweisen durch eine betriebswirtschaftliche Betrachtung, sondern um eine Ergänzung im Sinne eines output-orientierten Managements zur erfolgreichen Konkurrenz gegenüber

- steuermittelfinanzierten Einrichtungen,
- anderen informationsanbietenden Unternehmen.

2. Problem

Für die Öffentliche Bibliothek als Teil der Verwaltung können die gleichen vier Ursachen für den Modernisierungsbedarf festgestellt werden:

- Die finanziellen Ressourcen verringern sich unaufhaltsam,
- der Anspruch der Bürger an die Verwaltung steigt ständig,
- die Steuerung erfolgt als klassische Bürokratie und ist daher zu unflexibel,
- die Einstellung der Beschäftigten zu ihrem Job verändert sich.

Mit dem Mangel an öffentlichen Geldern verringert sich auch der Anteil an Ressourcen zur Absicherung der bibliothekarischen Arbeit. Durch die automatisch steigenden Personalkosten reduziert sich darüber hinaus die Summe der verfügbaren Finanzmasse in noch größerer Geschwindigkeit. Dadurch sinkt die Fähigkeit zur innovativen Weiterentwicklung bibliothekarischer Dienstleistungsangebote.

Der Anspruch an die Öffentliche Bibliothek wächst allerdings in der gleichen Rasanz wie die schwindenden Ressourcen:
- Reaktion auf den Medienmarkt,
- Erweiterung der Informationsfunktion auf den Online- Sektor,
- wachsende soziale Probleme in den Städten,
- Bedeutung des Erhalts traditioneller Kulturtechniken (Lesen),
- Bewältigung und qualitative Bewertung der stetig wachsenden Informationsflut.

Auch in der Aufbau- und Ablauforganisation der Bibliothek gab es durch das statische personal-, arbeits- und haushaltrechtliche Gefüge des Öffentlichen Dienstes wenig Möglichkeiten und Motivation zur Modernisierung. Personal, von dem erwartet wird, mit immer weniger Ressourcen immer mehr und bessere Dienstleistungen zu erzeugen, muß hervorragend ausgebildet und exzellent motiviert sein. Die Modernisierung des Bibliotheksmanagements über die Produkte reagiert mit einem komplexen Ansatz aktiv auf alle genannten Ursachen. Die Bibliothek produziert Leistungen für die Bürger. Sie muß ihre Angebote und die erbrachten Leistungen genau kennen, um beides bürgernah, wirksam und wirtschaftlich gestalten und die Leistungserbringung entsprechend steuern zu können. Die kommunale Bibliothek scheint ein besonders geeigneter Verwaltungsbereich zur Erprobung der Neuen Steuerungsmodelle (NSM) zu sein. Folgende Aspekte sind zu nennen:
- Bibliotheken arbeiten ohnehin sehr stark im und mit ihrem Publikum,
- Erfahrungen mit Meßzahlen und Statistiken liegen vor,
- innerhalb der Verwaltung existieren abgrenzbare Aufgaben, Organisationsformen und Berufsbilder mit eindeutig zu definierenden Schnittstellen zur Politik und zur Verwaltung.

Aufgebaut werden Kommunikations- und Entscheidungsstrukturen, wobei
- die Politik die Aufgaben definiert sowie die Ziele und Budgets vorgibt,
- die Verwaltung koordinierende Aufgaben wahrnimmt,

- die Bibliothek sowohl für die Aufgabenerfüllung als auch für ihr Budget die volle Verantwortung übertragen bekommt, d.h. die Verantwortung für die Ressourcen wird dezentralisiert.

Die Definition der Bedeutung, der Ziele der Bibliothek, ihrer Funktionen und Aufgaben erfolgt über die nach außen angebotenen Dienstleistungen, das heißt, über die Produkte. Zum einen wird über die Produkte der politische Auftrag erteilt, zum anderen sind sie Gegenstand der internen Abläufe und Strukturen. Daher spielt die Definition der Produkte eine zentrale Rolle im Management. Um die Steuerung im externen und internen Regelkreis zu ermöglichen, müssen eindeutige, das Produkt exakt beschreibende Kennzahlen erfaßt werden. Über diese Kennzahlen lassen sich auch Ziele konkretisieren, so eindeutig, daß die Zielerreichung gemessen oder eingeschätzt werden kann.

Bei den gewählten Kennzahlen des Produktplanes ist es nötig, eine Vergleichbarkeit abzusichern. Dabei erweist sich die zeitliche Vergleichbarkeit (gleiche Indikatoren vergangener Jahre oder Monate) als genauso wichtig wie der Versuch, Vergleiche mit anderen Kultur- und Bildungseinrichtungen der Stadt oder vergleichbaren Bibliotheken anderer Städte anzustellen. Leider gibt es im deutschen Bibliothekswesen zunächst noch keine Einigung über einen Ansatz vergleichbarer Indikatoren. Die Zahl der Projekte entspricht der Anzahl der Varianten. Auch international sind die Unterschiede in der Definition und Erfassung von Meß- und Kennzahlen sehr groß. Im von der Bertelsmann-Stiftung initiierten „Internationalen Netzwerk für Öffentliche Bibliotheken" werden einige Projekte analysiert und ein Standardisierungsvorschlag unterbreitet.

3. Modell-Produktplan

Die Städtischen Bibliotheken Dresden arbeiten seit dem 01.01.1996 als Pilotprojekt Dezentrale Ressourcenverantwortung (erstes Modell der Strategie zur Verwaltungsmodernisierung der Landeshauptstadt Dresden) mit einem Produktplan. Dieser wurde nach Vorlage des KGSt-Vorschlages modifiziert und als Modell national und international zur Diskussion gestellt:

Ausgehend von der Analyse der Strukturen und Inhalte verschiedener Produktdefinitionen und Kennzahlensysteme wird ein Produktplan verwendet, welcher zwei Kriterien in den Mittelpunkt stellt:

- Orientierung am Output, d. h. Konzentration auf die Außenwirkung der Öffentlichen Bibliothek,
- Vergleichbarkeit der beschreibenden Kennzahlen als Bedingung für die Nutzung der Indikatoren.

Produktplan Produktbereich Öffentliche Bibliothek			
Produkt	**Kennzahlen / Indikatoren**		
	Quantität	**Qualität**	**Wirtschaftlichkeit**
Produktbereich Gesamt	– Besucher im Verhältnis zu Einwohnern – Zahl der Bibliotheken – Gesamtfläche	– Zufriedenheit mit: • Freundlichkeit Personal • Räumlichkeit • Verkehrsanbindung	– Budget – Personalkosten – Sponsoring-Einnahmen
Produkt 1: Medien und Information	– Medienbestand – Medien je Einwohner – Zeitschriften-, Zeitungsabonnements – Entleihungen – Entleihungen je Einwohner – Fernleihen (aktiv und passiv) – Öffnungsstunden im Jahr – Besucher je Öffnungsstunde – Beratungsstunden – erteilte Auskünfte – Neuanmeldungen – Nutzer-Arbeitsplätze: • Leseplätze • PC-Plätze • OPAC-Plätze • CD-ROM-Plätze • Internet-Plätze • Audio-/Video-Plätze	– Aktualisierungsrate – Medienumschlag – zeitliche Erreichbarkeit (Telefon, OPAC) – Verfügbarkeit Bestseller – Zeitdauer bis zur Rückordnung entliehener Medien – Bearbeitungszeit für nicht erfüllbare Bestandsanfrage – Zufriedenheit mit: • Medienangebot • Öffnungszeiten • Fachberatung	– Produktkosten – Ausgaben – Einnahmen – Kostendeckungsgrad – Arbeitszeitvolumen – Anteil Öffnungsstunden an Arbeitsstunden – Entleihungen je Mitarbeiter
Produkt 2: Veranstaltungen	– Anzahl Veranstaltungen – Teilnehmer Veranstaltungen – Anzahl Ausstellungen – Anzahl Bibliotheks- und Stadtteilfeste – Anzahl Führungen – Teilnehmer Führungen – Erfassungsgrad Schulklassen	– Zufriedenheit mit: • Veranstaltungen • Ausstellungen • Führungen	– Produktkosten – Ausgaben – Einnahmen – Kostendeckungsgrad – Arbeitszeitvolumen
Produkt 3: Besondere Dienstleistungen	– Anzahl Nutzerkopierer – verkaufte Kopien – Anzahl Mediensendungen – Anzahl Ausleihstellen – Anzahl Besuche Bücherhausdienst – Anzahl Publikationen / Literaturlisten – Anzahl Informationsbereiche – Anzahl präsentierter Einrichtungen – zu vermietende bzw. zu vermittelnde Fläche – Öffnungsstunden Lesecafe – Plätze Lesecafe	– Zufriedenheit mit: • Kopierdienst • Austauschbeständen • Lesecafe • Bücherhausdienst	– Produktkosten – Ausgaben – Einnahmen – Kostendeckungsgrad – Arbeitszeitvolumen

Abbildung 1: Produktplan Städtische Bibliotheken Dresden, Mai 1997

Die Definition von drei Produkten orientiert sich streng an der Dienstleistungsfunktion der Bibliothek und greift die Struktur des KGSt-Vorschlags auf:

- Produkt 1 (Medien und Informationen) umfaßt alle Dienstleistungen des Nutzerinteresses „Medien und Informationen holen“,
- Produkt 2 (Veranstaltungen) umfaßt die Erwartungen an die Bibliothek als Veranstaltungsort,
- Produkt 3 (besondere Dienstleistungen) setzt die Klammer um die Outputs, welche nicht direkt für den Bürger, sondern für oder gemeinsam mit anderen Organisationen und Einrichtungen erstellt werden.

Eine sinnvolle und vor allem für alle drei Produkte gleichermaßen verwendbare Systematik der Indikatoren ist die Unterscheidung in die Kategorien:

- Quantität,
- Qualität,
- Wirtschaftlichkeit.

Alle für das Management wichtigen Kennzahlen sind dieser Struktur zugeordnet. Eine weitere Gliederung des Produktplanes wäre möglich, ist jedoch schädlich für die Vergleichbarkeit, da in einer detaillierten Aufschlüsselung die individuelle Situation der einzelnen Bibliothek eine dominierende Rolle spielen würde. Es läßt sich feststellen, daß eine höhere Zahl definierter Produkte zwar Vorteile hat – z.B. die detaillierten Informationen und Transparenz für die Politik –, die Nachteile jedoch überwiegen:

- mehr Eingriffsmöglichkeiten in die dezentrale Verantwortung,
- kompliziertere Kostenrechnung,
- kaum interkommunale Vergleichbarkeit.

Dieser Produktplan bietet zur fachpolitischen Außensteuerung ein logisch strukturiertes Kennzahlensystem mit einer Vielzahl meß-, errechen- oder erfragbarer Indikatoren, welche innerhalb der Verwaltung, interkommunal und zeitlich vergleichbar und damit zur Steuerung verwendbar sind. Zur finanzpolitischen Führung läßt der Plan die Untergliederung des Budgets in drei Produktkosten zu.

Da zur internen Steuerung und bei externer Nachfrage detaillierte Statistiken ausgewertet werden können, und auch die Kostenrechnung im Bedarfsfall weitere Analysen zu einzelnen Kostenarten (z.B.: Personalkostenanteil Produkt 3) und Kostenstellen (z.B.: Produktkosten 2 in Kostenstelle Kinderbibliothek) problemlos ermöglicht, scheint eine Beschränkung auf den vorliegenden Plan sehr empfehlenswert. Die meisten verwendeten Kennzahlen sind bereits definiert und finden in den nationalen Bibliotheksstatistiken in der gleichen Weise Verwendung. Zu speziellen Erfassungs- und Berechnungsmethoden kann auf die sehr umfangreichen Untersuchungen und entsprechende erste Arbeitsergebnisse der Bertelsmann-Stiftung verwiesen werden. Eine besondere Schwierigkeit stellen die qualitativen Zahlen dar. Schon bei der Zuordnung der Indikatoren sind unterschiedliche Interpretationen möglich (Bestandsumschlag, zeitliche Erreichbarkeit), andere sind schwer zu erfassen (Zeitdauer) oder werden eventuell vom Nutzer als unbedeutend angesehen. Einfacher lassen sich die Werte für die Zufriedenheit ermitteln. Durch in regelmäßigen Abständen durchgeführte Befragungen (in Dresden z.B. im Zweijahresrhythmus; dazwischen werden Nichtnutzer befragt) der Benutzer bekommt man bei Verwendung standardisierter Fragestellungen und Antwortmöglichkeiten vergleichbare Ergebnisse.

Zur Ermittlung der Indikatoren für die Wirtschaftlichkeit dienen die Methoden der Kosten- und Leistungsrechnung. Um zu vergleichbaren Kennzahlen zu kommen, muß die Ermittlung aller tatsächlich anfallender Kosten sichergestellt werden. In der Praxis scheitert es oft, zu kompromißlosen Städtevergleichen zu kommen, wie die Diskussionen in den Projekten der Bertelsmann-Stiftung genauso zeigen wie die Bemühungen der deutschen Großstadtbibliotheken. In vielen kommunalen Verwaltungen werden bestimmte Kostenarten gar nicht erfaßt oder so in Sammelnachweisen zentralisiert, daß die Anteile der Bibliothek sich nicht ermitteln lassen. Kompromisse sind an dieser Stelle jedoch kaum möglich, da die Kostentransparenz nicht der Vergleichbarkeit geopfert werden darf.

4. Einbindung der Produkt-Steuerung in den Management-Prozeß

Die Produktorientierung umfaßt die

- Leistungsorientierung,
- Output-Orientierung,
- Wettbewerbsorientierung,
- Nutzerorientierung,
- Mitarbeiterorientierung.

Daher kann ein auf Produkte basierendes Steuersystem nicht losgelöst oder gar zusätzlich zu alten Führungshierarchien installiert werden.

Das aus Zielen und Aufgaben abgeleitete Produkt bildet den Ausgangspunkt aller Informations- und Managementprozesse:

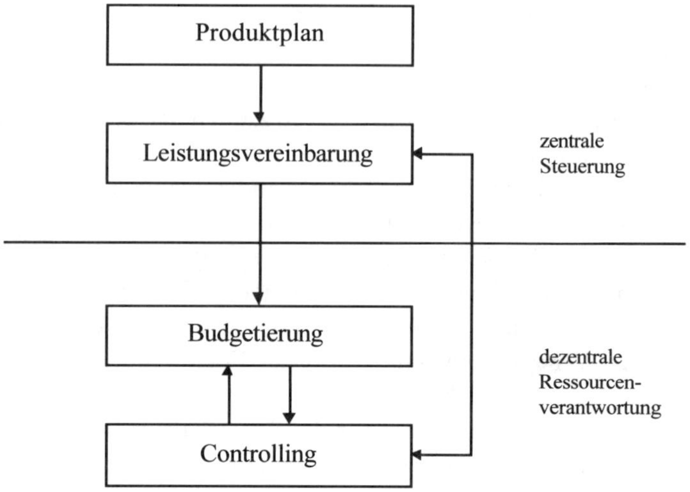

Abbildung 2: Regelkreis Dezentrale Ressourcenveranwortung

Output-orientierte Steuerung und dezentrale Ressourcenverantwortung bedingen sich gegenseitig. Die Steuerung durch Vorgabe oder Vereinbarung zu erbringender Produkte ist zugleich Voraussetzung für die Übertragung der Ressourcenverantwortung, weil sonst den Fachbereichen Budgets zugeteilt werden, ohne daß die Zweckbindung definiert wäre.

Die Produktsteuerung muß in einem *Kontraktmanagement* verbindlich vereinbart werden. Der Kontrakt für eine Öffentliche Bibliothek sollte folgende drei Teile enthalten:
- Dienstordnung,
- Entwicklungsplan,
- Leistungsvereinbarung.

Basis der Einbindung des Pilotprojektes im rechtlichen Rahmen des Kontraktmanagements der Dezentralen Ressourcenverantwortung bildet natürlich zunächst der Aufgabenkatalog, welcher neben den Aufgaben auch Entscheidungskompetenzen regelt. Zur Einbindung in die Strukturen der Verwaltung ist eine Dienstordnung nötig, welche:
- die Aufgabenabgrenzung auf der Basis eines Aufgabenkataloges,
- die Regeln für die Bewirtschaftung der Haushaltsmittel,
- das Controlling,
- gesetzliche und stadtinterne Regelungen

enthält und damit die Verantwortungssicherheit bietet. Die Bibliotheksentwicklungsplanung definiert die lang- und mittelfristigen Aufgaben und Zielstellungen der Bibliothek. Sie wird als politische Vorlage erarbeitet und enthält z.B. in Dresden:

- Gesamtbetriebliche Entwicklung: bibliothekspolitische Zielstellungen, Entwicklung der Produkte, Zielgruppen, Unternehmenskommunikation, Bestandsentwicklung, Controlling, Verwaltungs- und Personalstruktur, Einsatz von Technik und Technologie
- Entwicklung des Bibliotheksnetzes: Zentralbibliothek, Stadtteilbibliotheken, Fahrbibliothek, Soziale Bibliotheksarbeit, Schulbibliotheken.

Die Leistungsvereinbarung definiert die konkreten Leistungsziele für ein Planjahr und enthält die nötigen Budgets zur Absicherung der Zielvorgaben.

Mit der *Budgetierung*, d. h. der Zusammenfassung der verschiedenen Haushalttitel zu einem Budget, erhält das Management die Möglichkeit, den Mitteleinsatz output-orientiert zu steuern. Einschränkungen, welche keinen Produktbezug haben, werden abgeschafft. Das *Controlling* umfaßt die regelmäßige Information der für die Produkte oder ganze Produktbereiche verantwortlichen Führungskräfte über die Zielfindungs- und Zielerreichungsprozesse. Voraussetzung ist ein transparentes, produktorientiertes und zeitnahes Berichtswesen. Das strategische Controlling nutzt Instrumente wie Erfolgspotentialanalyse, Chancen-Risiko-Analyse und Stärken-Schwächen-Profil und entwickelt sich im Zusammenhang mit der Bibliotheksentwicklungsplanung. Das operative Controlling baut auf dem kompletten Kennzahlensystem auf und benutzt operative Instrumente wie zum Beispiel Personalbedarfsberechnung, Bestandsetatsteuerung und Zielabweichungsanalysen zur Steuerung der jährlichen Leistungsvereinbarung.

Abschließend muß auf *Einführungsschwierigkeiten und Mitarbeiterbedenken* hingewiesen werden. Zu warnen ist besonders vor einer zu großen Konzentration auf betriebswirtschaftliche Ziele und vor einer Übernahme nur einzelner Elemente der dezentralen Ressourcenverantwortung in die traditionellen Managementstrukturen. Output bedeutet Nutzer-(Kundenorientierung), muß aber auch Mitarbeiterorientierung einschließen: Steigende Eigenverantwortung bringt höhere Arbeitszufriedenheit und verbessertes Kosten- und Leistungsbewußtsein aller Beschäftigten. Mehr Bürgernähe und Effektivität der Arbeit sind nur zu erreichen, indem man die Aufgabenerledigung von möglichst allen Beschäftigten daraufhin ständig kritisch überprüft. Eine konsequente Aufgabenkritik kann nur erwartet werden, wenn die Beschäftigten sicher sein können, daß ihre Vorschläge nicht zu persönlichen Nachteilen für sie selbst führen. Die Bedenken und Zweifel der Mitarbeiterinnen und Mitarbeiter müssen im Veränderungsprozeß die gleiche Beachtung finden wie progressive Vorschläge aus der Belegschaft. Strukturveränderungen im Rahmen des Neuen Steuerungsmodells umzusetzen heißt „Gestalten statt Abwarten" auf einen ohnehin nicht aufzuhaltenden, weil notwendigen Prozeß.

C. Produktbeschreibung und Kostenrechnung

Der 1996 gegründete Kulturbetrieb, zu dem die Stadtbücherei Mülheim an der Ruhr gehört, verwendet eine ähnliche Produktpalette, wie es die KGSt für den Kulturbereich empfiehlt.[8] Dem Kulturbetrieb war angesichts der Vorstellung einer Gesamtpalette von Produkten für die gesamte Stadtverwaltung daran gelegen, diese knapp, aber für den Kulturbereich ausgewogen und überschaubar zu halten. Die Produktbeschreibung erfolgte gemäß der KGSt-Struktur mit

- der Produktdefinition: Kurzbeschreibung, Auftragsgrundlage, Zielgruppe, Ziele
- dem Leistungsumfang
- den Finanzen
- den Daten zur Quantität, Qualität und Zielerreichung.

Für den Produktbereich Stadtbücherei im Eigenbetrieb Kultur heißt es:

- Stadtbücherei
  Medien und Information
  Veranstaltungen, Führungen

Auf die Möglichkeit eines Produktes ‚Besondere Dienstleistungen', wie es der KGSt-Bericht beinhaltet, wurde verzichtet. Bei der Erstellung des Produktplans ging es dem Kulturbetrieb nicht allein um eine Beschreibung des Leistungsspektrums, sondern – selbstverständlich vorrangig unter finanziellen Gesichtspunkten – um ein Hilfsmittel zur Steuerung. Erste Grundlage hierfür beim Eigenbetrieb Kultur ist die Kostenrechnung, die nach dem Programm PROFISKAL der Firma Dogro buchhalterisch verwaltet wird. Die Kostenrechnung als Informationssystem sollte die Daten liefern, die notwendig sind, um den Leistungsprozeß sparsam und wirtschaftlich zu gestalten. Sie beinhaltet eine vollständige, also sämtliche Aufwendungen und Erträge enthaltende Budgetierung. Es handelt sich dabei um reale Kosten, kalkulatorische Kosten (Bsp. Miete) sowie um Verrechnungen von Dienstleistungen, die teils nach Realergebnissen, teils nach vereinbarter prozentualer Aufteilung erfolgen.

In dieser Kostenrechnung, genauer gesagt, Kostenartenrechnung, werden die Kosten gleichen Charakters zusammengefaßt, um Aussagen treffen zu

[8] Vgl. Anmerkung 4.

Konto	Bezeichnung	Ist	Plan	Abweichung	Erfüllungsgrad
410	Löhne	3.925.973	3.894.669	-31.304	100,80 %
415	Reinigung	331.592	346.666	15.074	95,65 %
320	Medien	269.217	294.000	24.783	91,57 %
426	Gebäude	23.709	17.417	-6.292	136,13 %
429	Techn. Anlage	40.858	50.516	9.657	80,88 %
820	Gebühren	164.979	210.833	45.854	78,25 %
825	Sonst. Erlöse	14.340	1.375	-12.695	1042,88 %
273	Zuweisungen	76.500	60.000	-16.500	127,50 %
278	Verw.-Gemeink.	91.200	91.200	0	100,00 %

Abbildung 3: Auszug aus der DOGRO-kostenrechnung: monatlicher Plan-Ist-Vergleich

können über solche, die innerhalb eines bestimmten Zeitraums, meist monatlich oder jährlich, anfallen. Diese Kostenartenrechnung ist weiterentwickelt zur Kostenstellenrechnung. Diese dient der Fragestellung, wo die Kosten nach dem Verursachungsprinzip angefallen sind, d.h. sie wird erstellt für jede Einheit, so die einzelnen Abteilungen des Kulturbetriebs, aber auch für die einzelnen Stadtteilbüchereien. Ein konsequenter weiterer Schritt ist nun die Kostenträgerrechnung, deren Aufgabe es ist, die Kosten den, so die betriebswirtschaftliche Definition, „in der Betriebseinheit erstellten Dienstleistungen", d.h. also den Produkten, zuzuordnen. Hier setzt nun ein Pilotprojekt „Leistungserfassung" in der Stadtverwaltung Mülheim an der Ruhr an, das seit Mitte 1996 in den Bereichen Hauptamt, Jugendamt und Stadtbücherei erprobt wird zwecks flächendeckenden Einsatzes in der Gesamtverwaltung von voraussichtlich 1998 an. Der Begriff der Leistungserfassung entstammt dem so bezeichneten Modul der Software der Forma Dogro, mittels dessen die Erfassung, Verarbeitung und Auswertung vorgenommen wird. Mittlerweile ist hierfür der Begriff „Personalkostencontrolling" bzw. „Personalkostenverteilung" üblich geworden. Die Leistungserfassung soll primär Grunddaten für die Kosten- und Leistungsrechnung im Personalbereich zur Verfügung stellen, ohne eine personenorientierte Leistungsanalyse zu erleichtern. Auf personenbezogene Einzeldaten sollte nur der jeweilige Mitarbeiter zugreifen können.

Das Erfassungsschema mußte von vornherein so strukturiert sein, daß es zum einen auf sämtliche Verwaltungsbereiche, Ämter und Betriebe anwendbar ist, zum anderen die sehr unterschiedlichen Leistungsspektren berücksichtigt werden können. So gelten die Positionen 1 bis 4 allgemein, während in Position 5 die produktbezogenen Kerntätigkeiten in einer maximalen Anzahl von 10 von den Ämtern selbst definiert werden können.

1. Verwaltung / Koordinierung:
   Sämtliche Tätigkeiten, die sich aus der Leitung und Führung einer Organisationseinheit, sowie deren Selbstverwaltung ergeben.
2. Information, Kommunikation, Qualifikation
   Weiterbildung, Ausbildung, Lehrgänge, Dienstbesprechungen u.ä.
3. Demokratische Willensbildung
   Sämtliche Tätigkeiten, die aus parlamentarischen Gremien entstehen, bzw. sich aus der politischen Legitimation ergeben, und nicht originär den „Produktbezogenen Kerntätigkeiten" zuzurechnen sind, beispielsweise Stellungnahmen, Berichtsvorlagen, Beschlußvorlagen u.ä.
4. Bezahlte Abwesenheit
   Urlaub, Krankheit, Kur, Abordnung, soweit eine Lohnfortzahlung besteht.
5. Produktbezogene Kerntätigkeiten
   Alle Tätigkeiten, die der originären Aufgabenerfüllung dienen.

Die Spezifizierung der produktbezogenen Kerntätigkeiten erfolgt nach dem Steuerungsbedürfnis des jeweiligen Fachbereichs und dessen Produktpalette. Für die Stadtbücherei wurden folgende Kerntätigkeiten vereinbart:

5.1. Bestandsaufbau/abbau
5.2. Bestandserschließung, Katalogisierung, Katalogpflege
5.3. Technische Medienbearbeitung
5.4. Beratung, Information
5.5. Verbuchung, Mahnwesen, Gebührenabwicklung
5.6. Rücksortieren
5.7. Interner und auswärtiger Leihverkehr
5.8. Veranstaltungen, Führungen, Ausstellungen, Öffentlichkeitsarbeit

Die Positionen 5.1 bis 5.7 beziehen sich auf das Produkt und damit den Kostenträger ‚Medien und Information', die Position 5.8. auf den Kostenträger ‚Veranstaltungen, Führungen'.

Nicht alle Tätigkeiten, insbesondere aus den allgemeinen Positionen 1 bis 4, können einem Kostenträger direkt zugeordnet werden. Aus diesem Grund sind im System sogenannte Verbundkostenträger hinterlegt. Sind Leistungen also keinem Kostenträger direkt zuzuordnen, so erfolgt dies auf den Verbundkostenträger. Systemintern werden diese Verbundkostenträger dann automatisch auf die entsprechenden Kostenträger, bei der Stadtbücherei auf die beiden

1. Verwaltung und Koordinierung	2.723,93 DM
2. Informaiton, Qualifikation, Kommunik.	10.21,15 DM
3. Demokrat. Willensbildung	2.641,84 DM
4. bezahlte Abwesenheit	16.708,37 DM
5.1 Kerntätigkeit Bestandsaufbau	9.081,66 DM
5.2 Kerntätigkeit Erschließung, Katal.	8.347,42 DM
5.3 Kerntätigkeit Techn. Medienbearb.	4.222,24 DM
5.4 Kerntätigkeit Beratung, Information	21.310,05 DM
5.5 Kerntätigkeit Verbuchung	12.883,32 DM
5.6 Kerntätigkeit Rücksortieren	6.852,14 DM
5.7 Kerntätigkeit Leihverkehr	1.681,25 DM
5.8 Kerntätigkeit Veranstaltungen	0
Summe	96.653,37 DM

Abbildung 4: Auszug aus einer Auswertung des Kostenträgers „Medien und Information"

o.g. Produkte, verteilt. Die MitarbeiterInnen erfassen auf entsprechenden Bögen täglich in 30-Minuten-Schritten, eine genauere Differenzierung wurde als nicht praktikabel und sinnvoll erachtet, den von ihnen für die Tätigkeitsarten 1-5.8 jeweils benötigten zeitlichen Umfang vollständig im Sinne einer 38,5-Stunden-Woche. Die Daten werden wöchentlich entweder selbst (wenn Zugriff auf das Modul besteht) oder durch eine Vertrauensperson erfaßt und zu Monats-, Quartals- oder Jahresauswertungen zusammengefaßt. Die Auswertung erfolgt in Zeiteinheiten und Personalkosten. Für jeden Mitarbeiter ist die individuelle Eingruppierung hinterlegt, allerdings nicht die individuellen Kosten. Hierbei geht man von Stunden-Durchschnittswerten für die jeweiligen Lohn-, Gehalts- bzw. Besoldungsstufen aus, damit Individualitäten und Altersstrukturen keine Berücksichtigung finden.

Konsequenter nächster Schritt innerhalb des Projekts wird die Einbindung der Sachkosten sein, deren Zuordnung zu den Tätigkeitsbereichen wesentlich einfacher ist, so daß verwaltungsweit, so jedenfalls Ziel des Projekts, eine Vollkostenrechnung installiert wäre.

NEW BOOK ECONOMY

INGO-ERIC M. SCHMIDT-BRAUL

Die digitale Herausforderung der Buchwelt
Neue Allianzen und neue Rollen für Bibliotheken, Verlage und Buchhandlungen

„Das globale Netz gestattet es, auch vom entlegensten Dorf aus in der modernsten Bibliothek zu stöbern, und es schafft das Bewußtsein, überall auf der Welt, daß wir alle Hüter unseres kleinen Planeten sind";[1] mit diesem Satz wird US-Vizepräsident Al Gore zitiert, wenn es um die Modethemen unserer Zeit, um Daten-Highway, Multimedia, Internet, Online, Datensicherung und Telearbeit geht, um interaktive Mediennutzung und Cyberspace. Unsere Gesellschaft macht einen Quantensprung, der mit dem der industriellen Revolution vergleichbar ist. Schöne neue Welt – häßliche neue Welt: Nur wenige Technologien haben so große Hoffnungen und zugleich Ängste geweckt wie der Daten-Highway als Synonym für die Informationsgesellschaft. Obwohl dic Vorstellung von Beruf und Tätigkeit als Grundlage der Industriegesellschaft unser Denken und Handeln bis heute dominiert, ist inzwischen zu beobachten, daß virtuelle Unternehmen, die für jedes einzelne Projekt elektronische Dienste nutzen, entstehen und flexibler auf Anforderungen und Veränderungen reagieren als die traditionelle Arbeitswelt.

Obgleich sich der Begriff der „Informationsgesellschaft" als Beschreibung zukünftiger gesellschaftlicher Entwicklungen weitgehend durchgesetzt hat, hat das Zeitalter der Informationsgesellschaft bereits seit längerem begonnen. Ihre Entwicklung ist durch die Verfügbarkeit von Information als Ware und dem Markt als dessen treibende Kraft bestimmt. Bisher hatte Information keinen besonderen Wert als kommerzieller oder produktiver Faktor. Ihr Wert war stets in der spezifischen Form der Präsentation und hier vor allem in den Printmedien versteckt. Der technologische Wandel und die schnell wachsende Nachfrage seitens professioneller und privater Benutzer aber hat die Information zu einer viel gefragten Ware werden lassen. Besteht wirklich die Möglichkeit, all die verfügbare Information zu nutzen? Nach Neil Postman müssen die

[1] Der Mensch im Netz, ZEITPunkte, Heft 5/1996.

Menschen Strategien entwickeln, um sich gegen den Ansturm der Information zu wehren, denn an sich haben sie bereits heute nicht zu wenig, sondern eher zu viel Information.

IuK-Technologien für die Verbreitung von Information

Für die Verbreitung von Information und Wissen sind traditionelle Träger wie Bücher und andere Printmedien über Jahrhunderte benutzt worden. Ihr Gebrauch ist zu einer Selbstverständlichkeit geworden. Bücher halfen Revolutionen hervorzubringen, und sie erlaubten es, Wissen von Generation zu Generation weiterzugeben. Sie machten es möglich, Wissen zu sammeln und entsprechend den eigenen Bedürfnissen zu nutzen. Die Möglichkeiten der über Druckerzeugnisse verbreiteten Information sind jedoch von der Natur des Mediums selbst begrenzt. Die Vorteile der digitalisierten Medien sind hier offenkundig. Sie erlauben es, jede Art von Information nahezu unbegrenzt zu speichern, unabhängig von ihrer Qualität und ihrer Nutzung. Ihr vorrangiges Ziel besteht darin, Information verfügbar zu machen. Die Skepsis von Autoren über die „hereinbrechende elektronische Sintflut" und insbesondere die Angst, daß Sprache und Schrift ihre dominierende Rolle an die perfekte Beherrschung technischer Medien verlieren, beschwört das Ende der Buchkultur. Im Gegensatz dazu steht, daß elektronischer Text „nicht nur einen neuen Raum des Schreibens, sondern auch einen neuen Erziehungsraum" schafft; so der Sprachforscher Richard Lanham.[2] Neil Postman hält das Internet für wichtig in bezug auf wissenschaftliche Forschung, sieht in Lesen und Schreiben nicht einfach Techniken, sondern analytische Kräfte, die unseren Geist verändern können: „Die Fähigkeit, mit dem Computer umzugehen, mag auch eine Art besonderer Kraft vermitteln – aber wir wissen noch nicht, welche".[3]

Im Vergleich zu dem traditionellen Buch und seinen begrenzten Möglichkeiten könnten die elektronischen Medien auch offensichtliche Nachteile haben, so beispielsweise das Problem der Informationsüberfrachtung. Die daraus resultierende Desorientierung führt zu neuen Tätigkeitsfeldern (z.B. *information broker*), welche die Sicherung der Informationsqualität zum Ziel haben. An sich verlangen die digitalen Medien nach so etwas wie „personal information management", das jedem die nötige Information als Basis seines Wissens bereithält. Allerdings ersetzen Bücher und digitalisierte Medien sich nicht, sondern ergänzen einander, indem sie unterschiedliche Benutzer mit

[2] dasselbe

[3] Gaschke, Susanne/ Heuser, Uwe Jean, Die große Verführung, in: ZEITPunkte, Heft 5/1996.

spezifischen Informationen versorgen. Gedruckte Veröffentlichungen haben bislang nicht die Gunst des Lesers verloren. Selbst populäre elektronische Produkte wie CD-ROMs haben nach wie vor nur einen begrenzten Markt; dies vor allem, weil bestehende konventionelle Vertriebswege dem Medium nicht angemessen sind. Information ist eine Ware, die verkauft und erworben werden kann. Die entscheidende Frage ist, in welcher Form sie angeboten wird, wer sie für den Gebrauch aufbereitet und wer sie verbreitet.

Die neuen IuK-Technologien bieten enorme Möglichkeiten für Rationalisierungsprozesse, und der Trend in Richtung elektronisch verfügbarer Information wird immer stärker. Die neuen Technologien verändern unseren Zugang zu Wissen und Kreativität und beeinflussen somit die Arbeitsweise und Erzeugnisse der Kulturindustrie. Die traditionelle Informationskette – um nicht von der Buchkette zu sprechen – bewegt sich jedoch noch immer am Rande der Informationsgesellschaft: Weder das Wissen um die neuen Technologien noch die für ihren Betrieb notwendige technische Hardware sind in einem solchen Masse verbreitet, daß die Möglichkeiten, die sie bieten, auch tatsächlich ausgeschöpft werden.

Verlage und Bibliotheken in der digitalisierten Welt

Information kann als Synonym für Wissen behandelt werden, das aus Daten besteht, die den Bedürfnissen des Nutzers entsprechend verarbeitet werden. Sie wird normalerweise von Autoren oder anderen geistigen Urhebern zur Verfügung gestellt. Solange die Information in gedruckter Form verbreitet wird, benutzen Verleger die neuesten Technologien meist im Produktionsbereich, um den technischen Prozeß zu automatisieren. Bibliotheken sind dem gefolgt; haben Verlage zumindest in einzelnen Bereichen überholt, indem sie neue Techniken eingeführt, die Ausleihe, den Katalog und das Bibliographieren automatisiert haben. Dabei sind die Tätigkeiten im Kern dieselben geblieben, nur Form und Träger haben sich verändert. Traditionell erstreckt sich das Aufgabengebiet der Bibliotheken auf Auswahl, Archivierung und Verbreitung von Wissen in Form des gedruckten Buches. In den letzten Jahrzehnten ist es mit Hilfe der Automatisierung auch üblich geworden, bibliographische Informationen weltweit abzurufen und dem Nutzer zugänglich zu machen. Die Herausforderung der digitalen Medien heißt: Partnerschaften zwischen den Akteuren zu knüpfen. Im engeren Sinne geht es dabei um die Partnerschaft von Bibliotheken, Verlagen und Buchhandel. Dabei werden Rollenveränderungen unumgänglich werden und auch neue Formen der Zusammenarbeit. Die Phantasie der Akteure ist gefragt, vor allem bezüglich der Rolle von Buchhandlungen und Bibliotheken in der virtuellen Informationswelt.

In Anbetracht der bisherigen und der sich weiter beschleunigenden Technologieentwicklung wird niemand bestreiten wollen, daß die Entwicklung von multimedialen Produkten und Dienstleistungen auf dem Gebiet der elektronischen Informationsverarbeitung zu den Aufgaben von Verlagen zählt. Die elektronische Verarbeitung vorhandenen Wissens und seine weltweite Verbreitung stellt eine der größten Herausforderungen der Informationsgesellschaft dar. Dabei muß jedoch einschränkend festgestellt werden, daß europäische Verlage erst jetzt beginnen, sich in diesem neuen Informationsmarkt zu etablieren. Mit ihrem Expertenwissen in der Aufbereitung und Verbreitung von Wissen (Inhalten) und Texten sind Verlage in höchstem Maße qualifiziert, auch in der Informationsgesellschaft die Qualität, Authentizität und Übermittlung von Information zu gewährleisten und zu garantieren. Verlage haben sich in der Vergangenheit vor allem als Bewahrer kultureller, sozialer und intellektueller Innovationen verstanden. Ihr Selbstbewußtsein in diesem Punkt beruht auf der langen geschichtlichen Erfahrung, die sie auf Grundlage von Publikationen, der Verwaltung geistigen Eigentums (content) und den sich daraus ergebenden engen Beziehungen zu Autoren und Lesern gewonnen haben. In der sich formierenden Informationsgesellschaft kommt der Transformation dieser Verlagsbranche in eine kompetente ausgeprägte Wissensindustrie (content industry) unter Einbeziehung ihrer historisch gewachsenen Stärken zunehmende Bedeutung zu.

Die Möglichkeiten elektronischer Informationsvermarktung auch durch branchenfremde Anbieter sind bereits heute nahezu unübersehbar. Der Berufsstand des *information brokers* ist für Nutzer aus Wissenschaft, Wirtschaft und Technik keine unbekannte Größe mehr. Aufgrund globaler Verfügbarkeit auch entlegenster Datenbestände, der Vielfalt an Inhalten und der Möglichkeit, im Datennetz fast jede beliebige Information aufzustöbern, erhalten Vermittlung und Verbreitung von Information eine andere Dimension; Auswahl und Aufbereitung bestimmen in Zukunft die Recherche. Dabei werden Verlage wie Bibliotheken zunehmend die Konkurrenz von Akteuren zu spüren bekommen, die traditionell bisher nicht in diesem Sektor tätig waren. Der Erfolg der digitalen Medien im Umfeld der Buchbranche wird deshalb auch von der Bereitschaft der drei Akteure des Buchmarktes, Verlegern/ Produzenten, Verbreitern/ Bibliothekaren und Buchhändlern und den Nutzern abhängen, sich diesen Medien gegenüber zu öffnen, zu lernen, mit ihnen umzugehen und sie nutzerorientiert zu vermitteln.

Bei *electronic publishing* wird sich das etablierte Verhältnis zwischen Verlegern und Lesern ändern. Indem diese Beziehungen enger und sich neue Formen entwickeln werden, verlangen sie nach neuen Konzepten für die Definition von Ziel- und Lesergruppen. Diese neuen Formen der Beziehungen werden den Kommunikationsaustausch zwischen Anbietern und Nutzern intensivieren, was zu einer Kombination von angebotenen Inhalten und Dienstleistungen führen wird. Die daraus resultierende Frage der Marken-, Unternehmens-(Verlags-) und Autoren-Identifikation war bisher schon immer aktuell, wenn sich Verleger mit Produktmarketing auseinandersetzten. Mit Online-Produkten werden Verleger besser in der Lage sein, das Verhalten der Leser einzuschätzen und bei der Entwicklung neuer Produkte darauf zu reagieren. Die interaktive Dimension der neuen Medien erschließt die Möglichkeit, das Produkt in personalisierter Form auf die Bedürfnisse eines äußerst eingegrenzten Nutzerkreises zuzuschneiden.

Bisher begründet jede Bibliothek ihre Leistung auf Umfang und Qualität ihrer Buchbestände. An diesem traditionellen Verständnis orientiert sich auch der Vorsteher des Börsenvereins des Deutschen Buchhandels, wenn er fordert, daß die Acquisitionsetats für das Leitmedium Buch nicht weiter reduziert werden dürften.[4] Bei elektronisch gespeichertem Wissen dagegen dominiert nicht mehr das lokale oder regionale Angebot – denn dieses ist selbst über größte Entfernungen kurzzeitig zu beschaffen und unabhängig davon, in wessen Eigentum es sich befindet – sondern die Nachfrage; vor allem, wie der Nutzer die gewünschte Information komfortabel, effizient und kostengünstig erhält. Das bedeutet auch für Bibliotheken, daß sie mehr als bisher auf Kooperationspartner angewiesen sein werden.

Für die drei Sparten der Buchbranche besteht deshalb dringender Bedarf nach Entwicklung neuer Formen von Kreativität, neuen Produktionsmethoden und umfassender Diversifizierung in den Verbreitungsmechanismen. Gegenwärtig werden die Buchindustrie und ihre verschiedenen Berufszweige noch immer vom individuellen Charakter jeden einzelnen Buches und dem Umstand bestimmt, daß das gedruckte Buch ein endgültiges, unveränderbares Produkt ist. Für die Buchindustrie – und damit auch für Bibliotheken – impliziert die Informationsgesellschaft weitreichende strukturelle Veränderungen, die sich sowohl auf die Produkte selbst – Bücher und Zeitschriften – als auch auf veränderte Dienstleistungsangebote beziehen. Die Steigerungen im Bereich der elektronischen Fachinformation (1996 um 14 % auf einen Umsatz von 1,7 Mrd. DM) oder der Wissenschaft selbst zeigen, wie weitgehend sich die Realität bereits verändert hat. Heute bieten Wissenschafts- oder Technikverlage ihre Fachzeitschriften direkt als Online-Produkte an, wobei sie vollständige

[4] Kurtze, Gerhard, Kurskorrektur notwendig, in: Börsenblatt für den Deutschen Buchhandel, Heft 36/6. Mai 1997.

Textdateien mit hunderten von einsehbaren Titeln online anbieten. Nichtsdestotrotz ist die Bandbreite der tatsächlich angebotenen elektronischen Produkte in diesem Bereich und auf dem sogenannten *consumer market* noch sehr begrenzt, selbst wenn auch hier zweistellige Wachstumsraten erzielt werden. Die Veränderungen befinden sich hier eigentlich noch in einer ersten Entwicklungsphase.

Daten-Highways und Internet eröffnen den Akteuren völlig neue Dimensionen, die bei Retrieval und Präsentation frei gestaltbar sind. Die Offenheit und weltweit zusammenwirkende Kreativität des Internet in Verbindung mit dem permanenten Kommunikationsbedarf der Wissenschaft wird unzählige Formen von Publikationen bedingen, zu deren Handhabbarkeit sowohl technische Hilfsmittel – die wiederum beherrschbar sein müssen – wie Vermittlungskompetenz und intellektuelle Bewertung erforderlich sind. Retrieval Know-how und technisches Wissen allein reichen als Argument für eine angebotene Dienstleistung nicht mehr aus. Gegenwärtig werden die Buchindustrie und ihre verschiedenen Berufszweige noch immer von individuellen Charakter jedes einzelnen Buches und dem Umstand bestimmt, daß das gedruckte Buch ein endgültiges, unveränderliches Produkt ist. In der Informationsgesellschaft wird es jedoch nicht länger Hauptträger von Information bleiben, sondern als eines von vielen Medien zu verstehen sein, über die Informationen vermittelt werden. Datenbanken werden als Ausgangsbasis für verschiedenste Produkte, ggf. auch Printprodukte sein.

Einführung neuer Technologien

Die Einführung von neuen Technologien hat zu allen Zeiten bei den in den einzelnen Bereichen Betroffenen zur Sorge über ihre jeweilige Zukunft geführt; die Akteure hatten nie eine eindeutige Antwort auf die Frage, wohin die Veränderungen führen und wie die Funktionen, die ihnen zukünftig zukommen sollten, aussehen würden. Mit Blick auf Bibliothekare und Buchhändler steht zu erwarten, daß sie sich nun ähnlich verhalten und auf die strukturellen Veränderungen, die durch die neuen Medien ausgelöst werden, nach traditionellem Verhaltensmuster reagieren werden. Als die ersten „Personal Computer“ vor etwa zwanzig Jahren eingeführt wurden, war eine ähnliche Reaktion zu beobachten. Niemand vermochte zu sagen, wohin die Reise geht; der Computer sollte den Menschen als Denkwerkzeug dienen und sie unabhängig von den Großrechnern machen. Immer perfektere Lösungen wurden mit dem Ziel entwickelt, das am Ende die Technik als Störfaktor verschwinde und die Orwell'sche Vision nicht Wirklichkeit wird. Noch im Jahr 1977 sah allerdings der

Begründer der Firma „Digital Equipment", Ken Olson,[5] keinen Grund, warum jeder einen Computer zu Hause haben sollte. Heute erleben wir mit der Einführung des Internet und der weltweiten Kommunikation eine der größten Veränderungen im Bereich der Kommunikations- und Informationstechnologie. Und wir sind uns immer noch im unklaren über das Ziel der Veränderung beziehungsweise, noch schlimmer: Die nächsten Entwicklungsschritte auf diesem Gebiet können weder vorhergesagt werden noch sind sie eigentlich vorstellbar. Der Produktzyklus elektronischer Entwicklungen beträgt zur Zeit etwa achtzehn Monate mit abnehmender Tendenz. Mit anderen Worten, hätten sich unsere Autos in ihrer Geschichte so entwickelt wie die Mikroprozessoren, würde ein Rolls Royce heute fünf Mark kosten und mit einem halben Liter Benzin einmal um die Erde fahren.

Die neuen Technologien machen es einfacher, jede Form von Information, die in Datenbanken gespeichert ist, zu kopieren, zu verändern oder durch Datenübertragung verfügbar zu machen. Hier birgt diese technologische Entwicklung ein großes Konfliktpotential für das Verhältnis der an der Buchkette beteiligten Partner. Fragen der Urheber- und Nutzungsrechte am im Netz verfügbaren Inhalten sind noch ungeklärt; für Offline-Produkte gelten vorläufig und bis auf weiteres die Regelungen des bisherigen Urheberrechts. Einerseits kann diese Entwicklung als eine Demokratisierung des Wissens aufgefaßt werden, auf der anderen Seite aber verletzt sie die Rechte von Autoren und allen geistigen Urhebern an ihren Erzeugnissen. Der rechtliche Schutz geistigen Eigentums in den elektronischen Medien gehört zu den zentralen Streitpunkten und ist von ebenso großer Bedeutung wie bei Printprodukten. Die Inhaber/ Verwalter dieser Rechte – zumeist Verlage und andere Wissensanbieter – sehen sich im Bereich der digitalen Medien bei der Wahrung und Wahrnehmung dieser Rechte mit neuen und sehr viel ernsteren Problemen konfrontiert als bei Printprodukten. Verlage und Bibliotheken sind hier besonders aufeinander angewiesen, intelligente, nutzerorientierte Lösungen zu realisieren. Beide sind aufgefordert, ein Verfahren zu entwickeln, das Wege der Honorierung für die Nutzung geistigen Eigentums vorsieht; über ein elektronisches Abrechnungssystem muß die Nutzung elektronisch zugänglicher Dokumente ermittelt und die Berechnung von Lizenzgebühren gewährleistet werden.

[5] Kemp, Arnoud de, Gedanken über Lesen und Laser, in: Börsenblatt für den Deutschen Buchhandel, Heft 5 /17. Januar 1997.

Funktion der Bibliotheken

Bibliotheken werden genauso Bestand haben wie Bücher; in ihnen werden auch in Zukunft gedruckte Bücher und Zeitschriften gesammelt und gelesen werden. Ihr Herzstück wird jedoch nicht mehr nur ihr Magazin sein, und dadurch werden sie sich von traditionellen Bibliotheken unterscheiden: Zusätzlich werden sie Informationszentren und Schnittstellen zu einer universalen, virtuellen Bibliothek sein. Würde die Institution Bibliothek diese Umstellung nicht schaffen, machte sie sich selber überflüssig, denn dann würden die Informationsströme irgendwann an ihr vorbeifließen. Die zukünftige Bibliothek wird also multimedial sein, eine Schnittstelle zwischen den Aggregatzuständen der verschiedenen Medien sein, sie wird ein hochtechnisiertes Zentrum sein, dessen Angebote und Leistungen höchsten Qualitätsansprüchen der Nutzer genügen muß. Die Funktion, die die Bibliothek in der Vergangenheit innehatte, wird sie auch in der Zukunft ausfüllen. Dabei kommt ihr eine doppelte oder sogar dreifache Rolle zu: die des Fortbildenden, der interdisziplinäre Verbindungen zwischen Wissensbereichen herstellt, die des Vermittlers, der Nutzern neueste Hilfsmittel und Informationsquellen erschließt, und die des Bewahrers der Werke, welche bei Erscheinen zur Grundversorgung zählten und nach Abklingen der aktuellen Nachfragephase auf einem Archivserver in eine dauerhaftere, referierte und zitierfähige Phase überführt werden. Ihre traditionellen Aufgaben wird die Bibliothek damit sozusagen beibehalten.

Die aus dieser Funktionsdefinition resultierenden direkten Abhängigkeiten von technischen Zwängen sind ebensowenig zu unterschätzen wie der Komplex, daß Bibliotheken ihre digitalen Angebote nicht ohne zusätzliche Räumlichkeiten und Sachmittel sowie vor allem nicht ohne zusätzlich qualifizierte Mitarbeiter realisieren können. Ohne Frage resultieren daraus auch Veränderungen in den Voraussetzungen bibliothekarischer Arbeit, die sich vor allem darin manifestieren, daß sich ein Buch dem menschlichen Auge unvermittelt erschließt, während jede Digitalisierung der körperlichen Umsetzung bedarf. Im Vordergrund steht das Interesse, den Zugang zu global verfügbaren Informationen aller Art zu verbessern.

Die Nutzer wünschen sich virtuelle Dienste als gemeinsames Angebot aller Dienstleister der Buchbranche, möglichst mit Kennzeichnung des Zuverlässigkeits- und Qualitätsniveaus. Für die Authentizierung von Texten wiederum stehen Verlage mit ihrer Kompetenz im Umgang mit Inhalten ein. Im Interesse der Nutzer sind spartenübergreifende Absprachen und Standards erforderlich, die die Bewertung von Inhalten durch Suchmaschinen der intellektuellen Bewertung und Bearbeitung durch Menschen unterordnen. Bibliothekare und Buchhändler, die bislang fast ausschließlich für die Verbreitung und den Erhalt von Büchern verantwortlich waren, werden sich gemeinsam zunehmend Organisationen gegenübergestellt sehen, die sich der Verbreitung und Verteilung von Informationsprodukten annehmen. Während Bibliotheken ihr Leistungsspektrum bislang vor allem darauf konzentriert haben, daß jeder Interessierte Zugang zum allgemein verfügbaren Wissen hat, was auch für die neuen Medien zutrifft, galten Buchhändler bis heute als Mittler der Information zwischen Verlag und Nutzer.

Die Neudefinition der Publikationskette in ihrer elektronischen Erscheinungs- oder Wirkungsform ist nicht gleichbedeutend mit der Eliminierung einzelner Kettenglieder, wohl aber mit Anpassung und Wandel. Die Haltung von Bibliothekaren und Buchhändlern den neuen Medien gegenüber schwankt zwischen Euphorie und Indifferenz. Während die deutschen Buchhändler aufgrund einer Meldung des „Buchreport" über die Auflösung der Multimedia-Abteilungen in den Filialen des amerikanischen Buchhandelsriesen Barnes & Noble im Frühjahr 1997 bereit waren, ihr diesbezügliches eigenes Engagement in Frage zu stellen, belegen Beispiele wie das Projekt „Chilias – europäische virtuelle Kinderbibliothek der Zukunft" der Stuttgarter Kinderbibliothek die sich verändernden Anforderungen und weisen in eine Zukunft, in der es Autor wie Leser mehr oder weniger gleich sein wird, wo und auf welchem Weg er seine Information erhält, solange seine Hauptinteressen gewahrt sind. „Chilias" wird Kindern ab 1998 ermöglichen, durch eine multimediale Simulation der Bibliothek zu browsen, sich spielerisch und kreativ Medienkompetenz anzueignen. Vielleicht kann „Chilias" darüber hinaus auch ein Signal in die Zukunft sein, neue Kooperationsformen zwischen Verlagen, Buchhandlungen und Bibliotheken anzuregen und umzusetzen.

Das Projekt „NEW BOOK ECONOMY"

In den 1995 veröffentlichten „Empfehlungen der BDB-Arbeitsgruppe Elektronische Bibliotheken" heißt es: „Der Bewußtseinswandel, der mit dem breiten Einsatz elektronischer Medien in den Bibliotheken notwendig wird, muß durch das umfangreichste Schulungsprogramm in der Geschichte des deutschen Bibliothekswesens unterstützt werden."[6] Neue Anforderungen wie die Verbreitung bibliothekarischer Dienste über Daten-Highways, die Digitalisierung von Werken zur Archivierung und zum Wiederauffinden und die Einbindung bibliothekarischer Dienstleistungen in elektronische Kommunikations-

[6] In: Bibliotheken im Zeitalter der Datenautobahnen und internationalen Netze, Bundesvereinigung Deutscher Bibliotheksverbände (Hrsg.), Göttingen 1995.

netze – dies sind nur einige der Komplexe, die im Bibliotheksbereich von der Innovationsdynamik der neuen Medien bestimmt werden. Obwohl Tätigkeitsdefinitionen für zukünftige Arbeitsbereiche noch kaum möglich sind, bedarf eine vorausschauende Beschäftigungs- und Qualifizierungspolitik entsprechender Projektionen.

Vor diesem Hintergrund wurde das Projekt NEW BOOK ECONOMY mit dem Ziel konzipiert, für die aus der zunehmenden Verbreitung der digitalen Medien resultierenden Anforderungen Qualifizierungs- und Fortbildungskonzepte zu entwickeln. Die IuK-Technologien tragen dazu bei, die Potentiale von Beschäftigten in der Buchbranche zu stärken, ihnen eine flexiblere Reaktion auf Anforderungen zu ermöglichen. Dabei sind bestehende Berufsbilder und Tätigkeitsbeschreibungen entsprechend an den sich entwickelnden Anforderungen des industriellen Wandlungsprozesses zu orientieren. Die Forderung nach stärkerer Eigeninitiative und nach Bereitschaft zu mehr Mobilität und Flexibilität resultiert auch aus den neuen Technologien, die dazu beitragen, die Arbeitswelt zu individualisieren. Die im Kontext des Projektes konzipierten Maßnahmen werden dazu beitragen, den Beschäftigten der Buchbranche neue Handlungskompetenzen zu vermitteln und sie damit zu befähigen, am Strukturwandel, der Entwicklung der Informationsgesellschaft und der neuen Informationskultur aktiv zu partizipieren. Zu den weiteren Zielen des Projektes gehört die Entwicklung neuer innovativer Beschäftigungsmodelle sowie die Förderung der Kooperation zwischen den Akteuren der einzelnen Sparten. Damit wird die Buchbranche befähigt werden, den Anforderungen der sich entwickelnden globalen Informationsindustrie zu begegnen, letztlich auch vor dem Hintergrund globaler Nachfrage und Angebote, globaler Kooperation und globalen Wettbewerbs, dem sich auch Bibliotheken auf Dauer nicht werden entziehen können.

Die neuen Tätigkeiten, mit denen die Beschäftigten in der Buchbranche konfrontiert werden, werden von den IuK-Technologien und dem Bereich Multimedia bestimmt. Sie setzen vielfach eine Mischung aus technischem Know-how, betriebswirtschaftlichen Kenntnissen und künstlerisch-gestalterischen Kompetenzen voraus. Daraus resultieren Anforderungen und Tätigkeitsfelder, die teilweise konträre Fähigkeiten in einer Person vereinigen und mit den bisherigen Berufen der Branche wenig gemeinsam haben. Die Entwicklung führt zu immer stärkerer Spezialisierung, verlangt aber gleichzeitig nach interdisziplinärem Verständnis und Kenntnissen. Bisher konventionelle Ausbildungswege orientieren sich zunehmend an Multimedia und modernen Informationstechniken. Dabei wird die Schnittstelle zwischen Mensch und Maschine von einem sich ständig ändernden Umfeld bestimmt. Tätigkeiten, die unter Bezeichnungen wie Webmaster, System-Analytiker, Screen Designer oder Netzwerk-Administrator und Information Broker subsumiert werden können, finden zunehmend Eingang in alle Sparten der Buchbranche. Das Profil des „Multimedia-Bibliothekars" wird von einer Vielzahl konventioneller wie neuer Handlungskompetenzen bestimmt werden.

Grundlage für die Projektstruktur ist ein ganzheitlicher Ansatz, der vom Produkt Buch sowie den Rollen der Akteure der Buchbranche definiert wird. Um den Zugang und das Verständnis für die digitalen Medien zu fördern, beinhaltet das Projekt eine Vielzahl von Aktivitäten, die sich unter den Begriffen Prognose, Sensibilisierung, Qualifizierung und Evaluierung zusammenfassen lassen:

- Analysen und Untersuchungen zum Qualifizierungsbedarf sowie zu Nutzergewohnheiten als Grundlage für die Entwicklung von Qualifizierungs- und Fortbildungsprogrammen;
- die Nutzung der digitalen Medien und damit den Zugang zu NEW BOOK ECONOMY anzuregen sowie zu erleichtern, indem gezielt Qualifizierungsmaßnahmen angeboten werden, die Innovationsimpulse auslösen und dazu beitragen werden, die Anpassung des Buchsektors an den Strukturwandel zu befördern;
- Entwicklung des Bewußtseins, die Möglichkeiten der digitalen Medien entsprechend dem Bedarf auf den unterschiedlichen europäischen Märkten und in den verschiedenen Sparten effektiv zu nutzen sowie die Auswahl effizienter Trägermedien und Produkte markt- und bedarfsbezogen zu fördern;
- Curricula zu erarbeiten, Qualifizierungsmaßnahmen zu entwickeln und durchzuführen, um über Fortbildung von Beschäftigten, Unternehmen (auch Bibliotheken) zu befähigen, elektronische Produkte den Anforderungen des sich formierenden Marktes entsprechend zu nutzen;
- nationale und transnationale Informationsnetze aufzubauen, die zum Know-how-Transfer beitragen und den Marktteilnehmern die Möglichkeiten und Voraussetzungen aufzeigen, die *electronic publishing* impliziert.

Die hier zusammengefaßten Inhalte beschreiben überblickartig die Inhalte der acht Workpackages des Projektes NEW BOOK ECONOMY.

Die Informationsverbreitung und die damit verbundene Buchbranche ist in ihrer Gesamtheit von jeher international orientiert. Eine völlig neue Dimension erhält diese Internationalität durch die elektronischen Medien, die zwar unterschiedlichen nationalen Gegebenheiten unterliegen, aber eine globale Voraussetzung der sich formierenden Informationsgesellschaft sind. Nicht zuletzt deshalb ist das Projekt NEW BOOK ECONOMY transnational konzipiert, integriert gezielt das Innovationspotential und die damit verbundenen Impulse, die von Entwicklungen in den europäischen Nachbarländern ausgehen.

Die Buchbranche hat diese Tragweite des durch *electronic publishing* bedingten Strukturwandels inzwischen erkannt, den Wandel jedoch bei weitem noch nicht bewältigt. Für Bibliotheken als in der Struktur der Wissensvermittlung akzeptierte Resource Centers bedeutet die Informationsgesellschaft eine große Herausforderung, die die Chance impliziert, die neuen Technologien nicht nur selbst zu nutzen, sondern auch zu ihrer Akzeptanz in der Öffentlichkeit beizutragen. Die digitalen Medien sind der Inbegriff für lebenslanges Lernen, für den permanenten Bedarf nach neuen Kenntnissen und Fertigkeiten, denn jede Weiterentwicklung erfordert wieder weitere Kenntnisse. Indem Bibliotheken ihre Mitarbeiter qualifizieren, die neuen Medien zu beherrschen, qualifizieren sie sich auch als Zentren des lebenslangen Lernens.

Das Projekt NEW BOOK ECONOMY basiert auf einer Initiative des Europarates und wird im Rahmen des Europäischen Sozialfonds der Europäischen Union aus der Gemeinschaftsinitiative ADAPT sowie für den Bereich Bibliothekswesen zusätzlich aus Mitteln des BMBF finanziert. In seiner gegenwärtigen Form wird das Projekt in Italien, den Niederlanden und Deutschland durchgeführt; dabei ist vorgesehen, daß es in seiner zweiten Phase auf andere Länder der Europäischen Union ausgedehnt wird.

Schluß

Die Informationsgesellschaft verändert die „economics of culture", indem sie neue Akteure einbezieht resp. hervorbringt und den Rollen und Funktionen der traditionell in der Buchbranche Beschäftigten neue Bedeutungen zuweist. Unabhängig davon, ob sie bisher *nur* Teil der traditionellen Publikationskette waren oder ob sie bereits an der neuen elektronischen Informationskette partizipieren, sehen sich alle Akteure den Anforderungen der Anwender gegenüber, die ausschließlich von der Nutzung der Information und ihrer Verfügbarkeit bestimmt werden, weniger von ihrer Form und ihrer Archivierung.

NEW BOOK ECONOMY greift den Informations- und Qualifizierungsbedarf der Buchbranche – Bibliotheken, Verlage, Buchhandel – auf. In seiner spartenübergreifenden Struktur fördert das Projekt Synergien, die unter Berücksichtigung bisheriger und zukünftiger Stärken zur Neudefinition der Rollen der *key player* beitragen. Die Qualifizierung der Akteure wird vor dem Hintergrund neuer Tätigkeitsprofile und Handlungskompetenzen erfolgen. Damit trägt NEW BOOK ECONOMY dazu bei, daß die Anwendung der neuen Technologien zur Herstellung multimedialer Produkte nicht länger nur den *global players* vorbehalten ist, obwohl sie den globalen Wettbewerb bestimmen. Beide gemeinsam, Technologie und *global players*, erlangen aufgrund ihrer Potentiale auch zunehmend Einfluß auf die Buchbranche als Teil nationaler Kulturindustrien. Dabei sind vor allem Verlage und Bibliotheken betroffen, indirekt natürlich auch der Buchhandel. Vorläufig müssen die einzelnen Akteure der Buchbranche noch akzeptieren, daß die technologischen Voraussetzungen für ihre Produkte und für ihre Dienstleistungsangebote nahezu ausschließlich von der global operierenden elektronischen Industrie vorgegeben werden. Vor diesem Hintergrund werden sie sich sinnvollerweise auf ihre traditionelle Stärke, die Aufbereitung und Darstellung von Inhalten der Information, konzentrieren.

Aus dem Innovationsbedarf und seiner praktischen Umsetzung in Bibliotheken, Verlagen und anderen Sparten der Buchbranche wird verstärkte Interaktion zwischen Mensch und Technologie resultieren. Als Folge davon werden neue Tätigkeitsfelder zu definieren sein, die sich am zukünftigen Bedarf in diesem Bereich orientieren und die sich permanent ändernde Schnittstelle zwischen Mensch und Maschine reflektieren. Obwohl es gegenwärtig nur schwer möglich ist, neu entstehende Berufe und Tätigkeitsfelder zu prognostizieren, ist unbestreitbar, daß die digitalen Medien, die in ihrer Entwicklung derzeit laufend Purzelbäume schlagen, andauernd nach neuen Fertigkeiten und Fachwissen verlangen. Jede weitere Innovation und technologische Neuerung wird wiederum den Bedarf nach neuem Wissen nach sich ziehen. Dies bedeutet, daß *lifelong learning* auch für die Buchbranche unumgänglich ist.

Die digitalen Medien, vor allem Internet und Daten-Highways, sind grenzenlos und bedeutungslos. „Was wir in der Welt herumschicken, sei es als Bits oder als Buchstaben, in einem Buch oder in einer Zeitung, sind Daten. Sie werden erst durch Interpretation zu einer Information, und sie hängt vom Empfänger ab", so der Computerwissenschaftler Josef Weizenbaum. Die digitalen Medien sollten dem Informations- und Wissensaustausch, der weltweiten Verfügbarkeit und der Demokratisierung von Wissen dienen. NEW BOOK ECONOMY wird dazu beitragen, dieses handhabbar zu machen und effektiv zu nutzen.

KARIN PAULEWEIT

New Book Economy – Projektteil Bibliothekswesen

Der Präsentation des Projektkonzepts im Bereich Bibliotheken sollen einige grundsätzliche Anmerkungen vorangehen, die die jüngsten Entwicklungen im Projektwesen reflektieren. Bibliothekare sind daran gewöhnt, sich in bibliothekarischen Gefilden zu bewegen. Wenn es um Bibliothekarisches geht, fühlen sie sich berufen, einen Beitrag zu leisten; sie fühlen sich sicher – manchmal allzu sicher. Schließlich sind sie daran gewöhnt, daß immer jemand für sie zuständig ist. Jemand, der oder die verantwortlich ist für Bibliotheken. Diese Verantwortlichkeit wird nicht immer so gezeigt und ausgefüllt, daß Bibliothekare mit den Resultaten zufrieden wären: Aber man weiß dann wenigstens, über wen man schimpfen kann. Bei der DFG gibt es ein Sonderprogramm für Bibliotheken, beim BMBF ist eine Abteilung für diese Sparte – und für ein paar andere Bereiche, aber immerhin auch speziell für Bibliotheken – zuständig. Das erleichtert die Sache ungemein: Wenn Bibliothekare eine Idee haben, dann wissen sie, wohin sie sich wenden können, um aus dieser Idee womöglich ein Projekt zu machen.

Auf europäischer Ebene war das bis jetzt nicht viel anders. Zwar ist es dort ungleich schwieriger, eine Projektidee in einen erfolgreichen Antrag umzuwandeln – alles schimpft mit vereinten Kräften über die Bürokratie, die unüberwindbaren Hürden, das europäische Fachchinesisch. Aber immerhin gibt es auch auf europäischer Ebene eine Abteilung, die für Bibliotheken zuständig ist. Man weiß, wohin man gehört im europäischen Dschungel. Mit dem hier vorgestellten Projekt New Book Economy betreten wir Neuland. Wir sind abgenabelt vom Verständnis bibliothekarischer Experten oder doch zumindest zuständiger Personen, welche die speziellen Probleme, Arbeitsweisen, Interna des Bibliothekswesens kennen oder zumindest Sympathie für diese Fragestellungen hegen.

Die Gemeinschaftsinitiative ADAPT richtet sich nicht an Bibliotheken oder Bibliothekare. Sie verfolgt ein bestimmtes Ziel – die Unterstützung von Beschäftigten, die sich für die veränderten Bedingungen der Arbeitswelt im Zeitalter der Informationsgesellschaft fit machen wollen und müssen. Daß solche Beschäftigten eben auch Bibliothekare sein können, genauso wie Buchhändler und Verlagsangestellte, darauf muß man nur kommen. Dieses Projekt wird jedoch kein Einzelfall bleiben. In Zukunft wird man nicht immer nach expressis verbis Bibliothekarischem Ausschau halten können, sondern Ideen entwickeln und dann nach Initiativen, Programmen und Projekten suchen müssen, in denen diese Ideen realisiert werden können. Auf europäischer Ebene setzt sich diese Linie immer mehr durch: So soll es dort in Zukunft kein eigenes Bibliotheksprogramm mehr geben, sondern Projektaufrufe zu großen Themen, an denen sich auch Bibliotheken beteiligen können. Auch auf nationaler Ebene gibt es diese Tendenz: Die Ausschreibung der großen Leitprojekte durch das BMBF im Frühjahr 1997 weist Elemente der europäischen Projektausschreibungen auf. Zu großen Themen wie z.B. „Multimedia“ können neben Großforschungseinrichtungen, Software-Firmen und Bildungseinrichtungen eben auch Bibliotheken ihre Ideen einbringen.

Und da sind wir auch schon beim nächsten Problem: Bibliotheken müssen sich auf neue Partner und Konkurrenten einstellen. In vielen Programmen, ob europaweit oder national, sind inzwischen Partner aus der Wirtschaft eine zwingende Voraussetzung für einen erfolgreichen Antrag. Und man wird sich daran gewöhnen müssen, daß bibliothekarische Anträge neben denen von namhaften Firmen stehen – und bestehen müssen. Man kann diese Entwicklung beklagen, man kann dagegen protestieren, vor allem aber muß man damit fertig werden. Die Chancen stehen dabei gar nicht so schlecht für Bibliotheken – vorausgesetzt sie besinnen sich auf bestimmte, durchaus bibliothekstypische Tugenden: die Globalität des Denkens, die Offenheit für Vernetzungen, den starken Idealismus und das Engagement für die eigene Sache. Bibliothekare müssen allerdings noch stärker als bisher Offenheit für bibliotheksfremde Bereiche entwickeln und vor allem lernen, sich geschmeidiger in einer Welt zu bewegen, deren Zentrum nun einmal *nicht* die Bibliotheken sind. Das Deutsche Bibliotheksinstitut setzt einen Schwerpunkt seiner Arbeit auf das Projektwesen. Es verfolgt die aktuellen internationalen und nationalen Entwicklungen und Tendenzen und richtet seine Projekt- und Lobbyarbeit danach aus. Mit Projektideen, Hinweisen auf interessante Entwicklungen, aber auch Fragen und dem Wunsch nach konkreter Beratung bei Antragstellung sind Bibliothekare beim DBI immer an der richtigen Adresse.

Nun zu ersten Erfahrungen mit dem Projekt „New Book Economy“. Die guten Ratschläge, die weiter oben den Bibliothekaren erteilt wurden, sind – das ist der Autorin nur zu gut bewußt – nicht immer einfach zu befolgen. Mit der Geschmeidigkeit z.B. ist es so eine Sache, wenn die Rahmenbedingungen eines Europa-Projekts wie ein Korsett einschnüren. Da gilt es, im vorgegebenen Rahmen die bestmöglichen Ergebnisse für das Bibliothekswesen zu erzielen. Im Projekt wurde zunächst die Zielgruppe definiert: Im Rahmen dieses Projekts das gesamte Spektrum der deutschen Bibliotheken abdecken zu wollen, schien von vornherein nicht möglich. Also wurden die Bibliotheken ausgewählt, die nach Meinung der Organisatoren in ihrer Gesamtheit noch am ehesten Probleme mit dem Einstieg in die Informationsgesellschaft haben. Das sind die kleineren Öffentlichen und die kleinen Spezialbibliotheken.

Zu einem der Eckpfeiler im Projektrahmen gehören die sogenannten Sensibilisierungsmaßnahmen. Natürlich haben sich sofort Zweifel eingestellt, ob Bibliothekare überhaupt noch für den Einsatz neuer Medien sensibilisiert werden müssen. Oder würden mit entsprechenden Veranstaltungen womöglich offene Türen eingerannt? Schließlich wurde ein Konzept gewählt, das von der Überlegung ausging, es seien weniger die Bibliothekare, die zu sensibilisieren sind, sondern eher deren Vorgesetzte, die Stadtväter, Bürgermeister, Kulturamtsleiter usw. Kurzerhand wurde zu einer Pilotveranstaltung aus ausgewählten Städten einer Region jeweils ein Pärchen eingeladen – der Bürgermeister (oder ein Vertreter) mitsamt der Leitung der Bibliothek. Die Pärchen kamen und erlebten im Rahmen der Veranstaltung in Stuttgart im März 1997 einen „Bilderbogen der multimedialen Möglichkeiten". Ziel war, zu vermitteln, was eine kleinere Öffentliche Bibliothek im Bereich elektronischer Medien alles tun kann, ohne dabei das aufzugeben, was alle von einer Bibliothek erwarten: Buch und Kultur. Diese Veranstaltung führte für die Teilnehmer zu einigen überraschenden Erlebnissen; sie brachte allerdings auch für die Veranstalter erstaunliche Ergebnisse:

Der Grad der Unkenntnis darüber, was eine moderne Bibliothek alles sein und leisten kann, ist bei einigen städtischen Vertretern erschütternd hoch. Allerdings stellt sich angesichts solcher Unkenntnis auch die Frage, ob Bibliothekare wirklich von den Politikern und Verwaltungsleuten erwarten können, daß sie aus sich heraus Vorstellungen von der innovativen Arbeit der Bibliothek entwickeln. Ist es nicht vielmehr die Aufgabe der Bibliothekare, die Zukunftsvision zu entwerfen und ihre Stadtvertreter dann von dieser Vision zu begeistern? Daß dies oft ein mühsamer Weg ist, der Geduld und Hartnäckigkeit erfordert, auch dafür gab es ein Beispiel im Rahmen der Stuttgarter Veranstaltung. Deutlich wurde auch, daß Bibliothekaren oft weniger die Überzeugung von der Sache oder der gute Wille fehlen, sie jedoch dringend Argumentationshilfen benötigen – und, ganz entscheidend – eine gute Portion Selbstbewußtsein und Persönlichkeit. Leider gibt es immer noch viel zu wenig gute Beispiele aus der Praxis der ganz kleinen Bibliotheken. Die wenigen, die während der Veranstaltung präsentiert wurden, waren jedoch so überzeugend, daß sich eine Erkenntnis erneut bestätigte: Entscheidend für den Erfolg ist an erster Stelle immer die Persönlichkeit und das Engagement der Bibliothekarin oder des Bibliothekars. Know-how und finanzielle Mittel rücken ins zweite Glied. Insgesamt also die Erfahrung, daß städtische Vertreter eigentlich flächendeckend sensibilisiert werden sollten – Bibliothekare durchaus auch; diese sollten aber vor allem lernen, wie sie selbst Überzeugungsarbeit leisten können. Es wäre wünschenswert, wenn dieser Veranstaltungstyp bundesweit mindestens einmal in jeder Region durchgeführt werden könnte. Dafür fehlt leider die Kapazität. Das Konzept für die Veranstaltung kann jedoch vom DBI „geleast" und in der eigenen Region eingesetzt werden.

Der zweite Pfeiler des Projektes ist die Fortbildung. Jeder Fortbildungsveranstalter wird bestätigen, daß alle Internet-Kurse, soviel auch immer angeboten werden, komplett ausgebucht sind. Alles, was mit EDV für Bibliothekare zu tun hat, boomt zur Zeit in der Fortbildung. Innerhalb des Projekts ist nicht beabsichtigt, flächendeckend technische Anwender-Kurse anzubieten. Das wäre nicht zu leisten und auch nicht sinnvoll, da die Anbieter in der Region diese Aufgabe viel effektiver erfüllen können. Ziel des Projekts ist es vielmehr, den Blick der Bibliothekare in die Zukunft zu lenken: Denn das erfolgreiche Handeln von heute muß sich an dem Blick auf morgen orientieren. Da es nicht einmal annähernd möglich ist, die etwa 13.000 Bibliothekare in Öffentlichen Bibliotheken, geschweige denn die vielen Spezialbibliothekare, auf diesem Sektor fortzubilden, wird sich das Projekt auf die sogenannten Multiplikatoren konzentrieren, jene also, die Bibliothekare beraten und fortbilden. Das sind zunächst die Fachstellen mit ihrer Beratungs- und Betreuungsfunktion für kleine Bibliotheken. Die Fachstellen sollten viel stärker als bisher in der Lage sein, gerade kleinen Bibliotheken Anstöße für innovative Entwicklungen zu geben. Hier sollen Fortbildungsveranstaltungen der Fachstellenleitungsebene und den Mitarbeitern neue und vielfältige Anregungen geben. Besonderes Gewicht wird dabei auf Modelle und Erfahrungen aus dem europäischen Ausland gelegt. Ein ähnliches Fortbildungskonzept soll auch für die Spezialbibliothekare aus kleineren Einrichtungen entsprechend ihren speziellen Bedürfnissen entwickelt werden. Ein wichtiger Schwerpunkt wird auf der Fortbildung der Aus- und Fortbilder im Fachhochschulbereich liegen. Neben der inhaltlichen Gestaltung von Fortbildungskonzepten werden hier auch die Weichen für die Ausbildung gestellt. Ziel ist es, durch ein hochwertiges Fortbildungskonzept für Fachhochschuldozenten und andere in der Fortbildung Tätige u.a. auch Impulse für die Gestaltung von Curricula zu geben. Auch hier werden internationale Erfahrungen und Trends bzw. die Kooperation mit nicht bibliothekarischen Einrichtungen eine bevorzugte Rolle spielen.

Als dritte Säule im Projekt sind schließlich Studien und Untersuchungen zu bestimmten Fragen zu nennen: So soll im Vorfeld zu den Fortbildungsveranstaltungen der Qualifizierungsbedarf mit Blick auf die Bibliothek der Zukunft zusammengestellt werden. Nutzeranforderungen an den Bereich Neue Medien in Bibliotheken werden ein weiterer Erhebungsfaktor sein. Details zu den einzelnen geplanten Veranstaltungen und Maßnahmen sind im „Kongress"-Heft 5 des Bibliotheksdienst (Heft 5/97) nachzulesen. Auch der DBI-Server bietet Informationen zum Projekt, mit Links zu den Projektpartnern.

Mit diesem Programm wurde im Rahmen einer vorgegebenen Projektstruktur im Teilbereich Bibliothekswesen ein Konzept entwickelt, das optimal den Fortbildungs- und Informationsbedürfnissen der Bibliothekare gerecht werden soll. In der Verzahnung mit dem Buchhandels- und Verlagswesen liegt ein weiterer „Wert" des Projekts, indem es das Bibliothekswesen als Teil der Buchbranche definiert und die Berührungs- und Reibungsflächen der Teilbereiche deutlich macht. Projekte wie dieses können *nur* positiv wirken, selbst dann noch, wenn sie Grenzen aufzeigen und Probleme aufwerfen. Dies wird auch für Bibliothekare die Arbeitsweise der Zukunft werden – sowohl bezogen auf die organisatorische Form des Projekts als auch auf die inhaltliche Thematik der Informationstechnik. Und die Zukunft beginnt immer heute.

Im Deutschen Bibliotheksinstitut sind Ansprechpartner –
für das Projekt „New Book Economy"
Annemarie Samlenski
DBI, Haus 2
Luisenstr. 57
10117 Berlin
Tel. 030-23119-432
Fax 030-23119-410
email samlenski@dbi-berlin.de

für nationale Projekte (Antragsverfahren, Förderschwerpunkte etc.)
Dr. Herbert Partzsch
DBI, Haus 2
Luisenstr. 57
10117 Berlin
Tel. 030-23119-462
Fax 030-23119-410
email partzsch@dbi-berlin.de

für europäische Bibliotheksangelegenheiten (z.B. Projekte)
Dr. Klaus Reinhardt/Christoph Albers
DBI, Haus 2
Luisenstr. 57
10117 Berlin
Tel. 030-23119-468/464

Fax 030-23119-410
email reinhardt@dbi-berlin.de
email albers@dbi-berlin.de

Den **DBI-Server** erreichen Sie unter
http://www.dbi-berlin.de

BIBLIOTHEKEN UND DAS INTERNET

BEATE TRÖGER

Das Internet in der Lehr- und Wissenschaftspraxis: Aufgaben und Zielsetzungen für wissenschaftliche Bibliotheken

Seitdem 1989 im Kernforschungszentrum Zürich das WWW, das World Wide Web, als Antwort auf die existierenden Kommunikationsbedürfnisse der dort arbeitenden und forschenden Wissenschaftlerinnen und Wissenschaftler entwickelt wurde, spätestens aber seitdem Anfang der 90er Jahre das exponentielle Wachstum des Internets nicht zuletzt wieder in den Wissenschaftskreisen der Industrieländer durch diesen neuen und endlich anwendungs-, endlich nutzerfreundlichen Internetdienst begann, wird eine Diskussion geführt, die nach wie vor nicht verebbt – eine Diskussion, die fast den Charakter einer Gretchenfrage annimmt. Nach wie vor nämlich wird gefragt, wie es denn die Wissenschaft mit dem Internet halte, halten müsse (wobei der Begriff ‚Internet' stets als Synonym des Gesamtkomplexes der Cyberscience Verwendung findet) – und nach wie vor wird die Frage engagiert, aber äußerst konträr und häufig fast zu einer mindestens philosophischen Glaubensfrage stilisiert beantwortet.

In der einen diskursiven Ringecke profiliert sich dabei eine Position, wie sie etwa Pierre Levy vertritt. Levy, Professor für Philosophie mit dem Schwerpunkt Multimedia an der Universität Paris-Saint Denis und sicherlich einer der ausgewiesensten Internet-Theoretiker unserer Zeit, beantwortet die Frage nach der Cyberscience mit leichter Hand, ist doch der Zusammenhang von Internet und Wissenschaft für ihn klar erkennbar. Ihm nämlich ist es evident, daß das Internet das Erbe der philosophisch-wissenschaftlichen Bewegung der Aufklärung vor 200 Jahren angetreten habe. „Im Unterschied zur postmodernen Idee des Verfalls der Ideen der Aufklärung" glaube er, beteuert Levy, daß „die Cyberkultur als legitimer Nachfolger des Projektes der Aufklärung betrachtet werden kann. ... Sie unterstützt eine fundamentale Reziprozität".[1] Levy begründet diese Interpretation mit der Diagnose, digitale Netzwerke seien

[1] Levy, Pierre: Cyberkultur. Universalität ohne Totalität, in: Kursbuch Internet. Anschlüsse an Wirtschaft und Politik, Wissenschaft und Kultur, hg. von Stefan Bollmann und Christiane Heilbach, Mannheim 1996, S. 69.

„mächtige Faktoren der Personalisierung oder der Verleiblichung des Wissens“ und der Wissenschaft,[2] die endlich eine Gestaltwerdung und Be-Greifbarkeit im Wortsinne des bis dahin abstrakten und von Spezialisten beherrschten Molochs Wissenschaft im Elfenbeinturm erreichten. „Im Cyberspace wird das Wissen nicht mehr als etwas Abstraktes oder Transzendentes verstanden: Es wird mehr und mehr sichtbar – und in Echtzeit sogar begreifbar – da es der Ausdruck einer Population ist“ – Ausdruck von ‚uns allen‘ also.[3] Eine solche Struktur der „Detotalisierung“ des bislang herrschenden Gefüges von Forschung und Lehre stelle „das gesamte Regulierungssystem der Wissenschaft ... in Frage“,[4] betont Levy und folgert, die Cyberscience stehe damit „genau in der Kontinuität des revolutionären und republikanischen Ideals der Freiheit, Brüderlichkeit und Gleichheit. Nur schreiben sich in der Cyberkultur diese ‚Werte‘ in konkrete technische Strukturen ein. Im Zeitalter der elektronischen Medien verwirklicht sich die Gleichheit durch die Möglichkeit jedes einzelnen, zum (wissenschaftlichen) Sender für alle zu werden“.[5]

Dies also ist die eine Seite, das eine Credo in der Diskussion um die Auswirkung zunehmender digitaler Vernetzung von Forschung und Lehre: Demokratisierung durch Verleiblichung der Wissenschaft. Auf der anderen Seite jedoch behauptet sich standhaft eine ganz andere Einschätzung: Etwa gleichzeitig mit Levy proklamierten auch Uwe Jochum und Gerhard Wagner ihre für sie ebenfalls evidente Sicht der Cyberscience – eine Sicht, diametral dem Levy'schen Optimismus entgegengestellt. Auch Jochum und Wagner bemühen dabei die Philosophie – nicht zuletzt bereits in ihrer Überschrift in Gestalt Nietzsches. Dem kundigen Leser schwant bei dem Namen Nietzsche allerdings vielleicht schon, was kommen mag: Unter dem Titel „Cyberscience oder vom Nutzen und Nachteil der neuen Informationstechnologie für die Wissenschaft“ diagnostizieren die Autoren hier eine so ganz andere Internet-Wissenschaft als Levy. Jochum/Wagner betonen der Levy'schen ‚Apotheose‘ des Internets geradezu beschwörend entgegengehalten, „daß der Nutzen, den die neue Informationstechnologie bietet, die Nachteile, die mit deren Einführung einhergehen, in keiner Weise aufwiegt“ – denn, so die zentrale These, eine „zur Cyberscience hochgerüstete Wissenschaft büßt nichts weniger als ihre Wissenschaftlichkeit ein.“[6] Diese These wird anhand der verschiedenen Argumentationsfaktoren Kosten, Raum, Zeit, Integration und schließlich Materialität digitaler Texte sowie anhand verschiedener philosophi-

[2] Levy 1996, S. 61.
[3] Levy 1996, S. 61.
[4] Levy 1996, S. 81.
[5] Levy 1996, S. 69.
[6] Jochum, Uwe/Wagner, Gerhard: Cyberscience oder vom Nutzen und Nachteil der neuen Informationstechnologie für die Wissenschaft, in: Zeitschrift für Bibliothekswesen und Bibliographie 43 (1996), Heft 6, S. 580.

scher Geistesgrößen von Plato bis Popper entwickelt mit dem Ergebnis, „die Digitalisierung der Wissenschaft" entziehe dieser Wissenschaft „ihr Sicherheit und Vertrauen verbürgendes Fundament" und bringe sie „um ihre Wissenschaftlichkeit. Denn die Gewinnung von Wahrheit ist an ein materielles Substrat sowie an die Beteiligung der Sinne der Wissenschaftler gebunden. Beides wird aber durch die Einführung der neuen Informationstechnologie aus der Wissenschaft verabschiedet". „Entgegen der von den Befürwortern der Cyberscience verlautbarten Hoffnungen wird die neue Informationstechnologie der Wissenschaft daher zum Verhängnis."[7]

Was ist das Internet denn nun: die zu sich selbst kommende Wissenschaft einer ‚Post-Postmoderne', wie Levy verspricht – oder gerade deren Destruktion im Jochum/Wagner'schen Sinne? Irgendwo zwischen diesen Positionen schwanken die Meinungen, Ängste und Hoffnungen vieler zunehmend die Orientierung verlierender Wissenschaftlerinnen und Wissenschaftler in der täglichen Praxis von Forschung und Lehre, irgendwo zwischen diesen Positionen kollidieren reflektierte und unreflektierte Ängste vor dem Datenmüll bis hin zum Daten-Overkill mit zum Teil völlig euphorischen Internet-Prophetien. Trotz solcher grundlegender Verunsicherungen aber muß die Wissenschaft reagieren: Die Verdoppelungszeit für den wissenschaftlich ausgebildeten Bevölkerungsanteil weltweit liegt derzeit bei unter 15 Jahren, d.h. bei nur noch einer halben Generationszeit – und entsprechend exponentiell steigt die Zahl der laufend produzierten Fachpublikationen. Im Fachbereich Chemie beispielsweise rechnen Kenner der Materie derzeit jährlich mit 600.000 Veröffentlichungen.[8] Viele dieser Veröffentlichungen erscheinen mittlerweile bereits via Internet, und auch hier ist die Tendenz deutlich steigend. Damit aber schafft sich die Wissenschaft ihre Cyberscience-Fakten längst, bevor die Diskussion um den Zusammenhang von Internet und Wissenschaft auch nur annähernd abgeschlossen ist – wenn eine solche Diskussion denn überhaupt zu einem Abschluß kommen kann. Zugleich wird damit aber auch der Ruf der Wissenschaft nach Hilfe von außen immer lauter – nach Hilfe vor allem auch durch die Einrichtungen, deren genuines Geschäft der Umgang mit Informationen ist: Wissenschaftliche Bibliotheken sehen sich zunehmend mit der Forderung nach fundierter Assistenz von Forschung und Lehre im vermeintlichen oder realen Datenchaos des Internets, im vermeintlichen oder realen Problemfaktor Cyberscience konfrontiert.

[7] Jochum/Wagner 1996, S. 593.

[8] Vgl. z.B. Schultheiß, Georg Friedrich: Wissenschaftliche Kommunikation und Recherche in der Informationsgesellschaft, in: Deutschlands Weg in die Informationsgesellschaft. Herausforderungen und Perspektiven für Wirtschaft, Wissenschaft, Recht und Politik, hg. von Jörg Tauss, Baden-Baden 1996, S. 741.

Geht man solcher Forderung, solcher Hilfe-Einklagung einmal nach, zeigen sich verschiedene größere Problem-Schwerpunkte im immer konturloser scheinenden Cyberraum, die aus Sicht der Wissenschaft vordringlich auf bibliothekarische Antworten drängen. Einige dieser Schwerpunkte sollen im folgenden thesenartig näher in den Blick genommen werden – jeweils (um die Thesen, wie Levy es reklamiert, im Wortsinne be-greifbar zu machen) abgeglichen mit einem Beispiel bereits erfolgender bibliothekarischer Hilfestellung, bereits erfolgender bibliothekarischer Umsetzung dieser Wissenschaftswünsche, entnommen der Universitätsbibliothek Dortmund. Reine Theorie hilft hier zu wenig weiter: Forderung und konkrete Reaktionsmöglichkeiten der Bibliotheken sind in Relation zueinander zu setzen, um tatsächliche bibliothekarische Handlungsvariabilitäten überhaupt ausloten zu können.

1. These:
Wissenschaftliche Bibliotheken müssen einen schnellen und unbürokratischen Zugang zu Informationen schaffen. Neben der Bereitstellung von Print- und elektronischen Offline-Medien bedeutet dies auch: Wissenschaftliche Bibliotheken müssen einen Internet-Zugang anbieten als Zugang zu einem zunehmend wichtigen Informationsmedium.

Ziel eines jeden Lehr- und Wissenschaftsbetriebes ist die Auf- und Bearbeitung aller für den jeweiligen Forschungsbereich relevanten Materialien und Veröffentlichungen: Diese Quellen zu erreichen, bildet die lebenserhaltende Nabelschnur jedweder wissenschaftlichen Disziplin. Der Zugriff auf diese Quellen, ihre Bereitstellung und Vermittlung wird entsprechend zur basalen Aufgabe wissenschaftlicher Zulieferstrukturen. Mit der zunehmenden Veröffentlichung solch lehr- und forschungsrelevanter Ressourcen nun auch im Internet fordert konsequent dieses Publikationsmedium ebenfalls die bibliothekarische Aufmerksamkeit, wird auch seine Bereitstellung in wachsendem Maße zu dieser fundamentalen Ausgangsforderung jeglichen wissenschaftlichen Arbeitens. Dabei ist zunächst ein ganz grundlegender Aspekt zu berücksichtigen, der in der täglichen Lehr- und Forschungsrealität einen nicht zu unterschätzenden Stellenwert hat: Vor aller inhaltlichen Behandlung der Netzdaten wird ganz pragmatisch überhaupt erst einmal die Bereitstellung eines Zugangs zum Internet gefordert. Eine solche Bereitstellung vor aller weiterer Cyberscience-Erarbeitung betrifft in vielen Fällen sicherlich eher die zukünftigen als die gegenwärtigen Wissenschaftlerinnen und Wissenschaftler – diese haben in der Regel bereits einen Netz-Anschluß an ihrem universitären Arbeitsplatz, auch wenn sie ihn häufig noch gar nicht bzw. nur als Email-Möglichkeit nutzen. Für Studentinnen und Studenten aber ist ein Zugangsangebot im Sinne des den Bibliotheken auferlegten staatlichen Subsidiaritätsprinzips auf einer viel grundlegenderen Ebene notwendig: Ihnen allen muß genau die gleiche Information, muß die gleiche Möglichkeit des Erreichens der wissenschaftlich relevanten Ressourcen aller Publikations- und Distributionswege zur Verfügung gestellt werden – auch den Finanzschwächeren, die sich einen Internet-Anschluß zu Hause, d.h. aus eigener Finanzkraft nicht leisten können, und auch den Ungeübten, die alleine zu große Berührungsängste dem neuen Informationsmedium gegenüber haben und Hilfen benötigen. Ziel muß es auch an dieser Stelle sein, das Damoklesschwert einer über uns schwebenden informationstechnischen Zwei-Klassen-Gesellschaft abzuwenden, lautet hier zu Recht die Forderung der Wissenschaft an ihre Bibliotheken.

Wie sieht nun eine mögliche Umsetzung solcher Forderungen in die bibliothekarische Praxis aus? An der Universitätsbibliothek Dortmund stehen dezidierte Internet-Arbeitsplätze für interessierte Nutzerinnen und Nutzer zur Verfügung – und ein derartiges Interesse ist eindeutig festzustellen, die Nachfrage nach den Plätzen ist immens. Vor allem Studierende aus den Naturwissenschaften und den technischen Fachbereichen bemühen sich um Arbeitszeiten am Netz. Die jeweiligen Rechner bieten dabei nicht nur den materiellen Zugang, die Hardware, sondern enthalten zugleich Einstiegshilfen in die Cyberscience in Form einer spezifisch auf diesen Geräten eingestellten Homepage mit einem Angebot wissenschaftlich-inhaltlicher Hinweise über den Umgang mit dem für viele Studentinnen und Studenten noch neuen Medium.

Doch selbst eine solche sozusagen kanalisierte Zugangs-Ermöglichung alleine reicht natürlich nicht: Jedes Medium ist nur so gut wie die Fähigkeit des potentiellen Nutzers, es auch faktisch zu nutzen.

Daher lautet die zweite These:
Wissenschaftliche Bibliotheken müssen Hilfestellungen und Schulungen im Umgang mit diesen Informationsbeschaffungswegen anbieten. Neben der Durchführung der allgemeinen und der datenbankspezifischen Nutzerschulungen bedeutet das auch: Wissenschaftliche Bibliotheken müssen Internet-Schulungen durchführen.

Im Jahre 1980 hat die Deutsche Forschungsgemeinschaft eine groß angelegte Grundsatzuntersuchung zu „Benutzerschulungen in Hochschulbibliotheken“ durchführen lassen.[9] In dieser Studie wurde damals ein signifikanter Schulungsbedarf der Lernenden und Lehrenden an westdeutschen Hochschulen

[9] Sauppe, Eberhard/Müller, Hartmut/Westermann, Rolf: Benutzerschulungen in Hochschulbibliotheken. Ergebnisse einer von der Deutschen Forschungsgemeinschaft geförderten Grundlagenuntersuchung, München 1980.

diagnostiziert – ein Bedarf, der sich heute, siebzehn Jahre später, eher ausgeweitet hat, berücksichtigt man die Prämisse, die Benno Homann in einem Aufsatz zum Thema Nutzerschulung herausstreicht. Homann nämlich betont dort völlig zu Recht, die scheinbar einfachere Bedienbarkeit elektronischer Informationssysteme etwa im Gegensatz zu schwierig handhabbaren bibliographischen Printmedien dürfe nicht dazu verführen, die Notwendigkeit gezielter Benutzerschulung zu negieren und allein auf die autodidaktischen Fähigkeiten der Nutzerinnen und Nutzer zu spekulieren.[10] Diese Feststellung trifft natürlich gerade auf das Internet in eklatanter Weise zu: Kaum eines der elektronischen Medien scheint so selbsterklärend zu sein und bei kaum einem dieser Medien ist gleichwohl für eine sinnvolle wissenschaftliche Arbeit eine differenzierte Kenntnis der Trennmöglichkeiten der Datenspreu vom relevanten Datenweizen so unabdingbar wie bei dem weltweiten Datennetz. Für die Bibliotheken bedeutet dies zweierlei: Sie müssen zum einen die Notwendigkeit gezielter, d.h. auf die je gegebene Zielgruppe hin ausgerichteter Nutzer-Unterweisungen ermitteln und diese Ermittlungsergebnisse dann zweitens in einem entsprechenden Schulungskonzept umsetzen. Hierbei ist im Blick auf beide Komponenten, auf die Zielgruppenanalyse und auf die daraus hervorgehende Schulungskonzeption und -realisierung, eine dauernde Fortbildung der an den Schulungen beteiligten bibliothekarischen Mitarbeiterinnen und Mitarbeiter unverzichtbar.

Die Universitätsbibliothek Dortmund hat, ausgerichtet auf die vor Ort gegebene studentische und wissenschaftliche Nutzerschaft, ein in sich gestaffeltes Schulungskonzept erarbeitet. Als erste Stufe solcher Staffelung fungiert dabei die schnelle und individuelle Auskunft in der unmittelbaren räumlichen Nähe der Internet-Arbeitsplätze für die kurzen Rückfragen derjenigen Nutzerinnen und Nutzer, die das System Internet im Prinzip beherrschen und sich mit Hilfe der Rückfrage eher schnell erinnern als völlig neu lernen wollen. Einer deutlich anderen Klientel ist die zweite Stufe des Konzeptes gewidmet: Ein differenziertes Manuskript, gebündelt in einzelne kompakte Kurs-Einheiten (z.B. über den Umgang mit Suchdiensten), wird den Interessierten als Printversion und im Netz selbst zur Verfügung gestellt, um hiermit ein tatsächliches Neulernen der Internet-Strukturen zu ermöglichen. Zugleich dient dieses Manuskript einem Wiederholen einzelner Seqenzen aus der dritten, der eigentlichen Schulungs-Stufe im engeren Sinne. Diese Schulungen im engeren Sinne finden im Moment noch wöchentlich zweistündig statt – ein Rhythmus, der im Blick auf die reale Nachfrage bei weitem nicht ausreicht. Diese Nachfrage kommt interessanterweise vor allem von Seiten der Geistes- und Wirtschafts-

[10] Homann, Benno: Schulungen als Aufgabe einer benutzerorientierten Bibliothek, in: Zeitschrift für Bibliothekswesen und Bibliographie 43 (1996), Heft 6, S. 598.

wissenschaften – anders als bei der Zugangsnachfrage, die sich besonders in den Reihen der Studierenden aus Naturwissenschaft und Technik formierte. Ein Schulungsbedarf liegt also vor allem bei den traditionell eher EDV-fernen Bereichen vor, die zu schulen entsprechend besonders notwendig wird zur Vermeidung einer informationstechnischen Zwei-Klassen-Gesellschaft, und zwar diesmal innerhalb der Wissenschaftssparten.

Den Unterricht führen zwanzig Mitarbeiterinnen und Mitarbeiter der Universitätsbibliothek durch – je in laufbahnunabhängig zusammengesetzten Zwei-Lehrer-Teams. Schulungsgrundlage ist dabei ein methodisch-didaktisch aufgearbeiteter Entwurf, der durch die gesamte Dozentengruppe der Bibliothek in einer Pre-Phase gemeinsam erarbeitet wurde, aber in den Schulungen natürlich individuell je nach Lehrerpersönlichkeit zu variieren ist. Solche gemeinsame Erarbeitung führt zu einer Angleichung des inhaltlichen, aber auch des didaktisch-methodischen Wissens aller Schulenden – und gerade diese didaktisch-methodische Komponente erscheint besonders wichtig, gehört sie doch nicht zu den traditionellen Ausbildungsbereichen bibliothekarischer Berufe, erweist sich aber für eine sinnvolle Nutzerschulung als unabdingbar. So ist es etwa notwendig, sich vom Ideal vermeintlich zu erreichender Behandlungsvollständigkeit einzelner Themen innerhalb der Schulungen zu verabschieden und statt dessen die Notwendigkeit didaktischer Reduktionen zu erkennen und sinnvoll methodisch umzusetzen (eine Erkenntnis und Sensibilisierung, die auch dem allgemeinen Nutzer-Umgang etwa im Rahmen der normalen Auskunftstätigkeiten oftmals sehr gut bekommt). Statt Themenvollständigkeit also treten Aspekte etwa des Learning-by-Doing von seiten der Lernenden in den Vordergrund, da in der Regel nur so – das sind erziehungswissenschaftliche Binsenweisheiten – Motivation wie Lernerfolg gewährleistet seien können. Der gesamte Entwurf darf dabei natürlich nicht statisch, nicht festzementiert werden: Ein Schulungs-Konzept muß mit Hilfe periodischer Evaluationen kontinuierlich modifiziert werden. Zudem ist jede Schulung als das zu nutzen, was ihr quasi a priori eigen ist: Ein dauernder wechselseitiger Vergleich zu sein zwischen Wissenschaftsanforderung und bibliothekarischer Dienstleistung – ein Vergleich, der in einer laufenden Anpassung der Gesamtstruktur Berücksichtigung finden muß. Jede Schulung wird so zu einer permanenten kleinen Selbstüberprüfung das Gesamt-Konzeptes – eine Tatsache, die sich auch der Dortmunder Schulungsentwurf zunutze macht.

Diese allgemeinen Internet-Einführungen aller Interessierten werden ergänzt durch eine vierte Unterrichts-Stufe: Auf seiten der Wissenschaftlerinnen und Wissenschaftler wächst der Bedarf nach Einführungen in den gezielt wissenschaftlich-fachspezifischen Cyberscience-Umgang der Studierenden, d.h. es vergrößert sich laufend ein Schulungsbedarf für komplette Seminare zum

Beispiel im Kontext eines spezifischen Themas – etwa bei Lehramtsstudenten auf der Suche nach Unterrichtsmaterialien. Doch solche Nachfrage von seiten der universitären Dozentinnen und Dozenten existiert nicht nur im Blick auf die Seminarteilnehmer: Als fünfte Stufe des Gesamt-Konzeptes expandieren die Schulungen für diese universitäre Dozentenschaft selbst. Gerade solche Dozentenschulung ist im Sinne einer Unterweisung sogenannter Multiplikatoren des Systems sehr sinnvoll – sie geben ihre Kenntnisse und Einstellungen der Cyberscience gegenüber an ihre Studierenden weiter, potenzieren sie sozusagen.

Dritte These:
Wissenschaftliche Bibliotheken müssen inhaltliche Hilfestellungen für die Rezeption wissenschaftlicher Erkenntnisse geben. Neben dem Angebot einer bibliographischen Erschließung von Print- und elektronischen Offline-Medien bedeutet das auch: Wissenschaftliche Bibliotheken müssen Internet-Erschließung anbieten.

Die eingangs zitierte Jochum/Wagner'sche These über den Tod der Wissenschaften durch das Internet spiegelt eine Befürchtung zumindest vieler Geisteswissenschaftlerinnen und Geisteswissenschaftler. Solche Befürchtungen resultieren häufig aus einer gewissen Unkenntnis und Hilflosigkeit dem Phänomen Internet gegenüber, denn selbst ausgewiesene Internet-Skeptiker wie etwa Josef Weizenbaum deklarieren das Internet zwar recht kursorisch und sehr medienwirksam zur relativ inhaltsleeren Modeerscheinung, die sich sehr schnell von selbst wieder abnutzen werde – abnutzen jedoch mit Ausnahme der qualitativ hochwertigen Nischen, die eben doch im Cyberraum existierten im Zusammenhang einer wissenschaftlichen Nutzung. Das gerade diese Relativierung von den Medien im Dienste der Popularität der Weizenbaum'schen Aussagen vielfach nicht wiedergegeben wird, ist in dem hier interessierenden Zusammenhang eher eine kleine Pointe am Rande. Tatsächlich wichtig dagegen ist, daß diese qualitativ hochwertigen Nischen für die angesprochene Klientel, die Wissenschaftlerinnen und Wissenschaftler, bislang nur sehr schlecht auffindbar und damit nicht nutzbar sind. Hier ist eine eindeutige Aufgabe sinnvoller Informationsbereitstellung und -vermittlung, d.h. einer entsprechend qualitativ hochwertigen Informationserschließung durch bibliothekarische Dienstleistungen gegeben – äquivalent zu derjenigen, die etwa für Printmedien bibliothekarisches tägliches Brot darstellt. Das Entscheidende hierbei ist nun, daß sich solche Bereitstellung und Erschließung nahtlos einbinden muß in das vorhandene bibliothekarisch-bibliographische Angebot: Für die Wissenschaftlerinnen und Wissenschaftler ist die mediale Form der Information nebensächlich bis irrelevant; die Inhalte allein sind wichtig, wenn es der bereitstellenden Bibliothek gelingt, diese mediale Form auch tatsächlich ‚nebensächlich zu machen', d.h. einheitliche und leicht handhabbare Zugriffs- und Erschließungsstrukturen anzubieten. Das Gesamtsystem schließlich muß dabei vom Arbeitsplatz der Wissenschaftler aus zu erreichen sein.

Die Universitätsbibliothek Dortmund verfolgt dieses Ziel einer Integration aller medialen Formen durch Mitarbeit in dem Projekt IBIS, dem Internetbasierten BibliotheksInformationsSystem.[11] IBIS, eine Kooperationsaufgabe zwischen den Pilot-Bibliotheken Dortmund und Bielefeld in Zusammenarbeit mit mittlerweile fast allen nordrhein-westfälischen und einigen außernordrhein-westfälischen Universitätsbibliotheken und dem Hochschulbibliothekszentrum NRW, macht sich die Idee zunutze, die elektronischen Dienstleistungen einer Bibliothek unter einer gemeinsamen WWW-Oberfläche im Internet anzubieten – im Dienste der genannten ‚Vernebensächlichung' der Materialität der ‚Thementräger' zugunsten einer Betonung der eigentlichen ‚Themen', d.h. der inhaltlichen Erschließung wissenschaftlich relevanter Ressourcen. Zu diesen Dienstleistungen unter einer gemeinsamen Oberfläche gehören beispielsweise der OPAC der jeweiligen Bibliothek, das Zeitschriftenschnellbestellsystem JASON WWW und in Zukunft die elektronische Monographien-Fernleihe über SUBITO. In diese Schnittmenge reihen sich schließlich nahtlos Internet-Ressourcen ein – Ressourcen also, die äquivalent zu den anderen medialen Formen erschlossen sind. Dabei werden für eine ausgewiesene Zielgruppe, nämlich für Forschung und Lehre, relevante Internet-Ressourcen aller wissenschaftlichen Disziplinen in einer gemeinsamen Meta-Datenbank (mit Konkordanz zum Dublin Core Metadata Element Set)[12] inhaltlich erschlossen per Verschlagwortung und Abstract und schließlich fachlich systematisiert. Einen deutlichen Aufnahmeschwerpunkt dabei weisen die lokalen Ressourcen der jeweiligen Hochschule und ihrer Wissenschaftlerinnen und Wissenschaftler auf: IBIS hat eine lokale Akzentsetzung – anstelle wie auch immer gearteter quantitativer Gesamtschau-Ideale dem Internet gegenüber. Damit will IBIS natürlich nicht irgendeine Provinzialisierung im Sinne der Abschottung vor größeren Kontexten betreiben – aber auch nicht die schon so oft gegebene allgemeine Oberflächlichkeit, die womöglich durch jeden mit Subject-Tree ausgestatteten Suchdienst auszustechen ist. IBIS tritt an mit der Intention einer wissenschafts- und universitätsspezifischen Akzentsetzung für die je konkrete Nutzerschaft im Sinne produktiver Pluralität anderen Internet-Verzeichnungen

11 http://www.ub.uni-dortmund.de/ibis/.

12 Zum Dublin Core Metadata Element Set vgl. etwa Rusch-Feja, Diann: Dublin Core Metadata. Auf dem Weg zur Entwicklung eines Internet-Standards – 4. Dublin Core Metadata Workshop in Canberra; in: Bibliotheksdienst 31 (1997), Heft 4, S. 622-639.

gegenüber. Ziel ist es, in der Summe der Ressourcen-Erschließungen und -Bereitstellungen neben einer regionalen Tiefe auch deren Pendant in einer sinnvollen und notwendigen Breite des Angebotes zu erreichen – eines Angebotes, daß insgesamt die qualitativ hochwertigen Nischen im gegebenen oder befürchteten Datenchaos des Internets für den wissenschaftlichen Zugriff auffindbar und nutzbar macht.

Vierte These:
Neben solcher Hilfe bei der Rezeption wissenschaftlicher Erkenntnisse müssen Wissenschaftliche Bibliotheken auch formale Hilfestellungen für die Produktion wissenschaftlicher Erkenntnisse, müssen Publikationshilfe geben, soweit das einer Bibliothek möglich und sinnvoll ist – das bedeutet auch: Wissenschaftliche Bibliotheken müssen einen Publikationsserver im Internet bereitstellen.

Ein ernstzunehmendes Problem für die Wissenschaft wie für die solche Wissenschaft erschließenden und archivierenden Bibliotheken bilden ausgerechnet die wissenschaftlich ureigensten, die hochschuleigenen Publikationen. Diese Schriften werden laufend mit viel Engagement und zum Teil in erheblicher Stückzahl produziert, bleiben aber für nahezu alle Beteiligten dieses Produktions- und Verwaltungsprozesses mit Ausnahme der Verlage ein Faktor, der sich im Publikations- wie Rezeptionsverlauf von Forschung und Lehre immer wieder verkantet. So stellen sie etwa ein großes Problem für Wissenschaftlerinnen und Wissenschaftler dar durch ihre oft schlecht gegebene Zugreifbarkeit – die Titel sind aufgrund ihrer Zugehörigkeit zum grauen Literaturbereich vielfach schon schlecht bibliographisch erfaßbar. Hochschulschriften sind aber zugleich auch ein Problem für die Bibliotheken durch den mit ihnen verbundenen – und fast im Wortsinne zu verstehenden – Platzbedarf (die Bibliothekskeller platzen tatsächlich ihretwegen zum Teil fast aus den Nähten); hinzu kommen hohe Arbeitsaufwandsanforderungen (etwa bei der Fernleihe) und die entsprechend entstehenden Kosten. Schließlich aber, und hier wird die Gesamtstruktur geradezu paradox, stellen sich auch für die diese Schriften produzierenden Autoren drastische Probleme: Eine Publikation ist häufig sehr langwierig, d.h bis zu einer Veröffentlichung sind manche Forschungsergebnisse schon ‚kalt' – gleichwohl aber ist die Publikation oft sehr teuer.

Auf der anderen Seite lebt die Wissenschaft in zum Teil erheblichem Umfang gerade von den Ergebnissen einer solchen verspätet erscheinenden und für den Doktoranden teuren Dissertation: In der Chemie beispielsweise stammten 40% des Fachwissens, also nahezu die Hälfte des gesamten inhaltlichen Vermögens dieser wissenschaftlichen Disziplin, aus Doktorarbeiten, betont der Vorsitzende der Chemie-Fachgesellschaft Prof. Gasteiger. Aber dieses

Wissen sei in der herkömmlichen Publikationsform der Dissertationen ein „große(r) Schatz an einzigartiger Information, der (...) schwer zu heben sei", klagte er vereint mit zwei Fachkollegen beim Bibliothekartag 1996 in Erlangen.[13] In diese Klage stimmen allmählich weitere wissenschaftliche und bibliothekarische Einrichtungen ein: So empfahl etwa die DBI-Kommission für Erwerbung und Bestandsentwicklung Ende 1996, die Thematik vorzuschlagen für eine Behandlung in der Sektion 4 des Deutschen Bibliotheksverbandes sowie in der Kultusministerkonferenz.[14] Diese Empfehlung hat bereits eine spezifische Lösungs-Ausrichtung im Blick: Sie intendiert die Eruierung der Verfahrensfragen einer Ablage von Dissertationen im Internet. Ein solcher Ausbruchsversuch aus dem aktuellen wissenschaftlichen Publikationsdilemma ist bislang relatives Neuland für die Wissenschaft wie für das Bibliothekswesen – aber es ist ein Bereich, der aktuell an vielen Stellen diskutiert wird. Auch in der Universitätsbibliothek Dortmund sucht man – unter dem vielversprechenden Namen Eldorado: Elektronisches Dokumenten-Retrieval- und Archivsystem Dortmund[15] – einen Internet-Ausweg aus dieser Veröffentlichungssackgasse von Forschung und Lehre. Eldorado steht mit diesen Bemühungen keineswegs allein da: Mehrere andere wissenschaftliche Bibliotheken arbeiten ebenfalls intensiv an dem Problem – zum Beispiel, um nur einige zu nennen, die Universitätsbibliotheken Chemnitz, Göttingen, Karlsruhe, Konstanz, Oldenburg und Osnabrück. Und auch die Wissenschaft selbst blickt sich auswegsuchend um: Einige der großen wissenschaftlichen Fachgesellschaften haben sich unter dem Titel „Dissertationen online" zusammengeschlossen, um das Internet auch für die zu prüfenden und geprüften wissenschaftlichen Publikationen nutzbar zu machen. In dieses Projekt ist Die Deutsche Bibliothek als Archivierungsinstitution im Sinne des Pflicht-Exemplar-Rechtes involviert.[16]

Anders als das disziplinenspezifisch ausgerichtete Konzept der Fachgesellschaften ist der Grundgedanke der Überlegungen an der Universitätsbibliothek Dortmund auf die Bearbeitung der hochschuleigenen Schriften der Universität Dortmund ausgerichtet – eine Focusierung, die unter anderem durch

[13] Gasteiger, Johann/Ihlenfeldt, Wolf-Dietrich/Pförtner, Matthias: Sacherschließung elektronischer Publikationen: Dissertationen aus der Chemie, in: Ressourcen nutzen für neue Aufgaben. 86. Deutscher Bibliothekartag in Erlangen 1996, hg. von Sabine Wefers, Frankfurt a.M. 1997, S. 283.

[14] Vgl. Allenberg, Ursula: Kommission des DBI für Erwerbung und Bestandsentwicklung, Bereich wissenschaftliche Bibliotheken. Herbstsitzung 1996 in Frankfurt/Main, in: Bibliotheksdienst 31 (1997), Heft 3, S. 434 f.

[15] http://www.ub.uni-dortmund.de/Eldorado/.

[16] Vgl. Lehmann, Klaus-Dieter: Dissertationen Online, in: Bibliotheksdienst 31. Jg. (1997), Heft 4, S. 645-651.

die Einbindung Eldorados in die IBIS-Datenbankstrukturen mit deren beschriebenen lokalen Akzentsetzungen entsteht. Gespeichert und aufgearbeitet werden im Sinne des von der DFG empfohlenen Subsidiaritätsprinzips hochschuleigene Veröffentlichungen außerhalb des Verlagsbereiches; Verlagsveröffentlichungen werden jedoch zumindest per Metadaten ebenfalls erfaßt – kongruent zum IBIS-Gesamtkonzept, alle Publikationen wissenschaftlicher Relevanz unter einer Oberfläche erreichbar und zugreifbar zu machen im Dienste der genannten Vernebensächlichung einer Materialität der Publikationsmedien. Über solche Metadaten-Erschließung hinaus werden die Nicht-Verlagsveröffentlichungen auch als Volltext archiviert und dem interessierten wissenschaftlichen Publikum angeboten. Insgesamt ist das Ziel dieses Ansatzes bibliothekarischer Assistenz bei den wissenschaftlichen Bemühungen um elektronisches Publizieren ein die reine Textarchivierung und -bearbeitung aber überschreitendes: Intendiert ist ein Dienstleistungskonzept, das nicht nur die Adaption traditioneller bibliothekarischer Dienstleistungen darstellt, sondern den spezifischen Strukturen des Mediums Internet Rechnung trägt etwa durch eine Ermöglichung angestrebter Multimedia-Veröffentlichungen.

Bei aller Hoffnung jedoch, die sowohl die Wissenschaft wie die Bibliotheken in solche bislang in keiner Weise auch nur annähernd ausgeschöpften Potentiale der Cyberscience stecken, bleiben viele Fragen und Probleme des Kontextes noch offen. Diese noch zu lösenden Aufgaben beginnen im rein technischen Umfeld: Formatfragen der Bereitstellung der Texte sind hier ebenso zu beantworten wie Public-Key-Verschlüsselungsunsicherheiten im Zusammenhang einer Authentifizierung, einer Absicherung des echten, bei Dissertationen des Prüfungsexemplares der Publikation; auch das Problem der Langzeitarchivierungsform bleibt in Zeiten sich rasant entwickelnder Datentechnik ein ernstzunehmender Aufarbeitungsbereich. Neben solchen technischen sind jedoch auch organisatorische Probleme zu lösen: Fragen des anzubietenden bibliothekarischen Dienstleistungskonzeptes oder Probleme des Geschäftsganges innerhalb der Bibliothek. Schließlich steht der gesamte Komplex der juristischen bzw. verwaltungstechnischen Variabilitäten im Cyberscience-Raum. An erster Stelle ist hier bei Online-Dissertationen natürlich die Frage der Promotionsordnung zu nennen: Elektronisches Publizieren soll langfristig als gleichwertige Veröffentlichungsform neben anderen Formen, d.h. neben Print- und Microfiche-Exemplaren zugelassen werden, lautet die Forderung der wissenschaftlichen wie der bibliothekarischen Entwicklungsprojekte dieses Bereiches. Von nicht zu unterschätzender Bedeutung sind aber auch Fragen des Urheberrechtes, des Vervielfältigungsrechtes und nicht zuletzt des Datenschutzes (etwa im Blick auf den eingebundenen Lebenslauf im Original-Exemplar einer Dissertation); schließlich, selten notwendig, dann jedoch besonders wichtig, ist das Problem des Rückrufes einer Dissertation bei nachgewiesener Täuschung zu nennen. Last but not least bleibt eine intensive Öffentlichkeitsarbeit sowie eine nicht minder intensive differenzierte Anwenderschulung für die Nutzer solcher elektronischer Publikationsformen, d.h. für die Studentinnen und Studenten, die Wissenschaftlerinnen und Wissenschaftler aufzuarbeiten.

Mit diesen Schulungen schließt sich der Kreis zu den erstgenannten Faktoren bibliothekarischer Funktionalitäten im Zeitalter der Cyberscience: Letztlich ist die Trennung solcher Aufgaben einer wissenschaftlichen Bibliothek im Kontext von Forschung, Lehre und Internet eine rein theoretische Trennung. Bibliotheken kommt insgesamt eine neue Definition und Füllung der alten Informationsvermittlerinnen-Rolle im Gesamtzusammenhang der Cyberscience zu. Forschung und Lehre haben hier bereits dezidierte Forderungen an die Bibliotheken geäußert, haben etwa während der Tagung der Fachgesellschaften-Initiative „Dissertationen-Online" Mitte März 1997 in Berlin ganz klar formuliert, sie benötigten für ihre Arbeit als Wissenschaftlerinnen und Wissenschaftler bestimmte Strukturen der Informationsbeschaffung und -erschließung via Internet – Strukturen, die sie gerne mit den Bibliotheken gemeinsam entwickelten. Sperrten sich die Bibliotheken hier aber oder seien sie zu langsam, nähmen die Wissenschaften das Informationsgeschäft selbst in die Hand. Verabschiedet sich jedoch die Wissenschaft aus der wissenschaftlichen Bibliothek, schafft sie sich ihren eigenen bibliotheksautarken Informationskontext, wird die Frage unabweisbar, welche Funktion, welche Sinnhaftigkeit die Bibliothek dann noch erfüllt? Wann steht sie letztlich in der Gefahr, nur noch ein reiner Internet-freier Selbstzweck fernab der tatsächlich stattfindenden Wissenschaft zu sein – ganz im Sinne eines Luhmann'schen selbstreferentiellen Systems, das sich selbst genügt und sich in dieser Genügsamkeit permanent perpetuiert. Das Internet als neue Verleiblichung des Wissens, der Wissenschaft, hatte Levy diagnostiziert – findet sie mit oder ohne die Bibliotheken statt?

WOLFGANG G. STOCK

Bibliothekarische Dienstleistungen als Universaldienste in der Informationsgesellschaft

Was heißt: „Universaldienst"?

„While the visions for American libraries in the digital age vary in how active libraries will be online, all the visions articulate a place for libraries and their constituencies in cyberspace. What are the funding mechanisms to get libraries connected? What politics guarantee that this will happen? – Universal service, as defined in the Telecommunications Act of 1996, creates some of these mechanisms".[1] Mit diesen Worten wird der Abschnitt über „Universal service" im Bericht der Benton Foundation über Bibliotheken im „digitalen Zeitalter" eingeleitet. Der Bericht sieht in den Universaldiensten eine Möglichkeit der Finanzierung von Bibliotheken in der Informationsgesellschaft. Was ist dies: „Universaldienst"?, und wie können wir dieses Konzept nutzbringend auf Bibliotheken anwenden?

Am Beginn der Entwicklung zur Informationsgesellschaft steht in vielen Ländern die Privatisierung der Telekommunikationsinfrastruktur. Wo früher ein „natürliches Monopol" im öffentlichen Auftrag und mit öffentlichen Geldern flächendeckend für Basisdienste, vor allem das Sprachtelefon, sorgte, treten nunmehr in Wettbewerb stehende private Unternehmen an, für die Netze und Dienste der Telekommunikation zu sorgen. Die Privatisierung und der Wettbewerb bringen sicherlich Vorteile mit sich, denkt man an Produktivitätssteigerungen oder auch an niedrigere Preise, sie haben aber auch bedenkenswerte Lücken gegenüber der alten Konzeption. Ein Beispiel ist die flächendeckende Versorgung aller Bürger und Unternehmen mit der Telekommunikationsinfrastruktur, früher selbstverständlich im staatlichen Auftrag des natürlichen Monopols enthalten. Man kann jedoch kein Privatunternehmen zwingen, eine solche Versorgung sicherzustellen, gibt es doch Regionen, deren Versorgung relativ zu den zu erwartenden Einnahmen zu teuer ist, und gibt es Nutzer oder sogar Nutzergruppen (z.B. Senioren oder Studenten), deren Versorgung keinen Profit oder gar finanziellen Verlust be-

[1] Buildings, Books, and Bytes. Libraries and Communities in the Digital Age/Benton Foundation. – Washington DC. – URL: www.benton.org/library/kellogg/buildings.html, Version vom 16. Dezember 1996.

deutete. Dieses Problem wird unter dem Etikett *Universaldienst* besprochen.

Die Diskussionen um den Universaldienst haben in Deutschland – im Zuge der Postreform – sogar zu einer Änderung im Grundgesetz geführt. Im neuen Artikel 87f heißt es: Der Bund „gewährleistet ... im Bereich des Postwesens und der Telekommunikation flächendeckend angemessene und ausreichende Dienstleistungen". Die Definition für „Universaldienst" im deutschen „Info 2000", dem Programm der Bundesregierung über den deutschen Weg in die Informationsgesellschaft, ist ähnlich allgemein gehalten wie im Grundgesetz. „Als Universaldienst sollten solche Telekommunikationsdienste bestimmt werden, für die eine allgemeine Nachfrage am Markt besteht und deren Erbringung für die Öffentlichkeit als Grundversorgung unabdingbar geworden ist".[2] Momentan scheint man beim Universaldienst vor allem ans Sprachtelefon zu denken, doch die Konzeption ist erfreulich offen. „Als Universaldienst können zu einem späteren Zeitpunkt gegebenenfalls weitere und andere Telekommunikationsdienstleistungen bestimmt werden, die durch die Entwicklung der Nachfrage auf den Märkten Grundversorgungscharakter erhalten haben und die sonst nicht in ausreichender Qualität oder zu erschwinglichem Preis am Markt erbracht werden".[3]

Nach gewissen Kriterien werden Unternehmen benannt, welche die jeweiligen Universaldienste anzubieten haben. Wenn ein Staat eine Verpflichtung zum Universaldienst gegenüber privaten Unternehmen ausspricht, muß er dafür bezahlen. Es gibt mehrere Modelle der Finanzierung:

- Der einfachste Fall liegt vor, wenn der Markt es selbst schafft, den Universaldienst zu erfüllen. Dieser Fall bedeutet, daß es in einem Staat keine unwirtschaftliche Bereitstellung von Universaldiensten gibt.
- Eine Finanzierungsmöglichkeit für unwirtschaftliche Universaldienste liegt bei „Access-Charges": Unternehmen, die ihre Netze mit dem eines Universaldienstanbieters zusammenschalten, zahlen diesem gewisse Preise, die zur Deckung der Finanzierungslücke der Universaldienste verwendet werden.
- Eine (eher theoretische) Alternative schlägt die direkte Subventionierung der betroffenen Kunden vor, und nicht Finanzströme hin zu Telekommunikationsanbietern.
- Eine weitere Alternative sieht nationale Fonds zur Finanzierung der unwirtschaftlichen Bereiche des Universaldienstes vor. Dies ist die Lösung des deutschen Telekommunikationsgesetzes sowie der Europäischen Kommission. „Geeignete Betreiber und Diensteanbieter sollten ihre Beiträge leisten,

[2] Info 2000 – Deutschlands Weg in die Informationsgesellschaft. Bericht der Bundesregierung. – Deutscher Bundestag, 13. Wahlperiode, Drucksache 13/4000 vom 7. März 1996, S. 58.

[3] ebd.

und die finanzielle Verantwortung sollte unter Beachtung des Grundsatzes der Verhältnismäßigkeit so gerecht wie möglich verteilt werden".[4]

Wie auch immer die Variante der Finanzierung aussieht, festzuhalten bleibt: Bei Universaldiensten ist deren Finanzierung gesichert.

Warum muß das Universaldienst-Konzept auf Informationsinhalte ausgeweitet werden?

Argument 1: Konvergenz der Informationsbranchen. Universaldienste im Sinne der Telekommunikation sind traditionell, das heißt in Gesellschaften, die keine Informationsgesellschaften sind, auf das Sprachtelefon bezogen. Schon heute bieten Telekommunikationsunternehmen mitnichten nur Telefondienste an; in der Informationsgesellschaft wird sich deren Radius noch stark ausweiten. Zu beobachten ist nämlich ein Phänomen, das als „Konvergenz der Informationsbranchen" beschrieben wird. Es meint das allmähliche Zusammenwachsen der Industrie der Informationsgeräte (Mikrochips, Fernseh-, Video- und Audiogeräte, Computer, Kabel, Funkeinrichtungen bis hin zu Satelliten), der informationsverarbeitenden Branchen (Software, Telekommunikationsdienste, Beratung) sowie der informationsbearbeitenden Branchen (Wirtschaftszweige der Informationsinhalte, also Verlage, Rundfunk, Audio und Film). Im Amerikanischen spricht man von den „4C-Branchen" (Computer, Consumer Electronics, Communication, Contents). Die Konvergenz manifestiert sich in Unternehmenszusammenschlüssen bzw. Beteiligungen aus den vormals unterschiedlichen Bereichen.

Argument 2: Wissensgesellschaft. Die kommende Informationsgesellschaft ist (auch) eine Wissensgesellschaft. Eine der zentralen Komponenten dieser Gesellschaft besteht im innovativen Einsatz von Wissen. Betrachten wir die Wertschöpfungskette des Wissens:

- wissenschaftliche Grundlagenforschung,
- technische Forschung,
- technische Entwicklung,
- konstruktives Design,
- Produkt- oder Prozeßinnovationen,

so fließen in der gesamten Wertkette nahezu ausschließlich Informationen –

[4] Kommission der Europäischen Gemeinschaften: Grünbuch über die Liberalisierung der Telekommunikationsinfrastruktur und der Kabelfernsehnetze (Teil 2): Ein gemeinsames Konzept zur Bereitstellung einer Infrastruktur für Telekommunikation in der Europäischen Union. KOM(94) 682 endg.; Ratsdok. 4674/95. – Brüssel, 1995, S. 16.

Informationen, die sich – auch – in den Datenbanken, Katalogen und Beständen der Bibliotheken befinden.

Die Informationswirtschaft wird langfristig „das Leben des einzelnen sowohl an seinem Arbeitsplatz als auch in seiner privaten Sphäre vermutlich in gleicher Weise ändern wie andere grundlegende Innovationen zuvor (z.B. Elektrizität, Auto)", betont das deutsche „Info 2000".[5] Im Bereich des Bildungswesens werden sich „virtuelle Bibliotheken und international verfügbare Datenbanken" auswirken. Die „digitale Bibliothek" der Zukunft wird die Techniken elektronischen Publizierens qualifiziert einsetzen und so zu einer „virtuellen Volltext-Netzbibliothek" werden (ebd., S. 48). „Info 2000" greift hiermit eine Idee des „Rates für Forschung, Technologie und Innovation" auf. Der Technologierat geht jedoch noch weiter und fordert zusätzlich eine Retro-Digitalisierung herkömmlicher Medien. „Dabei bildet auch die Überführung der Altbestände wichtiger klassischer Medien in eine digitalisierte Form eine wichtige Aufgabe, deren Bewältigung wesentlich für die nachhaltige Ausschöpfung der Nutzungspotentiale elektronischer Informationssysteme sein wird".[7] Bibliotheken, Verlage oder Datenbankproduzenten werden eine solche gewaltige Aufgabe kaum allein finanzieren können. „Ohne öffentliche Unterstützung kann diese Aufgabe nicht in ausreichendem Maße gelingen", betont der Technologierat.

Der konsequente nächste Schritt ist die Forderung nach einer gerechten Verteilung dieser umfassenden elektronischen Informationssammlungen an *alle* Menschen. Eine Schichtung der Bevölkerung eines Landes oder auch der Weltbevölkerung in informationsreiche und informationsarme Menschen soll verhindert werden. Der Technologierat beschreibt hier – ohne dies so zu nennen – einen Universaldienst für Informationsinhalte.

Argument 3: Entwicklung der Kommunikationsformen. Zur Verdeutlichung der Notwendigkeit der Erweiterung des Universaldienstkonzeptes hin zu universellen Informationsdiensten sei ein Ausflug in die Geschichte der Kommunikationskanäle gestattet.[8] Das direkte menschliche Gespräch ist abhängig von Raum und Zeit, insofern die Kommunikationspartner sich an einem Ort zu einer Zeit treffen müssen. Es ist elitär in dem Sinne, daß nur die

5 Info 2000, a.a.O. (Anm. 2), S. 29.

6 Info 2000, a.a.O. (Anm. 2), S. 18.

7 Rat für Forschung, Technologie und Innovation: Informationsgesellschaft: Chancen, Innovationen und Herausforderungen. – Bonn: Bundesministerium für Bildung, Wissenschaft, Forschung und Technologie, 1995, S. 47.

8 Vgl. Stock, Wolfgang G.: Der Ort der Bibliotheken und Informationszentren in der Informationsgesellschaft. – In: Wolfram Neubauer (Hrsg.): Deutscher Dokumentartag 1995. Zukunft durch Informationen. – Frankfurt: Deutsche Gesellschaft für Dokumentation, 1995. – (DGD-Schrift [DOK-8] 2/95), S. 305-332.

aktuell teilnehmenden Personen partizipieren können, nicht aber die Allgemeinheit. Mit der Erfindung der Kanäle Papyrus oder Papier wird eine Fixierung der Informationsinhalte auf einem Träger möglich und damit die Zeitabhängigkeit aufgehoben. Durch die niedrige Auflage, bedingt durch unzureichende Reproduktionsformen (Abschreiben), bleiben die Raumabhängigkeit und der elitäre Zugang erhalten. Der Buchdruck ermöglicht hohe Auflagen und damit einen nicht-elitären, allgemeinen Zugang zu den Informationsinhalten. Die Raumabhängigkeit wird zwar durch die Streuung der Druckerzeugnisse, durch Fernleihe u.ä. gemindert, bleibt aber insofern erhalten, als ein Nutzer Bibliotheken oder Informationszentren aufsuchen muß. Völlige Zeit- und Raumunabhängigkeit wird durch die elektronische Übermittlung der Informationen erzielt. Derzeit geschieht dies als elitärer Dienst. Angesprochen wird die Informations„elite" einer Gesellschaft, und das ist weniger als ein Prozent der Bevölkerung. Die zu fordernde nächste Stufe verbindet die Zeit- und Raumunabhängigkeit elektronischer Informationsdienste mit der Konzeption des Universaldienstes und schafft damit einen nicht-elitären, allgemeinen Zugang zu Informationsinhalten.

Vorbild: Die amerikanische Informationspolitik? Beim Aufbau der nationalen Informationsinfrastruktur der Vereinigten Staaten (NII-Programm) wird der enge Rahmen des Universaldienstes Telefon nur als historische Episode des „Communications Act" von 1934 besprochen; jetzt gehe es um alle Informationsressourcen. Eine Aktion des NII-Programms ist, „Extend the 'universal service' concept to ensure that information resources are available to all at affordable prices. Because information means empowerment, the government has a duty to ensure that all Americans have access to the resources of the Information Age".[9] Bibliotheken werden im NII-Programm ausdrücklich erwähnt – gleich im ersten Absatz der „Agenda for Action": „Imagine you had a device that combined a telephone, a TV, a camcorder, and a personal computer. No matter where you went or what time it was, your child could see you and talk to you, you could watch a replay of your team's last game, *you could browse the latest additions to the library*, or you could find the best prices in town on groceries, furniture, clothes – whatever you needed".[10]

Im „Telecommunications Act" von 1996 wird der Umfang des Universaldienstes über vier Kriterien abgesteckt. Universaldienste sind Telekommunikationsdienste, die

„(a) are essential to education, public health, or public safety;

[9] Information Infrastructure Task Force: The National Information Infrastructure: Agenda for Action. – Springfield, Va: U.S. Dept. of Commerce/National Technical Information Service, 1993. – (Report No. PB93-231272), S. 6.

[10] ebd., S. 5; Hervorhebung durch den Autor.

(b) have, trough the operation of market choices by customers, been subscribed to by a substantial majority of residential customers;

(c) are being deployed in public telecommunications networks by telecommunications carriers; and

(d) are consistent with the public interest, convenience, and necessity".[11]

Elektronische Bibliothekskataloge und ein Teil anderer Datenbanken dürften problemlos unter diese Definition fallen.

Der Zugang zu allen diesen Telekommunikations- und Informationsdiensten wird für jedermann in jeder Region der Vereinigten Staaten zu günstigen Kosten sichergestellt,[12] wobei für Schulen, Bibliotheken und weitere Einrichtungen die Kosten nochmals gesenkt werden.[13]

Um Mißverständnissen vorzubeugen, sei betont, daß sich die Anwendung der Universaldienstkonzeption auf gewisse bibliothekarische Dienste auch in den USA zunächst fast ausschließlich auf (freie oder kostengünstige) Zugänge zu Telekommunikationsnetzen bzw. – diensten bezieht. Die American Library Association sieht es als „Kerndienstleitung" für Bibliotheken an, Internetzugänge bereitzustellen, „so that libraries can provide access to commercially and publicly available information".[14] Die Michigan Library Association geht bereits weiter und denkt an Bibliotheken als Anbieter von Informationen sowohl im lokalen Netz als auch im Internet. Als bibliothekarische Aufgaben werden – insbesondere auch im Zusammenhang mit dem Angebot von „community-based information" folgende Dienste auf öffentliche Bibliotheken zukommen. „Local library systems could provide: 1) local text files on issues created and made available locally and on the Internet; 2) E-mail available locally for reference service to community Internet access; 3) local library materials scanned to create networked files including illustrations; and 4) full- fledged community information system implemented which allows for access to text files, images, and documents via WWW".[15]

Dieses weite amerikanische Prinzip des Universaldienstes scheint richtungweisend auch für europäische und deutsche Verhältnisse zu sein.

[11] Telecommunications Act of 1996/104th Congress; 2nd Session in the Senate of the United States, S. 652, Sec. 254 [C]).

[12] Vgl. ebd., Sec. 254 [B].

[13] Vgl. ebd., Sec. 254 [H).

[14] The Next Generation of Universal Service: Discounts for Schools and Libraries/Benton Foundation. – Washington DC. – URL: www.benton.org/library/nextgen/discounts.html, Version vom 10. Dezember 1996.

[15] ebd.

Inhaltliche Universaldienste

In dieser neuen Umgebung hat die alte Definition von „Universaldienst" ihren Sinn verloren. In einer vor-informationellen Gesellschaft denkt man beim Universaldienst ans Telefonieren, an eine bequeme und möglichst billige Art der Übermittlung gesprochener Sprache. Ganz anders in der Informationsgesellschaft. Hier kommen alle Aspekte der Informationen als Kandidaten für Universaldienste infrage. Die Informationsgesellschaft ist eine Wissensgesellschaft; d.h. das Wissen wird zu einer tragenden Ressource dieser neuen Gesellschaftsform. Prägnant formuliert dies William J. Martin, „In information society ... universal telephone service will be replaced by universal information services".[16] Auch für Charles Goldfinger ist klar, „that universal service cannot be limited to vocal telephony alone. It must include access to information in all its various forms, notably that of databases".[17] Betreiber von Universaldiensten sind demnach nicht nur die Telekommunikationsanbieter, sondern auch die Produzenten von Informationsinhalten – wie u.a. der gesamte ABI-Bereich.[18]

Eine recht weite Definition von „Universaldienst" schwebt Vertretern der deutschen Gewerkschaften vor. Für die Hauptvorstände der Deutschen Postgewerkschaft und der Industriegewerkschaft Medien kommt „für die Festlegung gesellschaftlich relevanter Universaldienste ... neben dem Telefondienst und der öffentlich-rechtlichen Rundfunkversorgung auch jenem Dienste-Spektrum besondere Bedeutung zu, das sich an der Grenzlinie zwischen Individual- und Massenkommunikation entwickeln wird".[19] Im einzelnen muß festgelegt werden, welche konkreten Dienste aus diesem Spektrum als Universaldienste für alle Bürger bereitgestellt werden. Wichtig ist die Feststellung, daß eine solche Festlegung frühzeitig erfolgen muß, „um für Wirtschaft und Verbraucher Sicherheiten für die Entwicklungsziele zu schaffen".[20] Für die Bi-

[16] Martin, William J.: The Global Information Society. – Aldershot: Aslib Gower, 1995, S. 2.

[17] Goldfinger, Charles: The Right to Information. – In: Telecom Briefs, June 1996, S. 21-23, hier: S. 22.

[18] Vgl. Stock, Wolfgang G.: Informationsvermittlung für jedermann. Bibliothekskataloge als Universaldienst in Informationsgesellschaft. – In: Insider/FH Köln Nr. 5 (1996), S. 39-40; Stock, Wolfgang G.: Informationsinhalte als Universaldienste. – Köln: Fachhochschule Köln, Fachbereich Bibliotheks- und Informationswesen, 1997. – (Kölner Arbeitspapiere zur Bibliotheks- und Informationswissenschaft; 4).

[19] Hauptvorstände Postgewerkschaft/Industriegewerkschaft Medien 1995: Die Kommunikation der Zukunft spielt sich in Datennetzen ab. Wie Multimedia die Arbeits- und Lebensbedingungen grundlegend verändern wird / Ein Memorandum zur Gestaltung und Steuerung der Informationsgesellschaft. – In: Frankfurter Rundschau Nr. 200 vom 29. August 1995, Ausgabe D/R/S, S. 16.

[20] ebd.

bliotheken und ihre Dienste wird eine interessante Finanzierungsvariante vorgeschlagen: ein Tauschhandel zwischen der Bereitstellung bibliothekarischer Dienste für die Öffentlichkeit und den übrigen Universaldiensten zur Nutzung in der Bibliothek. „Öffentliche Einrichtungen wie Schulen, Bibliotheken und Universitäten sollen einen begünstigten Zugang zu Universaldiensten erhalten. Sie sollen dafür verpflichtet werden, ihre Informationsarchive der Allgemeinheit unentgeltlich zum elektronischen Abruf zur Verfügung zu stellen".[21] Ob dieses Modell zur Finanzierung der elektronischen bibliothekarischen und dokumentarischen Dienste ausreicht, erscheint jedoch zweifelhaft.

Festzuhalten bleibt: Gewisse Informationsdienste sind in einer Informationsgesellschaft Universaldienste. Jeder Bürger hat Anspruch auf (elektronischen) Zugang zu Bibliotheken, öffentlichen Datenbanken usw. zu günstigen Preisen und einfachen Abrechnungsverfahren. Die (elektronische) informationelle Versorgung aller Bürger geschieht flächendeckend; erreicht wird also jede noch so abgelegene oder dünn besiedelte Region und erreicht wird jedes Gesellschaftsmitglied – vorausgesetzt, es verfügt erstens über irgendeinen Telekommunikationsanschluß und zweitens über eine entsprechende Information literacy, um die Dienste überhaupt nutzen zu können.

Natürlich sind die Bibliotheken und ihre Verbünde hier gefordert, ihr Informationsangebot im Katalogdatensatz einerseits zu vereinfachen (kein Endnutzer wird etwas von RAK verstehen), andererseits informationsreicher zu gestalten (weitere Erschließungsmethoden neben oder anstelle der RSWK, vor allem Abstracts zu integrieren), Nutzeroberflächen zu optimieren und den Dialog möglichst einfach zu gestalten (etwa Einsatz von natürlichsprachigen Retrievalmethoden neben dem Booleschen Retrieval). „Virtuelle Aufstellordnungen" in den virtuellen Bibliotheken dürften z.B. zu einer Renaissance der (Universal-)Klassifikationen führen. Die Versorgung mit dem Volltext, egal, ob auf elektronischem oder konventionellem Weg, muß sichergestellt sein. Kooperationen mit dem Verlagswesen sowie mit dem Buchhandel sind anzustreben.

Die hier angedachten inhaltlichen Universaldienste stehen mitnichten im Widerspruch zum deutschen Telekommunikationsgesetz. Es wäre jedoch falsch zu erwarten, daß sie hier explizit genannt würden. Es geht in diesem Gesetz nicht um die Informationsinhalte, sondern nur um die Infrastruktur, die erlaubt, Informationsinhalte zu übertragen. Dies sieht auch Helmut Fangmann in seinem Kommentar zum Telekommunikationsgesetz so. Dieses Gesetz „ist im wesentlichen kein Multimedia-Gesetz, weil es inhaltsneutrale Regelungen technisch gestützter Fernkommunikation mittels beliebiger Nachrichten ent-

[21] ebd.

hält".[22] Wenn man inhaltliche Universaldienste in Deutschland gesetzlich verankern möchte, wäre das Multimedia-Gesetz (Informations- und Kommunikationsdienste-Gesetz) wahrscheinlich der richtige Ort.[23] Das jüngst verabschiedete IuKDG thematisiert jedoch erstaunlicherweise Universaldienste nicht. Man wird hier auf eine Novellierung warten müssen.

Die duale Informationsordnung

Es ist zu klären, welche Informationsdienste zur informationellen Grundversorgung gehören (und damit zu Universaldiensten werden) und welche nicht. Einen interessanten Abgrenzungsversuch schlägt Herbert Kubicek vor. Ausgang ist für ihn die Idee einer „dualen Informationsordnung", wie wir sie vom Rundfunk her kennen.[24] Es geht um das Nebeneinander von öffentlich bereitgestellten und kommerziell angebotenen Informationen. Im Rundfunk, Hörfunk wie Fernsehen, haben wir auf der einen Seite die öffentlich-rechtlichen Rundfunkanstalten als Träger (auch) der informationellen Grundversorgung und auf der anderen Seite die privaten, kommerziellen Rundfunkanbieter. Die in diesem Bereich entwickelte Bezeichnung „duale Rundfunkordnung" kann man nach Kubiceks Meinung „übernehmen für die anzustrebende Gestaltung der elektronischen Informations- und Telekommunikationsdienstleistungen".[25]

Zur informationellen Grundversorgung rechnen wir gemäß den Definitionen von „Universaldienst" ausschließlich solche Dienste,

(1.) die in Telekommunikationsnetzen verteilt werden,

(2.) für die in der Informationsgesellschaft eine allgemeine Nachfrage bestehen wird,

(3.) die wesentlich für Wissenschaft und Bildung, für die Gesundheit, für die allgemeine und individuelle Sicherheit sowie für die Daseinsvorsorge sind.

An bibliothekarischen bzw. dokumentarischen Diensten fallen unter die Universaldienste u.a. die Kataloge öffentlicher Bibliotheken, die Kataloge der wis-

[22] Fangmann, Helmut: Das neue Telekommunikationsgesetz. Texte und Kommentierung für die Praxis. – Heidelberg: Hüthig, 1997, S. 187.

[23] Vgl. Gesetz zur Regelung der Rahmenbedingungen für Informations- und Kommunikationsdienste (Informations- und Kommunikationsdienste-Gesetz – IuKDG), Bundestags-Drucksache 13/7934. – Bonn, 1997.

[24] Vgl. Kubicek, Herbert: Duale Informationsordnung als Sicherung des öffentlichen Zugangs zu Informationen. – In: Computer und Recht (1995), S. 370-379.

[25] Kubicek, Herbert: Informationelle Grundversorgung als intelligente Industriepolitik. – In: Elisabeth Bulmahn; Christoph Zöpel (Hrsg.): Multimedia für die Informationsgesellschaft? – Bonn; Berlin: Wissenschaftsforum der Sozialdemokratie, 1995, S. 7-19, hier: S. 12.

senschaftlichen Bibliotheken bzw. ein jeweils aktueller Verbundkatalog, eine umfassende und vollständige Zeitschriftendatenbank, Datenbanken mit juristischen Informationen sowie Datenbanken mit wissenschaftlich-technisch-medizinischen Informationen. Es sei angemerkt, daß wir damit den deutschen Fachinformationsprogrammen (1985-1988 und 1990-1994) sowie dem aktuellen Programm „Information als Rohstoff für Innovation" (1996-1999) widersprechen.[26] Diese Programme schlagen die wissenschaftlich-technischen Informationen dem „Subsidiarbereich" zu, in den der Staat nur finanziell eingreift, wenn der kapitalistische Markt allein nicht ausreichend funktioniert. Medizinische Informationen sowie weitere, den Bundesressorts zuzuordnende Informationen liegen zwar im Staatsauftrag, die Dienstleistungen sollen jedoch privatwirtschaftlich vorgehalten werden. Hieraus folgt, daß alle – der informationellen Grundversorgung dienenden – ressortspezifischen und wissenschaftlich-technischen Informationen zu derzeit bestehenden Marktpreisen angeboten werden. Und diese Preise verhindern eine Nutzung durch breite Bevölkerungsschichten und wirken eindeutig prohibitiv für weit über 99 % der Bevölkerung. Es ist sicherlich nichts dagegen einzuwenden, wenn sich der Staat als Produzent von Informationen zurückhält, und es ist sicherlich auch ein überlegenswerter Weg, sich aus der institutionellen Förderung von Datenbankproduzenten und Hosts zurückzuziehen. Aber es ist mit dem Konzept der informationellen Grundversorgung nicht zu vereinbaren, daß solche Informationen dermaßen überteuert auf den Markt kommen, daß nur eine schmale Informationselite daraus Profit ziehen kann. Hier wird besonders deutlich, daß ein an den Informationsinhalten orientiertes Universaldienst-Konzept benötigt wird.

Auf kommerziellen Märkten bewegen sich Informationsdienste grundsätzlich im Volltext- und Fakteninformationsbereich, sei es bei elektronischen Versionen von Zeitschriften, Zeitungen und Monographien, sei es bei Document Delivery Services, die mit Kopien von Printversionen arbeiten, oder sei es bei Enzyklopädien oder Faktensammlungen. Die Begründung für diese Kommerzialisierung der Informationsdienste liegt erstens in der Überschneidung mit dem Verlagsmarkt und zweitens im Faktum des bereits bestehenden kommerziellen Informationsmarktes. Dies heißt nun nicht, daß ein kommerzieller Host seine bibliographischen Datenbanken nicht mehr anbieten und sich auf Volltexte konzentrieren sollte. Im Gegenteil: Natürlich werden kommerzielle Hosts weiterhin Datenbanken der informationellen Grundversorgung vorhalten. Da deren Finanzierung als Universaldienst allerdings gesichert ist, sollten sie diese Datenbanken entweder kostenlos oder zumindest ausgesprochen

[26] Vgl. Information als Rohstoff für Innovation. Programm der Bundesregierung 1996 – 2000. – Bonn: BMBF, 14. August 1996, S. 14 ff.

preiswert vorhalten. Die Nutzerzahl dürfte sich durch eine solche Strategie, unterstützt durch geeignetes Marketing, enorm steigern. Gerade für Hosts, die auch Volltexte oder Fakten vorhalten, dürften die Steigerungen der Nutzerzahlen auch Umsatzsteigerungen im kommerziellen Bereich bedeuten, insofern die Nutzer zwischen den beiden Bereichen der dualen Informationsversorgung hin- und herwechseln.

Fazit

Was folgt aus alledem für Bibliotheken? Am Ende dieser Überlegungen sollen einige Schlußfolgerungen, knapp formuliert als Thesen, stehen:

1. Bibliotheken der künftigen Informationsgesellschaft sind gut beraten, hochwertige elektronische Kataloge, bibliographische Datenbanken, Dokumentliefersysteme sowie elektronische Volltexte über Telekommunikationsnetze zur breiten Nutzung anzubieten.
2. Elektronische Kataloge (sowie weitere nicht-kommerzielle Nachweis-Datenbanken) fallen unter das neue breite Konzept des Universaldienstes; damit wären sie eigentlich finanziell abgesichert. Die Erkenntnis, gewisse bibliothekarische Dienste über Universaldienstfonds zu finanzieren, ist jedoch noch nicht verbreitet. Es liegt – auch – an der bibliothekarischen Profession, den Gedanken weiterzuführen und in konkrete Politik umzusetzen. Konkret gefordert ist Lobbyarbeit zur gesetzlichen Verankerung von inhaltlichen Universaldiensten im deutschen Multimediagesetz (IuKDG).
3. Dokumentliefersysteme und elektronische Volltexte fallen im Sinne der dualen Informationsversorgung unter die kommerzielle Komponente. Hier tragen die Bibliotheken unternehmerisches Risiko.

RECHTSFRAGEN BEI NEUEN MEDIEN

HARALD MÜLLER

Elektronisches Pflichtexemplarrecht oder das Recht des Bürgers auf ungehinderten Zugriff zu elektronisch gespeicherten Informationen

1. Elektronisch gespeicherte Informationen und Bibliotheken

Wissenschaftliche und künstlerische, alltägliche und fachspezifische Informationen erscheinen längst nicht mehr ausschließlich gedruckt auf Papier. Publikationen werden zunehmend in elektronischer Form produziert und vertrieben, sei es auf Diskette oder auf CD-ROM, als Online-Datenbank oder als Internet-Veröffentlichung. Vom klassischen Druckwerk unterscheiden sich digitale Medien hauptsächlich dadurch, daß der Mensch zur Kenntnisnahme ihres Inhalts eine Maschine, nämlich den Computer als Bindeglied benötigt. Man findet sie heute in Bibliotheken gleichberechtigt neben den klassischen Medien Buch, Zeitschrift, Schallplatte oder Mikroform. Ob Internet oder CD-ROM, Bibliotheken sehen sich täglich aufs Neue mit der Forderung ihrer Nutzer konfrontiert, jederzeit den ungehinderten Zugang zu elektronischer Information zu ermöglichen. Hierfür ist auf technischer Seite unter anderem eine ausreichende Infrastruktur an Hochleistungs-Datennetzen erforderlich, wie sie sich etwa Bundesregierung und Europäische Union zur Aufgabe gemacht haben. Doch mit der Technik allein ist es nicht getan. Wie bei den traditionellen Informationsträgern auch stellt sich außerdem das Problem, das digitalisierte Wissen an zentraler Stelle zu sammeln, zu ordnen, zu verzeichnen und zugänglich zu machen.

Gedruckte Werke, Tonträger, AV-Medien und manch anderes unterliegen einer gesetzlich fixierten Pflichtablieferung an bestimmte Pflichtexemplarbibliotheken, z.B. an Die Deutsche Bibliothek oder an Landesbibliotheken. Hier hat der interessierte Bürger jederzeit die Möglichkeit, sich frei über den Inhalt der Medien zu informieren.

2. Forderungen bibliothekarischer Verbände

Die International Federation of Library Associations (IFLA) verabschiedete anläßlich ihrer Konferenz in Peking (25.-31. August 1996) ein Positionspapier zum Urheberrecht im elektronischen Umfeld.[1] Darin vertritt sie die Auffassung, die Vorzüge digitaler Technologie sollten jedermann zur Verfügung stehen. Der Zugang zu Informationen solle ohne Rücksicht auf das jeweilige technische Format möglich sein und dürfe nicht von einer Bezahlung im Einzelfall abhängig gemacht werden. Im Informationszeitalter erwarte der Benutzer den Zugang zu insbesondere elektronischen Informationen ohne Verzögerungen und auf digitalem Weg. Deshalb solle in nationalen Rechtsordnungen das Recht auf ungehinderten Zugang zu gedruckten wie zu elektronischen Informationen ohne Unterschied gewährleistet sein. Insbesondere elektronische Dokumente sollten dem Benutzer in Bibliotheken kostenlos und ohne Zustimmungserfordernis des Urhebers zum Lesen, Hören, Anschauen oder auszugsweisen Kopieren zur Verfügung stehen. Hierfür müsse den Bibliotheken das Recht eingeräumt werden, urheberrechtlich geschützte Werke im Rahmen eines elektronischen Dokumentliefersystems zu digitalisieren und zu speichern. Ferner müsse es Bibliotheken gestattet sein, digitale Medien auszuleihen. Das IFLA-Positionspapier schließt mit der Forderung, Bibliotheken bedürften einer gesetzlichen Ermächtigung, konventionelle, urheberrechtlich geschützte Werke zu Zwecken der Erhaltung und Archivierung digitalisieren zu können. Elektronische Medien seien in die Pflichtexemplargesetze einzubeziehen.[2]

Die europäische konzertierte Aktion ECUP[3] veröffentlichte am 25. September 1996 ein ähnliches Positionspapier zum Recht des Bürgers auf Zugang zu elektronischen Publikationen.[4] Darin schließt sich ECUP den Forderungen von IFLA weitgehend an. Bibliotheken sollte das Recht eingeräumt werden, Medien zu digitalisieren, zu indexieren und auf Dauer zu archivieren, um damit den Bedürfnissen der Benutzer zu entsprechen. Das Urheberrecht dürfe kein Hindernis darstellen, wenn es darum gehe, daß Bibliotheken elektronische Technologien einsetzen, um urheberrechtlich geschützte Werke auf Dauer in ihrem Bestand zu sichern.

[1] IFLA Position Paper on Copyright in the Electronic Environment, in: IFLA Journal 22 (1996), S. 314-315.

[2] IFLA Journal 22 (1996), S. 315: „*Legislation should also cover the legal deposit of electronic media.*"

[3] European Copyright User Platform, finanziert von der Europäischen Kommission DG XIII E-4.

[4] Position on User Rights in Electronic Publications, in: www.kaapeli.fi/~eblida/ecup/position.html.

Die Bundesvereinigung Deutscher Bibliotheksverbände hatte bereits 1995 im Rahmen des 85. Deutschen Bibliothekartages in Göttingen eine Standortbestimmung der Bibliotheken in der Informationsgesellschaft vorgelegt.[5] Danach waren Bibliotheken zu allen Zeiten Garanten für einen freien und umfassenden Zugang zu Informationsmedien zugunsten von jedermann. Sie müßten als Motor der Entwicklung zur Informationsgesellschaft genauso in Zukunft dafür sorgen, daß weiterhin der Zugriff auf elektronische Medien für alle Bevölkerungsschichten in demselben Maße ungehindert gewährleistet sei.

3. *Informationsrecht ohne Behinderung*

Diese Forderungen bibliothekarischer Verbände stehen nicht etwa beziehungslos im Raum, wurden auch nicht von wirklichkeitsfremden, im Cyberspace geisternden Bibliothekaren ersonnen. Vielmehr bringen sie einen Aspekt der allgemeinen Informationsfreiheit zum Ausdruck, wie sie in mehreren internationalen Abkommen als Menschenrecht bzw. in einzelstaatlichen Gesetzen als Grundrecht festgelegt wurde.

a) Das Menschenrecht auf Information

Die Informationsfreiheit stellt eines der fundamentalen Menschenrechte dar. In mehreren internationalen Abkommen haben die Vertragsstaaten sich zu ihrer Einhaltung verpflichtet. So garantiert Art. 10 der Europäischen Menschenrechtskonvention[6] umfassend die *„Freiheit zum Empfang ... von Nachrichten und Ideen“*. Art. 19 der Allgemeinen Erklärung der Menschenrechte vom 10. Dezember 1948[7] sichert die Freiheit, *„Informationen und Ideen ... zu empfangen“*. Schließlich gewährleistet der Art. 19 des Menschenrechtspaktes der Vereinten Nationen[8] das Recht, *„Informationen und Gedankengut ... sich zu beschaffen, zu empfangen“*. Es gehört zum Kerngehalt dieses Menschenrechtes, jedem Bürger, unabhängig von seinen Vermögensverhältnissen, die Möglichkeit zu bieten, sich in selbst bestimmter Auswahl vom Inhalt aller veröffentlichten wissenschaftlichen, künstlerischen und sonstigen kulturellen Schöpfungen, in welcher physikalischen Form

[5] Bibliotheken im Zeitalter der Datenautobahnen und internationalen Netze, in: Deutschlands Weg in die Informationsgesellschaft / Jörg Tauss ... (Hrsg.), Baden-Baden 1996, S. 756-762.

[6] Konvention zum Schutze der Menschenrechte und Grundfreiheiten vom 4. November 1950, in: BGBl. 1954 II S. 14.

[7] United Nations, General Assembly, Official Records 3rd Session (Part I) Resolutions (Doc. A/810) S. 71.

[8] Internationaler Pakt über bürgerliche und politische Rechte vom 19. Dezember 1966, in: BGBl. 1973 II S. 1534.

auch immer sie auf den Markt gelangen, Kenntnis zu verschaffen. Die persönliche Entfaltung des einzelnen und der Prozeß der individuellen und gemeinschaftlichen, der privaten und öffentlichen Meinungsbildung wären ohne Informationsfreiheit nachhaltig gefährdet. Die Gewährung von Meinungsäußerungs- und Meinungsbildungsfreiheit liegt nicht nur allein im Interesse des Bürgers, sondern auch jedes demokratischen Staates selbst. So sind alle seine Bürger gleichermaßen aufgefordert, sich am Meinungsbildungsprozeß zu beteiligen, um ein geistig-schöpferisches Potential zu bilden, das die Gesellschaft trägt und weiterentwickelt. Das Grund- und Menschenrecht der freien Meinungsäußerung und die davon abhängige Meinungsbildungsfreiheit setzen zwingend notwendig eine umfassende und uneingeschränkte Informationsfreiheit voraus. Beide sind essentielle Grundlagen und Daseinsvorsorge einer freiheitlichen Gesellschaft.[9]

b) Die Informationsfreiheit in Deutschland und anderen Staaten

Art. 5 des Grundgesetzes (GG) garantiert das Recht des Bürgers, seine Meinung in Wort, Schrift und Bild frei zu verbreiten und *„sich aus allgemein zugänglichen Quellen ungehindert zu unterrichten"*. Die Informationsfreiheit bildet eines der tragenden Grundrechte der freiheitlich-demokratischen Grundordnung unseres Staatswesens. Der in Art. 5 Abs. 1 GG enthaltene Begriff *"allgemein"* wird von der herrschenden Meinung der Staatsrechtler im Sinne des öffentlich Zugänglichen verstanden, dessen Tatbestand z. B. durch Bibliotheken umfassend erfüllt ist. Das Recht auf freie Information muß unabhängig vom Motiv des einzelnen Bürgers gesehen werden. Den Genuß dieses Grundrechts teilen sich gleichermaßen der Bürger, der Informationen zu beruflichen Zwecken benötigt, als auch derjenige, der sich aus rein privaten Erwägungen heraus unterrichten möchte.

Nicht nur in Deutschland, sondern auch in vielen anderen Staaten weltweit hat der Gedanke der Informationsfreiheit seinen Niederschlag in der jeweiligen Verfassung oder in einzelnen Gesetzen gefunden. So findet man in Staaten wie z.B. den USA oder Australien einen *„Freedom of Information Act"*, der den Anspruch des Bürgers auf Zugang zu staatlichen Informationen regelt.

[9] Der neuerdings häufig verwendete Begriff „informationelle Grundversorgung" wurde vom Bundesverfassungsgericht im Zusammenhang mit dem Rundfunkrecht geprägt. Vgl. *Kubicek, Herbert*: Allgemeiner Zugang und informationelle Grundversorgung, in: Deutschlands Weg in die Informationsgesellschaft / Jörg Tauss ... (Hrsg.), Baden-Baden 1996, S. 156-182 (162).

4. Wirtschaftliche und rechtliche Einschränkungen der Informationsfreiheit

Die täglich weltweit von Menschen produzierten und verbreiteten, wissenschaftlichen und künstlerischen, alltäglichen und speziellen Informationen stehen jedoch nicht jedermann völlig schrankenlos zur Verfügung. Die meisten Informationsträger werden von Verlagen, Film- und Schallplattenfirmen, Softwarehäusern, Theatern, Galerien usw. kommerziell vermarktet, um wirtschaftliche Gewinne zu erzielen. Die Informationsindustrie macht z.B. innerhalb der Europäischen Union einen Markt von 5-7% des Bruttosozialprodukts aus. Sie bringt als Folge der technologischen Entwicklung fortwährend neue, insbesondere elektronische Innovationen ins Angebot, wie die CD-ROM und Multimediaprodukte. Speziell dem Marktsegment der „On-Demand Dienste“ als neuester Variante wird ein großes Zuwachspotential im Rahmen der elektronischen Informationen prophezeit. Wie jeder Industriezweig kann jedoch auch die Medienindustrie ohne finanzielle Gewinne nicht existieren. Deshalb setzen Bundesregierung und Europäische Kommission auf die Förderung privatwirtschaftlicher Aktivitäten und Wettbewerb. Dabei wird jedoch eine wichtige Tatsache leicht vergessen: Für finanzschwache Teile der Bevölkerung ergibt sich aus diesem marktwirtschaftlichen Aspekt ein Problem bei der Informationsbeschaffung, da Geld für Information nur da fließen kann, wo es ausreichend vorhanden ist. Außerdem hat sich gezeigt, daß die Medienindustrie bis zum heutigen Tage niemals imstande war, eine lückenlose, kulturpolitisch unverzichtbare Langzeitarchivierung der von ihr produzierten Werke sicherzustellen.

Neben der wirtschaftlichen Hürde können sich dem Bürger beim Zugang zu Informationen rechtliche Schranken, etwa aus dem Urheberrecht, entgegenstellen. Internationale Abkommen und einzelstaatliche Gesetze haben bislang jedoch einen ausgewogenen Ausgleich der Interessengegensätze zwischen Urheber und Nutzer eines Werkes bewirkt. Die Revidierte Berner Übereinkunft (RBÜ)[10] dient als weltweite Grundlage für internationalen Urheberrechtsschutz, indem sie einige Mindeststandards des Urheberschutzes verbindlich festlegt. So bestimmt etwa Art. 9 Abs. 1 RBÜ, daß dem Urheber das alleinige Recht zur Vervielfältigung seiner Werke zusteht. Freilich schränkt Art. 9 Abs. 2 RBÜ dieses Recht insoweit ein, als er den Signatarstaaten die Möglichkeit einräumt, die Vervielfältigung in bestimmten Fällen ohne Zustimmungserfordernis des Urhebers gesetzlich zu gestatten, soweit die normale Auswertung des Werkes dadurch nicht beeinträchtigt wird.

[10] Berner Übereinkunft zum Schutz von Werken der Literatur und Kunst – Pariser Fassung, in: BGBl. II 1973 S. 1071.

Auch nach der deutschen Rechtsordnung kann der Urheber seine Urheberrechte nicht schrankenlos ausüben. So setzt bereits das Urheberrechtsgesetz selbst ihm gewisse Grenzen,[11] daneben hat er z.B. das Sacheigentum eines Erwerbers des Werkes und die sich daraus ergebenden Interessen zu achten. Die Rechtsprechung des Bundesgerichtshofs (BGH) betont immer wieder, daß im Interesse der Allgemeinheit an klaren Verhältnissen im Rechtsverkehr die weitere Verbreitung rechtmäßig veräußerter Werkstücke nicht durch daran fortgeltende Rechte unzumutbar beeinträchtigt werden darf. Da der Urheber durch die erste Veräußerung bereits eine Belohnung für seine schöpferische Leistung erhalten hat, ist damit der Zweck des Verbreitungsrechts erschöpft.[12] Nach Auffassung des Bundesverfassungsgerichts (BVerfG) ist nicht jede nur denkbare Verwertungsmöglichkeit urheberrechtlich geschützter Werke verfassungsrechtlich gesichert. Bei der Ausübung von Urheberrechten sei der jeweilige Sozialbezug als Kriterium heranzuziehen. Im einzelnen sei es Sache des Gesetzgebers, *„im Rahmen der inhaltlichen Ausprägung des Urheberrechts nach Art. 14 Abs. 2 S. 2 GG sachgemäße Maßstäbe festzulegen, die eine der Natur und der sozialen Bedeutung des Rechts entsprechende Nutzung und angemessene Verwertung sicherstellen"*.[13] Und schließlich sahen sich die BGH-Richter zu den nur auf den ersten Blick als banal erscheinenden Worten veranlaßt: *"Die Benutzung eines Werkes als solche ist kein urheberrechtlich relevanter Vorgang. Dies gilt für das Benutzen eines Computerprogramms ebenso wie für das Lesen eines Buches, das Anhören einer Schallplatte, das Betrachten eines Kunstwerkes oder eines Videofilms."*[14]

5. Funktion von Bibliotheken in der Informationsgesellschaft

Für weite Schichten der Bevölkerung stellt der Kauf eines Buches, einer CD, einer Software, ja sogar einer „Information" keine realistische Alternative dar zum für sie kostenlosen Ausleihen, Benutzen, Kenntnisnehmen in einer öffentlich zugänglichen Bibliothek. Kinder, Auszubildende, Studenten, Rentner, Arbeitslose und sozial schwache Bevölkerungsschichten verfügen nicht über ausreichende finanzielle Mittel, um Kaufgeschäfte von Medien und Informationen in erforderlichem Umfang tätigen zu können. Für solche Bürger erweist sich das Angebot von Bibliotheken als ein Stück staatlicher Daseinsvorsorge.

[11] Aktuelle Übersicht über die Schranken des Urheberrechts zugunsten der Informationsfreiheit bei *Hoeren, Thomas* : Die Reichweite gesetzlicher Schranken und Lizenzen, in: Internet- und Multimediarecht (Cyberlaw) / Michael Lehmann (Hrsg.), Stuttgart 1997, S. 95-110.

[12] BGHZ 92, 54 (57); bestätigt durch BVerfGE 77, 263.

[13] BVerfGE 31, 229 (241).

[14] Urteil des BGH vom 4. Oktober 1990, in: BGHZ 112, 264-278.

Bibliotheken weltweit stellen ihre Dienste Bürgern, Studenten, Wissenschaftlern unter Beachtung nationaler Urheberrechtsgesetze zur Verfügung. Neue Technologien ermöglichen es, diese Dienste noch effizienter als früher anbieten zu können. Es wird jedoch auch von den Bibliotheken anerkannt, daß die neuen Technologien, insbesondere die Möglichkeit, urheberrechtlich geschützte Werke digital zu kopieren, gegenwärtig noch gewisse Unsicherheiten für eine dem Urheber zufließende Vergütung in sich bergen. Die Furcht vor der Unkontrollierbarkeit elektronischer Information wird von den Bibliotheken gemeinsam mit den Urhebern getragen. Das sollte jedoch nicht dazu führen, daß als Reaktion auf diese Unsicherheit der Zugang zu elektronischen Informationen übermäßig restriktiv ausgestaltet wird. Es darf nicht vergessen werden, daß Bibliotheken über einzigartige Kontrollmöglichkeiten verfügen, durch welche die Medienindustrie ihre Produkte dem Bürger zukommen lassen kann. Gerade die Bibliotheken stellen von alters her, neben Verlagen und Buchhandel, einen entscheidenden Teil der Verteilungsstruktur von Literatur und Information dar. Gemäß ihrem umfassenden Sammel- und Archivierungsauftrag gewährleisten sie über aufwendige Dienstleistungen und Informationsversorgungssysteme wie die Sondersammelgebiete, den Leihverkehr und zentrale Nachweisinstrumente, daß die für Kultur und Bildung, Wissenschaft und Forschung wichtige Literatur und Information auch dann noch lückenlos und für jedermann vorhanden und verfügbar ist, wenn private Anbieter längst schon aus wirtschaftlichen Gründen ausgefallen sind. Hier investiert der Staat erhebliche Mittel in eine informationelle Infrastruktur, um eine langandauernde und umfassende Verbreitung von Information zu gewährleisten, die gerade auch im Interesse der Urheber selbst liegt. Da immer mehr Informationen in elektronischer Form verfügbar werden, muß der Anspruch des Bürgers auf Zugang zu Informationen in gleicher Weise die digitalen Medien uneingeschränkt umfassen. Die Vorzüge digitaler Technik müssen allen Bürgern zugute kommen.

6. Verwirklichung des Informationsanspruchs durch Pflichtexemplar

In fast allen Ländern wurden im Laufe der Jahrhunderte gesetzliche Regelungen erlassen, die eine zwangsweise Verpflichtung zur Abgabe von Werken an bestimmte Bibliotheken vorsehen. Historisch gesehen beruhte diese Ablieferungspflicht auf unterschiedlichen Motiven.[15] Unter Bibliothekaren wird zu-

[15] Zur Geschichte des Pflichtexemplarrechts vgl. *Kirchner, Hildebert*: Bibliotheks- und Dokumentationsrecht, Frankfurt 1981, S. 179-180. Speziell zur Schweiz und zu Frankreich *Künzle, Hans Rainer*: Schweizerisches Bibliotheks- und Dokumentationsrecht, Zürich 1992, S. 120-121.

meist behauptet, in früheren Zeiten stellte die Pflichtablieferung von Druckwerken eine Maßnahme zur Durchführung von entweder hoheitlicher Zensur oder Gewährung von wirtschaftlichen Privilegien für Autoren und Buchhändler dar. Das ist nur teilweise richtig. Denn bereits im 17. Jahrhundert kannte man genauso als Grund für eine Pflichtexemplarregelung die Begünstigung einer bestimmten Bibliothek. Auch der enge Zusammenhang von Pflichtablieferung und Urheberrecht findet sich in vielen einschlägigen Gesetzen bis in unsere Tage. Zum eigentlichen Pflichtexemplarrecht (legal deposit, dépôt légal) gesellt sich aus bibliothekarischer Sicht noch die ebenfalls durch Rechtsnormen geregelte zwangsweise Abgabe von amtlichem Schriftgut, sowie von Dissertationen an Bibliotheken. Da es sich dabei um spezielle Werkgattungen handelt, gelten hierfür zumeist auch besondere Vorschriften.[16]

Heutzutage liegt der Pflichtexemplargesetzgebung in Deutschland und anderen Nationen eine kulturpolitische Überlegung zugrunde. Von jedem in einem Land erschienenen Werk müsse zumindest ein Exemplar an zentraler Stelle gesammelt, verzeichnet, aufbewahrt und für jeden Bürger zugänglich gemacht werden, um jedermann einen vollständigen Überblick über die geistig-kulturellen Erzeugnisse seiner Zeit zu verschaffen, und um die Werke für die Zukunft zu sichern. Diese Zielsetzung wird eigentlich von keiner Seite mehr bestritten. Es hat sich im Verlauf der Jahrhunderte ebenfalls die Erkenntnis durchgesetzt, daß eine solches Vorhaben am besten durch eine gesetzlich fixierte Pflichtablieferung an bestimmte Bibliotheken zu erreichen ist.[17] Die Funktion von Bibliotheken weist sie demnach gleichermaßen als Serviceeinrichtungen und Vermächtnisverwalter, Schatzkammern des menschlichen Geistes und kulturelle Werkzeuge aus.

Besonders prägnant hat das Bundesverfassungsgericht in einer Entscheidung zur Pflichtablieferung von Druckwerken die Zielsetzung der einschlägigen gesetzlichen Regelungen formuliert:

„Vom Zeitpunkt seiner Publikation an entwickelt jedes Druckwerk ein Eigenleben. Es bleibt nicht nur vermögenswertes Ergebnis verlegerischer Bemühungen, sondern wirkt in das Gesellschaftsleben hinein. Damit wird es zu einem eigenständigen, das kulturelle und geistige Geschehen seiner Zeit mitbestimmenden Faktor. Es ist, losgelöst von privatrechtlicher Verfügbarkeit, geistiges und kulturelles Allgemeingut. Im Blick auf diese soziale Bedeutung stellt es ein legitimes Anliegen dar, die literarischen Erzeugnisse dem wissenschaftlich

[16] Einzelheiten bei *Kirchner, Hildebert*: Bibliotheks- und Dokumentationsrecht, Frankfurt 1981, S. 196-208.

[17] Umfangreiche rechtsvergleichende Darstellung mit Quellen- und Literaturnachweis bei *Künzle, Hans Rainer*: Schweizerisches Bibliotheks- und Dokumentationsrecht, Zürich 1992, S. 138-144.

und kulturell Interessierten möglichst geschlossen zugänglich zu machen und künftigen Generationen einen umfassenden Eindruck vom geistigen Schaffen früherer Epochen zu vermitteln".[18]

Wenngleich die Pflichtablieferung an Bibliotheken in der frühen Neuzeit zunächst ausschließlich Druckwerke betroffen hatte, so dehnte sich ihr Anwendungsbereich hauptsächlich in den letzten 50 Jahren doch zunehmend aus. Andere, durch den technologischen Fortschritt neu entstandene Medienarten wie z.B. Ton- und Bildträger wurden in den Kreis der abzuliefernden Medien miteinbezogen. Am Ende des 20. Jahrhunderts regeln in manchen Staaten gesetzliche Vorschriften sogar eine pflichtexemplarähnliche Sammlung von Rundfunk- und Fernsehprogrammen durch staatliche Einrichtungen.[19] Durchweg getragen von dem Leitgedanken der zentralen Sammlung, Archivierung und Benutzung möglichst aller geistigen Werke eines Volkes unterliegen auf jeden Fall auch die Pflichtexemplargesetze weltweit einer beständigen Fortentwicklung und Anpassung an neue technische Gegebenheiten.

Ein Blick auf die Rechtsentwicklung des Pflichtexemplars in Deutschland während der letzten 30 Jahre verdeutlicht diese inhaltliche Ausdehnung des Begriffs Ablieferungsgut um neue Medienarten. So lautet der § 3 des Gesetzes über die Deutsche Bibliothek immer noch: *„Druckwerke im Sinne dieses Gesetzes sind alle Darstellungen in Schrift, Bild und Ton, die im Vervielfältigungsverfahren hergestellt ... sind"*.[20] Mit dieser Formulierung gelingt es gerade noch, CD-ROM und Disketten einer Pflichtablieferung zu unterwerfen, obwohl der Normalbürger unter „Druckwerk" wahrscheinlich keine digitalen Medien verstehen wird. Wesentlich zeitgemäßer liest sich dagegen das einschlägige Berliner Gesetz[21]: *„(§ 1) Von allen mittels eines Vervielfältigungsverfahrens hergestellten und verbreiteten Texten ... (§ 2 Abs. 1) Als Texte im Sinne von § 1 gelten auch Daten- und Tonträger ..."*.[21]

[18] Beschluß des Bundesverfassungsgerichts vom 14. Juli 1981, in: BVerfGE 58, 137 (148 f.) mit Hinweis auf BVerfGE 31, 229.

[19] Vgl. die Darstellung bei *Müller, Harald*: Urheberrechte zwischen Wissenschaft, Universität und Rundfunkanstalt, in: Zwischen Schreiben und Lesen : Festschrift für Hermann Havekost, Oldenburg 1995, S. 357-376..

[20] Gesetz über die Deutsche Bibliothek vom 31. März 1969 mit Änderungen vom 23. September 1990, zitiert nach *Lansky, Ralph*: Bibliotheksrechtliche Vorschriften, Frankfurt/Main, Loseblattausgabe Nr. 12.

[21] Gesetz über die Ablieferung von Pflichtexemplaren vom 29. November 1995, in: *Lansky, Ralph*: Bibliotheksrechtliche Vorschriften, Frankfurt/Main, Loseblattausgabe Nr. 540.

7. *Pflichtexemplar für elektronische Medien*

Elektronische Publikationen begegnen uns heute in zweifacher Form. Einerseits kommen sie in physisch fester Gestalt mit der Aussicht auf eine gewissen Haltbarkeitsdauer vor, etwa als CD-ROM. Obwohl immer wieder einmal zu hören ist, eine CD-ROM unterliege aufgrund chemischer Prozesse nach einigen Jahren der Zersetzung, liegen zu diesem Problem derzeit noch keine gesicherten Erkenntnisse vor. Die große Masse digitaler Medien – Texte, Bilder, Töne – sind dagegen in höchst flüchtiger Form auf magnetisierbaren Datenträgern (Disketten, Magnetbändern und -kassetten, Computer-Festplatten) zu finden. Wenn behauptet wird, es gäbe vollständig immaterielle Netzpublikationen, so muß dies als sachlich unrichtig korrigiert werden. Man muß kein Computerexperte sein, um zu wissen, daß elektronische Daten möglichst unmittelbar nach ihrer Erarbeitung auf einem Speichermedium fixiert werden. Sämtliche im Internet verfügbaren Dokumente liegen auf irgendwelchen Festplatten gespeichert vor. Allerdings können sie in einer Weise verändert, ergänzt, vervielfältigt, zerteilt, zerstört werden, wie das bei keinem anderen Medium in der Vergangenheit der Fall war. Digitale Medien sind also in einem hohen Maße manipulierbar und deshalb in ihrer Konsistenz instabil. Schon allein aus dieser physikalischen Eigenheit ergeben sich für die Frage einer Pflichtexemplarregelung elektronischer Dokumente eine ganze Reihe von völlig neuartigen Problemen.[22] Das beginnt beim physischen Verfall der digitalen Information, setzt sich fort über die Tatsache der permanenten Änderung von Datenformaten, Codierungen, Hardwareplattformen, Betriebssystemen und Anwendungssoftware, und endet nicht etwa bei der spezifischen Eigenschaft der Netzverknüpfung (link) von Hypertextdokumenten, die bei einer ausschließlich lokalen Darstellung die Authentizität des Dokuments verändern würde.

Als weiterer, in der gegenwärtigen Diskussion um die Langzeitsicherung elektronischer Information gerne genannter Gesichtspunkt muß man sich mit der Tatsache auseinandersetzen, daß ein nicht unerheblicher Teil von digitalen Dokumenten im Internet weniger der Publikation als vielmehr der Kommunikation der Netzteilnehmer dient. Dazu zählt natürlich Email, aber auch Internet Relay Chat, Internet Radio und Internet Telephon. Welche Informationen können und sollen für heutige und künftige Generationen dauerhaft gespeichert werden? Persönliche Email sicherlich genausowenig wie private Briefpost; aber wie steht es mit Usenet News Groups? Internet Radio wohl genausowenig wie andere Rundfunk- und Fernsehprogramme in Deutschland; aber

[22] Weitere Einzelheiten bei *Lehmann, Klaus-Dieter*: Das kurze Gedächtnis digitaler Publikationen, in: ZfBB 43 (1996), S. 209-226, hier S. 211-213.

in Norwegen archivieren und katalogisieren Bibliothekare die nationalen Sendungen.[23] Was soll hierzulande gelten? Insgesamt sind also im Vorfeld einer gesetzlichen Regelung der Pflichtablieferung von elektronischen Dokumenten eine Menge von Entscheidungen zu treffen.

In den letzten Jahren haben Experten auf internationaler Ebene damit begonnen, den Sachkomplex „Pflichtexemplar für elektronische Medien" genauer zu untersuchen. Im Dezember 1995 organisierte die Generaldirektion XIII der Europäischen Union eine Tagung,[24] der im Jahre 1996 eine ausführliche Studie folgte.[25] Das Schwergewicht der Darstellung liegt darin auf technischen Fragen, wie dem Problem der Datenformate, der Technik der Langzeitsicherung, möglichen Vergütungen für Verleger usw. Der Anspruch des Bürgers auf ungehinderten Zugang zu digitalen Informationen findet sich eher am Rande erwähnt, obwohl dem Zugangsproblem insgesamt ein Großteil der Diskussion auf der Tagung gewidmet war.

Wie bereits erwähnt, sieht die Rechtslage in Deutschland auch im Sommer 1997 noch so aus, daß z.B. im Gesetz über die Deutsche Bibliothek lediglich feste Datenträger wie CD-ROM unter die Pflichtablieferung fallen. Ähnliche Regelungen enthalten neuere Pflichtexemplargesetze von Bundesländern.[26] Von Internet-Publikationen ist keine Rede. In den USA ist man bereits einen Schritt weiter. Die Library of Congress hat dort bereits ein automatisches Registriersystem für digitale Publikationen entwickelt.[27]

In Deutschland mehren sich Stimmen, die eine Novellierung der einschlägigen Gesetze und Verordnungen fordern. Der Generaldirektor der Deutschen Bibliothek schlägt vor, das Gesetz über die Deutsche Bibliothek solle *„künftig digitale Publikationen einschließen"*.[28] Er stützt sich in seinen Ausführungen auf Vorarbeiten der Europäischen Kommission und der Deutschen Forschungsgemeinschaft. Die Sammlung sogenannter „Netzpublikationen" bedürfe einer Erweiterung der geltenden Pflichtexemplarregelung, damit die Deutsche Bibliothek als digitale Depotbibliothek elektronische Informationen

[23] Vgl. *Müller, Harald*: Urheberrechte zwischen Wissenschaft, Universität und Rundfunkanstalt, in: Zwischen Schreiben und Lesen : Festschrift für Hermann Havekost, Oldenburg 1995, S. 372.

[24] Workshop on issues in the field of national deposit collections of electronic publications, in: guagua.echo.lu/libraries/en/depo-rpt.html.

[25] *Owen, J.S.Mackenzie*: Deposit collections of electronic publications, Luxemburg 1996, getr. Zählung.

[26] Berlin, Gesetz über die Ablieferung von Pflichtexemplaren vom 29. November 1995, in: *Lansky, Ralph*: Bibliotheksrechtliche Vorschriften, Frankfurt/Main, Loseblattausgabe Nr. 540.

[27] Copyright Office Electronic Registration, Recordation and Deposit System, in: cords.loc.gov/homebody.shtml.

[28] *Lehmann, Klaus-Dieter*: Das kurze Gedächtnis digitaler Publikationen, in: ZfBB 43 (1996), S. 214-217.

möglichst umfassend archivieren, bibliographisch verzeichnen und zur Benutzung bereitstellen kann. Aus Sicht der Deutschen Bibliothek kommen für sie ausschließlich zur öffentlichen Verbreitung bestimmte digitale Publikationen als „Sammelgut" in Frage. Vom Sammelauftrag ausgeschlossen seien – wohl als kulturell marginal angesehen – beispielsweise Kommunikationsdokumente wie Email, aber auch kommerzielle Werbung und – höchst erstaunlich! – Computerspiele. Aus juristischer Sicht noch besonders erwähnenswert erscheint die Forderung der Deutschen Bibliothek, es dürfe keine gesetzlichen Schranken geben, um elektronische Informationen notfalls in ein anderes Datenformat kopieren zu können. In die gleiche Richtung zielen ja auch die anfangs erwähnten Forderungen der bibliothekarischen Verbände.[29]

Auch außerhalb der bibliothekarischen Fachwelt macht man sich Gedanken um die Pflichtablieferung elektronischer Medien, allerdings auf eine spezielle Publikationsgattung beschränkt. Die deutschen Fachgesellschaften haben mit Unterstützung der Deutschen Forschungsgemeinschaft eine Initiative „Dissertationen Online" gestartet. Auf einer Tagung am 17./18. März 1997 diskutierten Hochschullehrer, Verlagsvertreter, Angehörige von Wissenschaftsorganisationen und Bibliothekare über Konzepte und Probleme, technische Standards und Rechtsfragen, wenn Universitäten ihren Doktoranden die Möglichkeit einräumen wollen, Dissertationen in elektronischer Form einzureichen und über einen Universitätsserver im Internet zu publizieren.[30] Im Ergebnis stellten die Experten fest, daß die technischen Fragen bezüglich Datenformaten, Gewährleistung der Authentizität, bibliographischer Beschreibung, Langzeitsicherung usw. äußerst ähnlich denjenigen sind, mit denen sich auch die Deutsche Bibliothek beschäftigt. Aus juristischer Sicht erweist es sich als notwendig, auf der Grundlage der zu novellierenden „Grundsätze für die Veröffentlichung von Dissertationen" der Kultusministerkonferenz[31] die Promotionsordnungen der Fakultäten und Fachbereiche deutscher Hochschulen zu erweitern, um einem Doktoranden und seiner Universität Gelegenheit zu geben, eine Dissertation in digitaler Form einzureichen und mit der gleichen Zielsetzung wie ein gedrucktes Exemplar behandeln zu können.[32] Die in den Fachgesellschaften organisierten Hochschullehrer stellen sich vor, ihr von der DFG gefördertes Projekt innerhalb von zwei Jahren zu realisieren.

[29] Zu sonstigen technischen und bibliothekarischen Überlegungen zwecks Langzeitsicherung digitaler Medien durch die Deutsche Bibliothek als zentrale Depotbibliothek vgl. *Lehmann, Klaus-Dieter*: Das kurze Gedächtnis digitaler Publikationen, in: ZfBB 43 (1996), S. 217-226.

[30] Informationen, Texte und Links unter: www.educat.hu-berlin.de/diss_online

[31] Beschluß der KMK vom 23./24. 6. 1988, in: MittBl NRW 1988, S. 350.

[32] Vgl. *Müller, Harald*: Workshop „Rechtliche Fragen", in: www.educat.hu-berlin.de/diss_online/recht.html.

6. Der ungehinderte Zugriff des Bürgers

Für eine Verwirklichung des generellen Informationsanspruchs aller Bürger gilt es also zwei Voraussetzungen zu erfüllen. Alle relevanten Informationen, auch in digitaler Form, müssen zentral gesammelt, verzeichnet und auf Dauer archiviert werden. Insoweit scheint bei allen am Informationsprozeß Beteiligten Konsens zu bestehen. Beim ungehinderten Zugang des Einzelnen gehen dagegen die Meinungen vollkommen auseinander. Der Zugriff auf die Information muß – nach hier vertretener Auffassung – für jedermann ungehindert, d.h. ohne technische, wirtschaftliche und rechtliche Hürden möglich sein. Der Zugang zu digitalen Medien darf in einer sozialstaatlichen Demokratie nicht davon abhängig gemacht werden, daß der Bürger sich ein Kommunikationsendgerät (Computer) kaufen muß, oder Geld für die Information bezahlen muß, oder beim Rechteinhaber (Urheber oder Leistungsschutzberechtigten) eine rechtlich vorgeschriebene Zustimmung zur Nutzung des Werkes einholen muß.

Für die klassischen Medien Buch, Schallplatte, Videokassette garantierten die Pflichtexemplargesetze des Bundes und der Länder die „informationelle Grundversorgung“ der Bevölkerung durch Bibliotheken. Aus juristischer Sicht ist kein Grund ersichtlich, warum dies für elektronische Informationen nicht gelten sollte. Die derzeit noch nicht vollständig gelösten technischen und infrastrukturellen Probleme können kein Hindernis darstellen. Es hat sich in der Technikgeschichte bisher stets gezeigt, daß der technologische Fortschritt selbst vorsichtige Prognosen in kürzester Zeit überholt. Die Existenz von Bibliotheken hat den Buchmarkt nicht etwa behindert, sondern in erheblichem Ausmaß gefördert. Gerade auch für digitale Medien gilt es, eine duale Informationsordnung aufzubauen, die den Wettbewerb privatwirtschaftlicher Anbieter um eine informationelle Grundversorgung ergänzt, die jedem Bürger in gleicher Weise den ungehinderten und kostenneutralen Zugang zu den elektronischen Informationen ermöglicht. Da der Informationsanspruch des Bürgers im Grundgesetz verankert steht, also Verfassungsrang hat, außerdem der Staat bislang schon die Sammlung, Bewahrung und Bereitstellung von Medien durch seine Bibliotheken erfolgreich bewältigt hat, steht er auch weiterhin in der Pflicht.

Bibliotheken sind Serviceeinrichtungen für den Bürger. Die zu ihrem Betrieb erlassenen Gesetze und Rechtsvorschriften haben diesen Zweck zu fördern. Pflichtexemplargesetze sollen garantieren, daß die geistig-kulturellen Werke eines Volkes an zentraler Stelle gesammelt, archiviert und erschlossen werden, um heute und in Zukunft allen Generationen einen Zugang zu diesen Materialien zu ermöglichen. Der Endzweck jeglicher Pflichtexemplarregelung ist nämlich nicht die Langzeitspeicherung von Kulturgütern um ihrer selbst willen, sondern das bis heute in der Praxis der Pflichtexemplarbibliotheken durchgängig verfolgte Ziel entpuppt sich als die freie Benutzung für jedermann. Leider wird dieser Aspekt auch bei der gegenwärtigen Diskussion über ein Pflichtexemplar für digitale Medien nicht deutlich genug herausgestellt.[33] Deshalb sollen diese Ausführungen mit einer eindeutigen Forderung schließen: Elektronische Informationen müssen in die Pflichtexemplarregelungen miteinbezogen werden, um allen Bürger einen freien, weder rechtlich noch sonstwie eingeschränkten, insbesondere kostenneutralen Zugang zu gewährleisten.

[33] So spricht z.B. *Mittler, Elmar*: Die Rolle der Bibliothek, in: Die unendliche Bibliothek, Frankfurt 1996, (www.ddb.de/extra/unendbib/mittler.txt) nur vom *„freien (und d.h.weitgehend kostenfreien) Zugang“*.

KARIN JUNKER

Urheberrecht in der Multimedia-Gesellschaft: Es mangelt an der gesellschaftspolitischen Debatte

Die erst in den Anfängen steckende Debatte um Urheberrechtsregelungen in einer digitalisierten Welt ist von (Verlust)-Ängsten einerseits wie von einer Art Konsumzwang andererseits geprägt. Tatsächlich wird es, in welcher Ausprägung Online am Ende auch immer daher kommen mag, um einen vernünftigen Kompromiß mit konkurrierenden Interessen und Schutzansprüchen gehen. Bei der Abwägung kollidierender Rechtsgüter wird um die Rolle der Verbreitenden und/oder der Konsumierenden leidenschaftlich gefochten, die Rolle der Schaffenden jedoch nicht selten nur unzureichend beachtet. Anders ausgedrückt: Der Schutz geistigen Eigentums, für den neue „Spielregeln" gefunden werden müssen in bezug auf Angebote und Nutzungen, deren Ausmaß und Charakter man eher ahnen als wissen kann, hat eine höchst bescheidene Lobby; vergleichbar der eher unzureichenden Interessenvertretung von Verbraucher/innen gegenüber der massiven Einflußnahme von Wirtschaft und Industrie sowie diesen nahestehender Kreise.

Kollidierende Rechtsinteressen

Die Aufgabe der Politik ist es, sich mit den Sach- und Interessenslagen aller vertraut zu machen, diese gegeneinander abzuwägen und in verbindliche Regeln zu fassen, die einen gesellschaftsverträglichen Kompromiß darstellen. Um einen tragbaren Konsens zu finden (was kontroverse Abstimmungen in den Parlamenten und anderen politischen Institutionen nicht ausschließt), bedarf es einer möglichst breiten gesellschaftspolitischen Debatte. Diese aber beschränkt sich in Deutschland leider mehr oder weniger auf Insiderzirkel, weshalb mitunter der notwendige Druck fehlt. Das wird begünstigt durch die in Deutschland föderale Kulturzuständigkeit, die auch die Interessenvertretungen der Kultur- und Medienschaffenden geprägt hat. Was im Umkehrschluß bedeutet, daß in zentral organisierten Mitgliedsländern der Europäischen Union eine auf nationaler Ebene agierende Lobby sehr viel besser für die Auseinandersetzung auf EU-Niveau gewappnet ist.

Nun muß nicht gleich der Föderalismus aufgekündigt werden, um sich verstärkt Gehör zu verschaffen, aber wie bisher kann es auch nicht weitergehen. Brüssel ist ein politisches Handlungsfeld, das an Bedeutung zunimmt, denn längst ist die Erkenntnis auch bei den hartnäckigsten Verteidigern der deutschen Länderzuständigkeit unbestritten, daß es eines ergänzenden (!) europäischen Ordnungsrahmens für den Medien- und Kommunikationsbereich bedarf. Womit die Frage, wie dieser auszusehen hat, allerdings noch nicht beantwortet ist. Darum tobt nämlich ein erbitterter Streit, bei dem es um viel Geld geht, seitdem im dualen Mediensystem kommerzielle Veranstalter mit öffentlich-rechtlichen Anbietern über Antenne, Kabel oder Satellit und immer mehr auch Online konkurrieren, und zwar zunehmend grenzüberschreitend und in Form von immer weniger durchschaubaren Beteiligungen und Verflechtungen. Das wirft in der Konsequenz auch immer urheberrechtliche Fragen auf.

Der gemeinsame europäische Binnenmarkt war und ist gewollt und macht auch nicht vor dem Medienmarkt im weitesten Sinn Halt, schon gar nicht auf „Europas Weg in die Informationsgesellschaft“ (Bangemann-Papier). Seit einigen Jahren jagt daher ein Gesetzgebungsverfahren das andere, wobei es in vielen Fällen vordergründig „nur“ um Wirtschaftsrecht und technologische Normen geht, deren Zusammenhänge mit Medien- und damit auch Urheberrechtsfragen oft nicht ohne weiteres zu erkennen sind. So ist die technische Ausrüstung von Endgeräten, über die Verbraucher/innen die von ihnen gewünschten Angebote empfangen, keineswegs wertneutral zu betrachten. Da in der digitalisierten Welt die Unterscheidung nach Vertriebswegen (Antenne, Kabel, Satellit, Telefon) und damit die Notwendigkeit entfällt, sich mit dem klassischen Fernseher und einem PC auszustatten, ist von ausschlaggebender Bedeutung, welche Angebote technisch potentiell erhaltbar sind: alle oder eine Auswahl, etwa in Form von „Familienpaketen“, die einander ausschließen oder zu Mehrfach-Anschaffungen zwingen, etwa mehrerer Set-Top-Boxen? Was bedeutet „diskriminierungsfreier Zugang an beiden Enden“ für Anbietende und Nutzende, eine Lösung, für die sich vor allem das Europäische Parlament stark gemacht hat? Das soll hier nicht weiter vertieft werden, sondern nur den Blick dafür schärfen, daß die Kampfplätze der Rechtsetzung auch da sein können, wo man sie nicht vermutet.

Wirtschaftskriminalität nach Online-Art

Das Internet ist vor allem über unsägliche Pornographieangebote in die Schlagzeilen geraten. Spätestens damit ist den meisten Menschen bewußt geworden, daß kommunikationspolitische Kleinstaaterei keine Lösungsmöglichkeit bietet, wobei dahingestellt sein muß, inwieweit Rechtslücken nicht zu schließen sind bzw. wirksame Ahndung lückenlos geleistet werden kann. Das eigentliche Problem sind aber nicht Schmutz und Schund im Internet, so scheußlich die Angebote im Einzelfall auch sein mögen; sie machen letztlich nur einen winzigen Anteil aus: Dagegen richten Wirtschaftskriminalität und Urheberrechtsverletzungen Milliardenschäden an, die sich nicht in den Headlines wiederfinden und daher auch kein öffentliches Problembewußtsein hervorgerufen haben. Die Industrie bereitet sich auf einen 20-Milliarden-Dollar-Markt mit urheberrechtsfähigen Internet-Produkten vor, während durch Mißbrauch geistigen Eigentums gleichzeitig Schäden ebenfalls in Milliardenhöhe verursacht werden. Sachverständige schätzen, daß etwa 70 Prozent aller CD-Roms Urheberrechtsverstöße enthalten. Denn noch nie war es so einfach, Bilder oder Filme, Texte oder Musik unkontrolliert zu verbreiten, ohne daß die Urheber/innen davon auch nur erfahren. Aber sogar wenn der Urheber sein Werk selbst ins Netz gibt, hat er damit nicht automatisch sein Werk zur beliebigen Weiterverbreitung freigegeben, denn Nutzungs- und Verwertungsrechte gelten nur für bekannte Nutzungsarten, für die eine vertragliche Regelung besteht. Ein darüber hinausgehendes globales Nutzungsrecht bedarf der besonderen Regelung.

Das klingt einfacher, als es ist. Wenn zum Beispiel der Ort zugrunde gelegt werden soll, an dem Urheberrecht verletzt wird (Territoritalitätsgrundsatz), kann die Tat nur verfolgt werden, wenn es dort einen ausreichenden Urheberschutz gibt, d.h. die Rechtslage im Land des Nutzers etwa der im Land des Urhebers entspricht. Die Schwierigkeiten liegen auf der Hand. Die Europäische Union hat sich daher auf das Sendestaatsprinzip festgelegt, d.h. es gilt das Recht des Landes, von dem das Werk aus verbreitet wird. Allerdings kann das Urheberrecht auch im Sendeland weniger streng sein als im Empfängerland, so daß ein umgekehrtes Dilemma vorliegt. So oder so: Eine grenzüberschreitende Harmonisierung ist unverzichtbar, auch über die EU hinaus.

Bibliotheken werden zu Informationsmarktplätzen

Die bereits von der Europäischen Union auf den Weg gebrachten Richtlinien zum Urheberrechtsschutz sind noch nicht vollständig in den Mitgliedsstaaten umgesetzt, da wird schon an einer zeitgerechten Anpassung gearbeitet. Im Juli 1995 hat die Europäische Kommission ein Grünbuch über den Schutz des geistigen Eigentums in der Informationsgesellschaft vorgelegt, mit dem sich das Europäische Parlament intensiv auseinandergesetzt hat. In einer Entschließung vom September 1996 wird betont, daß der Schutz des geistigen Eigentums grundsätzlich unabhängig von der Verbreitungsart wirksam sein muß, um eine harmonische Entwicklung der Informationsgesellschaft zu gewährleisten, wobei nicht nur das Urheberrecht im engeren Sinn zu harmonisieren ist, sondern auch der Rechtsrahmen für die verwandten Schutzrechte. Darüber hinaus ist es dem Parlament ein besonderes Anliegen, daß alle Informationen, die für die demokratische Willensbildung relevant sind, allen Bürgerinnen und Bürgern frei bzw. kostengünstig zugänglich sein müssen, so daß, rechtlich gesehen, ein Gleichgewicht zwischen den Interessen der Urheber/innen und der Nutzer/innen zu schaffen ist. Hier kommt den öffentlichen Bibliotheken als „Informationsmarktplätzen“ eine besondere Bedeutung zu. Informationsfreiheit und Persönlichkeitsrechte, Datenschutz und beliebige Vervielfältigungsmöglichkeiten, schöpferisches Wirken und unüberschaubare Manipulierbarkeit stehen mitunter im Widerspruch zueinander, der die Politik vor ungeahnte Herausforderungen stellt.

Der bisherige Diskussionsprozeß um das Grünbuch der Europäischen Kommission hat nicht nur die Kommission darin bestärkt, daß für die Bereiche Vervielfältigungsrecht, Recht der öffentlichen Wiedergabe, Rechtsschutz für die Integrität technischer Identifikations- und Schutzsysteme sowie im Verbreitungsrecht grenzüberschreitender Rechtsetzungsbedarf besteht, der vermutlich noch zu lebhaften Auseinandersetzungen führen wird.

Datenbanken sind geschützt

Zufriedenstellende Ergebnisse sind dabei durchaus nicht auszuschließen. Die Datenbankrichtlinie von März 1996 hat z.B. weitgehende Zustimmung gefunden. Sie gewährt Urheberrechtsschutz auch unterhalb der kreativen Leistung im engeren Sinn, indem der Begriff der Datenbank weit ausgelegt und keineswegs auf den elektronischen Bereich beschränkt wird. Geschützt ist jede Datenbank, wenn sie auf Grund „wesentlicher Investitionen“ zustande gekommen ist, wobei es sich um qualitative wie quantitative Aufwendungen handeln kann. Dabei wird nicht nur die abrufbare Datenaufstellung bewertet, sondern auch die dafür notwendigen Ausarbeitungen und Berechnungen. Was im Einzelfall als „wesentliche Investition“ anzusehen ist, wird vermutlich noch die Gerichte beschäftigen. Dennoch ist ein unbestimmter Rechtsbegriff einer Kategorisierung vorzuziehen, weil diese immer auch eine Einengung bedeutet. Die „normale“ Schutzdauer für Datenbanken liegt bei 15 Jahren. Diese Frist beginnt jedoch immer wieder neu bei „wesentlichen“ Veränderungen oder Bearbeitungen, was bei laufender Aktualisierung praktisch unbegrenzten Schutz bedeutet.

Wider die Datenpiraterie

Im Zusammenhang mit dem Vervielfältigungsrecht muß darauf geachtet werden, daß das Kind nicht mit dem Bad ausgeschüttet wird. Auch bei Anerkennung großer Schutzbedürftigkeit darf Vervielfältigungsrecht zum Beispiel nicht schon den einmaligen Abruf einer Web-Seite einschließen. Schließlich darf man im Buchladen oder der Bibliothek auch ein Buch durchblättern, ohne gleich zum Kauf oder Ausleihen verpflichtet zu sein. Die Prüfung dient dazu, darüber zu entscheiden, ob und wie ein Angebot genutzt werden soll. Das setzt, auf Internet bezogen, die bewußte Abspeicherung voraus.

Das Vervielfältigungs- und Verwertungsrecht sind in der Multimedia-Gesellschaft sicherlich die wichtigsten Rechte. D.h., daß für Rechteinhaber/innen wie Nutzer/innen erkennbar sein muß, was geschützt ist. Dafür sind elektronische Schutz- und Verwertungssysteme nötig, die eine Identifizierung (und ebenso eine automatische Abrechnung für die in Anspruch genommene Nutzung) ermöglichen. Eine europaweite Clearingstelle soll dazu beitragen, Datenpiraterie zu unterbinden.

Europa und die Bibliotheken

Es gibt keine Kompetenz der Europäischen Union für eine Politik für Bibliotheken. Gemäß dem Subsidiaritätsprinzip bleibt die Kultur, auch nach dem Entwurf des Amsterdamer Vertrags, in der Kompetenz der Mitgliedstaaten, was vom Europäischen Parlament befürwortet wird. Nach Artikel 128, Absatz 2, des geltenden Maastrichter Vertrags fördert aber „die Gemeinschaft ... durch ihre Tätigkeit die Zusammenarbeit zwischen den Mitgliedstaaten und unterstützt und ergänzt erforderlichenfalls deren Tätigkeiten in den folgenden Bereichen:

- Verbesserung der Kenntnisse und Verbreitung der Kultur und Geschichte der europäischen Völker,
- Erhaltung und Schutz des kulturellen Erbes von europäischer Bedeutung,
- nichtkommerzieller Kulturaustausch,
- künstlerisches und literarisches Schaffen..."

Aus dieser Aufzählung läßt sich ableiten, daß Bibliotheken als Träger und Verwalter des Kulturguts „Buch", sowie mittlerweile auch vielfacher weiterer Medien (Tonträger, Video, neue Medien), eigentlich eine wichtige Rolle in der EU-Politik spielen sollten. Außerdem heißt es im 4. Absatz von Artikel 128 (sogenannte Querschnittsklausel), daß „die Gemeinschaft ... den kulturellen

Aspekten bei ihrer Tätigkeit auf Grund anderer Bestimmungen dieses Vertrags Rechnung (trägt)". Auch wenn die praktische Umsetzung einer solchen Vorschrift von Schwierigkeiten begleitet ist, so handelt es sich doch um einen bedeutenden Ansatzpunkt. Dank der Anstrengungen von EBLIDA wird die Bedeutung der Bibliotheken auch im Europäischen Parlament mehr und mehr erkannt, so daß diese künftig gewichtiger mit einbezogen werden könnten.

In seiner Entschließung vom 13. März 1997 fordert das Europäische Parlament die Vorlage eines Grünbuchs über die Rolle der Bibliotheken in der europäischen Informationsgesellschaft, das sich u.a. mit Urheberrecht, Förderung von Buch und Lesen, Zugang der Öffentlichkeit zu elektronischen Informationen, Verleihrechten und Ausbildungsbedarf bei Bibliothekaren befassen soll. Das Parlament betont, daß den Bibliotheken eine besondere Funktion zukommt, um der Öffentlichkeit den Zugang zu elektronischen Informationen zu ermöglichen. Die Europäische Kommission hat sich diese Forderung zu eigen gemacht, sie bereitet derzeit ein solches Grünbuch vor. Auf die daran anknüpfende Debatte darf man gespannt sein.

BESTANDSAUFBAU UND ERWERBUNGS-KOOPERATION

ROLF GRIEBEL

Das Modell des Wissenschaftsrates – Planung und Realisierung

Die Tatsache, daß den Universitätsbibliotheken der neuen Länder in den Jahren 1991 bis 1995 für den Bestandsaufbau HBFG-Mittel in Höhe von ca. 213 Millionen DM zur Verfügung gestellt werden konnten,[1] darf vor dem Hintergrund der Ausgangssituation, wie sie sich bei der Wende in der universitären Literaturversorgung darstellte, und im Hinblick auf die Zielvorgabe, möglichst rasch einen Neuaufbau einzuleiten, als großer Erfolg verbucht werden. Trotz schwieriger Rahmenbedingungen konnten in der universitären Literaturversorgung ganz erhebliche Fortschritte erzielt werden. Nachdem mit Ablauf des Jahres 1996 die Hälfte des Förderzeitraumes 1991 bis 2002 verstrichen ist, erscheint es geboten, eine Zwischenbilanz zu ziehen, die das bislang Erreichte – bezogen auf die jeweiligen Planungsvorstellungen – dokumentiert, die aufgetretenen Probleme und Schwierigkeiten analysiert und schließlich Lösungsmöglichkeiten und Strategien für die künftigen Jahre aufzeigt. Bevor aus der konkreten Sicht einzelner Bibliotheken ein Resümee „Bestandsaufbau Ost – Halbzeit" gezogen wird,[2] werden im folgenden grundsätzliche, allgemeine Überlegungen zum Bestandsaufbau Ost unter dem Aspekt Modellvorstellungen und Realisierung angestellt.

[1] Rolf Griebel/Ulrike Tscharntke: Etatsituation der wissenschaftlichen Bibliotheken in den alten und neuen Bundesländern 1996, in: ZfBB 43,1996, S. 566 ff.

[2] Bereits 1996 haben Ursula Allenberg (Vortrag auf dem Leipziger Symposion Ermittlung und Deckung des Literaturbedarfs wissenschaftlicher Bibliotheken. 28./29. März 1996) und Ulrich Hohoff (Vortrag auf dem Erlanger Bibliothekartag 1996) aufschlußreiche Erfahrungsberichte für die Universitätsbibliothek Chemnitz-Zwickau und die Universitätsbibliothek Leipzig vorgelegt. S. auch: Wissenschaftliche Bibliotheken nach der Wiedervereinigung Deutschlands – Entwicklung und Perspektive. Kolloquium aus Anlaß des 300-jährigen Bestehens der Universitäts- und Landesbibliothek Sachsen-Anhalt. 6. März 1996, Halle. Hrsg. von Joachim Dietze und Brigitte Scheschonk. (Arbeiten aus der Universitäts- und Landesbibliothek Sachsen-Anhalt in Halle; 42) Halle 1996.

1. Ausgangssituation: die Bestände in den universitären Bibliothekssystemen der DDR

Die Bestände der Bibliothekssysteme der Universitäten in der DDR wiesen 1989 mit durchschnittlich ca. 3 Millionen Bänden eine mit den Beständen der Universitätsbibliotheken in der Bundesrepublik annähernd vergleichbare Größenordnung auf. Betrachtete man allerdings die Zusammensetzung des in den vier Jahrzehnten von 1950 bis 1989 aufgebauten Bestandes, so wurden gravierende Unterschiede sichtbar. Dies gilt sowohl für die ideologierelevanten Fächer der Geistes-, Wirtschafts- und Sozialwissenschaften als auch für die Natur- und Ingenieurwissenschaften sowie die Medizin. Monographien und Zeitschriften aus dem nichtsozialistischen Währungsgebiet (NSW) konnten – ganz abgesehen von ideologischen Restriktionen – aufgrund der kontingentierten Devisen nur in strenger Auswahl beschafft werden. Von zentralem Interesse war deshalb die Fragestellung, inwieweit die wissenschaftlich relevante Literatur aus dem NSW im Erscheinungszeitraum 1950 bis 1989 in den Beständen repräsentiert war. Das vom Methodischen Zentrum der DDR erhobene Datenmaterial bot die Voraussetzung für eine quantitative Bestandsanalyse, es gab darüber hinaus bis zu einem gewissen Grad auch Aufschluß über die Bestandsstruktur.[3]

Der jährliche Gesamtzugang der neun Universitätsbibliotheken[4] belief sich im Zeitraum 1970 bis 1989 durchschnittlich auf 35.500 Bände, wovon etwa zwei Drittel auf die Kauferwerbung entfielen. Während DDR-Literatur vielfach in einer hohen Staffelung erworben wurde, lag der Anteil der Literatur aus den nichtsozialistischen Ländern an der Kauferwerbung bei nur knapp 20 %. Dies entspricht in absoluten Zahlen einem durchschnittlichen Jahreszugang von ca. 4.600 Bänden, wobei die Zahl Monographien und Zeitschriften einschließt. Im Jahr 1989 hielten die Universitätsbibliotheken bei Berücksichtigung aller Erwerbungsarten durchschnittlich 2.500 Abonnements westlicher Zeitschriften. Bereits diese wenigen Zahlen beleuchten schlaglichtartig die Erwerbungssituation, lassen die Bestandslücken an relevanter wissenschaftlicher Literatur – insbesondere aus dem angloamerikanischen Bereich – in aller Deutlichkeit sichtbar werden. Dies wird auch eindrucksvoll durch Stichprobenuntersuchungen bestätigt, die in einer Reihe von geisteswissenschaftlichen Fächern durchgeführt wurden.[5]

[3] Rolf Griebel/Dieter Höchsmann: Aufbau von Büchergrundbeständen an den Universitätsbibliotheken der neuen Bundesländer, in: Bibliotheksdienst 25, 1991, S. 1172 ff.

[4] Bibliothekssysteme der Universitäten Berlin, Greifswald, Halle, Jena, Leipzig und Rostock sowie der Technischen Universitäten Dresden, Chemnitz und Magdeburg.

[5] Klaus Franken: Literaturversorgung in den Geisteswissenschaften der ehemaligen DDR, Konstanz 1991.

Die grundlegende Umstrukturierung und der Neuaufbau des Universitätswesens nach der Wende setzten deshalb, wie der Wissenschaftsrat in seinen zwölf Empfehlungen „Perspektiven für Wissenschaft und Forschung auf dem Weg zur deutschen Einheit" 1990 forderte,[6] im Bereich der universitären Literaturversorgung den Aufbau einer entsprechenden Infrastruktur voraus, der sich rasch vollziehen mußte. Die eklatanten Bestandsdefizite machten umfassende retrospektive Bestandsergänzungen, die Neueinrichtung von Fakultäten wie die Neugründung von Universitäten darüber hinaus einen völligen Neuaufbau erforderlich. Zugleich mußten die universitären Bibliothekssysteme aber möglichst bald in die Lage versetzt werden, den Literaturbedarf von Forschung und Lehre auch in der aktuellen Literaturversorgung zu decken.

2. *Das Etatmodell des Wissenschaftsrates*

Die im Jahr der Wiedervereinigung eingesetzte Bund-Länder-Arbeitsgruppe Bibliothekswesen stand u.a. vor der Aufgabe, den Etatbedarf und Finanzrahmen für die retrospektive Bestandsergänzung wie für die aktuelle Literaturversorgung zu ermitteln.[7] Die Arbeitsgruppe hat dabei auf das sog. bayerische Etatmodell[8] zurückgegriffen, dieses jedoch in verschiedener Hinsicht grundlegend modifiziert. Das von der Bund-Länder-AG 1991 vorgelegte Etatmodell, das ein Etatbedarfsmodell für die laufende Erwerbung und zugleich ein Modell zum Aufbau von Büchergrundbeständen beinhaltet, hat der Wissenschaftsrat 1992 in seinen „Empfehlungen zur Literaturversorgung an den

[6] Wissenschaftsrat: Perspektiven für Wissenschaft und Forschung auf dem Weg zur deutschen Einheit. Zwölf Empfehlungen, Köln 1990, S. 10-11, S. 35.

[7] Bund-Länder-Arbeitsgruppe Bibliothekswesen: Empfehlungen zur Förderung der Bibliotheken in den neuen Bundesländern, Berlin 1991 (Dbi-Materialien; 106), S. 44-73; Bund-Länder-Arbeitsgruppe Bibliothekswesen: Abschlußbericht 1990-1992. Empfehlungen und Materialien, Berlin 1993 (Dbi-Materialien; 126), S. 35-41; E. Mittler: Die Bund-Länder-Arbeitsgruppe Bibliothekswesen und die bibliothekarische Entwicklung im wiedervereinigten Deutschland, in: Wissenschaftliche Bibliotheken nach der Wiedervereinigung Deutschlands (Anm. 2), S. 23-32.

[8] Beirat für Wissenschafts- und Hochschulfragen beim Bayerischen Staatsministerium für Unterricht und Kultus: Empfehlungen zum Erwerb des Büchergrundbestandes der Universitäten Augsburg, Bamberg, Bayreuth und Passau vom 30. Juli 1982 und zur Sicherung der Literaturversorgung an den Universitäten Erlangen-Nürnberg, München, Regensburg und Würzburg sowie der Technischen Universität München vom 1. August 1983, München 1984; Beirat für Wissenschafts- und Hochschulfragen des Bayerischen Staatsministers für Wissenschaft und Kunst: Empfehlungen zur Sicherung der Literaturversorgung an den Landesuniversitäten vom 10. März 1989, München 1990.

Hochschulbibliotheken der neuen Länder und im Ostteil von Berlin“[9] übernommen.

Ziel des Modells, das sich grundsätzlich auf das gesamte universitäre Bibliothekssystem bezieht, ist es, Standards zu definieren, die die universitäre Literaturversorgung gewährleisten. Dabei setzt es zwar die Bereitstellung hochspezialisierter Literatur im Rahmen des überregionalen Literaturversorgungssystems auf der Grundlage der Sondersammelgebiete der DFG voraus, zielt aber doch darauf, daß über den lokalen Grundbedarf hinaus der Spitzenbedarf insoweit abgedeckt wird, als er gebündelt und konzentriert auftritt, etwa in der gezielten intensiven Nachfrage auf einzelne Spezialzeitschriften. Das Modell bezieht sich ausschließlich auf die universitäre Literaturversorgung im engeren Sinn. Der Etatbedarf für zusätzliche Aufgaben von Universitätsbibliotheken, etwa wenn sie zugleich die Funktionen einer Landesbibliothek wahrnehmen oder im Rahmen des Sondersammelgebietsplans der DFG mit ihrer Eigenbeteiligung einen Beitrag zur überregionalen Literaturversorgung leisten, ist in den Modellzahlen nicht berücksichtigt.[10]

2.1 Etatmodell für die laufende Erwerbung

Ausgangspunkt der Überlegungen ist der Literaturbedarf in Bänden, d.h. die jährlich in den einzelnen Fächern bzw. Fächergruppen zu erwerbenden Monographien und Zeitschriften. Die Modellzahlen beziehen sich ausschließlich auf die Kauferwerbung. Als Klassifikationsgrundlage dient die ursprüngliche Fächereinteilung der Deutschen Bibliotheksstatistik. Methodisch wurde der Etatbedarf nicht von der Analyse des akademischen Literaturmarktes, sondern empirisch von der Kauferwerbung der relevanten Literatur durch Universitätsbibliotheken abgeleitet.

Das Etatmodell des Wissenschaftsrates setzt den laufenden Etatbedarf eines universitären Bibliothekssystems, das eine im gesamten Fächerspektrum voll ausgebaute Universität zu versorgen hat, für das Jahr 1990 auf ca. 71.000 Bände an, wovon ca. 54.000 Bände auf Monographien und ca. 17.000 Bände auf Zeitschriften entfallen (Abb. 1).

Dies entspricht – bezogen auf das bayerische Etatmodell – einem Anteil von ca. 75 % bei den Monographien und ca. 80 % bei den Zeitschriften. Damit hat die Bund-Länder-AG der Tatsache Rechnung getragen, daß die Etats und so-

[9] Wissenschaftsrat: Empfehlungen zur Literaturversorgung an den Hochschulbibliotheken der neuen Länder und im Ostteil von Berlin, Berlin 1992; umfassend hierzu Griebel/Höchsmann (Anm. 1), S. 1176-1195; Rolf Griebel: Büchergrundbestand für die Hochschulbibliotheken in den neuen Bundesländern , Erlangen 1991.

[10] S. hierzu: Rolf Griebel: Finanzbedarf der Bibliothekssysteme der Universitäten, in: Bibliotheken ’93. Strukturen – Aufgaben – Positionen, Berlin-Göttingen 1994, S. 102-111 (S. 105 f.).

Etatmodell für die laufende Erwerbung

	Monographien Bände	Zeitschriften Bände	Zeitschriften Titel	Insgesamt Bände
Allgemeines	**2.500**	**1.150**	800	**3.650**
Geistes- u. Sozialwissenschaften				
Religion/Theologie	2.600	300	300	2.900
Philosophie/Psychologie	2.600	300	300	2.900
Philologien	10.500	1.100	1.100	11.600
Geschichte	2.700	450	450	3.150
Bildende Kunst	800	130	130	930
Musik/Theater/Film	700	100	100	800
Erziehung/Hochschulwesen	1.800	250	250	2.050
Sport	600	80	80	680
Recht/Staat/Politik	5.000	1.020	950	6.020
Wirtschaft/Gesellschaft/Statistik	5.000	900	900	5.900
Geographie	1.000	240	240	1.240
insgesamt	**33.300**	**4.870**	**4.800**	**38.170**
Naturwissenschaften				
Naturwissenschaften allgemein	100	50	50	150
Physik	1.100	460	260	1.560
Chemie/Pharmazie	1.100	570	360	1.670
Biologie	1.450	710	360	2.160
Geowissenschaften	600	220	220	820
Mathematik/Informatik	1.650	850	500	2.500
insgesamt	**6.000**	**2.860**	**1.750**	**8.860**
Medizin/Zahnmedizin	**3.000**	**2.300**	**1.300**	**5.300**
Technik/Ingenieurwissenschaften	**6.600**	**4.400**	**2.900**	**11.000**
Landbau- u. Forstwissenschaften	**1.300**	**900**	**600**	**2.200**
Tiermedizin	**1.000**	**600**	**300**	**1.600**
insgesamt	**53.700**	**17.080**	**12.450**	**70.780**

Abbildung 1

mit die realen Kaufzugänge der universitären Bibliothekssysteme in den alten Bundesländern zum Teil deutlich hinter den Standards des bayerischen Modells zurückgeblieben waren. Aufgrund der Diskrepanz zwischen der Etatwirklichkeit und den Modellvorstellungen hat sich die Bund-Länder-AG für eine Reduzierung der Modellzahlen entschieden, was der Wissenschaftsrat vorbehaltlos übernommen hat. Die stärkere Orientierung der Soll-Erwerbung am realen Kaufzugang wirft nun allerdings ein methodisches Problem auf. Denn wenn die Etatwirklichkeit – wie bereits für die Grundlegung des Modells – auch als Korrektiv für die Modellzahlen herangezogen wird, so wird damit letztlich die Finanzierbarkeit als Maßstab an das Modell angelegt.

Der in den einzelnen Fächern/Fächergruppen ermittelte Bedarf in Bänden wird zu fächergruppenspezifischen Durchschnittspreisen in Beziehung gesetzt. Die Modellrechnung weist für den laufenden Etatbedarf in den einzelnen Fächern/Fächergruppen globale Richtwerte aus.[11] Der Finanzbedarf beläuft sich im Grundmodell nach dem Preisstand von 1990 z.B. für die Geistes-, Wirtschafts- und Sozialwissenschaften auf insgesamt ca. 3 Millionen DM.

Eine wichtige konzeptionelle Modifizierung liegt darin, daß die Bund-Länder-AG die Zahl der Studenten als Parameter in das Etatmodell eingeführt hat. Der Faktor Studentenzahl wird allerdings nicht als Kriterium für den Bestandsaufbau im eigentlichen Sinn, sondern nur im Hinblick auf den Erwerb von Mehrfachexemplaren vielgebrauchter Studienliteratur herangezogen. Neben den primär an der wissenschaftlich relevanten Literaturproduktion ausgerichteten Fachansätzen weist das Etatmodell zusätzlich einen separaten Ansatz für die Lehrbuchsammlung und die vielgebrauchte Studienliteratur aus. Dieser Ansatz bemißt sich nach der Zahl der Studenten – pro Student ein Pauschalbetrag von 20,- DM – und trägt damit der unterschiedlichen Größe der Universitäten Rechnung.

Das Etatmodell fixiert den Finanzbedarf im Erwerbungsjahr 1990. Für die Fortschreibung werden folgende Kriterien zugrundegelegt: die Entwicklung der Literaturproduktion, die primäre Preissteigerung, die Auswirkungen sekundärer Kostenfaktoren in der Beschaffung sowie der Anstieg des Literaturbedarfs. Sowohl der Faktor „Bedarf in Bänden" als auch der Faktor „Preis" sind – entsprechend der Entwicklung der Rahmendaten – kontinuierlich zu aktualisieren.

2.2 Etatmodell für den Aufbau des Büchergrundbestandes

Auch zur Bestimmung der retrospektiven Bestandsergänzung hat die Bund-Länder-AG auf das bayerische Etatmodell zurückgegriffen. Da sich dieses je-

[11] Bei der Ermittlung des Etatbedarfs einzelner Fächer sind die für die Fächergruppen ausgewiesenen Durchschnittspreise gegebenenfalls weiter zu differenzieren.

doch auf Neugründungen bezog, war es nicht ohne weiteres auf die Verhältnisse in den neuen Bundesländern übertragbar. Ausgangsbasis ist der Bedarf an Neuerwerbungen 1990. Daraus wird die retrospektive Bestandsergänzung für den Zeitraum 1950 bis 1990 ermittelt, d.h. das Modell geht von einem statischen Grundbestandsbegriff aus. Im einzelnen trägt es folgenden Faktoren Rechnung:

- Der Anteil der Neuauflagen wird durch einen entsprechenden Abschlag berücksichtigt.
- Dem Anstieg der Literaturproduktion trägt – retrospektiv gesehen – die Einführung einer degressiven Komponente Rechnung.
- Die unterschiedliche Altersschichtung der in den jeweiligen Fächern benötigten Literatur wird durch die Abstufung in der zeitlichen Ergänzungstiefe berücksichtigt.
- Beim Aufbau der Büchergrundbestände sind den Beschaffungsmöglichkeiten auf dem Buchmarkt Grenzen gesetzt.
- Schließlich hat die Bemessung des Rückergänzungsbedarfs den anrechenbaren Grundbestand aus dem Zeitraum 1950 bis 1990 einzubeziehen.

Unter Berücksichtigung der genannten Faktoren wird der Rückergänzungsbedarf im Grundmodell – d.h. in einer in allen Fächern voll ausgebauten Universität – auf insgesamt rund 670.000 Bände berechnet (Abb. 2). Bei Neugründungen und beim Neuaufbau einzelner Fächer sieht das Modell eine Erhöhung der jeweiligen Ansätze um 15 % vor.

Von dem in den einzelnen Fächern/Fächergruppen ermittelten Rückergänzungsbedarf in Bänden werden unter Zugrundelegung von fächerspezifischen Durchschnittspreisen die jeweiligen Kosten für den Aufbau des Büchergrundbestandes abgeleitet. Das Modell weist für die retrospektive Bestandsergänzung in den einzelnen Fächern/Fächergruppen den jeweiligen Finanzbedarf als globalen Richtwert aus. Da es von der Prämisse ausgeht, daß die für die Beschaffung der Büchergrundbestände zugrundegelegten Preise anders als die Preise der Novitätenerwerbung nicht der primären Preissteigerung unterliegen und deshalb keine kontinuierliche Fortschreibung erfordern, beziffert das Modell die Gesamtkosten für die retrospektive Bestandsergänzung. Nach der Modellrechnung beläuft sich der Finanzbedarf für den Büchergrundbestandsaufbau im Grundmodell z.B. für voll ausgebaute Geistes-, Wirtschafts- und Sozialwissenschaften auf 30 Millionen DM.

Der Wissenschaftsrat hat auf dieser Grundlage die Mitfinanzierung des Büchergrundbestandsaufbaus im Rahmen des Hochschulbauförderungsgesetzes für eine Laufzeit von 12 Jahren – 1991 bis 2002 – empfohlen und im 21. Rahmenplan für den Hochschulbau erstmalig Fördersummen ausgewiesen.

Etatmodell für den Aufbau des Büchergrundbestandes

	Bände	Finanzbedarf (TDM)
Allgemeines	**42.000**	**3.600**
Geistes- u. Sozialwissenschaften		
Religion/Theologie	29.000	
Philosophie/Psychologie	29.000	
Philologien	114.000	
Geschichte	31.500	
Bildende Kunst	9.500	
Musik/Theater/Film	8.000	
Erziehung/Hochschulwesen	20.000	
Sport	6.500	
Recht/Staat/Politik	59.000	
Wirtschaft/Gesellschaft/Statistik	58.500	
Geographie	12.500	
insgesamt	**377.500**	**30.000**
Naturwissenschaften		
Naturwissenschaften allgemein	1.500	
Physik	13.500	
Chemie/Pharmazie	14.500	
Biologie	18.000	
Geowissenschaften	7.500	
Mathematik/Informatik	21.000	
insgesamt	**76.000**	**14.400**
Medizin/Zahnmedizin	**46.000**	**9.200**
Technik/Ingenieurwissenschaften	**95.500**	**15.000**
Landbau- u. Forstwissenschaften	**19.000**	**2.100**
Tiermedizin	**13.500**	**1.800**
insgesamt	**669.500**	**76.100**

Abbildung 2

Von der Konstruktion und Logik des Modells her gesehen sind jedoch die Mittel für den laufenden Literaturbedarf ab Erscheinungsjahr 1991 vom jeweiligen Unterhaltsträger im Rahmen des regulären Erwerbungsetats bereitzustellen. „Der Wissenschaftsrat empfiehlt den Ländern dringend, neben den Mitteln für die Beschaffung von Büchergrundbeständen von vornherein zusätzliche Haushaltsmittel in angemessener Höhe für laufende Beschaffungen von Neuerscheinungen (Monographien, Lehrbücher, Zeitschriften) bereitzustellen."[12]

3. Bestandsaufbau Ost – Modellvorstellungen und Realisierung

3.1 Übertragung des Grundmodells auf die einzelnen Universitätsbibliotheken

Die Empfehlungen des Wissenschaftsrates fixieren im Hinblick auf die universitäre Literaturversorgung Standards, definieren ein Grundmodell, das – und dies ist entscheidend – im Hinblick auf das jeweilige Anforderungsprofil der Universität modifiziert werden muß. Es stellt insofern sowohl für die Novitätenerwerbung wie für den Büchergrundbestandsaufbau einen Rahmen dar, der inhaltlich zu konkretisieren ist und Abweichungen von den fächerspezifischen Richtwerten – Zuschläge und Abzüge – erfordert. Kriterien für die Anpassung der Modellannahmen sind vor allem das jeweils vertretene Fächerspektrum, der Ausbauquotient der Fächer und schließlich auch das Maß der Dislozierung, im Bereich der retrospektiven Ergänzung darüber hinaus der anrechenbare Grundbestand.

Abhängig vom jeweiligen Fächerangebot vermindert sich der Etatbedarf gegenüber dem Grundmodell um den Etatbedarf der Fächer, die an der betreffenden Universität nicht vertreten oder nur in einer bestimmten begrenzten Ausrichtung – z.B. als Didaktik – repräsentiert sind. Der entsprechende Literaturbedarf wird in diesem Fall durch den Ansatz für Allgemeines/Fachübergreifendes gedeckt. Die Umsetzung des Grundmodells hat daneben auch die Literaturversorgung interdisziplinärer Forschungsschwerpunkte und Studiengänge zu gewährleisten, die – neben den klassischen Fächerkanon tretend – zunehmend an Bedeutung gewonnen haben. Entscheidend für die Anpassung der Modellannahmen ist daneben der Ausbauquotient der vertretenen Fächer. Für die Bemessung werden als Kriterien die Ausdifferenzierung des Faches nach einzelnen Fachgebieten/Teildisziplinen, die angebotenen Studiengänge und -abschlüsse und die Zahl der Lehrstühle herangezogen. Eine Modifizierung ist schließlich insofern erforderlich, als das Etatmodell die räumlichen und strukturellen Verhältnisse einer Campus-Universität zugrundelegt. Der

[12] Wissenschaftsrat: Empfehlungen zur Literaturversorgung (Anm. 7), S. 15.

Etatbedarf in dislozierten Systemen ist aber – abhängig vom jeweiligen Ausmaß der Streulage - in der Regel höher anzusetzen. Zur Kompensation der dezentralen Struktur und der Dislozierung ist für die Beschaffung standortbedingter Mehrfachexemplare ein entsprechender Zuschlag vorgesehen. Im Hinblick auf den Finanzbedarf werden die Modellannahmen schließlich aufgrund der jeweiligen lokalen Kostenindizes konkretisiert, in denen sich die spezifischen Ausprägungen der betreffenden Erwerbungsprofile niederschlagen.

Den Universitätsbibliotheken und universitären Gremien wie den Unterhaltsträgern stellte sich deshalb zunächst die Aufgabe, das Etatmodell des Wissenschaftsrates im Hinblick auf das konkrete Anforderungsprofil der jeweiligen Universität zu adaptieren, d.h. einerseits den laufenden Etatbedarf zu ermitteln, andererseits das Ausbauziel für die retrospektive Bestandsergänzung zu definieren. Die Umsetzung bereitete ganz offensichtlich Probleme. Dies lag einerseits in dem tiefgreifenden Prozeß der Umgestaltung der Universitäten, der 1991/92 noch nicht zum Abschluß gelangt war, so daß durchaus noch Unklarheit über die endgültige Ausgestaltung des Fächerspektrums herrschte. Die Probleme bei der Übertragung resultierten andererseits daraus, daß das Etatmodell, das teilweise den Bedarf nur für Fächergruppen, nicht jedoch für ein Fach ausweist, keine Verfahrensweisen beschreibt, wie der jeweilige Ausbauquotient eines Faches ermittelt werden kann. Hierin liegt zweifellos eine Schwäche, die aber zugleich seine Stärke ist, eröffnet es doch einen Ermessens- und Gestaltungsspielraum für eine flexible, anforderungsgerechte und differenzierte Anpassung der Vorgaben.[13] In Brandenburg und Mecklenburg-Vorpommern sind auf Landesebene Empfehlungen für die Hochschulbibliotheken verabschiedet worden, in denen das Modell für die einzelnen Universitäten umgesetzt wurde.[14]

3.2 *Etatplanung und Erwerbungspolitik in der Phase des Grundbestandsaufbaus*

Die Universitätsbibliotheken der neuen Länder sehen sich in der Phase des Grundbestandsaufbaus – wie zwei Jahrzehnte zuvor die Neugründungen in den alten Bundesländern – bei der Etatplanung und Erwerbungspolitik mit vielfältigen Problemen und Schwierigkeiten konfrontiert. Die Universitäts-

[13] S. hierzu auch Rolf Griebel unter Mitarbeit von Heinrich Wimmer: Etatbedarf der universitären Bibliothekssysteme in Niedersachsen zum Erwerb wissenschaftlicher Literatur, Erlangen 1993, S. 1-7.

[14] Arbeitsgruppe Hochschulbibliotheken Brandenburg: Empfehlungen für die Hochschulbibliotheken in Brandenburg, Berlin 1992; Arbeitsgruppe „Hochschulbibliothekskonzept für Mecklenburg-Vorpommern“: Empfehlungen für die Hochschulbibliotheken und die Landesbibliothek in Mecklenburg-Vorpommern, Münster-Schwerin 1993.

bibliotheken in den neuen Ländern standen und stehen vor der doppelten Aufgabe, einerseits den Büchergrundbestand aufzubauen und andererseits die aktuelle Literaturversorgung in der Novitätenerwerbung sicherzustellen. Die Etatplanung und -verteilung haben sich demzufolge sowohl an dem Ausbauziel der jeweiligen retrospektiven Bestandsergänzung als auch an der Definition des jeweiligen Novitätenbedarfs zu orientieren. Zentrale Bedeutung kommt fraglos der Etatverteilung zu. Sie hat u.a. zu berücksichtigen, daß sich die Relation von Rückergänzungs- und Novitätenbedarf in den einzelnen Fächern deutlich unterscheidet. Wenngleich Kontingentierungsmodelle grundsätzlich darauf zu hinterfragen sind, ob sie sich nicht als pseudorationale Legitimation von Verteilungsmechanismen entlarven lassen, die primär Abbild inneruniversitärer Machtverhältnisse sind, so trägt doch die Objektivierung der Bedarfsermittlung und die Transparenz der Verteilung ganz entscheidend zur Akzeptanz durch Lehrstühle und Fakultäten bei.

Die Etatplanung, die ein hinreichend differenziertes erwerbungsstatistisches Erfassungssystem als Steuer- und Planungsinstrument voraussetzt, hat in der Phase des Grundbestandsaufbaus das Augenmerk insbesondere darauf zu richten, daß sich die Novitätenerwerbung nicht zu stark ausweitet. Dies kann bei Abschluß der HBFG-Förderung, wie Beispiele der Neugründungen in den alten Bundesländern zeigen, tiefgreifende strukturelle Einbrüche im Erwerbungsprofil heraufbeschwören, vor allem, wenn es nicht gelingt, die Fixkostenbelastung im Bereich der Zeitschriften und Fortsetzungen in Grenzen zu halten.

Die Etatplanung muß in der Phase des Grundbestandsaufbaus ein hohes Maß an Flexibilität aufweisen. Weit über die Bewältigung von Problemen in der Haushaltsabwicklung hinaus, die durch das Annuitätsprinzip und eine mitunter extreme Diskontinuität in der Mittelzuweisung bedingt sind, gilt es, unter sich ändernden finanziellen Rahmenbedingungen die Planung so zu gestalten, daß – abgestimmt auf die Ausbauphasen der Universität – in bestimmten Fächern ein vorgezogener Bestandsaufbau ebenso realisiert werden kann wie langfristig die Harmonisierung des Ausbaugrads der Bestände in den einzelnen Fächern, insbesondere vor dem Hintergrund der Kürzungen ursprünglich projektierter Gesamtfördersummen. Eine besondere Herausforderung für die Etatplanung stellt die Umgestaltung des universitären Fächerprofils während des Förderzeitraums dar.

Die Universitätsbibliotheken standen vor der Aufgabe, ein inhaltliches Erwerbungskonzept zu entwickeln, das einerseits ein Novitätenerwerbungsprofil, andererseits ein Erwerbungsprogramm für den Grundbestandsaufbau umfaßt. Es sei hier nur am Rande vermerkt, daß bei den Neugründungen in den alten Bundesländern durchaus Defizite im inhaltlich-konzeptionellen Ansatz festgestellt worden sind.[15]

Hohe Anforderungen stellt insbesondere der Grundbestandsaufbau. Ausgehend von einer Ist-Analyse und orientiert am quantitativ fixierten Ausbauziel ist das Konzept für den Grundbestandsaufbau bedarfsorientiert möglichst präzise auf das spezifische universitäre Anforderungsprofil abzustimmen. Es hat aber zugleich bis zu einem gewissen Grad dem Prinzip der Ausgewogenheit Rechnung zu tragen – nicht idealtypisch im Sinne einer konsequenten, strikten Abbildung der Wissenschaftssystematik, sondern funktional im Sinne von Zusammenhangsbestand.[16] In einer ersten Phase des Grundbestandsaufbaus gilt es, aufgrund der Auswertung von Fachbibliographien und systematischen Katalogen die Grundlagenliteratur des betreffenden Faches – Standardwerke wie Kernzeitschriften – zu ermitteln und zu beschaffen. Nach Abschluß der ersten Phase gestaltet sich der Grundbestandsaufbau immer schwieriger und arbeitsintensiver, und zwar sowohl unter inhaltlichem Aspekt – also in der systematischen Sichtung und Auswahl des Titelmaterials wie in der Abstufung der Dringlichkeit und Gewichtung der Beschaffung – als auch im Hinblick auf den Vorakzessionsaufwand und vor allem die beschaffungspolitische Umsetzung auf dem Literaturmarkt. Insbesondere in einer fortgeschrittenen Ausbauphase ist es erforderlich, daß die Bibliotheken am Prinzip einer primär desiderataorientierten Bestandsergänzung festhalten. Demgegenüber wird ein Grundbestandsaufbau, der sich in einem primär angebotsorientierten Kaufverhalten erschöpft, die Bestandszahlen zwar rasch anwachsen lassen, er gewährleistet jedoch nicht in gleichem Maße die Substanzbildung.

Bei der Entwicklung der Novitätenerwerbungsprofile und Grundbestandserwerbungsprogramme kommt es ganz entscheidend auf die Zusammenarbeit mit den Lehrstühlen und Fakultäten an. Steht dabei auch außer Frage, daß der Spitzenbedarf in angemessener Weise zu berücksichtigen ist, so läßt sich der Bestandsaufbau in einem Fach nicht darauf reduzieren, partikulare Lehrstuhlinteressen additiv abzudecken. Ziel ist als originäre Aufgabe des Fachreferats die Einbindung und Integration in einem Gesamtkonzept, das erst den Aufbau von Zusammenhangsbestand ermöglicht. Der Erfolg der Etatplanung wie des Bestandsaufbaus hängt in hohem Maße davon ab, wie sich die Zusammenarbeit der Universitätsbibliothek mit der Leitung der Universität, den universitären Gremien und den Lehrstühlen bzw. Fakultäten gestaltet. Massive Probleme verursachten Tendenzen, die übernommene einheitliche Bibliotheks-

[15] Günther Pflug: Der Aufbau der Buchbestände bei den neu gegründeten Hochschulen, in: Die neue Bibliothek. Festschrift für Harro Heim zum 65. Geburtstag, München 1984, S. 261 ff.

[16] Rolf Griebel/Andreas Werner/Sigrid Hornei: Bestandsaufbau und Erwerbungspolitik in universitären Bibliothekssystemen, Berlin 1994 (=Dbi-Materialien 134), S. 25-27, S. 42-44.

struktur im Sinne einer Schwächung der zentralen Kompetenz und Stärkung der dezentralen Bibliothekseinrichtungen aufzuweichen. Allein stärker koordinierte Bibliothekssysteme bieten jedoch die Voraussetzung, daß die vorhandenen finanziellen Ressourcen optimal ausgeschöpft werden. Die Universitätsbibliotheken wurden vielfach mit Anforderungen von Professoren konfrontiert, deren Vorstellungen von dem teilweise unkoordinierten Nebeneinander von Zentralbibliothek und Institutsbibliotheken in den westlichen Ländern geprägt sind. Hier galt es, nicht zuletzt in Anbetracht der Dislozierung – fern von jeglichem Dogmatismus – ein hohes Maß an Flexibilität zu beweisen und dem spezifischen Literaturbedarf der Wissenschaftler in angemessener Weise Rechnung zu tragen, ohne damit – aufs Ganze gesehen – die Grundsätze einer einheitlichen Bibliotheksstruktur aufzugeben. Gravierende Probleme warfen Berufungszusagen der Hochschulleitung auf, wenn diese einen so hohen Anteil des Etatgesamtvolumens absorbierten, daß der erwerbungspolitische Gestaltungsspielraum der Universitätsbibliothek drastisch beschnitten war.

3.3 Etatentwicklung und Etatstruktur

Das Etatgesamtvolumen der 14 universitären Bibliothekssysteme lag im Jahr 1995 bei 88,89 Millionen DM. Es ist damit seit 1991 um 38,1 %, d.h. durchschnittlich von 4,6 Millionen DM auf 6,35 Millionen DM angestiegen. Fünf Universitätsbibliotheken standen 1995 Mittel in Höhe von durchschnittlich fast 10 Millionen DM zur Verfügung.[17] Das Etatgesamtvolumen, das im Zeitraum 1991 bis 1995 knapp 390 Millionen DM erreichte, bot insgesamt gesehen die Voraussetzungen für einen grundlegenden Neubeginn im Bestandsaufbau. Die Etatsituation stellt sich allerdings auf der Ebene der Bibliotheken durchaus unterschiedlich dar. Der Blick muß sich aber über den Umfang des Etatvolumens hinaus vor allem auf die Etatstruktur richten, insbesondere auf die Relation von laufendem Erwerbungsetat, den das jeweilige Bundesland als Unterhaltsträger alleine zu erbringen hat, und dem Grundbestandsetat, der im Rahmen des HBFG zu je 50 % vom Bund und dem jeweiligen Bundesland finanziert wird. Lag der Anteil des regulären laufenden Erwerbungsetats 1991 bei 28,8 %, so erhöhte er sich bis 1995 auf 40,7 %. Der Anteil der HBFG-Grundbestandsmittel sank demgegenüber von 55,7 % auf 48,8 % (Abb. 3).

Setzt man nun den regulären Erwerbungsetat in Relation zu den Ausgaben für laufende Zeitschriften und Fortsetzungen, so beläuft sich der Fixkostenanteil 1995 auf 97,9 %. Dabei ist festzuhalten, daß die Ausgaben für den Einband nicht berücksichtigt sind. Nur in 6 der 14 universitären Bibliothekssysteme

[17] Griebel/Tscharntke (Anm. 1), S. 566 ff.

Entwicklung des Gesamtetatvolumens in den Universitätsbiliotheken der neuen Bundesländer 1991-1995

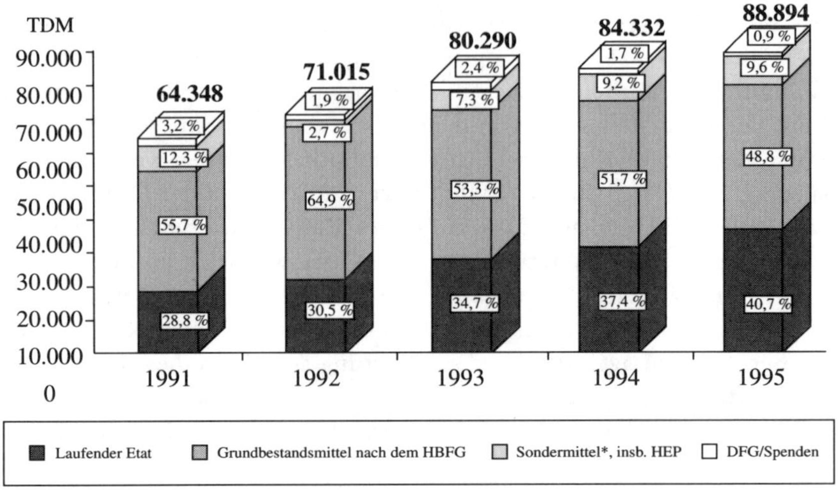

* im Berichtsjahr 1991 einschließlich Restmittel aus den Sonderprogrammen des BMBW und der VW-Stiftung

Abbildung 3 aus ZfBB 6 (1996)

waren die Ausgaben für die Zeitschriften und Fortsetzungen im Rahmen des regulären Etats gedeckt. Dies bedeutet, daß noch im Jahr 1995, als sich der reguläre laufende Erwerbungsetat gegenüber 1991 absolut gesehen fast verdoppelt hatte, die Mehrheit der Universitätsbibliotheken gezwungen war, zur Finanzierung der laufenden Zeitschriften und Fortsetzungen teilweise auf HBFG-Mittel zurückzugreifen, deren Zweckbestimmung der Aufbau des Büchergrundbestandes ist. Alle Universitätsbibliotheken mußten die HBFG-Mittel für den Erwerb neu erschienener Monographien heranziehen.

Das zentrale Problem liegt darin, daß die Ansätze des regulären laufenden Etats trotz der erheblichen Anstrengungen, die die Unterhaltsträger in der ersten Hälfte der neunziger Jahre unternommen haben, deutlich hinter den Sollwerten zurückbleiben. Die Aufstockung des laufenden Erwerbungsetats ist auch zur Sicherung der retrospektiven Bestandsergänzung notwendig. Da die HBFG-Etats bislang in erheblichen Umfang für die Finanzierung der Novitätenerwerbung herangezogen werden müssen, werden dem Büchergrundbestandsaufbau in hohem Maße Mittel entzogen. Wenngleich die uneinheitliche statistische Erfassung die Quantifizierung der Ausgaben für den Büchergrundbestandsaufbau erschwert, so wird man doch davon ausgehen dürfen, daß nur ca. zwischen einem Drittel und maximal der Hälfte der HBFG-Grundbestandsmittel tatsächlich für die retrospektive Bestandsergänzung verausgabt werden. Dies führt zu teilweise drastischen Einschränkungen, die den Büchergrundbestandsaufbau nachhaltig gefährden, was insbesondere im geistes- und sozialwissenschaftlichen Fächerspektrum gravierende Probleme aufwirft. Der kontinuierlichen Aufstockung des laufenden Erwerbungsetats ist aber letztlich vor allem im Hinblick darauf höchste Priorität beizumessen, daß die Bereitstellung investiver Mittel für den Büchergrundbestandsaufbau im Rahmen des HBFG zeitlich befristet ist. Gelingt es nicht, die laufenden Etatmittel entsprechend dem universitären Anforderungsprofil bis zum Ende der Förderzeit anzuheben, sind – wie Erfahrungen der Neugründungen in den alten Ländern zeigen – massive Einbrüche in der Literaturversorgung vorprogrammiert.

Dennoch ist insgesamt gesehen festzuhalten, daß das Literaturangebot sowohl in der Grund- wie Spitzenversorgung entscheidend verbessert werden konnte; dies gilt u.a. auch für den Bereich der elektronischen Medien. Insbesondere ist es gelungen, rasch einen Grundstock an Studienliteratur aufzubauen. Die durchschnittlichen Aufwendungen pro Student lagen dabei 1995 mit 16,48 DM deutlich über den Ausgaben in den westlichen Ländern (12,44 DM).

4. Ausblick

Wenngleich seit der Wende ganz erhebliche Fortschritte in der universitären Literaturversorgung erzielt worden sind, die hohe Anerkennung fordern, so ist doch insgesamt betrachtet zu konstatieren, daß die Bestandsentwicklung nach Ablauf der Hälfte des Förderzeitraums z.T. weit hinter den Zielvorstellungen des Etatmodells zurückbleibt. Daß die Universitätsbibliotheken gezwungen sind, einen erheblichen Teil der HBFG-Grundbestandsmittel zur Finanzierung der laufenden Erwerbung heranzuziehen, führt zwangsläufig dazu, daß das Ausbauziel in der retrospektiven Bestandsergänzung nicht erreicht werden kann. Umgekehrt entsprechen aber die Realausgaben für die laufende Erwerbung trotz der Umschichtung von HBFG-Mitteln zumindest in einem Teil der Bibliotheken nicht dem tatsächlichen Etatbedarf für die aktuelle Literaturversorgung. Aufs Ganze gesehen weist die Bestandsentwicklung bezogen auf die Modellvorstellungen des Wissenschaftsrates Defizite auf.

Wenn nun in den einzelnen Universitätsbibliotheken nach Ablauf der Hälfte der Förderzeit Zwischenbilanz gezogen wird, ist der Blick zunächst – bezogen auf die jeweils definierten Planungszielvorstellungen – unter quantitativem wie qualitativem Aspekt auf die Fortschritte in der Bestandsentwicklung zu richten. Die Evaluierung der Erwerbungspolitik ist gerade in der Phase des Grundbestandsaufbaus unabdingbar. Die Evaluierung des Bestandsaufbaus, die ein entsprechendes methodisches Instrumentarium voraussetzt, zielt als unverzichtbares Korrektiv vorrangig auf den Zusammenhang von Ausbaugrad und Fehlbedarf, d.h. darauf, inwieweit bei dem erreichten Ausbaugrad des Bestandes die Nachfrage von Wissenschaftlern wie Studierenden auf der lokalen Ebene gedeckt werden kann bzw. wie sich der Fehlbedarf nach Kriterien wie Fach, Literaturtyp, Sprache oder Nutzertyp zusammensetzt. Nicht minder aufschlußreich ist es, den tatsächlichen Nutzungsgrad der aufgebauten Bestände zu ermitteln, was deren Präsenzcharakter freilich erschwert.

In einem zweiten Schritt stellt sich die Frage, ob die ursprünglichen Planungszielvorstellungen im gesamten Fächerspektrum oder in einzelnen Fächern angesichts der bisherigen Unterdotierung oder der Kürzung der Gesamtfördersumme aufrechterhalten werden können oder ob sie revidiert werden müssen, was wiederum entsprechende erwerbungspolitische Prioritätensetzungen und Akzentverlagerungen erfordert. Dabei ist stets auch die jeweilige Relation von Grundbestands- und Novitätenbedarf kritisch zu hinterfragen und gegebenenfalls zu modifizieren. Wenn sich abzeichnet, daß der Bestandsaufbau hinter den ursprünglichen Planungszielvorstellungen zurückbleibt, so ist dies auch Anlaß, abschließend einige Überlegungen zum Modell des Wissenschaftsrates anzustellen.

Das Etatmodell, das auf das Anfang der achtziger Jahre entwickelte bayerische Etatmodell zurückgeht, wurzelt letzlich in den siebziger Jahren und ist infolgedessen von der Vorstellung geprägt, daß die Leistungsfähigkeit der universitären Literaturversorgung ganz entscheidend von dem auf der lokalen Ebene vorgehaltenen Bestand abhängt. Dies gilt zwar im Grundsatz auch noch zwei Jahrzehnte später, die Rahmenbedingungen auf dem Literatur- und Informationsmarkt haben sich aber infolge der Möglichkeiten der Dokumentlieferung wie vor allem der elektronischen Medien grundlegend verändert. Die elektronischen Medien erfordern eine prinzipielle Neuorientierung der Erwerbungsaufgaben, eine Synthese von klassischem Bestandsaufbau und elektronischer Informationsversorgung, was eine Erweiterung des Bestandsbegriffes impliziert. Davon bleibt zweifellos auch die Konzeption des Büchergrundbestandsaufbaus nicht unberührt. Es sei hier nur auf die Perspektiven verwiesen, die etwa eine grundlegend verbesserte Dokumentlieferung oder das expandierende Angebot elektronischer Reprints – gespeist nicht zuletzt aus den Digitalisierungsprogrammen der Bibliotheken – im Hinblick auf die retrospektive Bestandsergänzung eröffnen.

Eine Weiterentwicklung des Modells erscheint ferner u.a. unter dem Aspekt geboten, daß der Automatismus der Fortschreibung auf der Basis der jeweiligen Fachansätze zu einer nicht mehr vermittelbaren Diskrepanz zwischen dem Etatbedarf gemäß Modell und der Etatwirklichkeit führt, sei es in den östlichen oder westlichen Bundesländern. Dieses Mißverhältnis, das den Wissenschaftsrat selbst zu einer entsprechenden Korrektur veranlaßt hatte, erfordert auch eine kritische Auseinandersetzung mit der Methode der jährlichen Aktualisierung. Dabei ist der Blick insbesondere auf eine stärkere Flexibilisierung der Erwerbungspolitik zu richten, die dem Wandel des universitären Anforderungsprofils Rechnung trägt. Die Weiterentwicklung des Modells des Wissenschaftsrates, die in dem gegebenen Kontext nicht differenziert diskutiert werden kann, stellt ein dringendes Desiderat dar. Die Bibliothekare sollten diese Aufgabe unverzüglich und offensiv aufgreifen, sind die Universitätsbibliotheken doch gerade angesichts der Globalisierung der Haushalte auf ein Etatbedarfsmodell angewiesen, daß auch bei den Unterhaltsträgern auf Akzeptanz stößt.

Um Mißverständnissen vorzubeugen, mit diesen überaus knappen Marginalien zum Modell des Wissenschaftsrates soll in keiner Weise in Frage gestellt werden, daß die Bestandsentwicklung in den universitären Bibliothekssystemen der neuen Länder nach Ablauf der Hälfte des Förderzeitraumes teils erhebliche Defizite aufweist. Wenn in der Mehrheit der Bibliotheken der laufende Etat nicht zur Finanzierung des ohnehin defizitären Zeitschriften- und Fortsetzungsbestandes ausreicht, so muß – bei aller Skepsis mit Blick auf die allgemeine Finanz- und Haushaltsmisere – mit Nachdruck an die Unterhaltsträger appelliert werden, neben der Sicherung der Mitfinanzierung des Büchergrundbestandes den regulären laufenden Erwerbungsetat soweit anzuheben, daß er dem universitären Anforderungsprofil gerecht wird. Anderenfalls sind die bisherigen hohen Investitionen nachhaltig gefährdet.

KLAUS FRANKEN

Überlegungen zu künftigen Formen der Erwerbungskooperation in wissenschaftlichen Bibliotheken

Seit Jahrzehnten gibt es bereits Verfahren, mit denen die wissenschaftlichen Bibliotheken versuchen, der Etatknappheit zu begegnen und einen benutzergerechten wie zukunftsorientierten Bestandsaufbau zu betreiben. Dazu gehören die folgenden, die als bekannt vorausgesetzt und auf die nicht näher eingegangen werden soll:

- Abstimmungs-Erlasse für die Universitäten,
- Anschaffungsentscheidungen im Bibliothekssystem in einer Hand,
- „Haltet das letzte Abo" (Baden-Württemberg),
- Zeitschriftenschwerpunktprogramm (Nordrhein-Westfalen),
- Sondersammelgebiete der DFG.

Überlegungen zu anderen Verfahren

Künftig müssen sich Bibliotheken verstärkt Gedanken über Erwerbungskooperation machen; die bisherigen Lösungen werden zwar eine gewisse Berechtigung behalten und sind möglicherweise zu optimieren, führen aber aus den heutigen Problemen strukturell nicht heraus. Die folgenden Überlegungen setzen an verschiedenen Punkten an und sind nicht als ein Gesamtsystem zu verstehen. Statt dessen kann eine Überlegung die andere sogar ausschließen. Schließlich darf nie aus dem Blick verloren werden, daß eine noch so gute Erwerbungskooperation die angemessene finanzielle Ausstattung jeder einzelnen Bibliothek nicht ersetzen kann.

1. Einbeziehen der dezentralen Bibliotheken in den lokalen Bestandsaufbau

Als erster Weg soll trotz aller damit verbundenen Schwierigkeiten die noch stärkere Einbeziehung der dezentralen Bibliotheken in das Blickfeld der Literaturversorgung genannt werden. Die Finanzknappheit der Unterhaltsträger ist zu groß, als daß sie sich die Privatisierung oder Quasiprivatisierung von Bibliotheken noch leisten können. Damit sind die vielen Bibliotheken gemeint, die von ihren Inhabern mehr oder weniger als „private" Bibliotheken betrachtet werden. Solange solche Bibliotheken aus öffentlichen Mitteln finanziert werden, solange müssen sie ihre Bestände auch anderen Personen als dem unmittelbaren Nutzerkreis zugänglich machen. Es ist selbstverständlich, daß es sich hier um ein Problem handelt, für das Bibliothekare nicht primär verantwortlich sind. Den vielen Spezialbibliotheken liegen häufig historische Gegebenheiten zugrunde; andererseits werden auch heute noch Spezialbibliotheken gegründet oder vorhandene ausgebaut. Den Inhabern ist offensichtlich nicht bewußt, daß auch Berufungsmittel, Mittel aus Bleibeverhandlungen und Drittmittel öffentliche Mittel sind. Der Inhalt der staatlichen Geldtöpfe vermehrt sich nicht, sondern dem einen wird gegeben, was zuvor dem anderen genommen wurde. Die Bewilligung von Bibliotheksmitteln für dezentrale Bibliotheken ist eine Entscheidung, für die die Universitätsleitungen wie die Ministerien verantwortlich sind. Bibliothekare müssen diesen deutlich machen, wie ggf. zugunsten weniger die Versorgung vieler verschlechtert wird. Hat man sich auf einen solchen Teufelskreis eingelassen, so kommt man kaum wieder heraus.

Diese Überlegungen sind unabhängig von der Frage, wer im Einzelfall darüber entscheidet, was gekauft wird, und auch das Problem der Benutzungskonditionen ist eine zweite Frage. Klar muß sein, daß aus öffentlichen Mitteln beschaffte Literatur mindestens für alle Angehörigen einer Universität bzw. eines Unterhaltsträgers bestimmt ist, daß diese Literatur in allgemein zugänglichen Katalogen und Datenbanken zu verzeichnen ist und daß sie benutzbar sein muß und nicht unter Verschluß gehalten, bzw. die Benutzung vom Wohlwollen bestimmter Personen abhängig gemacht werden darf.

2. Der Lokalreferent

Die Erfahrungen mit der lokalen, inneruniversitären Erwerbungskooperation sind zwar noch nicht in allen Fällen überzeugend, aber doch ein fortführenswerter Ansatz. Das bedeutet, daß weitere Anstrengungen unternommen werden sollten, die Absprachen über die gemachten Regelungen hinaus fortzuführen. Dies läßt sich allerdings nicht über Erlasse und Beschlüsse allein erreichen, sondern bedarf eines Umdenkens in allen Einrichtungen, die – um bei einer Universität zu bleiben – für die Literaturversorgung dieser Universität verantwortlich sind. „Verantwortlich“ und nicht „zuständig“: Zuständigkeitsregelungen führen nämlich oftmals zu Abgrenzungen und verstellen den Blick auf die gemeinsamen Ziele, die es zu erreichen gilt. „Verantwortlich“ bedeutet bei mehreren Bibliotheken, daß jede sowohl an das Ganze als auch an die spezifischen Belange der „eigenen“ Bibliothek denken muß. Der Blickwinkel muß umfassend sein und es kann nicht Sinn der Sache sein, die eine Bibliothek zu Lasten der anderen zu profilieren. Eine solche Veränderung setzt auch bei den Universitätsleitungen zum Beispiel eine Schärfung des Blicks auf die gesamte

Literaturversorgung voraus. Bibliothekare können hierzu beitragen, indem sie Vorschläge zur Optimierung unterbreiten. Dabei müssen aber alle Bibliotheksmitarbeiter, ob sie nun in zentralen oder dezentralen Bibliotheken arbeiten, ob sie Berufsbibliothekare sind oder nicht, sich bewußt machen, daß sich für sie etwas ändern wird.

Es gibt bereits eine Fülle von Ansätzen zur Verbesserung, die nur nicht so publik sind, weil sie erstens nicht in Regeln gefaßt sind und zweitens vom Engagement einzelner MitarbeiterInnen abhängen. Es lohnt sich aber, diese Ansätze aufzugreifen und weiterzuführen. Vor allem aber sollten solche Erfahrungen anderen mitgeteilt werden; dabei sind sowohl positive Erfahrungen, die zu Erfolgen führten, mitteilenswert als auch Mißerfolge, denn aus ihnen kann man lernen, und es muß nicht jeder Lehrgeld zahlen.

Wurden bislang nur die Koordinationsbemühungen innerhalb einer einzigen Mutterinstitution – einer Universität – angesprochen, so läßt sich auf lokaler Ebene auch der Schritt gehen zur engeren Kooperation von zwei oder mehr ortsansässigen Bibliotheken. Es gibt bei mehreren ortsansässigen Bibliotheken in jeder Fachreferenten für bestimmte Fächer. Bisher existieren wohl nur generelle Absprachen, etwa der Art, daß eine Universität mit technisch-naturwissenschaftlicher und geistes-sozialwissenschaftlicher Ausrichtung im ersteren Bereich von der UB der Universität, im zweiten von der Landesbibliothek versorgt wird. Beispiele sind die Situationen in Karlsruhe und Stuttgart. Da letztlich diese Absprachen nur sehr allgemeiner Natur sind und noch in größerem Umfang Bestände dupliziert werden, statt durch gezieltere Absprachen vor Ort für eine größere Titelvielfalt zu sorgen, gibt es hier Verbesserungsmöglichkeiten. Zum Beispiel könnte ein Fachreferent für ein bestimmtes Fach beide großen Bibliotheken in diesem Fach betreuen und den Bestandsaufbau so in einer Hand halten.

3. Der Regionalreferent

Der folgende Vorschlag geht noch einen Schritt weiter. Wenn man sich die heutige Situation von Fachreferenten in zentralen Universitätsbibliotheken und in Landesbibliotheken, beispielsweise im Zuständigkeitsbereich eines bestimmten Unterhaltsträgers, anschaut, so ist folgendes festzustellen: Im Land Baden-Württemberg, und dies gilt für andere Bundesländer auch, schauen mehr oder weniger gleichzeitig elf Fachreferenten der zentralen Universitäts- und Landesbibliotheken für ein beliebiges Fach die gleichen Prospekte und Bibliographien durch, lesen die gleichen Rezensionen und treffen Erwerbungsentscheidungen für teilweise gleichartige Benutzerbedürfnisse bzw. einen gleichartigen Bestandsaufbau. Dies gilt für die grundlegende Literatur, die von diesen elf Fachreferenten mehr oder weniger zeitgleich ermittelt und zur Beschaffung gegeben wird. Da liegt der Gedanke nahe, ob man diese Verantwortung nicht in eine Hand legen kann, d.h. ein bestimmter Fachreferent entscheidet über die Beschaffungen eines bestimmten Faches für alle zentralen Universitäts- und die beiden Landesbibliotheken. Im Ergebnis kann kaum etwas anderes herauskommen, als wenn elf Fachreferenten parallel arbeiten. Jedenfalls gilt dies für die Masse der grundlegend wichtigen Veröffentlichungen.

Beim Bestandsaufbau ist wissenschaftsfachliche Kompetenz gefragt. Der „Regionalreferent" arbeitet für die Bedürfnisse der Benutzer mehrerer Universitäten. Er betreibt Bestandsaufbau sowohl in der Breite der angebotenen bzw. benötigten Literatur als auch in der Tiefenstaffelung, um bedarfsgerecht erwerben zu können. Eine Grundvoraussetzung für seine Tätigkeit ist der Nachweis der beim Buchhandel bestellten Bücher in den Verbunddatenbanken. Nur dann können Benutzer wie Bibliothekare zu einem frühestmöglichen Zeitpunkt erkennen, ob ein bestimmter Titel vom „Regionalreferenten" bereits erkannt und auf den Weg der Beschaffung gegeben wurde. Wenn dann der Nachweis auf Verbundebene und sein Gegenstück auf Ebene der lokalen OPACs mit Vormerkmöglichkeiten durch Benutzer angeboten wird, läßt sich ein nachfrageorientierter Bestandsaufbau betreiben. Zugleich ergibt sich daraus aber auch ein angebotsorientierter Bestandsaufbau, denn Benutzer können beispielsweise bei Autorenrecherchen oder Stichwortrecherchen zu einem frühen Zeitpunkt Titel ermitteln, die ihnen bislang unbekannt waren. Schließlich läßt sich durch die Möglichkeit der Vormerkung der Geschäftsgang in den Bibliotheken so organisieren, daß diejenigen Bücher, die vorgemerkt sind, vorrangig bearbeitet werden und diejenigen, bei denen keine Vormerkungen eingehen, nachrangig. Dies dürfte jedoch schon längst Praxis in allen Bibliotheken sein.

Natürlich sind bei diesem Vorschlag eine ganze Anzahl verfahrenstechnischer Dinge noch offen und bedürfen einer intensiven Diskussion. So beispielsweise die Frage, wie die Beschaffung von mehreren Exemplaren eines Buches für verschiedene Bibliotheken zu organisieren ist oder die Frage, wie die Etatkontrolle vor sich gehen sollte oder die Frage des Geschäftsganges. Es ist zweifellos möglich, Lösungen zu finden. Und wenn diese nicht gleich alle elf Bibliotheken umfassen, um bei dem obengenannten Beispiel zu bleiben, dann kann man zu Beginn mit zwei oder drei Bibliotheken etwas ausprobieren. Ein regionales Fachreferat bedeutet nicht zentrale Beschaffung aller Exemplare eines Titels, sondern der „Regionalreferent" ist sozusagen der Auftraggeber für die Erwerbungsabteilungen verschiedener Bibliotheken. Bei einer solchen Konstruktion wird beispielsweise die Frage zu diskutieren sein, wie sich seine wissenschaftsfachbezogene Aufgabe zu den Aufgaben der Leiter der Erwerbungsabteilungen verhält. Kann ein Erwerbungschef, außer der Finanzkontrolle, inhaltliche Entscheidungen der „Regionalreferenten“ verhindern oder beeinflussen? Muß der „Regionalreferent“, um seine Aufgabe sachgerecht erfüllen zu können, nicht derjenige sein, der über die finanziellen Mittel verfügen können muß? Und muß nicht gesichert sein, daß ihm je Jahr ein bestimmter Etat mit Sicherheit zur Verfügung steht, in den allenfalls Eingriffe des Unterhaltsträgers möglich sind? Die organisatorischen Probleme sollte man kreativ angehen.

Ein Problem einer solchen Konstruktion soll nicht unerwähnt bleiben: Muß nicht ein Fachreferent, um guten Bestandsaufbau leisten zu können, vor Ort und persönlich erreichbar sein?

Auf einen weiteren Aspekt dieses Gedankens soll im folgenden noch eingegangen werden: Es könnte sein, daß dieser Vorschlag als Anschlag auf den Berufsstand der Fachreferenten verstanden wird. Dem ist nicht so. Es müssen heute in vielen Bibliotheken Fachreferenten Literatur aus Fächern beschaffen, die sie nie studiert haben. Man könnte also auf diese Weise die Auswahl der Literatur stärker professionalisieren, d.h. jeder Referent versorgt sein – und nur sein – Studienfach. Damit wird die Fächervielfalt je Person geringer, was auch notwendig ist, weil mehr Zeit in das einzig verbliebene Fach, das Kernstudienfach, investiert werden muß. Die Qualität der Auswahl könnte aber deutlich besser werden. Und schließlich könnte der Bestandsaufbau aus einem anderen Blickwinkel als dem der einzelnen Bibliothek betrieben werden. Die Akzeptanz der Literaturauswahl bei den Wissenschaftlern ließe sich erhöhen; denn immer wieder taucht bisher das Problem auf, daß die Entscheidungen fachfremder Personen angezweifelt werden. Die Kommunikation mit Benutzern, die schließlich auch einen Teil des Bestandsaufbaues ausmacht, könnte bei räumlich entfernt sitzenden Fachreferenten behindert werden. Dagegen sprechen zwei Dinge: Erstens gibt es als Kommunikationsmittel Telefon, Post und e-mail, so daß die Übermittlung der Anschaffungswünsche nicht an die Person und den Ort gebunden ist und zweitens: Wie intensiv ist denn heute in vielen Bibliotheken tatsächlich die Kommunikation beim Bestandsaufbau, d.h. verschlechtert sich wirklich etwas, oder gibt es nicht vielmehr die Chance einer Verbesserung?

4. Entscheidungsverhalten beim Bestandsaufbau

Wahrscheinlich, dies ist jedoch noch durch Stichprobenuntersuchungen zu verifizieren, unterliegen Erwerbungsentscheidungen Zufälligkeiten. Während die Entscheidung für grundlegend wichtige Titel wohl unproblematisch sein dürfte, ist es schwieriger zu bestimmen, welche Titel einen höheren Grad an Spezialität haben und folglich zu erwerben wären, aber doch noch nicht so speziell sind, daß sie als SSG-Titel zu gelten hätten oder nur für spezielle Forschungsschwerpunkte relevant wären. Wenn aus den diversen Angeboten von Fachreferenten, die das von ihnen betreute Fach nicht studiert haben, Titel beispielsweise an der Verbunddatenbank überprüft werden, wird ein fachfremder Fachreferent einen Titel wohl umso eher auch für seine Bibliothek anschaffen, je mehr Besitznachweise bereits vorhanden sind. Die Zahl der Besitznachweise könnte Wichtigkeit signalisieren, und kein Fachreferent möchte sich nachsagen lassen, er habe einen wichtigen Titel, den andere Bibliotheken beschafft haben, nicht erworben. Wegen der knappen Mittel müßten korrespondierend viele Titel existieren, die allenfalls einen oder gar keinen Besitznachweis haben, ohne deshalb spezieller zu sein. Um diese Vermutung zu überprüfen, sind Stichprobenuntersuchungen an den großen Verbunddatenbanken ein Hilfsmittel, und sie sind umso geeigneter, je mehr Bibliotheken mit unterschiedlichen Sammelschwerpunkten zu diesen Datenbanken beigetragen haben. Bei vielen verschiedenen Bibliotheken, die Verbundteilnehmer sind, sind nämlich viele verschiedene Personen mit unterschiedlichsten Bewertungsmaßstäben als Verursacher der Beschaffung nachzuweisen. Je nach Typ der Bibliothek – zentrale UB, Institutsbibliothek oder Fakultätsbibliothek – läßt sich mit gewisser Sicherheit sagen, ob ein Fachreferent Veranlasser der Bestellung war oder ein wissenschaftlicher Benutzer; es läßt sich ggf. auch feststellen, ob der Fachreferent das Fach studiert hat oder als fachfremder Referent arbeitet. Es ließe sich anhand solcher Stichprobenuntersuchungen auch erkennen, wie die beschaffte Literatur auf eine Vielzahl von Bibliotheken verteilt ist, ob grundlegende Werke als solche erkannt wurden, ob Spezialliteratur überhaupt gekauft wurde und in welcher Bibliothek sie zu finden ist und schließlich, ob manche Titel von keiner Bibliothek angeschafft wurden, obwohl sie geeignet und notwendig wären. Es ließen sich schließlich Überlegungen in der Richtung anstellen, ob es – bezogen auf eine Region – nicht sinnvoller ist, für eine breitere Literaturvielfalt zu sorgen und eine zu große Tiefenstaffelung zu vermeiden. Monographien, die heute auf dem Markt erscheinen, sind in einigen Jahren nicht mehr zu erhalten, wenn sie nicht heute gekauft werden.

5. Analyse von Sondersammelgebieten anhand statistischer Untersuchungen
Es sollte überprüft werden, ob die Sondersammelgebiete in der heute bestehenden Form eine Lösung der Literaturversorgung sind, die zukunftsträchtig ist. Dabei steht es außer Zweifel, daß es in einigen Bereichen wie der Orientalistik u.ä. wohl sinnvoll ist, schwerpunktmäßig zu sammeln; wie sieht es aber mit Fächern wie Recht, Wirtschaftwissenschaften, mit Philosophie und Psychologie aus? Um einen ersten Eindruck zu gewinnen und einen Weg aufzuzeigen, den man beschreiten könnte, wurde das Fach Psychologie in einem bestimmten Teilausschnitt untersucht. Gefragt wurde in folgende Richtung: Ist

die zuständige Sondersammelgebietsbibliothek, also die ULB Saarbrücken, besser oder gleich gut bestückt im Vergleich zu den Bibliotheken eines ganzen Verbundes, in diesem Fall des Südwestdeutschen Bibliotheksverbundes. Wenn die ULB Saarbrücken einen deutlich größeren und vielfältigeren Bestand hat als die Bibliotheken eines Verbundes zusammen, so könnte diese Art des Sammelns tendenziell richtig sein. Sind ihre Bestände jedoch hinsichtlich Vollständigkeit und Titelvielfalt nicht „besser“ als ein Bestand im Verbund, so erhebt sich die Frage, ob das SSG dann noch einen Sinn hat. Dabei ist die Frage hypothetisch, ob mit mehr Geld ein vollständigerer Bestand hätte gesammelt werden können, denn es mangelt ja gerade an Geld. Es soll an dieser Stelle deutlich darauf hingewiesen werden, daß es im folgenden nicht um die ULB Saarbrücken und ihre Qualität als Sondersammelgebietsbibliothek geht, sondern um Überlegungen zu einem Verfahren, wie man die Qualität von Sondersammelgebietsbibliotheken untersuchen kann. Zugrunde gelegt wurde die BNB des Jahres 1993. Der Jahrgang 1993 wurde deshalb gewählt, weil davon auszugehen ist, daß auch bei langwieriger Beschaffung die angezeigten Neuerscheinungen dieses Jahrganges bis 1997 beschafft und eingearbeitet sein müßten. Die BNB bietet sich als Ausgangsmaterial an, weil die Jahresbände systematisch geordnet sind. Für das Fach Psychologie sind 657 Titel verzeichnet, von denen jeder zehnte Titel als Stichprobe genommen wurde. Diese Titel wurden im OPAC der ULB Saarbrücken und außerdem an der Datenbank des SWB auf Vorhandensein überprüft.

Einige Ergebnisse:

Stichprobe: 65 Titel

In der SSG-Bibliothek:	46 vhd	19 nicht vhd
In den UBB/LB und IBB (= Verbund):	34 vhd	31 nicht vhd
Alleinbesitz der SSG-Bibl.:	19 Titel	
Kein Besitznachweis:	11 Titel	

Die SSG-Bibliothek schneidet deutlich besser ab, als die Gesamtheit der UBB/LB und IBB; immerhin hat sie eine größere Titelvielfalt aufzuweisen als alle anderen Bibliotheken zusammen. Man könnte aber auch sagen, daß die SSG-Bibliothek ihrem Anspruch auf Vollständigkeit nicht gerecht wird, wenn ihr fast ein Drittel der Titel fehlt, sogar wenn darunter einige nicht wissenschaftsrelevante Titel sind. Immerhin handelt es sich um englischsprachige Literatur. Die 19 unikat vorhandenen Titel wurden gewissermaßen um den Preis von 46 Titeln beschafft, ohne daß dem ein lokaler Bedarf dieses Umfanges gegenüberstand. Diese 46 Titel sind aber mehrheitlich auch in anderen Bibliotheken vorhanden und stehen für die Fernleihe zur Verfügung.

Die Interpretation soll hier nicht weitergeführt werden: Es ging bei diesem Beispiel nur darum zu zeigen, daß es möglich ist, Vergleichsdaten zu ermitteln, wenngleich dies mit einem gewissen Aufwand verbunden ist und in die Methode des Vorgehens noch einiger Aufwand zu investieren wäre. Man könnte auch die Vollständigkeitsquoten oder Unikatsquoten verschiedener Sondersammelgebiete miteinander vergleichen. Die Interpretation der Befunde sollte möglichst frei von vorgegebenen Interessen geschehen, im Falle der SSG also frei von dem Ziel, das System der Sondersammelgebiete auf jeden Fall und in jedem Einzelfall retten zu wollen. Deshalb sollte nicht so vorgegangen werden wie in dem Projekt SSG-S, in dem die DFG den Sondersammelgebietsbibliotheken außer den Mitteln für Literaturbeschaffung nun auch noch Personalmittel (neben Sachmitteln) zur Verfügung stellt, damit die SSG-Bestände im Rahmen der Projekte zur Beschleunigung der Dokumentlieferung konkurrenzfähig angeboten werden können. Andere Dokumentlieferbibliotheken müssen den Personalaufwand für die Dokumentlieferdienste schließlich selbst tragen. Man könnte, wenn man zu dem Schluß kommen sollte, daß unter den Bedingungen ständig verbesserter elektronischer Bestandsnachweise nicht alle SSG so wie bisher weitergeführt werden müssen, die dadurch freiwerdenden Mittel gezielter dort investieren, wo die Lücken am größten sind und dezentral nicht geschlossen werden können.

6. Mitgabe von Beständen an den neuen Wirkungsort der Wissenschaftler

Die Wissenschaft an den einzelnen Universitäten lebt auch vom Wechsel der Personen. So kommt es, daß viele Wissenschaftler gelegentlich ihren Tätigkeitsort wechseln. In aller Regel beschäftigen sie sich auch am neuen Tätigkeitsort mit demselben Thema oder mit Variationen ihrer bisherigen Forschungsaktivitäten. Dies führt unter dem Aspekt der Literaturversorgung zu dem bekannten Phänomen, daß im Rahmen der Berufungsverhandlungen Mittel eingeworben werden, um diejenige Literatur am neuen Wirkungsort zu beschaffen, die noch nicht vorhanden ist und – hinsichtlich der sehr speziellen Werke – auch gar nicht vorhanden sein kann. Genau diese Literatur ist aber am früheren Wirkungsort vorhanden und hat durch den Wechsel ihren Benutzer verloren. In der Regel wird ein Nachfolger nicht die Forschungen seines Vorgängers fortsetzen, denn er oder sie wird sich selbst profilieren wollen. Demzufolge steht die Literatur in der alten Bibliothek unbenutzt herum und veraltet zudem, weil die Sammlung nicht fortgeführt wird. In der neuen Bibliothek hingegen werden die Titel erneut gekauft, bearbeitet usw. Wäre es da nicht viel ökonomischer, die alte Bibliothek gäbe dem gehenden Wissenschaftler – natürlich nach näherer Absprache – die vorhandenen Bestände mit? Das Haushaltsrecht steht dem nicht zwingend entgegen. Die alte Bibliothek könnte eine gewisse Vergütung bekommen, und gäbe dafür die Bände mitsamt den Katalogisaten ab; in der neuen Bibliothek könnte der Wissenschaftler sofort mit den vertrauten Bänden weiterarbeiten und die neue, für ihn verantwortliche Bibliothek würde Geld und Aufwand zu erheblichen Teilen sparen. So etwas ist möglich. Wenn es in einer Bibliothek möglich ist, dann müßte es auch in anderen möglich sein.

7. Die Bedeutung der Verbünde bei der Erwerbungskooperation

Die in Deutschland existierenden Verbünde begannen ihre Tätigkeit als Rationalisierungsinstrumente der personalaufwendigen Formalkatalogisierung. Sie galten – auch und gerade im Selbstverständnis vieler Bibliothekare – als interne Arbeitsinstrumente. Im Laufe der Jahre nahm ihre Bedeutung für die Endnutzer zu, d.h. die Verbunddatenbanken wurden den Endnutzern geöffnet. Die mögliche Bedeutung der Verbunddatenbanken als Instrumente des Bestandsaufbaus und der Erwerbungskooperation wird erst in Ansätzen erkannt; dies hängt unter anderem damit zusammen, daß Bestandsaufbau als eine lokale Aufgabe betrachtet wird. Wenn – unter dem Diktat der knappen Finanzen – künftig auch Bestandsaufbau in größeren Zusammenhängen als bezogen auf die einzelne Bibliothek gesehen werden muß, dann gewinnen die Verbunddatenbanken eine neue Dimension. Nicht, daß damit die Erwerbungsentscheidungen etwa im Verbund zentralisiert würden, sondern in dem Sinne, daß ein Instrument zur Verfügung steht, in dem zu einem frühestmöglichen Zeitpunkt jede am Verbund beteiligte Bibliothek anzeigt, welche Titel sie zu beschaffen beabsichtigt bzw. bereits bestellt hat. Diese Aufgabe als Erwerbungshilfsmittel kann die Verbunddatenbank aber nur leisten, wenn alle am Verbund beteiligten Bibliotheken – und viele, die sich noch nicht beteiligen – sich dieser gemeinsamen Datenbank bedienen, im gemeinsamen Interesse, aber auch im Interesse jeder einzelnen Bibliothek. Die Nutzung der Verbunddatenbank als Erwerbungsinstrument ermöglicht zudem den Benutzern der Bibliotheken, frühzeitig zu erkennen, daß die Bibliothekare die Neuerscheinungen auf dem Buchmarkt wahrgenommen haben; dies führt zur Anerkennung der bibliothekarischen Tätigkeit und kann zu einer Verbesserung der Zusammenarbeit zwischen Benutzern und Bibliothekaren beitragen.

NORBERT KAMP

Liebesheirat oder Zwangsehe? Zu den Perspektiven eines kooperativen Bestandsaufbaus in Großstadtbibliotheken

Über Generationen hinweg war der Bestandsaufbau das Kernstück bibliothekarischer Tätigkeiten. Diese traditionelle Bedeutung findet sich in den Stellenkegeln der Großstadtbibliotheken manifestiert; Lektoratsarbeit verspricht eine relativ hohe Vergütung nach dem BAT. Nicht zuletzt der wachsende Aufwand bei der Marktsichtung – 1995 wurde mit 74.174 Veröffentlichungen ein neuer Rekord bei der Jahrestitelproduktion auf dem deutschen Buchmarkt erzielt – mag dies rechtfertigen. Hinzu kommt, daß der Bestandsaufbau für ein Sachgebiet in der Regel nicht mehr auf Bücher, Zeitungen oder Zeitschriften beschränkt bleibt; zunehmend werden auch audiovisuelle bzw. digitale Medien erworben.

Der wachsenden Aufgabenvielfalt beim Bestandsaufbau stehen die seit Jahren schmelzenden finanziellen und personellen Ressourcen diametral entgegen. Zwangsläufig ergibt sich hieraus die Frage, ob es beim Medienerwerb Kooperationsmöglichkeiten für Öffentliche Bibliotheken gibt. Müssen in Bibliotheken mit vergleichbarem Auftrag und vergleichbarer Größenordnung diese Auswahlprozesse jeweils auf lokaler Ebene erfolgen, zumal alle Bibliotheken dabei auf vergleichbare Entscheidungsgrundlagen zurückgreifen? Ist nicht Kooperation möglich, um erstens Personalressourcen für andere dringende bibliothekarische Aufgaben freizusetzen und zweitens Synergieeffekte zu erzielen? Ergibt sich aus der finanziellen Situation Öffentlicher Bibliotheken möglicherweise sogar die Notwendigkeit zu einem kooperativen Bestandsaufbau, auch wenn dies sicher keine Liebesheirat wäre?

Die Bundesvereinigung Deutscher Bibliotheksverbände hat mit dem Grundsatzpapier „Bibliotheken '93" eine generelle Standortbestimmung für das deutsche Bibliothekswesen vorgenommen. Die „Kooperation" zählt dabei zu den „Grundsätzen der Bibliotheksplanung". Hierzu heißt es: „Die Bibliotheken kooperieren unter effektiver Mittelausnutzung örtlich und überörtlich unabhängig von ihrer Trägerschaft mit dem Ziel der Nutzenoptimierung für die Benutzer und Bürger, insbesondere in Lektorats- und EDV-Verbünden."[1] Am Beispiel der deutschen Großstadtbibliotheken soll im folgenden die Frage dis-

[1] Bibliotheken '93: Strukturen – Aufgaben – Positionen / Bundesvereinigung Deutscher Bibliotheksverbände. Berlin, Göttingen 1994, S. 8.

kutiert werden, inwieweit die Kooperationsmöglichkeiten beim Bestandsaufbau ausgeweitet werden können.

Die Ausgangssituation

Die Öffentlichen Bibliotheken Deutschlands stehen nunmehr seit Jahren unter beachtlichem finanziellen Druck. So gibt es kaum eine Bibliothek in kommunaler Trägerschaft, die nicht in jüngerer Vergangenheit ihre Leistungen zurücknehmen mußte, durch Reduzierung von Öffnungszeiten oder sogar durch Schließung von Stadtteilbüchereien. Auf der anderen Seite beschert die „Informationsgesellschaft“ den Öffentlichen Bibliotheken unablässig neue Aufgaben. Die Einführung von CD-ROM-Angeboten für die Ausleihe oder die Bereitstellung von Internet-Zugängen für die Bibliothekskunden sind hier nur zwei Beispiele. Die Bewältigung dieser wachsenden Aufgaben bei gleichzeitiger Reduzierung personeller Ressourcen kommt oft einer Quadratur des Kreises gleich. Ungeachtet dieser finanziell und personell schwierigen Situation haben sich die Öffentlichen Bibliotheken dem Anspruch der Informationsgesellschaft zu stellen. Denn die Alternative des Verharrens auf dem status quo birgt das Risiko, durch mangelnde Attraktivität Kunden zu verlieren und dadurch noch stärker in den Sog von Sparauflagen zu geraten.

Bibliotheken haben in den letzten Jahren und Jahrzehnten durchaus bewiesen, daß durch Kooperation der Einsatz der eigenen Ressourcen optimiert werden kann. Die Lektoratskooperation der Öffentlichen Bibliotheken als Gemeinschaftsunternehmen von DBV, ekz und VBB, in der zur Zeit bundesweit 71 Lektoren aus 47 Bibliotheken mitarbeiten, ist hier nur ein Beispiel.[2] Marktsichtung und Begutachtung von Neuerscheinungen des Buch- und Medienmarktes durch die Lektoratskooperation sind heute in jeder Bibliothek unverzichtbare Hilfsmittel beim Bestandsaufbau und bei der Bestandsergänzung. Verschwiegen werden darf in unserem Zusammenhang allerdings nicht, daß Jahre der Fachdiskussion nötig waren, um die Lektoratskooperation zu etablieren.[3] Neben der anhaltenden finanziellen Misere ist der zweite prägende Faktor in der aktuellen Öffentlichen Bibliotheksdiskussion die fast flächendeckende Einführung neuer Steuerungsmodelle in den deutschen Kommunen. Ohne Zweifel besteht zwischen beiden Entwicklungen ein enger kausaler Zusammenhang. Die Möglichkeit zum selbständigen wirtschaftlichen Denken und Handeln, Eigenverantwortung in Haushalts- und Organisationsfragen auf

[2] Vgl. hierzu Lektorentagung 1996, in BuB, 49(1997)2, S. 104.

[3] Siehe hierzu Rothbart, Otto-Rudolf: Lektoratskooperation. Idee und Wirklichkeit, Wiesbaden 1995.

niedrigen hierarchischen Ebenen soll die öffentliche Verwaltung effektiver machen. Nicht selten haben Bibliotheken in den letzten Jahren bei diesem „Gang in die Selbständigkeit" eine Vorreiterrolle eingenommen.

Dezentrale Ressourcenverantwortung, inzwischen immer häufiger gekoppelt mit neuen Betriebsformen, erfordert allerdings vollständiges Umdenken in der Bibliothek. Ein Beispiel aus den frühen 80er Jahren soll an dieser Stelle traditionelles – und für die damalige Zeit durchaus auch angebrachtes – Denken verdeutlichen. In der Diskussion um die Fortentwicklung der Lektoratskooperation machte Süberkrüb 1983 den Vorschlag, „Zentrale Begutachtungsarbeit und Kaufempfehlungen für Öffentliche Bibliotheken" zu installieren: „Die ekz richtet anstelle der beschriebenen dezentralen LK ein eigenes Lektorat nach dem Zuschnitt eines Lektorates in einem großen Bibliothekssystem ein, das folgerichtig auch die Qualität eines derartigen Lektorates aufweist, oder sie läßt ein solches Lektorat für sich arbeiten."[4] Wichtiger als der Inhalt des Süberkrübschen Vorschlags ist in unserem Zusammenhang die Reaktion von Jürgen Eyssen, der eine zentrale Begutachtungsarbeit für unrealistisch und gefährlich hielt: „Ein Plädoyer für ein Bundeslektorat bei der ekz muß doch bei hellhörigen Hauptämtern die Gegenfrage auslösen: 'Wozu brauchen wir dann noch örtliche Lektorate?' Wäre es nicht vernünftiger, hinhaltenden Widerstand gegen jeden Versuch eines Personalabbaus zu leisten, (...)."[5]

Im Rahmen der Einführung der Dezentralen Ressourcenverantwortung haben viele Öffentliche Bibliotheken heute längst die Funktionen ihrer früheren Organisationsämter selbst übernommen. Die Argumentation von Eyssen für einen hinhaltenden Widerstand ist insofern längst Geschichte. Heute kommt es für jede Bibliothek schlicht darauf an, durch den Einkauf externer Dienstleistungen Geld zu sparen.[6] Dabei ist es letztlich unwesentlich, ob die durch den Einkauf von Fremdleistungen freigesetzten personellen Ressourcen für die Erfüllung von Sparquoten herhalten müssen oder für neue Dienstleistungsangebote effektiver eingesetzt werden können.

[4] Süberkrüb, Hansjörg: Zentrale Begutachtungsarbeit und Kaufempfehlungen für Öffentliche Bibliotheken, in: BuB, 35(1983)9, S. 673.

[5] Eyssen, Jürgen: Zentrale Begutachtungsarbeit: ein unrealistischer und gefährlicher Vorschlag, in: BuB, 35(1983)9, S. 677.

[6] Vgl. hierzu z.B. Overbeck, Gabriele: Sparen externe Dienstleistungen Geld?, in: Dialog mit Bibliotheken, 8(1996)2, S. 11-20.

Lektoratsarbeit in Großstadtbibliotheken heute

Zur Lektoratsarbeit zählt in Öffentlichen Bibliotheken traditionell primär die Sichtung, Begutachtung und Auswahl von Büchern, anders ausgedrückt der Bestandsaufbau. Hinzu kommen die Bestandserschließung und die Bestandspflege. In den Großstadtbibliotheken – und von diesen soll hier die Rede sein – findet sich in diesem Aufgabenbereich der Fachlektor, welcher für ein oder mehrere Wissenschaftsgebiete verantwortlich ist. Die Organisationsmodelle der Lektorate sind dabei durchaus unterschiedlich, wobei sich immer mehr das sogenannte „integrierte Lektorat“ durchzusetzen scheint, das Mischarbeitsplätze für die Aufgabenbereiche Bestandsaufbau und Auskunftstätigkeit vorsieht. Unter dem Titel „Lektorat im Wandel“ schreibt Irmgard Mämecke dazu: „Die Zeiten, in denen den Lektorinnen und Lektoren der Bestandsaufbau wichtiger war als die spätere Nutzung, gehören ohne Zweifel der Vergangenheit an. Ohne Rückmeldungen, Hinweise und Anregungen während des Auskunfts- und Beratungsdienstes in der Bibliothek ist ein benutzerorientierter Bestandsaufbau nicht möglich.“[7]

Tatsächlich hat die Lektoratsarbeit in den letzten Jahren und Jahrzehnten einen tiefgreifenden Wandel erfahren. Schon lange ist der Informationsdienst der ekz ein unverzichtbares Hilfsmittel bei der Marktsichtung. Durch Fremdleistungsangebote für die Sacherschließung im Bereich der Klassifikation als auch im Bereich der Verschlagwortung konnte weitere Arbeitskapazität eingespart werden. Verändert hat sich auch das Medienprofil: Öffentliche Bibliotheken entwickeln sich Schritt für Schritt zu multimedialen Zentren. Neben den traditionellen Printmedien werden neue Medienformen als Sachinformationsträger immer bedeutender.[8] Der Lektor wird „vom Buchexperten zum Medienexperten“.[9]

Zumindest in Ansätzen hat in den Öffentlichen Bibliotheken inzwischen auch eine Verlagerung von Kaufentscheidungen nach außen stattgefunden. Kaum eine Großstadtbibliothek verzichtet heute noch im Bereich der Schönen Literatur und der Kinder- und Jugendliteratur auf die Standing-Order-Angebote der ekz. Gleiches gilt für den Non-Book-Bereich. Daneben können seit einiger Zeit orientiert an den Klassifikationsgruppen der ASB und der KAB für den gesamten Bereich der Fachliteratur Standing-Order-Pakete unterschiedlichen Umfangs bestellt werden. Die Stadtbüchereien Düsseldorf haben

[7] Mämecke, Irmgard: Lektorat im Wandel, in: Konzepte: Medienpolitik. Neue Medien und Kinder. Organisation, hrsg. von der ekz, Bd. 4, S. 41.

[8] Vgl. hierzu Kamp, Norbert: Medienprofil einer Großstadtbibliothek, in: Medienpolitik. Neue Medien und Kinder. Organisation, hrsg. von der ekz, Bd. 4, S. 17-20.

[9] Mämecke, Irmgard, a.a.O., S. 40.

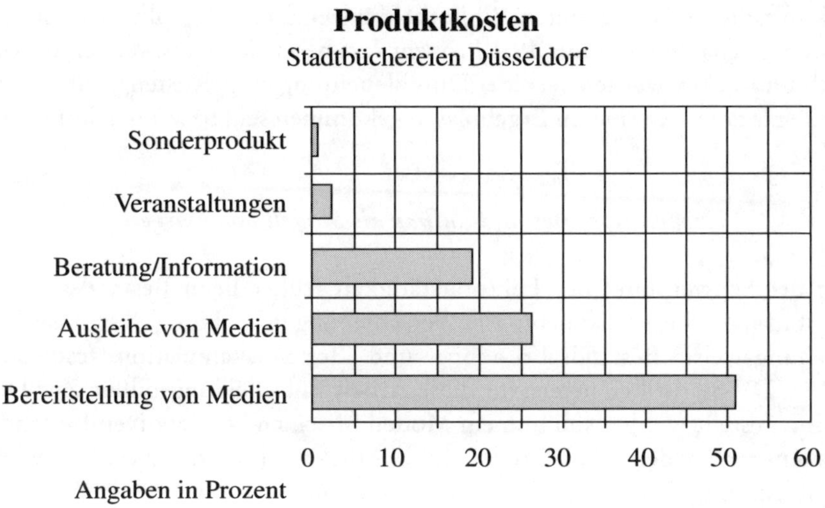

Abbildung 1

im Jahr 1996 immerhin zehn Prozent ihres Anschaffungsetats durch diese Form der Bestellung abgewickelt. Als Partner für eine Standing-Order-Belieferung kommt dabei keineswegs allein die ekz in Betracht. Einige Bibliotheken sind inzwischen dazu übergegangen, bestimmte Verlagsreihen komplett liefern zu lassen. Schließlich gibt es auch das Modell, in Absprache mit dem örtlichen Fachbuchhandel ein Bestandsprofil für einzelne Wissenschaftsbereiche festzulegen und ohne Bestellung liefern zu lassen.

Standing-order-Angebote haben neben dem hohen Aktualitätsgrad, der durch eine ausleihfertige Belieferung noch gesteigert wird, einen weiteren entscheidenden Vorteil: Sie sind sehr kostengünstig. Vorteile dieser Art sind seit der Einführung der Kostenrechnung und des produktorientierten Haushalts im Rahmen der Dezentralen Ressourcenverantwortung wesentlich deutlicher erkennbar. Bei den Stadtbüchereien Düsseldorf entfiel im Jahr 1995 mehr als die Hälfte aller Ausgaben auf das Produkt „Bereitstellung von Medien" (s. Abb. 1). Einbezogen sind damit alle Tätigkeiten und Aufwendungen, die erforderlich sind, um den Medienbestand im Regal für den Nutzer zur Verfügung zu stellen. Von den hierfür aufgewandten rund 7 Mio. DM entfielen ca. 22 % auf den Medienetat und ca. 8 % auf sonstige Sachkosten wie Mieten. Der größte Kostenanteil entfiel mit ca. 70 % auf den Personalbereich. Dies bezog sich keineswegs nur auf das Lektorat; hinzu kommt der Personalaufwand in zentralen Dienstbereichen wie Erwerbung, Katalog, Buchbinderei und Umlagen aus anderen Bereichen. Das Produkt „Information und Beratung", das den

Auskunftsdienst des gesamten Bibliothekssystems umfaßt, fällt dagegen mit einem Kostenanteil von nur 19,2 Prozent fast bescheiden aus. Andere Großstadtbibliotheken werden bei einer Durchleuchtung ihrer Kosten zu ähnlichen oder sogar noch extremeren Ergebnissen gekommen sein bzw. noch kommen.

Kooperativer Bestandsaufbau als Modell von morgen

„Lag der Schwerpunkt der Lektoratstätigkeit früher beim Bestandsaufbau" schreibt Mämecke, so „ist heute eine Verschiebung in Richtung Bestandspflege beziehungsweise Bestandsabrundung und Bestandskalkulation festzustellen."[10] EDV-Statistiken liefern für diese Arbeit Entscheidungshilfen. Zur Diskussion gestellt werden soll nun ein Modell für einen kooperativen Bestandsaufbau unter den deutschen Großstadtbibliotheken, das genau dieser Entwicklung Rechnung trägt.

Der Grundgedanke des kooperativen Bestandsaufbaus ist die Annahme, daß ein wesentlicher Teil der Neuanschaffungen von Großstadtbibliotheken im Bereich der Sachliteratur deckungsgleich ist. Die Sichtungsarbeit sowie die Bestellung dieses Bestandsanteils wird heute in jeder dieser Bibliotheken parallel und damit doppelt und dreifach erledigt. Ziel muß deshalb sein, ein Verfahren zu entwickeln, daß zu einer Arbeitsteilung führt, also den hier beschriebenen Teil der Lektoratsarbeit unter den Großstadtbibliotheken aufteilt. Auf lokaler Ebene würden nur noch die Bestandsergänzung und Bestandspflege sowie die Bearbeitung lokaler Schwerpunktthemen und Besonderheiten stattfinden. Eine grundsätzlich in diese Richtung zielende Möglichkeit des Bestandsaufbaus bietet die ekz mit dem Angebot Standing-Order-Sachliteratur schon heute. Fraglich ist hier allerdings, ob die auf den verschiedenen ID-Größen basierenden Angebote in Bestandstiefe und Ausgewogenheit den Ansprüchen einer Großstadtbibliothek genügen können.

Wie könnte ein kooperativer Bestandsaufbau zwischen Großstadtbibliotheken also in der Praxis aussehen? Die Großstadtbibliothek A bestellt für die Sachgruppe 1 für eine definierte Summe jährlich Medien bei der ekz. Die ekz hinterlegt die Bestelldaten in einer gesonderten Datenbank. Jede andere Bibliothek erhält die Möglichkeit, sich in einem Standing-Order-Verfahren an die Gesamtbestellung der Sachgruppe anzuhängen. Das Prinzip der Freiwilligkeit muß dabei die Grundlage des Gesamtverfahrens bilden. Keine Bibliothek kann oder sollte gezwungen werden, sich durch die Übernahme der Betreuung einer Sachgruppe an der Kooperation zu beteiligen. Selbstverständlich würde

[10] Ebd.

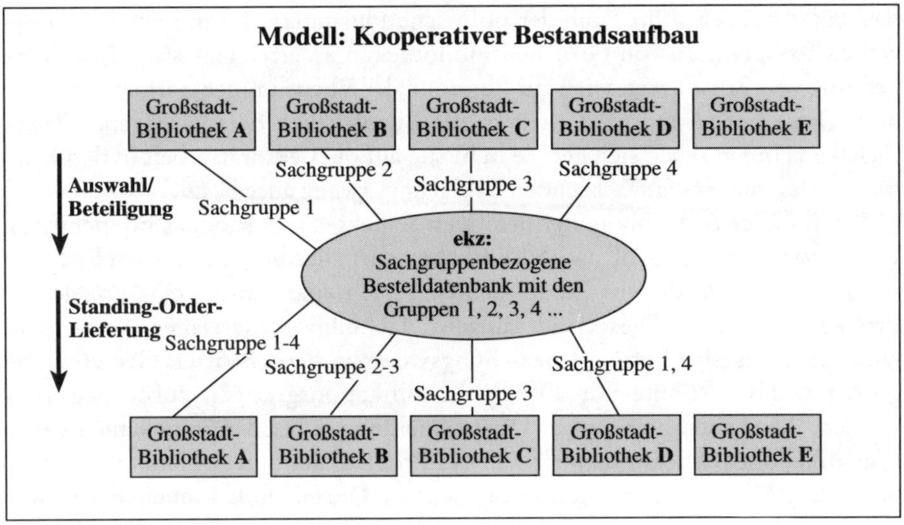

Abbildung 2

es auch jeder Bibliothek freigestellt sein, ein oder mehrere Sachgruppen als Standing-Order-Bestellung abzunehmen. (s. Abb. 2)

Das Bestechende an einer solchen Form der Kooperation beim Bestandsaufbau ist die Tatsache, daß keinem der Beteiligten großer Mehraufwand entstünde. Die Großstadtbibliothek A würde in jedem Fall besagte Sachgruppe 1 „lektorieren". Unterschieden werden müßte nur zwischen den für alle Bibliotheken wichtigen Titeln und lokalen Schwerpunkten und Besonderheiten. Als Bestellzentrale für ein solches Modell käme sicherlich nur die ekz in Frage, da hier bereits eine entsprechende Infrastruktur besteht. Auch hier wäre kein Mehraufwand zu erwarten. Die Bestellung der Sachgruppe 1 durch eine Bibliothek B wäre mit einem Telefonanruf zu erledigen. Auch ein Ausstieg aus dem Bestellverfahren wäre im Prinzip jederzeit möglich.

Es stellt sich nun die Frage, ob mit einer solchen Form des kooperativen Bestandsaufbaus die Bestandsqualität einer Bibliothek leiden würde. Zunächst kann man wohl nicht davon ausgehen, daß Nutzerorientierung in Düsseldorf anders definiert wird als in Stuttgart oder München. Daneben wird sich eine Bibliothek sicherlich nur für die Lektorierung einer Sachgruppe entscheiden, für die sie einen „Spezialisten" hat. Es ergibt sich also durchaus auch die Perspektive der Qualitätssteigerung. Nicht ohne Grund bietet die ekz schon heute neben den bekannten Angeboten gesondert ein Standing-Order-Paket für EDV-Literatur an. Dieses Angebot kam auf Wunsch von Bibliotheken zustande, denen es gerade auf diesem Gebiet an Fachkompetenz mangelt. Nicht unterschätzt werden sollte auch der politische Pluspunkt, der mit einer bundesweiten Kooperation von Großstadtbibliotheken zu erreichen wäre. Eine Vernetzung von Ressourcen wird auf kommunaler Ebene immer stärker eingefordert. Diese Forderung wird auch an die Bibliotheken herangetragen. BibliotheksleiterInnen sehen sich gerade in bezug auf die Lektoratsarbeit in den Kulturausschüssen einem wachsenden Erklärungszwang ausgesetzt.

Nach dieser Aufzählung der positiven Aspekte eines Modells kooperativer Lektoratsarbeit von Großstadtbibliotheken darf allerdings nicht verschwiegen werden, daß es in diesem Zusammenhang auch eine ganze Reihe ungelöster Problemfelder gibt. Diese sind zunächst fachbibliothekarischer Natur. Wie wird ein Sachgebiet definiert beziehungsweise zu benachbarten Gebieten abgegrenzt? Hier könnte nur auf die Klassifikationsgruppen zurückgegriffen werden. Aber auch hier gibt es Überschneidungen bei den unterschiedlichen Klassifikationen. Hieran schließt sich das Problem der unterschiedlichen Notationen und Signaturen in den Bibliotheken an. Die fehlende Einheitsklassifikation läßt eine ausleihfertige Belieferung durch die ekz zunächst nur sehr bedingt zu. Des weiteren sind organisatorische Fragen zu lösen. Eine Großstadtbibliothek, die sich an der Kooperation beteiligt, müßte ihr hauseigenes System für den Bestandsaufbau in Stadtteilbüchereien möglicherweise überdenken bzw. anpassen. Schließlich muß das sensible Feld der Eingruppierung von Bibliothekaren nach dem BAT angesprochen werden. Der traditionelle Bestandsaufbau ist der Arbeitsbereich, der in Öffentlichen Bibliotheken im Vergleich zu anderen Arbeiten eine relativ herausgehobene Bezahlung garantiert. Nun darf allerdings nicht übersehen werden, daß der Tarifvertrag für Öffentliche Bibliotheken bald 40 Jahre alt wird und in keiner Weise dazu geeignet ist, die heute anfallenden Tätigkeiten angemessen einzuordnen. Eine Reform ist mehr als überfällig.

Ausblick

Das hier vorgestellte Modell eines kooperativen Bestandsaufbaus für Großstadtbibliotheken verspricht nicht gerade eine Revolution bibliothekarischer Arbeit. Viele Tätigkeiten der traditionellen Lektoratsarbeit werden auch weiterhin nur dezentral auszuführen sein. Gleichwohl bietet das Modell eine Zukunftsperspektive, um den veränderten finanziellen und personellen Grundlagen in Bibliotheken Rechnung zu tragen, aber auch den sich ändernden inhaltlichen Anforderungen und Aufgaben zu begegnen.

Die „Bibliothek im Netz“ wird den Wandel in der Lektoratsarbeit noch verstärken, das Berufsbild des Bibliothekars nachhaltig verändern. In diese

Richtung zielt auch die Bundesvereinigung Deutscher Bibliotheksverbände, welche als gegenwärtige berufspolitische Position folgende These vertritt: „Durch die edv-gesteuerten Informationsnetze wird in Öffentlichen Bibliotheken das Prinzip des optimalen Medienbestandes durch das Prinzip des optimalen Informationszuganges ergänzt bzw. ersetzt."[11] Die Erfüllung dieser neuen Aufgabe erfordert ganz andere Qualifikationen als die klassische Bibliotheksarbeit, notwendig ist das Denken in Netzwerken.

Das hier zur Diskussion gestellte Modell eines kooperativen Bestandsaufbaus für Großstadtbibliotheken kann durchaus Teil eines solchen Netzwerkes werden. Sicherlich würde eine solche Kooperation von vielen Lektoren deutscher Bibliotheken nicht gerade als Liebesheirat gefeiert. Doch wäre es auch keine Zwangsehe, denn jede Kooperation beruht auf Freiwilligkeit. „Vernunftehe" wäre möglicherweise die durchaus passendere Bezeichnung. Schließlich gibt es noch die Ehe auf Probe. Ein entscheidender Vorteil des vorgestellten Modells besteht darin, daß man zunächst klein, d.h. mit ein oder zwei Sachgruppen beginnen kann. Sollte das Ergebnis tatsächlich nicht den Erfordernissen oder Ansprüchen einer Bibliothek entsprechen, so ist problemlos eine Scheidung ohne Tränen möglich.

11 Öffentliche Bibliotheken ans Netz! Thesenpapier der BDB zum Diskussions- und Planungsforum, 7.-9- April 1997 in Hildesheim.

BENUTZERSERVICE

KIRSTEN HEINRICH

„Auskunfts-Bibliothekar" – „Bestands-Bibliothekar" oder Beruf zwischen Jammertal und Zukunftsangst

Einführung

Die Funktion von öffentlichen Bibliotheken und der Beruf des Bibliothekars[1] sind an einem Wendepunkt angekommen. Das multimediale Zeitalter hat begonnen, und vielen Kollegen ist nicht klar, wie sie die an sie gestellten technologischen Ansprüche bewältigen sollen. Es wird befürchtet, daß Bibliotheken ihr kritisches, soziales und kreatives Potential verlieren, wenn sie verstärkt neue Technologien einsetzen. Eindringlich wird vor dem drohenden Informationschaos, einer erbarmungslosen Leistungsideologie und Konkurrenz gewarnt.[2] Als Folge daraus macht sich eine starke Unsicherheit und Zukunftsangst im Berufsstand der Bibliothekare breit, eventuell sogar mit der Angst verbunden, daß der Beruf bedeutunglos werden könnte. In diesem Sinne soll der provozierende Untertitel „Beruf zwischen Jammertal und Zukunftsangst" die Stimmungslage und Gedanken wiedergeben, die in Gesprächen mit Kollegen und Kolleginnen immer wieder anklingen. Hier erscheint der amerikanische Weg, nämlich die vorbehaltlose Konzentration auf den Benutzerdienst, als Ausweg aus der Orientierungslosigkeit.

Die öffentliche Bibliothek ist für die Bürger in vielen Städten Amerikas die zentrale Auskunfts- und Informationsquelle. Was an der Arbeit als Auskunftsbibliothekarin in einer amerikanischen *Public Library*[3] am meisten beeindruckt, ist die Art und Weise, wie der Benutzerservice den Tagesablauf der Bibliothek bestimmt, vor allem der professionelle Auskunftsdienst. Der

[1] In diesem Aufsatz wird vorwiegend die männliche Sprachform für Personen verwendet. Bei allen männlichen Bezeichnungen sind stets auch die weiblichen gemeint.

[2] Dudeck, Jochen: Weder Nische noch Warenhaus: zur Standortbestimmung von Öffentlichen Bibliotheken in Zeiten von Multimedia und Internet, BuB 48(1996) 9 , S. 765-770.
Jochum, Uwe; Wagner, Gerhard: Cyberscience oder vom Nutzen und Nachteil der neuen Informationstechnologie für die Wissenschaft. – ZfBB 43 (1996) 6, S. 579-593.

[3] Von März 1995 bis Juli 1997 arbeitete die Autorin an der New Haven Free Public Library in Connecticut.

Schwerpunkt bibliothekarischer Arbeit in Deutschland hingegen liegt nach wie vor auf der Vermittlung und der Bereitstellung des Bestandes; der Benutzerservice spielt eine geringe Rolle. Im Mittelpunkt dieses Aufsatzes steht daher die Vision von Bibliothekaren, die den Benutzerservice als Mittelpunkt ihrer Tätigkeit erkennen und traditionelle und moderne Medien in Einklang bringen.

I Umorientierung des beruflichen Selbstverständnisses

	Bibliotheken waren/sind/werden sein	**Aufgabe der Bibliothekare**
Damals	Wissensspeicher Ort der Kultur Bestandsorientiert	Sammler, Denker Volksbildung Leserführung
Heute	Allgemeinbildung Kulturzentrum, Treffpunkt Buch- und Medienorientiert	Lesevergnügen, Leseförderung Sozialanwalt
Morgen	Kultur- und Medienzentren virtuell/real Informationelle Grundversorgung	Informationsnavigatoren Professionelle Beratung Medienkompetenz Benutzerorientierung

Bibliotheken dienten in der Vergangenheit als Wissensspeicher, sie vermittelten Bildung, waren an einen bestimmten Standort gebunden und nur zu bestimmten Zeiten zugänglich. Bibliotheken waren schwerpunktmäßig bestandsorientiert. Bibliothekare hatten den Ruf, Sammler, Denker und Kulturschützer zu sein; ihre Aufgabe war es, die Leser zum *guten Buch* zu führen und Volksbildung zu vermitteln.[4]

Bibliotheken der Gegenwart sind ein Ort der Allgemeinbildung, Treffpunkt und Kommunikationsort; sie nennen sich heute vielfach öffentliches Kulturzentrum. Bibliotheken sind weiterhin Bestands-, d.h. Buch- und Medienorientiert. Aufgabe der Bibliothekare von heute ist es, Lesevergnügen und Le-

[4] Siehe dazu: Leskien, Herman: Allocated parts: The story of libraries in Germany. In: Daedalus: Books, Brick and Bytes. Vol 125 (4), Fall 1996, S. 331-352, hier S. 339. Buildings, books, and bytes: Libraries and communities in the digital age? Hrsg. Von der Benton Foundation, http://www.wkkf.org/ (Dokument Nr. 263, Stand 30.6. 1997).

seförderung zu vermitteln und manchmal auch die Rolle von Sozialhelfern zu übernehmen. Wie könnte die Bibliothek und der Bibliothekarsberuf in der Zukunft aussehen?

Bibliotheken werden Kultur- und Medienzentrum mit virtuellem und realem Zugang für alle sein. Es gibt ja bereits eine Aufhebung der Raum- und Zeitgrenzen der Bibliothek durch die Bereitstellung der Kataloge und Angebote im Internet, dieser Trend wird sich noch weiter verstärken. Bibliotheken werden der informationellen Grundversorgung der demokratischen Gesellschaft dienen. Die Aufgabe der Bibliothekare wird vermutlich der von Informationsnavigatoren ähneln; es wird notwendig sein, professionelle Beratung zu bieten, medienkompetent und vor allem benutzerorientiert zu arbeiten. Zur Bewältigung der neuen Aufgaben werden gegenwärtig viele neue Ideen und Konzepte entwickelt.[5] Es eröffnet sich die Chance für motivierte Kollegen, aktiv an der Gestaltung neuer Berufsinhalte teilzunehmen.

II Konzepte zur Konzentration auf den Benutzerdienst

1.Qualitäts-Management für Bibliotheken
1.1 Benutzer- und Marktforschung
1.2 Servicedefinition
1.3 Mitarbeiterorientierung
1.4 Benutzerorientierung
1.5 Leistungsmessung

1. Qualitäts-Management für Bibliotheken

Die Anwendung von Methoden des Qualitäts-Managements bringt Qualitätssteigerung in das Serviceangebot der Bibliotheken. Qualität zu definieren ist laut Peter Brophy und Kate Coulling kaum möglich: „ […] We can all to easily recognize it [quality] by its absence, when products break or malfunction or those serving us are rude or indifferent. […] It is when we, as users, consumers or customers, find our needs and wants unmet, our expectations frustrated, that we complain of poor quality."[6]

[5] Jürgen Seefeldt: Zwanzig Provokationen und Denkanstöße zur Lage der Öffentlichen Bibliotheken In: BuB Sonderheft Bibliothekskongreß Mai 1997, S. 62-65.

[6] Brophy, Peter und Coulling, Kate: Quality management for information and library managers. – Hampshire: Aslib, 1996, S. 3.

1.1 Benutzer- und Marktforschung: Wem dienen wir?[7]

Benutzerforschung ist die Basis für die Verbesserung des Services. Es gibt zahlreiche Literatur zum Thema Benutzerumfragen;[8] besonders hingewiesen sei auf die Betriebsvergleich-Erhebungsbögen der Bertelsmann-Stiftung,[9] da diese Kopiervorlagen bieten, die direkt in die Praxis umsetzbar sind.

In der New Haven Public Library wurden Anfang 1997 Fokus-Gruppen zur Benutzerforschung eingesetzt. Fokus-Gruppen sind sorgfältig geplante Diskussionen, die durchgeführt werden, um Erkenntnisse über ein spezielles Gebiet zu gewinnen. Die Teilnehmer beeinflussen sich gegenseitig durch Ideen und Kommentare, die im Gespräch aufkommen.[10] In New Haven wurden eine Schüler- und zwei Erwachsenengruppen gebildet; die Interviews wurden von Studenten der Management Fakultät (Yale-Universität) durchgeführt. Ziel von Fokus-Gruppen ist es, qualitative Daten zu ermitteln und zu beschreiben, wie Benutzer denken und handeln, nicht, „Massendaten" zu sammeln.

Insgesamt ist das Ziel der Benutzerforschung, herauszufinden, wem die Bibliothek dient und was bereitgestellt werden sollte. Dabei entsteht der sehr positive Nebeneffekt, daß die Benutzer Einfluß auf die Bibliothek nehmen können.

1.2 Auftrag der Bibliothek: Servicedefinition

Es ist unbedingt notwendig, sich über die Rolle, die Ziele und den Service der Bibliothek Gedanken zu machen und diese in einem öffentlichen Auftrag – ei-

[7] Mit der Darstellung von fünf ausgewählten Methoden des Qualitäts-Managements wird kein Anspruch auf Vollständigkeit gestellt.
Library Trends (Perspectives on quality in libraries. Ed. by Thomas W. Shaughnessy) Vol. 44 (1996) Nr. 3. Darin: Thomas Seay, Sheila Seaman, David Cohen: Measuring and improving the quality of public services, S. 464-490; Sarah M Pritchard: Determining quality in academic libraries, S. 572-594, Holt Glen E.: On becoming essential. S. 545-571, Patricia Kovel-Jarboe: Quality Improvements, S. 605-630.
Rogge, Stefan: Ich bin mein bester Kunde: Marketingliteratur für Bibliothekare und ihre Kunden, BUB 48 (1996) 3, S. 298-312.
Happel, Hans-Gerhard: Was ist eine Lean-Library? ZfBB 43 (1996)1, S. 9-21.
Ford, Goffrey: Service-Level agreements – Vereinbarungen über das Dienstleistungsniveau, ZfBB 43(1996) 2, S. 111-120.
Qualität und Leistung – Bibliotheken auf dem Prüfstand: Beiträge zum Qualitäts-Managementmanagement in Bibliotheken; Hrsg. Karin Pauleweit. – Berlin, 1996 (DBI Mateialien; 150).

[8] Hernon, Peter; McClure, Charles: Evaluation and library decision making. – Norwood, NJ: Abley, 1990.
Stachnik, Ingeborg: Besucherbefragungen in Bibliotheken. – Berlin: DBI, 1995.

[9] Fragebögen in: Betriebsvergleich an öffentlichen Bibliotheken. Bd.I Empfehlungen und Arbeitsmaterialien für ein outputorientiertes Berichtswesen. – Gütersloh: Verlag Bertelsmann,1997, S. 65 und 97.

[10] Krueger, R.A.: Focus groups: a practical guide for applied research. – Newbury Park, CA: Sage, 1988.

ner Mission – zu veröffentlichen. Dabei ist es wichtig, daß die Formulierung eines öffentlichen Auftrages auf den Ergebnissen der Benutzerforschung basiert und möglichst alle Mitarbeiter daran beteiligt werden. Der Auftrag sollte sich nicht darauf beschränken, bibliothekarische Dienste für Bürger anzubieten, denn das ist eine Selbstverständlichkeit.[11] In einer Mission sollte definiert werden, daß die Bibliothek benutzerspezifische Angebote schaffen möchte und Schwerpunktaufgaben und Zielgruppen definieren wird. Die Befriedigung der Ansprüche und Bedürfnisse der Benutzer sollte zentraler Gedanke sein.

1.3 Mitarbeiterorientierung

Mitarbeiterorientierung bedeutet z.B., daß Kollegen aller Abteilungen an möglichst vielen Entscheidungen beteiligt werden. D.h. die Mitarbeiterorientierung basiert auf einer flachen Organisationsstruktur, Transparenz und klaren Entscheidungen des Managements. Der Einsatz von Teamarbeit fördert interne Kommunikationsstrukturen. All diese Faktoren führen zu Flexibilität und Verantwortungsbewußtsein der einzelnen Mitarbeiter und letztlich zur Identifizierung mit den Zielen der Organisation.[12]

1.4 Benutzerorientierung

Die Benutzerorientierung schließt viele Aufgaben mit ein, u.a. die gute Qualität des Bestandes, an den Bedarf angepasste Öffnungszeiten, die gute Instandhaltung des Gebäudes und der Geräte, klare Beschilderung, Veranstaltungsarbeit, ein professionelles Auskunftsgespräch und die Zuverlässigkeit des angekündigten Services.[13]

1.5 Leistungsmessung bringt Effektivität

Es sollte zur alltäglichen Routine werden, daß Anfragen notiert und ausgewertet und Statistiken über jeden Arbeitsvorgang geführt werden. Sinn der Leistungsmessung ist es, ein Instrumentarium zu schaffen, das über die Effektivität des Betriebes Auskunft gibt. Die Leistungsmessung sollte nicht zur Kontrolle der Mitarbeiter mißbraucht werden.

Methoden des Qualitäts-Management tragen dazu bei, die Qualität des Services zu steigern. Qualitäts-Management hilft nicht, aktuelle Probleme zu lösen. Die Methoden bewirken, daß Kommunikationsstrukturen verbessert und Frustrationen und Mißverständnisse über undurchsichtige Organisationsab-

[11] Brophy, Peter; Coulling, Kate: Quality management, a.a.O. S. 124.

[12] Zufriedenheitsbefragung der Mitarbeiter, In: Betriebsvergleich an öffentlichen Bibliotheken, a.a. O., S. 87.

[13] Brophy, Peter; Coulling, Kate: Quality management, a.a.O., S. 43-52.

läufe und Entscheidungen abgebaut werden. Qualitäts-Management führt zur Identifizierung der Mitarbeiter mit den Zielen der Bibliothek, was sich wiederum auf die Stimmung am Arbeitsplatz auswirkt, die auch von den Benutzern registriert wird.

2. Verhalten in Auskunftsgeprächen

Eine konkrete Methode zur Qualitätssteigerung im Auskunftsdienst ist die Anwendung von bestimmten Verhaltensweisen in Auskunftsgespächen. Dies ist um so wichtiger als nur 55% aller Benutzeranfragen von Bibliothekaren richtig beantwortet werden.[14] Entscheidender Faktor für den Verlauf des Auskunftsgespräches ist der allererste Eindruck, den der Bibliothekar auf den Benutzer macht: Die nonverbale Kommunikation, die Offenheit, die Freundlichkeit und Unvoreingenommenheit spielen dabei die allergrößte Rolle. Benutzer wenden sich ab, wenn der Bibliothekar nicht „frei ist", schreibt, liest oder redet.

Um die Qualität im Auskunftsdienst zu steigern, wurden alle Auskunftsbibliothekare der New Haven Public Library auf eine Fortbildung geschickt, die sich „Effective Reference Performance" nannte (Effektives Auskunftsgesprächs-Verhalten). Dieser Kurs entstand aus zwei unabhängigen Auskunftsgesprächs-Umfragen in Öffentlichen Bibliotheken Marylands 1983 und 1986.[15] Die Kursveranstalter Nancy Bolin und Ralph Gers stellten dabei fest, daß sich die richtige Beantwortung von Auskunfts-Fragen nach der Fortbildungsteilnahme um 20% gesteigert hat, und nur noch halb so viele Fragen gar nicht beantwortet werden konnten oder weiterverwiesen werden mußten. Im Kurs wurden anhand eines Schemas Verhaltensweisen im Auskunftsgespräch geübt. „Diese Verhaltensweisen im Auskunftsgespräch stellen eine durch wissenschaftliche Untersuchungen definierte Sammlung von Verhaltensweisen dar, welche, wenn ununterbrochen und konsequent angewendet, korrekte und vollständige Antworten auf Auskunftsfragen ermöglichen".[16]

[14] Hernon, Peter; McClure, Charles: Unobtrusive Reference Testing. In Library Journal v. 111, 4/1986. Grogan, Denis: Practical Reference work. – London, 1992, S. 64. Durrance, Joan C.: Factors that influence reference success what makes questioners willing to return? In: Reference Librarian, 49/50, 1995. Crowley, Terence: Half-right referene: is it true? In: Reference Quarterly, Fall 1985, S. 59-68.

[15] Ralph Gers, Lillie Seward: Improving Reference Performance: results of a statewide study In: Library Journal, Nov. 1985.

[16] Nancy Bolin und Ralph Gers: Participant Workbook, S. 4 (Übersetzung von K. Heinrich, mit Erlaubnis der Autoren).

Modell: Verhalten in Auskunftsgesprächen[17]

Verhaltens-Schema Bibliothekar/in	Checkliste Betreuer Ja / Nein Wortlaut
Begrüßung (Augenkontakt, Lächeln, Begrüßung)	____
Aufmerksamkeit (volle Aufmerksamkeit , bestätigende und versichernde Kommentare, Augenkontakt beibehalten)	____
Zuhören (Umformulierung oder Wiederholung der Frage, um Verständnis zu bestätigen, Unklarheiten beseitigen, nicht unterbrechen)	____
Frageprozeß (1. offene Fragen stellen, um den Gesprächsprozeß in Gang zu setzen, 2. offene Frage, geschlossene Fragen)	____
Verständigungsprozeß (Umschreibung oder Wiederholung der vom Benutzer gestellten Frage, Bestätigung des Verständigungsprozeßes)	____
Suchprozeß (Antwort aus der ersten Quelle: Begleiten des Benutzers zum Regal. Wenn nicht in 1. Quelle: über den Fortschritt des Suchprozesses informieren, wenn gar nicht gefunden: Weiterverweisung	____
Benachrichtigung (Zitat der Quelle, Sich bestätigen lassen, daß die Frage richtig verstanden wurde)	____
Folgefrage/follow-up (Beantwortet dieses Ihre Frage vollständig?)	____

Das Schema beschreibt Verhaltensweisen, die der Bibliothekar einsetzen sollte. Die Checkliste des Betreuers ist dazu da, Abweichungen, bzw. den Wortlaut der vom Bibliothekar verwendeten Fragestellungen zu notieren. Im Anschluß an das „Modell-Auskunftsgespräch" finden sich Betreuer und Bibliothekar zusammen und analysieren anhand der Checkliste die eingesetzten Verhaltensschemata. Viele dieser Verhaltensweisen mögen selbstverständlich erscheinen, doch zeigen Erfahrungen und Literatur, daß dieses leider nicht der Fall ist.[18] Der Vorteil des alltäglichen Einsatzes dieser Methoden ist, daß die Arbeit viel weniger anstrengend wird. Das Schema deckt Hintergründe und Verhaltens-

[17] Nancy Bolin und Ralph Gers: Participant Workbook, S. 13 (Übersetzung von K. Heinrich, mit Erlaubnis der Autoren).

[18] Recent research on reference training, coaching and transfer strategies In: Nancy Bolin und Ralph Gers: Participant Workbook, S. 1-4.

[19] „Fututre Public Libraries: Integrating technology with traditional service values": Sonder-

weisen im Kommunikationsprozeß auf, die bei einem „normalen" Auskunftsgespräch nicht bewußt werden. Der Einsatz dieses Modells führt zur Verbesserung der Quote von richtig beantworteten Fragen und damit zu der Erkenntnis, welche Befriedigung eine Zusammenarbeit mit dem Benutzer bringt. Insgesamt führen die Methoden des Effective Reference Performance zur Qualitätssteigerung im Auskunftsgespräch und damit des gesamten Services. Die Bibliothek erscheint nicht mehr als Selbstbedienungsladen; sie bietet statt dessen professionelle Beratung an.

III. Einsatz neuer Medien am Beispiel Internet

Bibliotheken haben den Auftrag, die informationelle Grundversorgung der Gesellschaft zu sichern. Das Informationsangebot von Bibliotheken wird durch das Internet entscheidend erweitert. Der freie, d.h. weitgehend unzensierte Zugang zum Internet sollte gesichert – und Diskussionen über Zensur und den Einsatz von Internet-Filtern sollten mit den Bürgern geführt werden.

1. Werkzeug Internet

Walt Crawford sagte in seinem Vortrag *Future Public Libraries*:[19] „Technologie bietet Werkzeuge: Schlaue Leute benutzen Werkzeuge, um Dinge herzustellen oder zu verbessern. Leider verlieben sich Menschen manchmal in Werkzeuge und lieben sie dann mehr als Menschen." Die Idee, das Internet als pures „Werkzeug" anzusehen, erscheint plausibel, denn das Internet ist ohne Zweifel eine wertvolle und spannende Ergänzung der traditionellen Medien, stellt aber gleichzeitig auf keinen Fall einen Ersatz für diese dar. Aktuelle Angebote wie Fahrpläne, Stellenanzeigen, Film/Theaterkritiken, Veranstaltungsprogramme sowie die lokalen „Bürgernetze" und der internationale Charakter des Internets sind wertvolle Ressourcen für Bibliotheken. Es sollte nicht vergessen werden, daß Bibliotheken sowohl Anbieter als auch Nutzer des Internets sind! D.h. es ist nicht nur eine Bürde, einen Internet-Anschluß zur Verfügung zu stellen!

2. Herausforderung Technologie annehmen

Die technologische Seite des Internets ist eine Herausforderung für alle Mitarbeiter im alltäglichen Tagesablauf. Es müssen Strategien entwickelt werden, die fließenden und dynamischen Informationen des Internets in die Arbeit mitein-

druck d. Vortrags: gehalten auf der ALA Annual Conference, New York, 8.7.1996 (Übersetzung von K. Heinrich).

[20] Jürgen Seefeldt: Zwanzig Provokationen (vgl. Anm. 5).

zubeziehen. Es gibt kein Festhalten an Klassifikationen, keine allgemeingültigen Regeln und keine eindeutigen Quellen mehr. Voraussetzung für die Einbindung dieses Mediums in die bibliothekarische Arbeit sind die Bereitschaft zum Lernen und die Flexibilität der Kollegen. Mitarbeiter sollten regelmäßig an Aus- und Fortbildungen in Computeranwendungen teilnehmen, bzw. geschult werden, diese zu unterrichten.

3. Verantwortungsbewußter Umgang
Von uns wird verlangt, verantwortungsbewußt mit den neuen Technologien umzugehen. Das bedeutet, daß über Copyright-, Zensurfragen, Haftpflicht für sinnlose und gefährliche Veröffentlichungen sowie die Dominanz kommerzieller Interessen nachgedacht werden muß. All das darf uns jedoch nicht daran hindern, das Internet als Werkzeug einzusetzen.

4. Medien-Kompetenz vermitteln
Die Benutzer haben ein Anrecht auf den Zugang zum Internet, besonders diejenigen, die sich keinen Computer leisten können. Wir sind mitverantwortlich für die Entwicklung der Medienkompetenz der Bürger. Die Fähigkeit jedes einzelnen, mit Technologie umgehen zu können, bekommt eine unmittelbare soziale und kulturelle Bedeutung!

Dringend notwendig erscheint es, daß auch Bibliothekare das Internet verstärkt nutzen, um spartenübergreifend und international Erfahrungen miteinander auszutauschen. Entwicklungen im Bibliothekswesen verfolgen zu können, ist der Sinn von online-Listen wie Inetbib, Forumoeb, Publib und Web4Lib; die Teilnahme daran sollte nicht als unprofessionell oder gar „Zeitverschwendung auf Kosten der Arbeit“ angesehen werden.

Zusammenfassung

Bei einem Vergleich des deutschen mit dem amerikanischen öffentlichen Bibliothekswesen erscheint es dringend notwendig, den Auftrag von deutschen Bibliotheken im Hinblick auf den Benutzerservice und die Benutzerorientierung zu überprüfen und zu ändern. Bibliotheken können in das Zentrum des gesellschaftlichen Interesses rücken, wenn sie sich auf die Wünsche ihrer Bürger konzentrieren und deren informationeller Grundversorgung dienen.

Um die technologischen Ansprüche zu erfüllen und zu finanzieren, sind Partner notwendig. Warum bittet man nicht Universitäten, Fachhochschulen, Volkshochschulen, Buchhandlungen und Computer-Geschäfte um Kooperation? Die Fachstellen und Bibliotheksinstitute sollten von geplanten Vorhaben informiert werden, deren Fortbildungen genutzt und nach gezielten Weiterbildungen gefragt werden. Die Gründung von Bibliotheksfreundeskreisen sollte verstärkt werden. Die Scheu vor Werbung für die eigenen „guten Taten“ muß abgebaut werden. Die Aufbruchsstimmung und Motivation, die zur Zeit herrscht, darf nicht ungenutzt vergehen.[20]

Bibliothekare von heute und morgen sollten benutzerorientiert, medienkompetent und motiviert sein, denn der bibliothekarische Beruf kann von den derzeitigen turbulenten Entwicklungen im Medienbereich nur gewinnen. Abschließend seien die mahnenden Worte von Richard Rodriquez (Schriftsteller, Herausgeber und Essayist im Öffentlichen Fernsehen San Franciscos) zitiert: „Die Bibliothek war ein Ort, an dem man nach der Vergangenheit suchte; heute will sie einer sein, an dem man die Zukunft findet. Vergeßt die Bibliothek als Ort der Stille, der Langsamkeit und Sicherheit nicht. Informationen bieten keine Gefühle, keine Ideen, keine Einsichten, keine Weisheit. Ich weiß, daß Technologie sich gut verkaufen läßt, aber wir Schriftsteller und Bibliothekare sollten dafür sorgen, daß Ideen vermittelt werden!“[21]

[21] In seinem Vortrag „Computer und Bücher: Einspruch eines Schriftstellers“, ALA Annual Conference, New York, 7.7.1996 (Übersetzung von K. Heinrich).

RALF VOLLBRECHT

Bibliotheken für Jugendliche
Was hat das Jugendbibliotheksprojekt bewirkt?

Das Ziel des dbi-Projekts „Entwicklung und Erprobung neuer Konzepte der Bibliotheksarbeit für Jugendliche" bestand darin, die Nutzung von Bibliotheken durch Jugendliche als Bestandteil ihres Medien- und Freizeitverhaltens zu untersuchen, ihre speziellen Anforderungen und Wünsche an Bibliotheken zu erfragen und – von diesem Wissen ausgehend – neue Konzepte für eine gezielte Jugendarbeit von Bibliotheken zu entwickeln und zu erproben. Vorgestellt werden sollen hier die Ergebnisse der wissenschaftlichen Begleitforschung, die am Zentrum für Kindheits- und Jugendforschung an der Universität Bielefeld durchgeführt wurde. Die Ergebnisse der ersten Befragung, die 1993/94 durchgeführt wurde, wurden auf dem Bibliothekskongreß 1994 vorgestellt.[1]

Wie in der ersten Befragung wurde die Studie in den zwei ausgewählten Projektbibliotheken in Hamburg-Mümmelmannsberg und Rostock-Dierkow durchgeführt, und zwar mit Jugendlichen im Alter von 12 bis 18 Jahren. In den Schulen der Stadtteile, in denen die ausgewählten Projektbibliotheken liegen (in Rostock gehört neben Dierkow auch Toitenwinkel zum Einzugsgebiet der Bibliothek), wurden Fragebögen an die Jugendlichen verteilt. Insgesamt haben 367 Hamburger (1993/94: 397) und 364 Rostocker (1993/94: 470) Jugendliche an der Befragung im Frühjahr 1996 teilgenommen und ihre Meinung zu ihren Bibliotheken, zu dem jeweiligen Angebot und zu ihrem eigenen Nutzungsverhalten geäußert. Ein Vergleich der Ergebnisse beider Befragungen ist nur als Querschnittsvergleich, nicht als Längsschnitt möglich. Denn es konnten zwar dieselben Altersgruppen, aber eben deshalb nicht dieselben Jugendlichen befragt werden, weil diese natürlich älter geworden sind. Zudem muß bei Vergleichen die jeweilige spezifische Situation der beiden Projektbibliotheken berücksichtigt werden.

In Hamburg befindet sich die Bücherhalle Mümmelmannsberg in einem räumlichen Komplex mit einer Gesamtschule, wodurch andere Nutzungsfor-

[1] Sander, U./Vollbrecht, R.: Bibliotheksarbeit für Jugendliche. Entwicklung und Erprobung neuer Konzepte, Bd. 1, Berlin 1994 (= Deutsches Bibliotheksinstitut-Reihe: dbi- materialien, Bd. 133). Die Ergebnisse der Wiederholungsbefragung erscheinen in: Sander, U./Schindler, B./Vollbrecht, R.: Bibliotheksarbeit für Jugendliche. Entwicklung und Erprobung neuer Konzepte, Bd. 2, Berlin 1997 (= Deutsches Bibliotheksinstitut-Reihe: dbi-materialien, Bd. 159).

men begünstigt werden. Darüber hinaus wirkt sich die soziale Zusammensetzung in Mümmelmannsberg (hoher Ausländeranteil, ethnische Vielfalt) auf Nutzungsgewohnheiten und Wünsche der Jugendlichen z.B. bezüglich fremdsprachlicher Literatur aus. Andere Spezifika finden sich in der Region Rostock. Auch Dierkow und Toitenwinkel haben ihre regionale und soziale Besonderheit (z.B. einen ausgesprochen geringen Ausländeranteil). Gegenüber 1993/94 sind hier vor allem die Freizeitangebote für Jugendliche verbessert worden. Hieraus ergeben sich Konsequenzen, die bei der Auswertung der Daten immer den Bezug zur jeweiligen Region und der jeweiligen Bibliothek verlangen. Generalisierungen, auch im Hinblick auf einen dualistischen Ost-West-Vergleich, schließen sich – wie schon 1994 angemerkt – dadurch aus und sind auch nicht sinnvoll.

Nutzung der Bibliothek

Die überwiegende Mehrheit der befragten Jugendlichen hat in den letzten zwölf Monaten mindestens einmal eine Bibliothek besucht. In beiden Orten liegt der Anteil höher als in der ersten Befragung 1993 (Hamburg 94,8 % vs. 89,6 %; Rostock 89,0 % vs. 72,2 %). In den Projektbibliotheken aktiv mitgearbeitet haben nach eigenen Angaben in Mümmelmannsberg 15 Jugendliche, in Dierkow 29 Jugendliche. Das entspricht 4,8 % bzw. 11,4 % der jugendlichen Besucher der Projektbibliotheken. Mädchen und Jungen sind dabei etwa gleich stark engagiert (Hamburg: 8 Jungen, 7 Mädchen; Rostock: 13 Jungen, 16 Mädchen).

Zufriedenheit mit dem Bibliotheksbestand

Eine Grundvoraussetzung für die Akzeptanz einer Bibliothek durch Jugendliche ist ein auf ihre Interessen zugeschnittenes Angebot an Büchern und sonstigen Medien. Gerade im Bereich der Jugendbücher – dem übrigens am besten beurteilten Angebot – schneiden beide Bibliotheken ausgezeichnet ab. Mit „sehr zufrieden“ oder „zufrieden“ beurteilen in Hamburg 83,0 % und in Rostock 77,6 % der Jugendlichen das Angebot an Jugendbüchern.

Damit liegt die Zufriedenheit höher als 1993 (Hamburg: 74,5 %; Rostock: 74,3 %) und ist auch im Vergleich mit anderen Bibliotheken deutlich besser. Dies zeigt ein Vergleich mit ersten Ergebnissen einer Studie der Bertelsmann Stiftung über „Öffentliche Bibliothek und Schule – neue Formen der Partnerschaft“. Hier waren (in der Nullmessung zu Beginn des Projekts) lediglich

56 % der jungen Bibliothekskunden mit dem Angebot an Jugendbüchern zufrieden. Dieser deutliche Unterschied läßt sich einerseits mit der Forcierung des Angebots für Jugendliche in Mümmelmannsberg und Dierkow erklären; andererseits dürfte aber auch die Ausweisung eines eigenen Jugendbereichs von Bedeutung sein, da sie zu einer verstärkten Wahrnehmung der jugendspezifischen Angebote durch die Jugendlichen führt.

Ausgewählte Ergebnisse und Trends

Trend: Freizeit Jugendlicher ist gemeinsame Freizeit
Ein allgemeiner jugendtypischer Trend bezieht sich auf die hohe Bedeutung der Peer group (Freundesgruppe der gleichaltrigen Jugendlichen) für die Freizeit. Übereinstimmend bezeichnen in Hamburg und Rostock die befragten Jugendlichen das Zusammensein mit Freunden und Freundinnen als ihre liebste Freizeitaktivität. Zwar gibt es in dieser Beziehung geschlechtsspezifische Unterschiede: Mädchen nennen das Zusammensein mit Freundinnen oder Freunden häufiger als Jungen, allerdings relativieren andere beliebte Freizeitaktivitäten diese Unterschiede (z.B. für die Jungen der Sportbereich, der ja auch eine hohe soziale Komponente aufweist). In diesen Trend paßt auch die gleichlautende Aussage der Jugendlichen in Hamburg und Rostock, daß entweder die eigene (elterliche) oder die Wohnung der Freundinnen oder Freunde der wichtigste Freizeitort ist.

Den Stellenwert des Lesens und anderer Aktivitäten in der Freizeit verdeutlichen die weiter unten abgedruckten Tabellen 1 und 2. Zu beachten ist, daß die subjektive Wertschätzung erfragt wurde und nicht die tatsächliche Nutzung (wie sie für Mediennutzungen z.B. in den jährlichen Basisdaten der Zeitschrift Media-Perspektiven nachzulesen sind). Die inhaltlichen Leseinteressen zeigen die Tabellen 3 und 4. Die Rubriken unterscheiden sich für Hamburg und Rostock, da sie der jeweiligen Bibliothekssystematik folgen, die mit den Jugendlichen gemeinsam erarbeitet wurde.

Gemeinsam gilt für beide Regionen mit ihren Bibliotheken, daß der Trend einer gesellig verbrachten Freizeit sich auch auf Bibliotheken erstreckt. Auch in den Bibliotheken möchten die Jugendlichen nicht nur ausleihen, lesen, Computer nutzen oder Informationen abrufen, sondern sich treffen und gemeinsam Freizeit verbringen. Damit ändert sich die Erwartungshaltung Jugendlicher an ihre Bibliotheken. Gewünscht werden auch in Bibliotheken Räume, Kommunikations- und Aufenthaltsmöglichkeiten, die das ruhige, ‚klassische' Ambiente von Bibliotheken in Richtung eines jugendlichen Freizeitraumes verändern. Mit ihrem Angebot eines Jugendbereichs bzw. einer

Tabelle 1: Freizeitbeschäftigungen – Hamburg 1996
In meiner Freizeit beschäftige ich mich am liebsten mit ....
(Mehrfachantworten)

Hamburg 1996	insg.	Alter bis 13 J.	14 J.	15 J.	16 -18 J.	Geschlecht männlich	weiblich
Freunden	81,8	75,6	79,5	82,1	84,7	80,0	83,5
Sport	47,4	48,9	43,2	57,7	42,0	65,1	28,8
Fernsehen	28,6	33,3	25,0	28,2	29,8	25,1	31,8
Musikhören	56,4	40,0	62,5	61,5	55,0	40,0	73,5
Video gucken	13,0	8,9	14,8	12,8	13,7	8,0	18,2
Lesen	18,8	28,9	19,3	10,3	20,6	13,7	24,1
(Alter nach		*m* *w*	*m* *w*	*m* *w*	*m* *w*		
Geschlecht)		23,8 33,3	13,9 23,5	6,1 17,2	16,9 24,2		
Computer/-spielen	17,1	31,1	19,3	12,8	13,0	29,1	4,7
Anderem	9,0	11,1	10,2	6,4	9,2	8,0	10,0

Tabelle 2: Freizeitbeschäftigungen – Rostock 1996
In meiner Freizeit beschäftige ich mich am liebsten mit ....
(Mehrfachantworten)

Rostock 1996	insg.	Alter bis 13 J.	14 J.	15 J.	16 -18 J.	Geschlecht männlich	weiblich
Freunden	80,3	82,1	79,7	81,1	79,6	69,1	90,6
Sport	43,6	48,7	46,8	44,2	36,6	55,2	33,1
Fernsehen	37,6	35,9	41,8	34,7	38,7	33,3	41,4
Musikhören	54,9	47,4	50,6	65,3	54,8	40,0	68,5
Videogucken	5,8	5,1	3,8	5,3	8,6	9,7 2,2	
Lesen	22,0	28,2	11,4	17,9	29,0	12,7	30,4
(Alter nach		*m* *w*	*m* *w*	*m* *w*	*m* *w*		
Geschlecht)		18,2 35,6	20,0 11,9	11,4 23,5	10,0 51,2		
Computer/-spielen	28,0	28,2	30,4	29,5	24,7	51,5	6,6
Anderem	15,9	17,9	10,1	14,7	20,4	15,8	16,0

Tabelle 3: Lese-Interessen der Jugendlichen – Hamburg
Ich interessiere mich für Bücher und Zeitschriften aus den Bereichen:

in %	besonders	etwas	gar nicht
Comics	8,8	38,3	52,9
*Liebe	41,9	39,9	18,2
*Sex & Co.	30,3	30,3	20,6
*Sport	49,1	31,2	19,4
Drogen	21,1	29,4	49,5
Aids	21,1	33,8	45,1
Kosmetik & Models	24,5	27,1	48,4
*Schule & Beruf	38,1	44,9	17,0
*Horror	33,0	38,8	28,2
Science fiction	19,7	42,6	37,7
Fantasy	22,9	42,3	34,8
*Film & Fernsehen	32,8	53,2	14,0
*Gangs, Gewalt und Ghettos	33,8	29,6	36,6
Romane	20,6	34,1	45,3
Rollenspiele	6,8	27,0	66,2

* Die beliebtesten Gebiete sind mit Sternchen hervorgehoben.

Jugendecke haben die Projektbibliotheken diesem Wunsch entsprochen, und diese Angebote werden von den Jugendlichen angenommen.

Trend: Verbesserungen des allgemeinen Freizeitangebots gehen nicht zu Lasten der Jugendbibliothek
Vor allem in Rostock waren die Jugendlichen 1993/94 in hohem Maße unzufrieden mit dem allgemeinen Freizeitangebot. Dieses Angebot hat sich 1996 entschieden verbessert – wenngleich weiterer Bedarf besteht. Für das Bibliotheksprojekt entscheidend ist die Tatsache, daß die Jugendlichen die Bibliotheksangebote nicht bloß subsidiär als ‚Lückenbüßer' genutzt haben. Auch bei verbessertem Freizeitangebot konnte die Bibliothek ihre Attraktivität für Jugendliche aufrechterhalten. Das zeigt sich darin, daß die Jugend-Angebote der Bibliothek keineswegs stärker von denen genutzt werden, die die sonstigen Freizeitmöglichkeiten schlecht bewerten.

Tabelle 4: Lese-Interessen der Jugendlichen – Rostock
Ich interessiere mich für Bücher und Zeitschriften aus den Bereichen:

in %	besonders	etwas	gar nicht
Comics	6,5	37,2	56,3
Sucht	13,3	42,2	44,5
*Musik	55,4	33,5	11,2
Reisen/Au pair	19,8	35,3	45,0
Computer/Lernsoftware	28,4	39,8	31,8
*Grusel/Horror/Fantasy	36,4	43,8	19,8
*Berufswahl/Job	32,2	50,2	17,6
Wehrdienst	14,9	23,0	62,1
*Film	33,1	54,6	12,3
Romane	20,1	29,3	50,6
*Liebe/Sex/Aufklärung/sexueller Mißbrauch/ AIDS	33,5	53,8	12,7
Gewalt	23,8	50,0	26,2
Kosmetik / Schönheit / Körperpflege	23,9	38,6	37,5

* Die beliebtesten Gebiete sind mit Sternchen hervorgehoben.

Trend: Alters- und Geschlechtsspezifik der Leseintensität
Die Untersuchung bestätigt noch einmal, daß das Lesen im Jugendalter vornehmlich eine Domäne der jüngeren Jugendlichen (unter 16 Jahre) und vor allem der Mädchen ist. Von einer Lesemüdigkeit allgemein kann keine Rede sein. Zwei Drittel der befragten Jugendlichen lesen in ihrer Freizeit täglich in Büchern, und etwa ein Fünftel kann zu den Viellesern (mehr als 60 Minuten täglich) gerechnet werden.

Der Zeitanteil für Lesen sowie die subjektive Bedeutung des Lesens als Freizeitbeschäftigung gehen jedoch vor dem Hintergrund konkurrierender Freizeitangebote zurück. Auch andere Medien verlieren für die Jugendlichen an Bedeutung. Besonders deutlich ist der Rückgang bei den audiovisuellen Medien in Rostock, was möglicherweise als Gewöhnungs- und ‚Entzauberungs'-Effekt zu interpretieren ist. Nach der Wende nahm die Ausstattung ostdeutscher Haushalte mit audiovisuellen Medien bekanntlich stark zu und glich sich dem Westniveau an, so daß inzwischen der Reiz des Besonderen dieser Medienangebote für die Jugendlichen verflogen ist. Gesellig-kommunikative Freizeitaktivitäten werden von den Jugendlichen dagegen in beiden Städten häufiger genannt.

Trend: Jugendliche nutzen die diversifizierte Angebotspalette der Bibliotheken; das Medium Buch bleibt dominant, neue Medien gewinnen jedoch an Bedeutung

Bibliotheken weisen heute ein diversifiziertes Angebot auf. Neben Büchern, Zeitungen und Fachzeitschriften bieten Bibliotheken heute auch Comics, Audio- und Videocassetten sowie Spiele und Computerspiele an. Jugendliche nutzen dieses breite Angebot. Das Hauptmotiv für die Bibliotheksnutzung der Jugendlichen bleibt aber die Buchausleihe. Allerdings zeigt sich ein neuer Trend: Bei entsprechend ausdifferenziertem Angebot an auditiven und audiovisuellen Medien erlangen diese – besonders für die Gruppe der leseferneren Jungen – einen ähnlich hohen Stellenwert für Jugendliche wie Bücher. Mädchen nutzen andere Medien in gleichem Maß wie die Jungen – die Buchausleihe aber eben noch stärker.

Trend: Fremdsprachige Literatur wird auch von ausländischen Jugendlichen in erster Linie schulbezogen nachgefragt

Nur in Hamburg-Mümmelmannsberg wurde wegen des hohen Ausländeranteils erfragt, welche Sprache in der Familie der Jugendlichen gesprochen wird, um die spezifischen Interessen der ausländischen Jugendlichen bedienen zu können. Darunter werden hier – in sozialisationstheoretischer Perspektive – alle diejenigen Jugendlichen verstanden, bei denen „zu Hause eine weitere Sprache (neben deutsch) gesprochen" wird. Dieser auf die tatsächlich gesprochene Sprache bezogene Ansatz ist nach unserer Ansicht der Problemstellung angemessener als ein bloßer Bezug auf die jeweilige Staatsangehörigkeit. Wie eine (nicht-veröffentlichte) Sonderauswertung zeigte, richtet sich das Interesse an fremdsprachiger Medienangeboten in der Bibliothek überwiegend auf die ‚schulischen' Fremdsprachen (hauptsächlich Englisch). Auf die Herkunftsländer bezogene fremdsprachige Literatur und landeskundliche Informationen sind demgegenüber zweitrangig. Dieses Ergebnis liefert einerseits Hinweise für Neuanschaffungen der Bibliotheken und ist gleichzeitig zu verstehen als Zeichen für die Integration der Jugendlichen.

Trend: Bibliotheken werden von Jugendlichen nicht ausschließlich funktional genutzt

Die Ausleihe von Büchern und anderen Medien ist nicht der alleinige Grund für den Bibliotheksbesuch von Jugendlichen. Für einen erheblichen Teil der befragten Jugendlichen ist die Bibliothek heute auch ein wichtiger Freizeitort, an dem sie sich längere Zeit aufhalten. Die funktionale Bestimmung der Bibliothek wird von den Jugendlichen entspezifiziert. Die Bibliothek wird von den Jugendlichen sozial aufgewertet und zu einem Ort umgedeutet, an dem sie mit

Freunden ihre Zeit verbringen können, um z.B. gemeinsam Schularbeiten zu machen oder Computerspiele zu spielen. Diese Umdefinition konnte in den beiden Projektbibliotheken ohne Störung anderer Nutzer nur dadurch gelingen, daß entsprechende Raumangebote für Jugendliche realisiert wurden. Allerdings führt die Nutzung der Bibliothek als Freizeitort Jugendlicher zu einer etwas erhöhten Konfliktbelastung. Dabei werden – bei entsprechender räumlicher Abgrenzung – nicht so sehr andere Nutzergruppen (Erwachsene, Kinder) gestört: Konfliktsituationen entwickeln sich vor allem innerhalb der Altersgruppe der Jugendlichen.

Trend und Fazit des Bibliotheksprojekts: Innovative Methoden der Bibliotheksarbeit machen für Jugendliche Bibliotheken wieder attraktiv

Die beiden Befragungen jugendlicher Bibliotheksnutzerinnen und -nutzer in Hamburg und Rostock aus den Jahren 1993/94 und 1996 zeigen, daß die Bemühungen und Umstrukturierungen der Bibliotheken Mümmelmannsberg und Dierkow ihr Ziel erreicht haben. (Ältere) Jugendliche, eine ansonsten eher marginale Nutzergruppe, konnten durch neue Medienangebote (visuelle und audiovisuelle Medien, Jugendzeitschriften, Computer etc.), durch spezifische Jugendveranstaltungen, durch räumliche Arrangements (Jugendbereiche, -ecken), durch die Möglichkeit der Nutzung von elektronischen Medien in der Bibliothek, durch eine spezielle Betreuung durch das Bibliothekspersonal sowie durch die Integration der Jugendlichen in Fragen der Bibliotheksorganisation (bezogen auf den Jugendbereich) und des Medienangebotes im Jugendbereich gewonnen und als kontinuierliche Nutzer gehalten werden. In den beiden Bibliotheken erzeugten diese Aktivitäten bei den Jugendlichen Identifikation, d.h. eine Haltung, die jeweilige Bibliothek als ‚ihre' Bibliothek anzusehen und dementsprechend zu nutzen.

Aus weiteren Untersuchungen und qualitativen Befragungen geht hervor, daß dieses Ergebnis nur in einem Prozeß zu erreichen war, der auf seiten des Bibliothekspersonals wie auch bei den Jugendlichen nicht ohne Konflikte ablief. Die Erwartungen und Wünsche des Personals und der Jugendlichen differierten z.T. und mußten sich gegenseitig ausgleichen und in der Praxis konkretisieren. Die jeweiligen Kontextbedingungen (Stadtteil, Freizeitangebote, Ausgangspunkt der neuen Bibliotheksarbeit, räumliche Gegebenheiten etc.) der einzelnen Bibliothek spielten hierbei eine wichtige Rolle, die bei Übertragungen des Konzepts auf andere Bibliotheken zu berücksichtigen sind. Wichtig sind offene Formen des Diskurses zwischen Bibliothek und Jugendlichen, aber auch innerhalb der Bibliothek selbst; und in diesen Diskursen müssen gegenseitig die Erwartungshaltungen und Probleme offengelegt und angegangen werden. Da die Umstrukturierung einer ‚traditionellen' Bibliothek zu einer

‚jugendgerechten' Bibliothek im voraus nicht gänzlich planbar ist, stellen permanente Rückversicherungen und Supervisionen des Umgestaltungsprozesses einen ebenso wichtigen Erfolgsfaktor dar wie die technischen Veränderungen und die Hinzunahme neuer Medien.

Aus den Vergleichsdaten der beiden Jugendbefragungen (1993/94 und 1996) geht weiter hervor, daß die beiden Pilotprojekte nicht nur neue Nutzergruppen gebunden, sondern das Profil der Bibliotheken auch verändert haben. Es war ja keineswegs das Ziel des Projekts, die Jugendlichen mit spezifischen Jugendangeboten ‚zum Buch zurückzuführen'. Von einer Übernahme des Konzepts mit dieser Zielsetzung ist auch abzuraten. Die Bereitstellung eines multimedialen Angebots im Rahmen jugendgerechter Räumlichkeiten und Nutzungsgelegenheiten zieht auch Benutzer an, die auf den von ihnen bevorzugten Medien bestehen, auch wenn selbstverständlich weiter Bücher ausgeliehen und gelesen werden. Notwendig für eine dauerhafte Öffnung gegenüber Jugendlichen als Zielgruppe war wesentlich die Einrichtung gesonderter Räumlichkeiten. Dadurch wurde es möglich, das ‚langweilige' Image einer Bibliothek als Ort kontemplativer Rezeption und ‚stiller', ichbezogener Tätigkeiten zu überwinden. Die Jugendlichen können ihre Bibliothek als einen multifunktionalen Freizeitort erleben, der eben auch der Interaktion und dem sozialen Austausch dient. Um in dieser Hinsicht keine Konflikte mit anderen Nutzergruppen zu provozieren, ist in der Planung von Jugendbereichen der räumlichen Aufteilung und Abtrennung besondere Aufmerksamkeit zu widmen.

Insgesamt betrachtet zeigen die Beispiele einer innovativen Bibliotheksarbeit mit Jugendlichen in Hamburg und Rostock, daß eine Modifikation des traditionellen bibliothekarischen Zugangs zu Jugendlichen bei geeigneten Methoden den ‚Erlebnis-Charakter' einer Bibliothek stärken kann, ohne daß dabei die Identität einer Bibliothek verlorengehen muß. Die hohen Grade der Zufriedenheit Jugendlicher mit der Bibliothek und ihrem Personal belegen in Hamburg und Rostock, in welche Richtung sich Bibliotheken ändern können, um mehr Jugendliche anzusprechen und für die Angebote von Bibliotheken zu interessieren.

AUTORENVERZEICHNIS

Dr. Werner Arnold. Herzog August Bibliothek, Postfach 1364, 38299 Wolfenbüttel

Klaus-Peter Böttger. Leiter der Stadtbücherei, Friedrich-Ebert-Str.47, 45466 Mühlheim

Dr. Thomas Bürger. Herzog August Bibliothek, Postfach 1364, 38299 Wolfenbüttel

Prof. Birgit Dankert. Sprecherin der BDB, Alt-Moabit 101 A, 10559 Berlin

Reiner Diedrichs. Direktor der Verbundzentrale des GBV, BRZN, Platz der Göttinger Sieben 1, 37073 Göttingen

Dr. Claudia Fabian. Bayerische Staatsbibliothek, 80328 München

Dr. Arend Flemming. Direktor der Städtischen Bibliotheken, Postfach 12 09 58, 01008 Dresden

Dr. Klaus Franken. Direktor der Universitätsbibliothek, 78457 Konstanz

Prof. Dr. Stephan Füssel. Institut für Buchwesen, Johannes Gutenberg Universität, 55099 Mainz

Juliane Funke. Senatsverwaltung für Wissenschaft, Forschung und Kultur – VB-, Brunnenstraße 188/190, 10119 Berlin

Dr. Rolf Griebel. Bayerische Staatsbibliothek, 80328 München

Dr. Axel Halle. Stellv. Direktor der Niedersächsischen Staats- und Universitätsbibliothek, 37070 Göttingen

Kirsten Heinrich. Bertelsmann Stiftung – Bibliothek, Carl-Bertelsmann-Str. 256, 33311 Gütersloh

Dr. Heinz-Werner Hoffmann. Direktor des HBZ, Postfach 41 04 80, 50864 Köln

Karin Junker, MdEP. Feldstr. 2, 40479 Düsseldorf

Dr. Norbert Kamp. Direktor der Stadtbüchereien, Bertha-von-Suttner-Platz 1, 40200 Düsseldorf

Dr. Hermann Leskien. Direktor der Bayerischen Staatsbibliothek, 80328 München

Dr. Arno Mentzel-Reuters. Leiter der Bibliothek der Monumenta Germaniae Historica, Postfach 34 02 23, 80099 München

Prof. Dr. Elmar Mittler. Direktor der Niedersächsischen Staats- und Universitätsbibliothek, 37070 Göttingen

Dr. Harald Müller. Stellv. Leiter der Bibliothek des Max-Planck-Instituts für ausländisches öffentliches Recht und Völkerrecht, Im Neuenheimer Feld 535, 69120 Heidelberg

Dr. Karin Pauleweit. Deutsches Bibliotheksinstitut, Luisenstr. 57, 10117 Berlin

Ingo-Eric M. Schmidt-Braul. IBA, Friedberger Landstraße 86, 60318 Frankfurt a. M.

Prof. Dr. Wolfgang G. Stock. Fachhochschule Köln, Claudiusstr. 1, 50678 Köln

Dr. Beate Tröger. Universitätsbibliothek, Vogelpothsweg 76, 44222 Dortmund

Prof. Dr. Ralf Vollbrecht. Phil. Fakultät I – Medienpädagogik, Universitätsstr. 10, 86135 Augsburg

Dr. Jutta Weber. Staatsbibliothek zu Berlin – Preußischer Kulturbesitz, 10772 Berlin

Dr. Sabine Wefers. Stadt- und Universitätsbibliothek, Bockenheimer Landstr. 134-138, 60325 Frankfurt a. M.

Ulla Wimmer. Deutsches Bibliotheksinstitut, Luisenstr. 57, 10117 Berlin